Viaje a Sevilla
por Antonio Ponz

Viaje a Sevilla
por Antonio Ponz

Una guía artística de
la Sevilla del siglo XVIII

seguido de las adiciones y correcciones que hizo
Justino Matute y Gaviria

Estudio preliminar de
Joaquín Agudelo Herrero

ASOCIACIÓN
AMIGOS DEL LIBRO ANTIGUO
SEVILLA

EDITORIAL
UNIVERSIDAD DE SEVILLA

Sevilla 2024

© Editorial Universidad de Sevilla 2024
    c/ Porvenir, 27 - 41013 Sevilla.
    Tlfs.: 954 487 447; 954 487 451; Fax: 954 487 443
    Correo electrónico: info-eus@us.es
    Web: https: //editorial.us.es
© del estudio preliminar: Joaquín Agudelo Herrero 2024
Impreso en España-Printed in Spain
Impreso en papel ecológico
ISBN: 978-84-472-2749-5
Depósito Legal: SE 2096-2024
Maquetación y diseño de cubierta: Editorial Universidad de Sevilla
Impresión: Podiprint

ÍNDICE

Las críticas al tomo IX del *Viage de España*
de Antonio Ponz dedicado a Sevilla por
parte de los intelectuales sevillanos
por
JOAQUÍN AGUDELO HERRERO

1.- Notas biográficas del artista y escritor Antonio Ponz y Piquer

El escritor Antonio Ponz nació, tal como afirma el Historiador Alejandro Dir, el 28 de junio de 1725, en la Masía La Cerrada, situada en Hoya Elvira, en el término municipal de Torás, perteneciente a Castellón; y no en Begis, del partido de Segorbe en el Reino de Valencia, tal como indicó erróneamente su sobrino José Ponz. Sus padres fueron Alejandro Ponz y Victoriana Piquer, los cuales eran ricos hacendados y tuvieron seis hijos[1].

En el año 1736, Antonio Ponz comenzó a estudiar Gramática y Humanidades con los jesuitas en el Colegio de San Pedro de Segorbe; permaneciendo en este centro docente hasta que concluyó el segundo año de Filosofía[2].

Luego, Antonio Ponz marchó a Valencia, donde se hospedó en la casa de un tío suyo, matriculándose en la Universidad de Valencia, terminando los estudios de Filosofía y Artes; y matriculándose de Teología, cuya materia le resultó muy árida, por lo que abandonó posteriormente su estudio. Allí, compuso un Cuaderno de Física, que fue elogiado por sus profesores; y recibió el Grado de Doctor en la Universidad de Gandía, regido por los jesuitas. Durante el verano, en vez de regresar al domicilio paterno, se quedaba en Valencia estudiando; interesándose por las lenguas muertas y aprendiendo la pintura con el maestro murciano Antonio Richart[3].

Posteriormente, al apasionarse por el arte, Antonio Ponz marchó a Madrid, hospedándose en la casa de unos dependientes de la Casa Real, y

---

[1] Diz, Alejandro; y Ponz, José, 1794: XXV.
[2] Diz, Alejandro; y Ponz, José, 1794: XXV.
[3] Diz, Alejandro; y Ponz, José, 1794: XXVII-XXVIII.

permaneciendo en la capital cinco años. En 1746, se matriculó en la Junta Preparatoria de la Real Academia de las Tres Bellas Artes de San Fernando, donde estudió dibujo y pintura al óleo; siendo uno de los primeros discípulos de dicha institución[4].

En 1751, Antonio Ponz decidió ir a Roma, sin decirles nada a sus padres ni a sus familiares; con la idea de profundizar en su formación artística y comprar libros de arte; aprovechando una pensión que le concedió el Ministro José de Carvajal y Lancaster, el cual era protector de la Real Academia de San Fernando, y acompañando a unos jesuitas que también iban a la Ciudad Eterna[5].

En Roma, Antonio Ponz observó y copió muchos restos arqueológicos y obras artísticas; y conoció a Francisco Pérez Bayer y al Duque de Almodóvar. En esta ciudad estuvo unos nueve o diez años; visitando Nápoles, en 1759, para ver las ciudades que estaban excavando y que habían sido sepultadas por el volcán Vesubio[6].

Por esos años, Antonio Ponz quiso visitar Grecia, Egipto y Siria; pero, Clemente Aróstegui, Ministro Plenipotenciario de la Corte de Dos Sicilias, le convenció para que volviese a España y le recomendó en la Corte de Castilla[7].

En Madrid, tras regresar en 1759, Antonio Ponz adquirió fama de buen pintor; por lo que se le encargó la realización de una Colección de Retratos de Grandes Hombres para la Biblioteca de El Escorial, copiando las obras antiguas. Por ello, fue enviado por el Ministerio a El Escorial; donde permaneció cinco o seis años pintando; consultando los libros de la Biblioteca; tratando a los monjes; y copiando cuadros de Rafael, Guido Reni y Veronés[8].

Al concluir Antonio Ponz la misión encomendada, regresó a Madrid. Por entonces, los jesuitas habían sido expulsados de España en 1767; y Campomanes, el cual era Fiscal del Consejo de Castilla, encomendó a Antonio Ponz, siguiendo el consejo del pintor Mengs, que catalogase las obras pictóricas de los edificios que habían pertenecido a esta corporación religiosa y seleccionase las más interesantes para llevarlas a la Real Academia de San Fernando de Madrid[9].

---

[4]　Diz, Alejandro; y Ponz, José, 1794: XXIX-XXXI.
[5]　Diz, Alejandro; y Ponz, José, 1794: XXIX y XXXI.
[6]　Diz, Alejandro; y Ponz, José, 1794: XXXI-XXXIV.
[7]　Ponz, José, 1794: XXXIV y XXXV.
[8]　Diz, Alejandro; y Ponz, José, 1794: XXXVII y XXXIX.
[9]　Diz, Alejandro.

Al poco tiempo, «Ponz fue enviado a recorrer los Colegios de los Jesuitas de la España meridional, a reconocer las Pinturas que se hallaban en ellos, a describirlas, y a señalar aquellas que por sus Autores, o por alguna particular circunstancia, debían servir de modelo a los Jóvenes Alumnos de la Academia, y de estudio a los Profesores que la dirigían»[10].

De esta época es la carta que se conserva, de Francisco de Bruna y Ahumada dirigida al Conde del Águila, fechada el 14 de junio, sin constar el año; en la cual le hace saber que «Don Antonio Ponz ha venido comisionado de el Consejo extraordinario para reconocer todas las pinturas de las Casas de temporalidades, i con orden de el Sr. Marqués de Grimaldi, para ver todas las particularidades de las tres artes de esta ciudad»[11].

Pero, según confesó su sobrino José Ponz, «no sólo desempeñó Ponz su encargo, sino que aprovechándose de esta proporción fue reconociendo detenidamente el estado de las Artes de los Países que recorría, y entonces fue quando maduró el plan del Viage, que ya hacía tiempo meditaba, y a que principalmente le había excitado el del Padre Cayno, que había leído en Italia, y cuyas equivocaciones pensaba demostrar; y sin desperdiciar quantas noticias (aunque extrañas a su comisión) podía contribuir al mejor desempeño de esta idea, se volvió a Madrid rico de conocimientos, y tuvo la satisfacción, no sólo de que se hubiese aprobado su trabajo, sino de que comunicando su pensamiento con sus amigos, le hubiesen éstos excitado a ponerlo por obra». De esta forma, en 1771, salió por primera vez por España y publicó, en los dos años siguientes, los dos primeros tomos del *Viage*, bajo el pseudónimo de Pedro Antonio de la Puente y, en años posteriores, los sucesivos volúmenes con su propio nombre[12].

En 1772, Antonio Ponz publicó el tomo I del *Viage de España*; y, en 1773 publicó el tomo II de la misma obra. Al darse cuenta el Marqués de Grimaldi de la importancia de esta obra, se apresuró a entregarle los libros al Rey Carlos III elogiando al autor y al texto. Tras darse cuenta el Monarca de la importancia del trabajo, concedió a Ponz la prestamera de Cuerva, en Toledo, pensión o estipendio procedente de rentas eclesiásticas que se concedían temporalmente a los que estudiaban para sacerdotes o militaban por la

[10] Ponz, José, 1794: XLII.
[11] Francisco de Bruna, citado por Carriazo, 1929: 159.
[12] Ponz, José, 1794: XLIII.

Iglesia; lo que le permitió costear sus viajes[13]. En señal de agradecimiento, Ponz dedicó el tomo III del *Viage* al Marqués de Grimaldi, por haber sido esta persona la que le hizo llegar al Rey Carlos III el tomo I[14].

En 1773, fue designado Académico Correspondiente de la Real Academia de la Historia; en 1776, Antonio Ponz fue nombrado Secretario de la Real Academia de las Tres Bellas Artes; y también se le admitió en las sociedades Bascongada, Matritense y Granadina; la de los Arcales de Roma; y San Lucas de los Anticuarios de Londres[15].

En 1792, Antonio Ponz decidió viajar a El Escorial, para celebrar el día de San Eugenio; y, tras emprender la vuelta a Madrid, «aún no se había apartado de la sombra del Monasterio quando se declaró con molestos síntomas un mal que secretamente le iba devorando hacía muchos años, y aumentándose aquellos con la agitación del viage, ya cuando llegó a Madrid se había declarado un cólico nefrítico»; a los diez días empeoró considerablemente; y, tras recibir los Santos Sacramentos, falleció el 4 de diciembre de 1792, siendo depositado su cuerpo en la Parroquia de San Luis[16].

Para Juan Luis Alborg, «el *Viage de España*, es una obra monumental, que bastaría por sí sola para dar valor a la producción didáctica de toda una época»[17]; y, con la obra, Antonio Ponz quería refutar las informaciones calumniosas que los viajeros europeos y en especial el italiano Noberto Caimo habían escrito de España[18].

Comentó Alborg que hasta el tomo XV Ponz viajó constantemente; pero, luego descansó varios años, hasta publicar los tres últimos tomos de la obra. Muchas zonas de España quedaron sin describir; y, por ello, Jovellanos redactó la parte dedicada a Asturias. La obra constituye una descripción e inventario de los tesoros artísticos, recogiendo noticias sobre las obras de arte, describiéndolas y emitiendo un juicio personal sobre las mismas. Muchas obras descritas han desaparecido, han sido modificadas o trasladadas de lugar[19].

---

[13] Diz, Alejandro.
[14] Alborg, 1975: 921.
[15] Ponz, José, 1794: XLV-XLVI.
[16] Ponz, José, 1794: L-LIII.
[17] Alborg, 1975: 920.
[18] Alborg, 1975: 921.
[19] Alborg, 1975: 922-923.

El método de trabajo de Antonio Ponz consistía, según su propia confesión, en «ir siempre viendo y escribiendo en las calles, en los templos y en los caminos y mesones, sin cuya diligencia no era posible que yo me acordase de las especies, ni que yo se las comunicase a usted sino muy a bulto»[20]. Por otra parte, Ponz insistía «en la necesidad de mejorar los caminos y posadas, perfeccionar los cultivos, intensificar la producción agrícola, aumentar la industria, orientar debidamente la beneficencia eliminando los mendigos de profesión, aprovechar los ríos y hasta las aguas de las lluvias ocasionales»[21].

Este método empleado por Ponz era muy adecuado para la mentalidad de la época; ya que «los ilustrados sentían el afán de conocer, por observación directa, las gentes y sus medios de vida con todas las circunstancias posibles, y describir después lo observado con el correspondiente comentario crítico orientado hacia la reformar social, política y económica»[22].

2.- Notas biográficas del II Conde del Águila

Miguel de Espinosa Maldonado Saavedra y Tello de Guzmán, II Conde del Águila, nació en Sevilla el 1 de junio de 1715; siendo sus padres Fernando José de Espinosa Maldonado Saavedra y Ana Rosario Tello de Guzmán, su segunda esposa, la cual era nieta de los Marqueses de Montefuerte[23]. Felipe V le otorgó el título de I Conde del Águila a Fernando José de Espinosa, mediante la promulgación de un Real Decreto expedido en 1729, cuando la Corte se encontraba instalada en Sevilla[24].

Cuando Fernando José falleció, su hijo Miguel heredó el referido título condal; y, posteriormente, cuando contrajo matrimonio, en 1756, con Isabel Tello de Guzmán, nieta de los Marqueses de la Motilla, consiguió ser Marqués consorte de Paradas y de Sauceda[25].

---

[20] Alborg, 1975: 923.
[21] Alborg, 1975: 925.
[22] Alborg, 1975: 812.
[23] Aguilar Piñal, 1972: 45.
[24] Aguilar Piñal, 1972: 45.
[25] Aguilar Piñal, 1972: 45-46.

Miguel recibió una esmerada educación y siempre mostró una gran «propensión a las curiosidades arqueológicas, a la investigación bibliográfica y al estudio de arduas cuestiones históricas y del gobierno político y económico de su ciudad natal»; lo cual hizo que atesorase en su casa palacio de la Plaza de los Carros de Sevilla un auténtico museo de pinturas y una magnífica biblioteca de libros y manuscritos[26].

En su tiempo, el II Conde del Águila fue admirado por ser Padre del Hospital de la Misericordia, Patrono del Hospicio, Protector de la Casa de los Niños Toribios, Caballero de la Orden de Santiago, Miembro de la Real Maestranza de Caballería de Sevilla, Blasón de la Real Sociedad Patriótica y Regidor del Concejo de Sevilla, desde el 11 de enero de 1745[27].

Miguel falleció en Sevilla, el 18 de enero de 1784, cuando la ciudad sufría una de las mayores riadas de su historia. Fue sepultado en el Colegio de Regina Angelorum y otorgó testamento, ante Juan Bernardo Morán, el 21 de febrero de 1781[28].

Le sucedió como III Conde del Águila su hijo Juan Ignacio, el cual sufrió una alevosa muerte en las revueltas populares del 27 de mayo de 1808, denunciado por afrancesado. Poco tiempo después desaparecieron las colecciones artísticas, los libros, los manuscritos y las joyas; y, en el Cabildo del Concejo de Sevilla, celebrado el 11 de julio de 1809, el Procurador Mayor; Joaquín de Goyeneta, propuso la necesidad de que se adquiriesen los papeles del Conde del Águila, por su importancia para Sevilla. El Cabildo acordó la compra, siendo depositados en unas estanterías sin ordenar; hasta que, en abril de 1859, fueron clasificados por el Cronista de Sevilla, José Velázquez y Sánchez[29].

El Conde del Águila mantuvo una interesante correspondencia epistolar con Antonio Ponz, al cual le proporcionó muchos datos para que pudiese escribir el tomo IX de sus *Viage*, dedicado a Sevilla.

---

[26] Velázquez y Sánchez, 1859: s. n.
[27] Velázquez y Sánchez, 1859: s. n.
[28] Aguilar Piñal, 1972: 45-46.
[29] Velázquez y Sánchez, 1859: s. n.

3.- La correspondencia de Antonio Ponz con el Conde del Águila, antes de publicarse el tomo IX del *Viage*

En 1778, Antonio Ponz publicó el tomo VIII del *Viage*, en el cual, al final de la obra, trataba de la Cartuja de Santa María de las Cuevas y del barrio de Triana; y, en 1780, editó el tomo IX del *Viage*, dedicado íntegramente a la ciudad de Sevilla.

Al morir el Conde del Águila, los libros y documentos que este prócer poseía fueron vendidos en almoneda; por lo que muchos particulares y el propio Cabildo eclesiástico adquirieron muchos de ellos. Pero, muy pronto el Ayuntamiento de Sevilla se concienció de la importancia de ese fondo documental y lo adquirió en bloque en el año 1809.

En 1859, se ordenaron los *Papeles del Conde del Águila*, por el Cronista de Sevilla, José Velázquez y Sánchez; siendo entonces donado al Ayuntamiento de Sevilla un tomo encuadernado que constituye el *Apéndice* del *Índice* de este Fondo. El propio Cronista, en relación a este documento, puntualizó que «el señor oficial mayor de la secretaría del Excmo. Ayuntamiento, D. Antonio Fernando García donó este volumen de interesantes materiales, pertenecientes al insigne Conde, y que llegaron a su poder por obsequio de un anticuario entendido» [30]. En este tomo, se encuentra, entre otros, toda la documentación relativa a la correspondencia cruzada entre Antonio Ponz y el Conde del Águila; estudiada, transcrita y publicada, en 1929, por Juan de Mata Carriazo[31].

En 1780, se editó el tomo IX del *Viage* de Antonio Ponz dedicado a Sevilla; por lo que al estar fechadas en 1779 las cartas publicadas por Carriazo, podemos deducir que la información que aparecen en las mismas fue utilizada para escribir el libro en el que se trataba sobre la ciudad de Sevilla.

En la primera carta, fechada el 23 de marzo, Antonio Ponz le volvía a preguntar al Conde del Águila si le había mandado información sobre los autores del Hospital de la Sangre, de las pinturas del Colegio de San Buenaventura, del retablo mayor del Convento de Regina Angelorum y sobre las vidas de Martínez Montañés, Matías Arteaga, Francisco Reina e Hinestrosa; ya que no había recibido ninguna respuesta[32].

---

[30] Velázquez y Sánchez, 1859: Apéndice s./n.
[31] Carriazo, 1929: 157-158.
[32] Antonio Ponz citado por Carriazo, 1929: 159.

El Conde del Águila le contestó con una carta fechada el 17 de abril; en la cual le confesaba que «sin duda se extravió la carta» y le volvía a informar de nuevo «de lo que pude inquirir acerca de los arquitectos de S. Jerónimo, y Hospital de la Sangre, y algunas otras cosas»[33].

Antonio Ponz, en su carta fechada el 23 de abril, tras interesarse por la salud del Conde del Águila, le decía que el trabajo de la Academia le estaba atrasando mucho la redacción del libro sobre Sevilla; y le confesaba que, en esta ciudad, el Conde del Águila era la única persona que «con más empeño ha sostenido en esta Ciudad la decencia de las mismas Artes»[34].

En otra carta, fechada el 27 de abril, Antonio Ponz le preguntó al Conde del Águila sobre el uso que se le había dado a las casas que fueron de los jesuitas y sobre los cuadros de la Santa Iglesia; pidiéndole que le informase sobre las personas particulares que tenían buenas pinturas[35].

El Conde del Águila le contestó a estas preguntas en la carta fechada el 12 de mayo; en la cual le indicaba que en relación a los edificios de los jesuitas, «la aplicación de dichos grandes edificios fue la que propuso Don Pablo Olavide, consulto el Consejo y aprobó S. M.; la Profesa para Universidad, separada esta del Colegio Mayor; el colegio de S. Hermenegildo con el Hospicio de Ind. Adyacente para hospicio de pobres de ambos sexos; el Noviciado de S. Luis, Seminario clerical; Colegio Inglés, Seminario de Nobles, Colegio Irlandés para Estudios menores y para colegio de Niñas Nobles el de la Concepción (llamado de las Becas)». Para el Conde del Águila la idea era buena; pero, al venderse las fincas de las referidas casas, se les había impedido el que pudiesen mantenerse por falta de recursos económicos. Por ello, de todo el proyecto «sólo se ha verificado la primera parte del plan que es el destino de la Casa Profesa, oy Universidad»[36].

El 18 de mayo Antonio Ponz escribió una carta al Conde del Águila en la cual se lamentaba que «no solamente en esa ciudad sino en esta corte, y aún en toda España ha sido una feria el saqueo de pinturas que se ha experimentado, y por lo que toca a Madrid, creo que no es menos al presente»; por lo que, Ponz creía que no sería «extraño que esta Academia tome alguna

---

[33]   Conde del Águila citado por Carriazo, 1929: 159.
[34]   Antonio Ponz citado por Carriazo, 1929: 161.
[35]   Antonio Ponz citado por Carriazo, 1929: 162.
[36]   Conde del Águila citado por Carriazo, 1929: 162.

providencia recurriendo al Rey para contener semejante exceso en quanto sea posible; bien que lo más ha salido bajo el salvo conducto de los embajadores o ministros»[37].

El 12 de noviembre, Antonio Ponz envió una carta al Conde del Águila en la cual le confiaba que «hace días que tengo concluido mi tomo de Sevilla y grabadas las láminas que han de ir en él»; y proseguía señalando que «he ido rectificando diferentes especies los ratos que el tiempo lo ha permitido; y aún quisiera salir de ciertas dudas que van extendidas en el papelillo adjunto»[38]. Las respuestas a las cuestiones planteadas por Ponz fueron respondidas por el Conde del Águila en un documento que se encuentra entre los Papeles del Conde del Águila[39].

4.- La correspondencia de Antonio Ponz con el Conde del Águila, después de publicarse el tomo IX del *Viage*

Tras la publicación, en 1780, del tomo IX del *Viage* dedicado a Sevilla; la obra recibió muchas críticas por parte de los intelectuales sevillanos. El 27 de marzo de 1781 Antonio Ponz escribió una carta al Conde del Águila en la cual se lamentaba que «desde que se publicó mi libro de esta Ciudad le falta, sino me engaño, cierta correspondencia a mi cariño por parte de V. S.; y le aseguro que por no perderla hubiera dexado de escribir dicho libro, y los que le han precedido»[40]; y proseguía comentando que «el Sr. Corregidor de esta Villa me ha hablado diferentes veces, aunque mui por encima, sobre ciertos reparos que ahí se han hecho tocante al citado libro, y señaladamente de algunos de V. S.»[41].

A continuación, Antonio Ponz le confesaba al Conde del Águila que «cualquiera cosa del libro que deba corregirse, la corregiré, con las ventajas de decir lo cierto, de complacer a V. S. y de no creer a sujetos que dan por

---

[37] Antonio Ponz citado por Carriazo, 1929: 163-164.
[38] Antonio Ponz citado por Carriazo, 1929: 164.
[39] Carriazo, 1929: 165-166.
[40] Antonio Ponz citado por Carriazo, 1929: 166.
[41] Antonio Ponz citado por Carriazo, 1929: 167.

sentado lo que no es»; y esas correcciones pensaba publicarlas, como advertencia, en el tomo X que iba a publicarse muy pronto[42].

El Conde del Águila contestó puntualmente a Ponz enviándole un escrito que tituló «Observaciones hechas leyendo el tomo Nono del *Viage
de España* por un deseo de su mayor perfección»; el cual hemos publicado
íntegramente en este libro. Sobre estas notas, Carriazo comentó que estas
observaciones «las recogió Ponz, con desigual fidelidad, en la *Advertencia*
puesta después del prólogo al tomo X de su *Viage*»[43].

En la carta de fecha 29 de mayo, Antonio Ponz daba las gracias al Conde
del Águila «por sus observaciones al tomito de Sevilla, que aún no he tenido tiempo para cotejarlas con las páginas que se citan»; puntualizando
que ha sido muy oportuna esta revisión, ya que «estando pronto para salir el
tomo décimo, acaso me vendrá bien el hacer las correcciones en él, sin esperar a nueva impresión del nono»[44].

En una carta fechada el 4 de septiembre de 1781, Antonio Ponz le comenta
al Conde del Águila que «en una advertencia que pongo después del prólogo
de mi tomo X ya concluido de imprimir están rectificadas y añadidas las especies que V. S. tuvo la bondad de comunicarme respecto a Sevilla»[45].

Casto María de Rivero, en su *Introducción* al libro de Antonio Ponz *Viaje
de España seguido de los dos tomos del Viaje fuera de España*, comentó, refiriéndose a Antonio Ponz, que «la meticulosidad del autor hizo que, a
medida que se reimprimían los tomos en las ediciones sucesivas, fuese introduciendo adiciones y correcciones; pero sin llegar a alterar en nada esencial el texto ni en los artículos que continúan siendo los mismos casi, y otro
tanto sucede con la parte tipográfica, salvo que los caracteres son de cuerpo
algo mayor en la primera que en las restantes ediciones»[46].

En 1786, Antonio Ponz publicó la segunda edición del tomo IX del
Viage de España. Era de esperar que las correcciones a este volumen que Antonio Ponz incluyó, en 1781, en el tomo X, se publicasen en la nueva edición
modificando el texto original. Sin embargo, las modificaciones introducidas
en la nueva edición fueron muy escasas.

---

[42] Antonio Ponz citado por Carriazo, 1929: 167.
[43] Carriazo, 1929: 171.
[44] Antonio Ponz citado por Carriazo, 1929: 171.
[45] Antonio Ponz citado por Carriazo, 1929: 172.
[46] Rivero, 1947: XLIV.

Así, si comparamos la primera edición de 1780 del tomo IX con la segunda edición de 1786; podremos observar que, en el párrafo 7 de la Carta I, se añadió, en la segunda edición, al tratar de la Capilla Real, el texto «a excepción de la cabeza que conserva el Cabildo en un medio cuerpo de plata»[47].

En el párrafo 81 de la Carta VI, de la primera edición, se eliminó, cuando se publicó la segunda edición, al hacer referencia a los maestros que impartían las clases de navegación, el texto «que en 1724 se sacaron del Cuerpo de Guardias Marinas»[48].

En el párrafo 26 de la Carta VII, de la primera edición, se eliminaron las palabras «debía elegirse», añadiendo, en la segunda edición una nota a pie de página indicando la corrección[49].

En el párrafo 11 de la Carta última, de la segunda edición, Antonio Ponz intercaló un largo texto, que no aparecía en la primera edición, en la que se indicaba:

> Había en Sevilla muchas casas opulentas, particularmente de Génova, y Florencia atraídas de la proporción del comercio de Indias. Florecían ya en Italia las bellas Artes, y traxeron porción de obras originales de los mejores Profesores, con que se facilitó establecer el buen gusto; no como ha sucedido en Cádiz después de trasladado allí el comercio, donde sólo acuden los Extrangeros con el objeto de enriquecerse, siendo entretanto vergonzoso ver postradas las nobles Artes en términos que apenas se puede mantener con su exercicio uno, u otro Profesor, quando debía ser aquel emporio la muestra del buen gusto de la Nación. Este es el que debe echar raíces en los ricos de aquella Ciudad, para que el nuevo estudio de las bellas Artes establecido en ella prospere prontamente, como podemos esperar.
> Con el mismo motivo a que las Italianas se avecindaron en Sevilla muchas casas Flamencas; de suerte que con las pinturas que traxeron, y hacían venir de sus países, se llenó Sevilla de bellos quadros Italianos, y Flamencos, desde el año de 1560, hasta el de 1660, pudiéndose llamar aquel espacio el siglo de las bellas Artes, del qual apenas quedan algunas pocas señales

---

[47]   Ponz, Antonio (1786); 36.
[48]   Ponz, Antonio (1780): 202-203.
[49]   Ponz, Antonio (1780): 228; y Ponz, Antonio (1786): 228.

en casas de particulares, y en las Iglesias, con el sentimiento de que se haya extraído casi todo en lo que va del presente siglo para Inglaterra, Holanda, Alemania, Italia, juntamente con muchas producciones de los mismos Sevillanos, Murillo, Velázquez, &c[50].

Podemos apreciar que las indicaciones que el Conde del Águila le había mandado y que Ponz había incluido en el tomo X del Viage; no fueron todas ellas incorporadas al texto de la obra ni tenidas en cuenta, en la segunda edición de la obra, en 1786; salvo las mencionadas. Además, cabría pensar entonces que en la segunda edición del tomo X, en 1787, aparecerían las notas nuevamente en la Advertencia, tal como aparecieron en la primera edición; pero, fueron todas ellas eliminadas. Por ello, podemos concluir indicando que, con la inclusión de la Adición, publicada en la primera edición del tomo X, en 1781, intentó Ponz contentar al Conde del Águila y no se mostrase molesto con él; y que, tras fallecer el Conde del Águila, en 1784, ya era innecesario el mantener todas esas correcciones, por lo que Antonio Ponz sólo tuvo en cuenta unas pocas que fueron incluidas en el texto, eliminando las demás, las cuales no volvieron a publicarse.

5.- Los orígenes del tomo XVII del *Viage* de Antonio Ponz que trata de Andalucía, publicado en 1792

En 1790, al no poder Antonio Ponz compaginar las funciones de Secretario de la Real Academia de San Fernando con sus constantes viajes, para poder escribir su obra; solicitó al Rey Carlos IV que le relevase del cargo que ostentaba en la Secretaría; a lo cual accedió el Monarca, nombrándole Consiliario Honorario de la Academia[51].

De esta forma, pudo Antonio Ponz entregarse «enteramente al desempeño de su plan, y en el mes de Marzo de 91 emprendió un nuevo viage a la Andalucía para rectificar los conocimientos que antes había adquirido, y para adquirir otros de nuevo en las Ciudades y Pueblos que no había

---

[50]   Ponz, Antonio (1786): 275-276.
[51]   Ponz, José, 1794: XLVII-XLVIII.

visitado»; regresando a Madrid, en el mes de junio, cuando recorrió los cuatro Reinos de Andalucía[52].

En Sevilla, según nos indicó José Vázquez Ruiz, Antonio Ponz contactó con Justino Matute el cual le proporcionó muchos datos que utilizó en el tomo XVII de su *Viage*, dejando en silencio el nombre de la persona que le había proporcionado esos apreciables datos[53].

6.- El tomo XVIII del *Viage* y la semblanza de Antonio Ponz escrita por su sobrino José Ponz Nepos y publicado en 1794

Después de la muerte de Antonio Ponz, acaecida en 1792, se publicó el tomo XVIII de los *Viages*, en 1794. La muerte le sobrevino a Antonio Ponz cuando se encontraba ordenando y preparando la documentación para publicar el libro; por lo que su sobrino José Ponz se hizo cargo de culminar la obra. Así, José Ponz terminó de ordenar el material recopilado por su tío y lo envió a la imprenta; siendo posible su publicación gracias al apoyo del Duque de Almodóvar, de Eugenio Llaguno, de Francisco Pérez Bayer, de Nicolás Rodríguez Laso y de José Carmide[54].

Según confesó José Ponz, en el *Prólogo* de la obra, todas estas personas me animaron «a recoger entre los desperdicios y apuntaciones de sus viages, materiales con que poder llevar adelante parte de su proyecto»[55]. Pero, dada la complejidad del trabajo, «tuve que solicitar en diversas partes varias noticias que contribuyeron a rectificar las memorias descubiertas entre sus manuscritos, consultando para ello a varios sugetos que aunque interesados en su publicación... no pudieron satisfacer a mis preguntas con la puntualidad que deseaba»[56].

En este *Prólogo*, José Ponz nos informó que su tío Antonio Ponz, tenía una serie de personas que le enviaban información y datos relativos a los lugares sobre los cuales iba a escribir. Sobre este particular, debemos de indicar que una de ellas fue Gaspar de Jovellanos.

---

[52] Ponz, José, 1794: XLIX.
[53] Vázquez Ruiz, 1885: 39-40.
[54] Diz, Alejandro.
[55] Ponz, José, 1794: I.
[56] Ponz, José, 1794: II-III.

Así, Jovellanos, en su obra *Cartas del Señor Don Gaspar de Jovellanos sobre el Principado de Asturias dirigidas a Don Antonio Ponz*, confesaba que «muchos años ha que me llevaron al Principado de Asturias negocios que el público ni desea ni necesita saber»; por lo que Antonio Ponz, al emprender este viaje, «me encargó que apuntara lo que hallase de más notable en mis correrías, con el fin de completar la relación de una que había hecho por el mismo país en 1782»[57]; añadiendo que «era la intención del Sr. Ponz aprovechar las noticias sembradas en mis cartas y diarios, y formar con ellas uno o dos volúmenes, en continuación de su viaje general», pero su muerte le impidió poder publicar este tomo dedicado a Asturias[58]. En 1848, ya muerto Jovellanos, Domingo del Monte publicó en la Habana, por primera vez, estas *Cartas* que permanecían inéditas.

Para Juan Luis Alborg, estas *Cartas* se encuentran entre las obras más valiosas de Jovellanos. El origen de la obra debemos de buscarlo en el deseo de Jovellanos de que Antonio Ponz publicase algún tomo de sus *Viages* al Principado de Asturias; por lo que Ponz le pidió información sobre los monumentos artísticos de Asturias. Pero, al fallecer Ponz, en 1792, la obra no llegó a publicarse. En 1794, durante su destierro en Gijón, Jovellanos volvió a trabajar en las cartas; pensando publicarlas como una obra independiente. Sin embargo, las seis cartas que escribió no llegaron a publicarse; quedando inéditas hasta que se publicaron en 1848, habiéndose perdido la *Carta Quinta*[59].

7.- Notas biográficas del escritor Justino Matute y Gaviria

El escritor Justino Matute y Gaviria nació en Sevilla el 28 de mayo de 1764, siendo bautizado el 30 de mayo en la Parroquia del Sagrario de la Catedral Hispalense. Era hijo de Domingo Matute y Zamora, natural de Villar de la Torre de Logroño; y de Isabel Gaviria y Zorzosa, nacida en Sevilla[60].

---

[57] Jovellanos, 1848: III.
[58] Jovellanos, 1848: III-IV.
[59] Alborg, 1975: 812.
[60] Vázquez Ruiz, 1885: 8-9; y Vázquez Ruiz, 1888, 9.

Desde muy pequeño, Justino Matute mostró una fuerte inclinación por el estudio. Así, tras concluir los estudios de la lengua latina y de las humanidades, en el Colegio de Santo Tomás, estudió Filosofía en la Universidad de Sevilla, obteniendo el grado de Bachiller el 15 de octubre de 1787; y, tras estudiar cuatro años Medicina, consiguió el título de Bachiller en Medicina en julio de 1790, desconociéndose si llegó a ejercer como Médico[61].

En esa época, había en Sevilla un grupo de jóvenes aventajados en el conocimiento del latín que, en medio de una decadencia de las letras, adoptaron como modelo a Cicerón, a Tácito y a Tito Livio, en historia; a Horacio, en la poesía lírica y en la sátira; a Virgilio, en lo pastoril y en la épica; a Quintiliano, en sus reglas; y leyeron a los mejores poetas y prosistas españoles[62].

Matute y Arjona fueron los primeros que se opusieron a esta corriente decadente; y establecieron una Academia «que titularon *Horaciana*, por haberse propuesto por modelo al gran lírico latino», teniendo una corta existencia y despertando el interés por la Literatura[63].

El 10 de mayo de 1793 un grupo de estudiantes constituyó la *Academia particular de Letras humanas*; a la cual se unieron los hombres doctos Lista, Reinoso, Roldán, Blanco, López de Castro, Núñez y Díaz, Joaquín Mª. Sotelo, Álvarez Santullano y Matute. Los trabajos que realizaron los integrantes de esta Academia, en su corta existencia, fueron numerosos, según Lista; siendo algunos publicados y quedando inéditos otros custodiados en el archivo de dicha institución. En 1798, Justino Matute leyó un discurso titulado «La Escuela poético-arábigo sevillana», cuyo manuscrito original lo poseían los herederos de Francisco de Borja Palomo y cuyo contenido se desconoce[64].

Cuando los reyes Carlos IV y María Luisa vinieron a Sevilla en compañía del Príncipe de Asturias, Justino Matute describió los monumentos que la ciudad había erigido para solemnizar dicho acontecimiento[65]. El manuscrito inédito de dicha obra, que constaba de 55 páginas en 4.º, lo poseían los herederos de Francisco de Borja Palomo; y se titulaba *Relación de los ornatos públicos con que la M. N. L. y M. H. Ciudad de Sevilla ha solemnizado la feliz*

---

[61] Vázquez Ruiz, 1885: 9; y Vázquez Ruiz, 1888, 10.
[62] Vázquez Ruiz, 1885: 10.
[63] Vázquez Ruiz, 1885: 10-11.
[64] Vázquez Ruiz, 1885: 12.
[65] Vázquez Ruiz, 1885: 13-14.

entrada de los Reyes N. Señº. D. Carlos IIII y D.ª Luisa de Borbón, Príncipe de Asturias D. Fernando y demás Real familia en el día 18 de Febrero de 1796; describiendo el gusto decorativo y dando datos de la Historia de Sevilla[66].

En aquel tiempo, llegó a Sevilla Juan Agustín Ceán Bermúdez, comisionado por el Gobierno para arreglar el Archivo de Indias; el cual «necesitaba a su lado jóvenes entendidos y laboriosos que con su actividad y constancia le ayudasen en la inquisición de noticias para las obras que proyectaba»; siendo uno de sus colaboradores Justino Matute, el cual «acabó de aficionarlo más a las Antigüedades y a las Bellas Artes». Al marchar de Sevilla Ceán Bermúdez, Matute colaboró con el Licenciado Francisco Javier Delgado, jurisconsulto y arqueólogo, realizando investigaciones que no fueron publicadas[67].

La *Academia de letras humanas* desapareció en 1801, a los ocho años de su nacimiento; publicando Eduardo Vaquer una colección de poesías leídas en dicha institución; y dando a la luz Matute muchos de los trabajos en el periódico *Correo de Sevilla* que fundó y se publicó entre 1803 y 1808[68].

El 24 de mayo de 1806 Matute publicó en el periódico el *Correo de Sevilla* el artículo *Discurso sobre la manera de cultivar la imaginación*; el cual fue denunciado a la Inquisición; saliendo Matute victorioso, tras defenderlo con un folleto inédito de 103 páginas que poseían los herederos de Francisco de Borja Palomo[69].

Justino Matute había contraído matrimonio con Juana Núñez, tenía dos hijos Fernando e Isabel; y vivía en la calle Pajarería 32, hoy Zaragoza, en una casa suya, teniendo además dos grandes corralones alquilados a inquilinos en San Bernardo. Su situación económica era precaria, a pesar de dar clase en la Universidad en la Cátedra de Retórica; por lo que, tras la invasión francesa, aceptó el cargo de Subprefecto de Jerez de la Frontera, colaborando con los franceses[70].

En 1812, Justino Matute fue acusado de haber colaborado con los franceses; confiscándose todos sus papeles y siendo arrestado, permaneciendo en

---

[66] Vázquez Ruiz, 1885: 14-15.
[67] Vázquez Ruiz, 1885: 16.
[68] Vázquez Ruiz, 1885: 18.
[69] Vázquez Ruiz, 1885: 19.
[70] Vázquez Ruiz, 1885: 22-23; y Vázquez Ruiz, 1888: 73-74.

Jerez de la Frontera[71]. Su situación personal se agravó; ya que «los padecimientos que sufrió Matute en su persona fueron tantos, y tan grandes las vejaciones, que además de haber perjudicado notablemente su salud, llegó hasta el punto de tener que mendigar para atender a su subsistencia»[72]. Tras conseguir ser puesto en libertad, regresó a Sevilla, en 1815, ocupándose de la educación de sus hijos, ordenando las notas recopiladas y escribiendo una gran cantidad de obras y anotaciones[73].

Al morir la Reina Isabel Francisca de Braganza, se celebraron suntuosos funerales; escribiendo Matute una *Relación de las Exequias con que la M. N. y M. H. ciudad de Sevilla honró la memoria de su amada Reina la Señora Dª. Isabel de Braganza en los días 16 y 17 de Febrero de este año 1819, y descripción del suntuoso mausoleo en que manifestó su dolor*; del cual los herederos de Francisco de Borja Palomo tenían una copia[74].

Justino Matute quiso reimprimir los *Anales* de Ortiz de Zúñiga anotadas; pero, al tener noticia de que Luis Germán y Ribón tenía muy adelantado el trabajo, no lo realizó. Sin embargo, este trabajo no llegó a publicarse por morir antes Germán y Ribón; pero posteriormente los *Anales* fueron publicados por Antonio María Espinosa y Cárcel, al cual Matute aportó muchos datos, sin ser mencionado[75].

Otro proyecto de Justino Matute fue el de continuar los *Anales* de Ortiz de Zúñiga; terminando de redactar, en 1822, un manuscrito, encuadernado en dos volúmenes, que se encuentra en la Biblioteca Colombina y lleva el título de *Anales eclesiásticos y seculares de la M. N. y M. L. ciudad de Sevilla, Metrópoli de Andalucía. Que contienen las más principales memorias desde el año 1701 hasta el de 1800. Continuación de los que formó don Diego Ortiz de Zúñiga hasta el año 1671 y siguió hasta el año de 1700 don Antonio María Espinosa y Cárcel*[76].

Luego escribió unas *Memorias para la Historia de Sevilla*; la obra *Hijos de Sevilla señalados en Santidad, letras, armas o dignidad*, la cual consta de tres

[71] Vázquez Ruiz, 1885: 25-26.
[72] Vázquez Ruiz, 1885: 27.
[73] Vázquez Ruiz, 1885: 33.
[74] Vázquez Ruiz, 1885: 36.
[75] Vázquez Ruiz, 1885: 38-39.
[76] Vázquez Ruiz, 1885: 41.

volúmenes en cuarto; el *Bosquejo de Itálica*; y *Noticias relativas a Sevilla que no constan en sus Anales, recogidas de diversos impresos y manuscritos*[77].

Pero, pese a la intensa actividad que tuvo en esos años, «los padecimientos que contrajo Matute en la prisión, sus continuos y prolongados trabajos literarios y la pérdida de su hijo D. Fernando, quebraron mucho su salud y fueron apagando poco a poco los bríos de aquella vida tan activa y laboriosa»; y «debió padecer en sus últimos años de *parálisis*, a juzgar por lo que el mismo dice en la carta que escribió a su amigo el doctor don Leandro José de Flores, cura de la Parroquia del Sagrario»[78].

En estos años, Justino Matute sufrió la pérdida de muchos familiares. Así, en 1810, murió su padre, Domingo Matute; en 1817, falleció su hijo Fernando; en 1827, perdió a su esposa, Juana Núñez[79]. En estos penosos años, Justino Matute sufrió, en 1824, un ataque de parálisis que al principio no le impidió dedicarse a sus tareas habituales[80]. A fines de 1829, Justino sufrió un nuevo ataque de su enfermedad, «que le puso a las puertas de la muerte», «todo el lado derecho de su cuerpo quedó paralizado y como muerto, no restándole sano más que su privilegiado entendimiento»[81].

El 16 de noviembre de 1829 Justino Matute otorgó testamento ante el Escribano Público José María Moliní, «instituyendo por albacea y única heredera de todos sus bienes a su hija Dª. Isabel, soltera de más de veinticinco años». En el testamento, Matute «declaró que entre mis bienes se halla una buena librería y multitud de apuntes literarios, los cuales, no queriendo que padezcan extravío alguno, encargo a la referida mi hija que ha de ser mi albacea y heredera los conserve del mejor medio posible y los trasmita a manos que lo sepan apreciar, o los distribuya del modo que yo le comunicaré, sin que, no obstante esta cláusula, nadie pueda pedirle cuenta ni razón de lo que sobre esto dispusiere»[82]. Sin embargo, tres meses antes de fallecer Justino Matute, murió su hija Isabel; y el 11 de marzo de 1830 falleció Justino Matute cuando aún no había cumplido 66 años de edad[83]. Por ello, a su

---

[77] Vázquez Ruiz, 1885: 41-44.
[78] Vázquez Ruiz, 1885: 46.
[79] Vázquez Ruiz, 1888: 73.
[80] Vázquez Ruiz, 1888: 68.
[81] Vázquez Ruiz, 1888: 72.
[82] Vázquez Ruiz, 1888: 71-72.
[83] Vázquez Ruiz, 1885: 46; y Vázquez Ruiz, 1888: 72.

muerte, sólo le sobrevivió «un hermano soltero, llamado D. Mariano, hombre de alguna edad, poco avisado y de muy escasas facultades intelectuales, el cual fue declarado albacea y heredero de todos sus bienes»[84].

Tras la muerte de Justino Matute, la colección de documentos y memorias que tenía desaparecieron gran parte de ellas[85]. Al morir Matute, nadie recogió ninguna noticia sobre él; salvo Francisco de Borja Palomo quien habló de él, en una nota del tomo segundo de sus *Riadas*[86]. El desconocimiento sobre la vida y la obra de Justino Matute era total y debemos de esperar a que, en 1885, José Vázquez Ruiz publique la primera biografía sobre este importante historiador sevillano; y sea completada, años después, con una nueva biografía, en el año 1887, como *Prólogo* a los *Anales* de Justino Matute, cuyo estudio fue reimpreso como libro independiente en 1888.

8.- Justino Matute y sus *Adiciones y correcciones al tomo IX del Viaje de España* de Antonio Ponz

Refirió José Vázquez Ruiz que, entre los trabajos histórico-artísticos de Justino Matute debemos de destacar las *Seis Cartas* que dedicó a un amigo anónimo que, para este autor, pudiese ser Rodrigo de Sierra y Llanes, Arcediano de Sevilla; adicionando y corrigiendo el tomo IX del *Viage de Ponz*[87].

La primera carta la publicó Justino Matute, en su periódico el *Correo de Sevilla* en 1804, en los números 36 al 52 inclusive del tomo II; permaneciendo inéditas las cinco cartas restantes, cuyo manuscrito original lo poseían los herederos de Francisco de Borja Palomo, constando de 202 páginas en cuarto[88].

La idea inicial de Justino Matute era la de dar a la imprenta toda la obra completa en el periódico «Correo de Sevilla». Así comenzó a publicar la Carta I el 4 de febrero de 1804, continuando en números sucesos el resto y concluyendo el 28 de marzo de 1804 la publicación de esta epístola; dejando sin dar a la luz el resto de la obra.

---

[84] Vázquez Ruiz, 1888: 73.
[85] Vázquez Ruiz, 1888: 72.
[86] Vázquez Ruiz, 1888: 74.
[87] Vázquez Ruiz, 1885: 37; y Vázquez Ruiz, 1887: 69.
[88] Vázquez Ruiz, 1885: 38.

Las razones por las cuales Justino Matute dejó de imprimir las sucesivas Cartas de la obra, las confesó el propio autor en una nota a pie de página de un artículo suyo titulado Estatuas erigidas en Génova en honor de Cristóbal Colón, y de Napoleón Bonaparte. Allí, indicó que algo podía añadir sobre la vida de Cristóbal Colón, al haber consultado su testamento y sus papeles conservados en la Biblioteca Colombina, cuando escribía la Carta II de las Adiciones y Correcciones; añadiendo que, al comenzar a publicar Justino Matute la Carta I, un grupo de lectores se disgustaron de ellas e incluso la despreciaron, por lo que «hemos tomado el partido de suspenderlas, esperando, bien que mude de parecer, o que los deseos y votos de las gentes que las aprecian se declaren abiertamente en favor de ellas»[89].

En 1886, cuando José Vázquez Ruiz, José Gestoso Pérez y Joaquín Hazaña y La Rua decidieron publicar la obra de Justino Matute *Adiciones y correcciones de D. Justino Matute al tomo IX del Viaje de España de D. Antonio Ponz, en el que trata de la Ciudad de Sevilla*, pensaron que sería acertado el volver a publicar la *Primera Carta*, comentada y ampliada por José Gestoso Pérez, para que así apareciese completa la obra en su totalidad[90].

En la *Primera Carta*, Justino Matute comenzaba diciendo que, era su deseo el publicar la *Carta* en la que aparecen estas «apuntaciones, que años antes formé sobre las omisiones y equivocaciones del Viajero Ponz, quando habla de Sevilla»; la cual apareció, en el año 1804 en el periódico *Correo de Sevilla*[91].

Proseguía comentando que, en 1793, «queriendo el impresor Bodoni publicar en Parma el *Viage de Ponz*, añadido y correcto, interesó para ello, por lo que respecta a Sevilla, a mi difunto amigo D. Rodrigo de Sierra y Llanes, Arcediano titular de esta Iglesia, para que buscase quien pudiera desempeñarlo; y éste, por efecto de su amistad, me creyó capaz de su encargo, parte del qual lo evacué en las tres Cartas que ahora remito apuntadas; mas las críticas circunstancias en que nos puso la guerra, no sólo suspendió la correspondencia con Italia, sino que yo creo que Bodoni

[89] Matute y Gaviria, 1804b: 196.
[90] Matute y Gaviria, 1886a: 32.
[91] Matute y Gaviria, 1886a: 32.

varió de proyecto, lo que en parte ha suplido el nuevo *Diccionario* de Pintores &c. de D. Juan Ceán Bermúdez»; añadiendo que «sin embargo, estas Cartas presentan reunidas y metódicamente los asuntos de que trata Ponz, con otras materias que no entraron en el plan del Diccionario y son dignas de acordarse». Para mayor claridad, Justino Matute quiso que «cada Carta mía corresponda a una de Ponz en su tomo IX, siguiendo sus mismos números marginales, y de este modo logro más comodidad en mis ilustraciones»[92].

Justino Matute criticó a Antonio Ponz por «creer que con sólo permanecer en una ciudad tan populosa y antigua como Sevilla un par de semanas, recorrer sus obras públicas en escaso tiempo, y fiar en ajena diligencia sus singularidades, creer en esto, repito, conocerla y describirla es un imposible, que sólo apreciarán los que de intento se dediquen con más lentitud y proporción a sus investigaciones»; y por fiar «en la diligencia de sus amigos y favorecedores, quienes no siempre gozaban de la ilustración que debería esperarse»[93].

Justino Matute envió a Bodoni las tres primeras cartas, para que las publicase; pero el editor cambió de idea y no fueron publicadas; aprovechando Ceán Bermúdez el trabajo para incluir los datos en su *Diccionario*[94]. Al permanecer el trabajo inédito, Justino Matute decidió publicar la *Primera Carta* en 1804, en el *Correo de Sevilla*.

Los herederos de Francisco de Borja Palomo tenían un tomo en cuarto en el cual se encontraban los manuscritos originales de las *Adiciones y correcciones* de Justino Matute[95]. Sobre estas *Cartas,* confesó Vázquez Ruiz que «tan conocidos eran el mérito e importancia de estas seis cartas, que de su puño y letra nos dejó D. Justino, y tan grande su utilidad para el conocimiento de las artes sevillanas, que el *Archivo Hispalense* no dudó un momento en darles lugar preferente en sus columnas con nuevas notas e ilustraciones de sus redactores»[96].

---

[92] Matute y Gaviria, 1886a: 32.
[93] Vázquez Ruiz, 1888: 50.
[94] Vázquez Ruiz, 1888: 50.
[95] Matute y Gaviria, 1886b: 5.
[96] Vázquez Ruiz, 1888: 50-51.

9.- Notas biográficas del bibliófilo José Vázquez Ruiz

El escritor José Vázquez Ruiz nació el 27 de marzo de 1842, en el pueblo malagueño de Manilva, en el seno de una familia muy humilde. Cuando era muy pequeño falleció su padre, por lo cual tuvo que ayudar a su madre para que su familia pudiese subsistir[97].

El 22 de octubre de 1859, a raíz de la demolición por los moros de unas fortificaciones en el territorio de Ceuta, el Gobierno, presidido por el General O'Donnell, declaró la Guerra al Imperio Marroquí; alistándose José Vázquez Ruiz en el ejército, como voluntario, cuando sólo tenía diecisiete años, participando en la contienda bélica[98].

El 26 de abril de 1860 se firmó el Tratado de Paz de Tetuán; por el cual se amplió el campo de Ceuta y se ratificó el Tratado sobre Melilla de 1854[99]. Al terminar la contienda bélica, José Vázquez abandonó la vida castrense, licenciándose como soldado, mudándose a vivir a Sevilla. En esta ciudad, llevó una vida muy austera, según nos dejó escrito su íntimo amigo Prudencio Sánchez de Merodio; «privándose, pues, hasta de lo indispensable, trabajando de día y de noche en dar lecciones, y ocupando en sus estudios particulares las horas que otros dedican al sueño, fue cursando con aprovechamiento y lucidez las asignaturas del Bachiller en Artes, no sin que en las lecciones, en las conferencias y en los exámenes causase la admiración de sus Catedráticos y compañeros», e iguales sufrimientos soportó para conseguir el título de Licenciado en Filosofía y Letras el 29 de junio de 1876, cuando tenía 34 años[100].

Inicialmente se colocó como celador en el colegio de Juan Naranjo, en la calle San José, recibiendo un sueldo muy pequeño; luego ingresó, el 1 de abril de 1875, como simple escribiente, en la Secretaría de la Universidad de Sevilla; y, por último, fue nombrado oficial de la Sección de Ciencias[101]. También impartió clases de Latín, Retórica y Psicología en diversos colegios[102]. Por último, tenía previsto presentarse a las oposiciones que iban

---

[97] Petit Caro, 1944; 117.
[98] Petit Caro, 1944: 118.
[99] Petit Caro, 1944: 118.
[100] Sedano y González, 1892: 21-22; y Petit Caro, 1944: 119.
[101] Sedano y González, 1892: 22; y Petit Caro, 1944: 119.
[102] Petit Caro, 1944: 120.

a tener lugar en octubre de 1892, para cuya prueba preparó un Programa de Lengua Latina muy elogiado, pero José Vázquez Ruiz falleció antes de que tuviesen lugar los exámenes[103].

El 7 de diciembre de 1878 contrajo matrimonio con Ana de Elena, en la capilla del Sagrario de la Iglesia de Santiago el Mayor; teniendo cinco hijos que eran muy pequeños cuando falleció José Vázquez Ruiz[104].

Sobre las colaboraciones periodísticas de José Vázquez Ruiz, su compañero de tertulia Manuel Chaves Rey nos aporta unos datos interesantes en su libro sobre la Historia del Periodismo sevillano.

El primer periódico que recoge Chaves Rey, en el que colaboró Vázquez Ruiz, fue *El Oriente. Periódico católico monárquico*, que tenía el lema *Religión, Patria y Rey* y el cual se imprimía en la Imprenta de *El Oriente*. Comenzó a publicarse el 1 de abril de 1869 y terminó el 5 de mayo de 1873; y salía todos los días salvo el lunes. Era un periódico carlista, que tenía cuatro páginas y entre sus colaboradores debemos de mencionar a Francisco Mateos Gago, Simón La Rosa, Antonio Gómez Azeves y José Vázquez Ruiz[105].

Otro periódico, que se publicaba los domingos y tenía cuatro páginas de tamaño folio, era *La Boina. Pesadilla liberal*, que comenzó a publicar el 3 de julio de 1870 y finalizó en 1871; siendo sus redactores Simón La Rosa y López, José Carmona y Ramos y José Vázquez Ruiz. Según Chaves Rey, era un periódico carlista de los más decididos[106].

La *Revista Literaria (Adición de la Revista de Tribunales y regalo a sus suscriptores)* comenzó a editarse el 15 de abril de 1891 y se suspendió en abril de 1892; publicándose dos veces al mes, con ocho páginas en folio y a dos columnas. Entre sus colaboradores debemos de destacar a Francisco Rodríguez Marín, José Gestoso Pérez, Joaquín Hazañas y La Rua, Javier Lasso de la Vega, Diego Angulo, Carlos Jiménez Placer, Luis Montoto Rautenstrauch, Amante Laffón, Simón La Rosa López, José Vázquez Ruiz, Emilio Serrano Sellés, Manuel Díaz Martín y José María Asensio. En la revista se publicaban artículos literarios, críticas, poesías, curiosidades literarias, estudios biográficos, sucesos históricos, novelas y bibliografías[107].

---

[103] Petit Caro, 1944: 121.
[104] Sedano y González, 1892: 22; y Petit Caro, 1944: 120.
[105] Chaves, 1896: 190-191.
[106] Chaves, 1896: 195.
[107] Chaves, 1896: 303.

Además de las mencionadas, Carlos Petit Caro indicó que en el periódico *La Unión Mercantil e Industrial*, fundado en 1882 y dirigido por el montañés Prudencio Sánchez de Merodio, colaboró José Vázquez Ruiz muy asiduamente[108].

El 1 de abril de 1887 fue nombrado Académico correspondiente de la Real Academia de la Historia[109]; y el 1 de abril de 1892 fue designado Académico Numerario de la Real Academia Sevillana de Buenas Letras, falleciendo antes de tomar posesión[110].

José Vázquez Ruiz era un asiduo de las tertulias del Marqués de Jerez de los Caballeros y del Duque de T'Serclaes; y según todos los asistentes era la piedra angular de la reunión; siendo quien fomentó en los anfitriones la desmesurada afición bibliográfica[111].

Rememoró Luis Montoto que el 29 de agosto de 1892 José Vázquez Ruiz, le fue a buscar al Café Central, a pesar que habitualmente no solía ir a este lugar, para hablar sobre el *verso licambeo*, proyectar una excursión para ver a la Virgen de la Consolación de Utrera, de la cual era muy devoto, y hablar. Había estado en la cama por una congestión pulmonar y el médico le había dado de alta, a pesar de que no se encontraba muy bien. Desde la calle Sierpes se dirigieron a la Plaza del Duque, continuaron hacia la Alameda y al regresar se encontró mal por lo que le llevaron a la Casa de Socorro que estaba situada en la Plaza de San Francisco y allí falleció[112].

10.- El descubrimiento de la obra inédita de Justino Matute y Gaviria

Cuando Justino Matute falleció el 11 de marzo de 1830, nadie escribió ninguna semblanza sobre su persona y su obra; siendo totalmente olvidado; de tal forma que, debemos de esperar a que el Catedrático de Derecho Romano, Francisco de Borja Palomo, escriba una pequeña referencia sobre su persona, en el tomo segundo de su libro sobre las *Riadas*, que dejó inédito al fallecer. Tras la muerte de Justino Matute, sus libros y manuscritos

---

[108] Petit Caro, 1944: 123.
[109] Petit Caro, 1944: 126.
[110] Petit Caro, 1944: 128.
[111] Montoto Rautenstrauch, 1930: 246.
[112] Montoto Rautenstrauch, 1930: 252.

se dispersaron. José Vázquez Ruiz localizó en la biblioteca de Francisco de Borja Palomo, la cual la conservaban sus herederos, muchos manuscritos que había escrito Justino Matute; y lo mismo le pasó en la Biblioteca Colombina en la cual se custodiaban otros manuscritos de este analista.

Desde el principio, a José Vázquez Ruiz le atrajo poderosamente la atención la figura y la obra de Justino Matute. Vázquez Ruiz había sido amigo de Francisco de Borja Palomo, el cual había nacido en Estepona y era, por consiguiente, también malagueño. Tras contactar Vázquez Ruiz con sus herederos y poder consultar la documentación conservada, publicó, en 1885, la obra *Apuntes biográficos del erudito sevillano D. Justino Matute y Gaviria y breve noticia de sus trabajos literarios*. Con esta obra, Vázquez Ruiz consiguió dar a conocer la persona y la obra de Justino Matute; por lo que José Gestoso y Joaquín Hazañas y La Rua se interesaron por su figura.

Por ello, a partir de este momento en la revista *Archivo Hispalense*, se comenzaron a publicar una serie de trabajos inéditos cuyos manuscritos originales se encontraban en las mencionadas bibliotecas. Vázquez Ruiz, tras la publicación de la referida biografía, consiguió que se editasen los *Anales* que nunca se habían publicado y que la obra manuscrita se encontraba en la Biblioteca Colombina; y, entre las muchas obras y trabajos de Justino Matute, se publicaron las *Adiciones y correcciones de D. Justino Matute al tomo IX del Viaje de D. Antonio Ponz»*, cuyo manuscrito original se encontraba en la Biblioteca de los herederos de Francisco de Borja Palomo, por medio de entregas en la revista «*Archivo Hispalense*». Pero, esta obra, que había sido escrita a fines del siglo XVIII, necesitaba que se le añadiese una serie de comentarios a pie de página que actualizasen los datos consignados en la obra; y, por ello, José Gestoso Pérez, Joaquín Hazañas y La Rua y José Vázquez Ruiz añadieron esas notas, logrando enriquecer la obra de Justino Matute.

11.- Conclusiones

En la presente edición hemos agrupado una serie de libros de distintos autores que se encuentran todos ellos íntimamente relacionados. El punto de partida ha sido el tomo IX del *Viage de España* de Antonio Ponz, dedicado a Sevilla; al cual hemos agregado la parte del tomo VIII donde se trata del Monasterio de la Cartuja y de Triana; la *Advertencia* publicada en el tomo X, donde corrige una serie de errores e imprecisiones que había cometido en el tomo precedente; y la parte dedicada a Sevilla del tomo XVII. También hemos publicado un manuscrito del Conde del Águila, que transcribió y publicó Juan de Mata Carriazo, que se titula *Observaciones hechas leyendo el tomo Nono del Viage de España por un deseo de su mayor perfección*; y el libro *Adiciones y correcciones de D. Justino Matute al tomo IX del Viaje de D. Antonio Ponz*, con las anotaciones que le añadieron José Gestoso Pérez, Joaquín Hazañas y La Rúa y José Vázquez Ruiz, el cual nunca ha sido publicado en forma de libro, ya que se publicaron por entregas en la revista *Archivo Hispalense*. También hemos considerado oportuno el hacer referencia a todas las ediciones que, en el siglo XVIII, se hicieron del *Viage de España* de Antonio Ponz.

Bibliografía de Antonio Ponz

Puente, Pedro Antonio de la (1772): *Viage de España, o cartas, en que se da noticia de las cosas más apreciables, y dignas de saberse que hay en ella* (tomo I, primera edición). Madrid: Joachin Ibarra, Impresor de Cámara de S. M.

Puente, Pedro Antonio de la (1773): *Viage de España, o cartas, en que se da noticia de las cosas más apreciables, y dignas de saberse que hay en ella, particularmente el Escorial* (tomo II, primera edición). Madrid: Joachin Ibarra, Impresor de Cámara de S. M.

Ponz, Antonio (1774a): *Viage de España, o cartas, en que se da noticia de las cosas más apreciables, y dignas de saberse, que hay en ella* (tomo III, primera edición). Madrid: Joachin Ibarra, Impresor de Cámara de S. M.

Ponz, Antonio (1774b): *Viage de España, o cartas, en que se da noticia de las cosas más apreciables, y dignas de saberse, que hay en ella* (tomo IV, primera edición). Madrid: Joachin Ibarra, Impresor de Cámara de S. M.

Ponz, Antonio (1776a): *Viage de España, o cartas, en que se da noticia de las cosas más apreciables, y dignas de saberse, que hay en ella* (tomo V, primera edición). Madrid: Joachin Ibarra, Impresor de Cámara de S. M.

Ponz, Antonio (1776b): *Viage de España, en que se da noticia de las cosas más apreciables, y dignas de saberse, que hay en ella* (tomo VI, primera edición). Madrid: Joachin Ibarra, Impresor de Cámara de S. M.

Ponz, Antonio (1776c): *Viage de España, en que se da noticia de las cosas más apreciables, y dignas de saberse, que hay en ella* (tomo I, segunda edición). Madrid: Joachin Ibarra, Impresor de Cámara de S. M.

Ponz, Antonio (1777a): *Viage de España, en que se da noticia de las cosas más apreciables, y dignas de saberse, que hay en ella* (tomo II, segunda edición). Madrid: Joachin Ibarra, Impresor de Cámara de S. M.

Ponz, Antonio (1777b): *Viage de España, en que se da noticia de las cosas más apreciables, y dignas de saberse, que hay en ella* (tomo III, segunda edición). Madrid: Joachin Ibarra, Impresor de Cámara de S. M.

Ponz, Antonio (1778a): *Viage de España, en que se da noticia de las cosas más apreciables, y dignas de saberse, que hay en ella* (tomo VII, primera edición). Madrid: Joachin Ibarra, Impresor de Cámara de S. M.

Ponz, Antonio (1778b): *Viage de España, en que se da noticia de las cosas más apreciables, y dignas de saberse, que hay en ella* (tomo VIII, primera edición). Madrid: Joachin Ibarra, Impresor de Cámara de S. M.

Ponz, Antonio (1779): *Viage de España, en que se da noticia de las cosas más apreciables, y dignas de saberse, que hay en ella* (tomo IV, segunda edición). Madrid: Joachin Ibarra, Impresor de Cámara de S. M.

Ponz, Antonio (1780): *Viage de España, en que se da noticia de las cosas más apreciables, y dignas de saberse, que hay en ella* (tomo nono, primera edición). Madrid: Joachin Ibarra, Impresor de Cámara de S. M.

Ponz, Antonio (1781): *Viage de España, en que se da noticia de las cosas más apreciables, y dignas de saberse, que hay en ella* (tomo X, primera edición). Madrid: Joachin Ibarra, Impresor de Cámara de S. M.

Ponz, Antonio (1782a): *Viage de España, en que se da noticia de las cosas más apreciables, y dignas de saberse, que hay en ella* (tomo V, segunda edición). Madrid: Joachin Ibarra, Impresor de Cámara de S. M.

Ponz, Antonio (1782b): *Viage de España, en que se da noticia de las cosas más apreciables, y dignas de saberse, que hay en ella* (tomo VI, segunda edición). Madrid: Joachin Ibarra, Impresor de Cámara de S. M.

Ponz, Antonio (1783a): *Viage de España, en que se da noticia de las cosas más apreciables, y dignas de saberse, que hay en ella* (tomo XI, primera edición). Madrid: Joachin Ibarra, Impresor de Cámara de S. M.

Ponz, Antonio (1783b): *Viage de España, en que se da noticia de las cosas más apreciables, y dignas de saberse, que hay en ella* (tomo XII, primera edición). Madrid: Joachin Ibarra, Impresor de Cámara de S. M.

Ponz, Antonio (1784a): *Viage de España, en que se da noticia de las cosas más apreciables, y dignas de saberse, que hay en ella* (tomo VII, segunda edición). Madrid: Joachin Ibarra, Impresor de Cámara de S. M.

Ponz, Antonio (1784b): *Viage de España, en que se da noticia de las cosas más apreciables, y dignas de saberse, que hay en ella* (tomo VIII, segunda edición). Madrid: Joachin Ibarra, Impresor de Cámara de S. M.

Ponz, Antonio (1785a): *Viage de España, en que se da noticia de las cosas más apreciables, y dignas de saberse, que hay en ella* (tomo XIII, primera edición). Madrid: Joachin Ibarra, Impresor de Cámara de S. M.

Ponz, Antonio (1785b): *Prólogo al tomo XIII del Viage de España, que su autor Antonio Ponz ha hecho imprimir separadamente, se contiene en él varias reglas y fáciles prácticas para la siembra, plantío, y multiplicación de árboles, que pueden criarse con abundancia en las Provincias del Reyno* (Primera edición). Madrid: Joachin Ibarra, Impresor de Cámara de S. M.

Ponz, Antonio (1785c): *Viage fuera de España. Tomo Primero* (primera edición). Madrid: Joachin Ibarra, Impresor de Cámara de S. M.

Ponz, Antonio (1785d): *Viage fuera de España. Tomo segundo* (primera edición). Madrid: Joachin Ibarra, Impresor de Cámara de S. M.

Ponz, Antonio (1786): *Viage de España, en que se da noticia de las cosas más apreciables, y dignas de saberse, que hay en ella* (tomo IX, segunda edición). Madrid: Viuda de Ibarra, Hijos, y Compañía.

Ponz, Antonio (1787a): *Viage de España, en que se da noticia de las cosas más apreciables, y dignas de saberse, que hay en ella* (tomo X, segunda edición). Madrid: Viuda de Ibarra, Hijos, y Compañía.

Ponz, Antonio (1787b): *Viage de España, en que se da noticia de las cosas más apreciables, y dignas de saberse, que hay en ella* (tomo XI, segunda edición). Madrid: Viuda de Ibarra, Hijos, y Compañía.

Ponz, Antonio (1787c): *Viage de España, en que se da noticia de las cosas más apreciables, y dignas de saberse, que hay en ella* (tomo I, tercera edición). Madrid: Viuda de Ibarra, Hijos, y Compañía.

Ponz, Antonio (1788a): *Viage de España, en que se da noticia de las cosas más apreciables, y dignas de saberse, que hay en ella* (tomo XIV, primera edición). Madrid: Viuda de Ibarra, Hijos, y Compañía.

Ponz, Antonio (1788b): *Viage de España, en que se da noticia de las cosas más apreciables, y dignas de saberse, que hay en ella* (tomo XV, primera edición). Madrid: Viuda de Ibarra, Hijos, y Compañía.

Ponz, Antonio (1788c): *Viage de España, en que se da noticia de las cosas más apreciables, y dignas de saberse, que hay en ella* (tomo XII, segunda edición). Madrid: Viuda de Ibarra, Hijos, y Compañía.

Ponz, Antonio (1788d): *Viage de España, en que se da noticia de las cosas más apreciables, y dignas de saberse, que hay en ella* (tomo XIII, segunda edición). Madrid: Viuda de Ibarra, Hijos, y Compañía.

Ponz, Antonio (1788e): *Viage de España, en que se da noticia de las cosas más apreciables, y dignas de saberse, que hay en ella* (tomo II, tercera edición). Madrid: Viuda de Ibarra, Hijos, y Compañía.

Ponz, Antonio (1789a): *Viage de España, en que se da noticia de las cosas más apreciables, y dignas de saberse, que hay en ella* (tomo III, tercera edición). Madrid: Viuda de Ibarra, Hijos, y Compañía.

Ponz, Antonio (1789b): *Viage de España, en que se da noticia de las cosas más apreciables, y dignas de saberse, que hay en ella* (tomo IV, tercera edición). Madrid: Viuda de Ibarra, Hijos, y Compañía.

Ponz, Antonio (1791): *Viage de España, en que se da noticia de las cosas más apreciables, y dignas de saberse, que hay en ella* (tomo XVI, primera edición). Madrid: Viuda de D. Joaquín Ibarra.

Ponz, Antonio (1792): *Viage de España, en que se da noticia de las cosas más apreciables, y dignas de saberse, que hay en ella* (tomo XVII, primera edición). Madrid: Viuda de D. Joaquín Ibarra.

Ponz, Antonio (1793a): *Viage de España, en que se da noticia de las cosas más apreciables, y dignas de saberse, que hay en ella* (tomo V, tercera edición). Madrid: Viuda de D. Joaquín Ibarra.

Ponz, Antonio (1793b): *Viage de España, en que se da noticia de las cosas más apreciables, y dignas de saberse, que hay en ella* (tomo VI, tercera edición). Madrid: Viuda de D. Joaquín Ibarra.

Ponz, Antonio (1794): *Viage de España, en que se da noticia de las cosas más apreciables, y dignas de saberse, que hay en ella* (tomo XVIII, primera edición). Madrid: Viuda de D. Joaquín Ibarra.

Bibliografía

Aguilar Piñal, Francisco (1972): *Temas sevillanos (primera serie)*. Sevilla: Universidad de Sevilla.

Alborg, Juan Luis (1975): *Historia de la Literatura española* (tomo III). Madrid: Editorial Gredos.

Carriazo, J. de M. (1929): «Correspondencia de don Antonio Ponz con el Conde del Águila». En *Archivo español de arte y arqueología*, tomo 5, Nº.14, pp. 157-184.

Chaves Rey, Manuel (1896): *Historia y bibliografía de la prensa sevillana.* Sevilla: Imp. de E. Rasco, Bustos Tavera, 1.

Diz, Alejandro: https://dbe.rah.es/biografias/9993/antonio-ponz-piquer (16 de junio de 2024)

Jovellanos, Gaspar de (1848): *Cartas del Señor Don Gaspar de Jovellanos, sobre el Principado de Asturias dirigidas a Don Antonio Ponz, inéditas hasta el día y remitidas a la redacción de las memorias de la Sociedad Económica de la Habana por D. Domingo del Monte.* Habana: Imprenta del Faro Industrial calle de San Ignacio núm. 9.

Matute y Gaviria, Justino (1804a): «Adiciones y correcciones al tomo IX del Viage de España de Ponz, en el que trata de la Ciudad de Sevilla. Carta I». En *Correo de Sevilla*, 2, pp. 1-3, 9-11, 17-19, 41-43, 49-51, 57-61, 89-91, 97-100, 105-109, 113-116, 121-122, 129-132.

Matute y Gaviria, Justino (1804b): «Estatuas erigidas en Génova en honor de Cristóbal Colón, y de Napoleón Bonaparte». En *Correo de Sevilla*, 2, pp. 193-197.

Matute y Gaviria, Justino (1886a): «Adiciones y correcciones de D. Justino Matute al tomo IX del Viaje de D. Antonio Ponz, en el que trata de la Ciudad de Sevilla. Aumentadas nuevamente. Carta I». En *Archivo Hispalense*, 1, pp. 32-43, 143-164, 310-321, 364-382.

Matute y Gaviria, Justino (1886b): «Adiciones y correcciones de D. Justino Matute al tomo IX del Viaje de D. Antonio Ponz, aumentadas nuevamente. Carta II». En *Archivo Hispalense*, 2, pp. 5-15, 192-200, 201-208, 225-243, 274-279.

Matute y Gaviria, Justino (1887a): «Adiciones y correcciones de D. Justino Matute al tomo IX del Viaje de D. Antonio Ponz, aumentadas nuevamente. Carta III». En *Archivo Hispalense*, 3, pp. 67-82, 309-332, 353-388.

Matute y Gaviria, Justino (1887b): *Anales eclesiásticos y seculares de la Muy Noble y Muy Leal ciudad de Sevilla Metrópoli de la Andalucía que contienen las más principales memorias desde el año de 1701, en que empezó a reinar el rey D. Felipe V, hasta el de 1800, que concluyó con una horrorosa epidemia, continuación de los que formó D. Diego Ortiz de Zúñiga hasta el año de 1671 y siguió hasta el de 1700 D. Antonio Mª. Espinosa y Cárcel.* Sevilla: Imp. de E. Rasco, Bustos Tavera, 1º.

Matute y Gaviria, Justino (1888a): «Adiciones y correcciones de D. Justino Matute al tomo IX del Viaje de D. Antonio Ponz, aumentadas nuevamente. Carta IV». En *Archivo Hispalense*, 4, pp. 57-69.

Matute y Gaviria, Justino (1888b): «Adiciones y correcciones de D. Justino Matute al tomo IX del Viaje de D. Antonio Ponz, aumentadas nuevamente. Carta V». En *Archivo Hispalense*, 4, pp. 175-191.

Matute y Gaviria, Justino (1888): «Adiciones y correcciones de D. Justino Matute al tomo IX del Viaje de D. Antonio Ponz, aumentadas nuevamente. Carta VI». En *Archivo Hispalense*, 4, pp. 194-207.

Montoto Rautenstrauch, Luis (1930): *Por aquellas calendas. Vida y milagros del magnífico caballero Don Nadie.* Madrid: Compañía Ibero-americana de Publicaciones, S. A. y Renacimiento.

Petit Caro, Carlos (1944): «Un ilustre erudito andaluz: Don José Vázquez Ruiz». En *Archivo Hispalense*, 4, pp. 115-149.

Ponz, José (1794): «Prólogo». En *Viage de España, en que se da noticia de las cosas más apreciables, y dignas de saberse, que hay en ella* (tomo XVIII, primera edición). Madrid: Viuda de D. Joaquín Ibarra, pp. I-XXIV.

Rivero, Casto María de (1947): «Introducción». En Antonio Ponz: *Viaje de España seguido de los dos tomos del Viaje fuera de España.* Madrid: M. Aguilar Editor, pp. XI-XLVIII.

Sedano y González, Eugenio (1892): *Notas biográficas acerca del bibliófilo andaluz D. José Vázquez Ruiz.* Sevilla: Tipografía de la Revista de Tribunales, Rivero, 11.

Vázquez Ruiz, José (1885): *Apuntes biográficos del erudito sevillano D. Justino Matute y Gaviria y breve noticia de sus trabajos literarios.* Sevilla: Imprenta de D. Rafael Tarascó y Lassa.

Vázquez Ruiz, José (1887): «Biografía del Autor». En Justino Matute y Gaviria: *Anales eclesiásticos y seculares de la Muy Noble y Muy Leal ciudad de Sevilla Metrópoli de la Andalucía que contienen las más principales memorias desde el año de 1701, en que empezó a reinar el rey D. Felipe V, hasta el de 1800, que concluyó con una horrorosa epidemia, continuación de los que formó D. Diego Ortiz de Zúñiga hasta el año de 1671 y siguió hasta el de 1700 D. Antonio M.ª Espinosa y Cárcel.* Sevilla: Imp. de E. Rasco, Bustos Tavera, 1º, V-LXXIII.

Vázquez Ruiz, José (1888): *Biografía del erudito sevillano don Justino Matute y Gaviria y noticia de sus obras literarias*. Sevilla: Oficina Tipográfica de E. Rasco, Bustos Tavera, 1º.

Velázquez y Sánchez, José (1859): *Índice de la Sección especial del Archivo Municipal de Sevilla, que comprende los papeles y documentos, adquiridos por el Excmo. Ayuntamiento en 1809 de la testamentaría del Señor Conde del Águila: arreglados en 1859, y divididos en 66 volúmenes en folio y 25 en cuarto*. Sevilla: Librería Española y Extrangera calle de las Sierpes número 35.

Viaje a Sevilla

por Antonio Ponz

Una guía artística de
la Sevilla del siglo XVIII

seguido de las adiciones y correcciones que hizo
Justino Matute y Gaviria

Carta Sexta del

Tomo VIII

del

Viaje de España

(1778)

[...]

24. Caminando de Santiponce a Sevilla se pasa antes de llegar al barrio de Triana por junto al monasterio llamado *de nuestra Señora de las Cuevas*, que es de Padres Cartujos, cuya arquitectura de la iglesia es medio a la gótica; pero dentro de ella hay cosas dignas de saberse, y son, en dos altaritos del coro de los legos un San Juan Bautista, y una nuestra Señora con el Niño en brazos, obras de escultura de Juan Martínez Montañés[1]. Mas arriba hay dos Virtudes en cada retablito representadas alegóricamente, y con propiedad por un tal Solís, discípulo del expresado Montañés, como consta en el archivo del monasterio; y es de creer que este profesor ayudase a Montañés en sus obras de San Isidro del Campo, y otras. Rematan dichos retablos en dos Niños del citado Solís. Famosa es la imagen del Santísimo Christo, que se venera en su capilla, y de las mejores obras de Montañés, a la cual no acompañan bien las figuras de un Ángel, y la Magdalena puestos a los pies. En esta capilla estuvo depositado el célebre Cristóbal Colón, descubridor del nuevo mundo, hasta que fue trasladado a Veragua en las Indias. El retablo mayor de esta iglesia tiene la particularidad de que lo regaló D. Alfonso V, Rey de Portugal, como lo manifiesta este letrero, que trae Zúñiga: *Este retabolo mandou poer aquí en esta casa de Santa María de as Covas ó muy alto, é muyto poderoso, é ilustrísimo el Rey Don Alfonso, Rey de Portugal, y do Algarve, é Senhor de Septa, y de Alcazar en Africa, en honra, é lovor da bendita Virgen a remenbranza da paisaon do seu precioso Filho.=Fundou este Monasterio Don Gonzalo de Mena Arzobispo de Sevilla, ano de 1401.*

---

[1] Palomino estuvo mal informado en decir, que son los dos San Juanes.

25. El coro de los monjes es de una arquitectura embrollada, aunque quien la hizo fue antes a ver el de la Catedral de Málaga para gobernarse en este. Las imágenes de escultura repartidas en él, me aseguraron ser obra de un tal Cornejo, escultor de crédito sevillano, en el principio de este siglo. En medio del coro de los monjes se conserva otra obra mejor, que figura un templo redondo con columnitas de bella arquitectura, y entre, ellas ocho figuras, que parecen de Profetas, teniendo por remate un templecito cuadrado, y nuestra Señora dentro de él. Cuatro cuadros grandes de la vida de la Virgen, distribuidos en las paredes de la nave de la iglesia, son obras del monje D. Luis Pascual[2], y tienen gran fuerza, y no poco mérito.

26. Antes de hablar de varios sepulcros de esta iglesia, sepa V. que por lo tocante a nuestro principal asunto, se encuentran cosas muy bellas en la sacristía en materia de pintura. Lo primero tres famosísimos cuadros de Zurbarán, en que principalmente hizo ver su gran habilidad, conocimiento del natural, y fuerza de claro, y obscuro. Los asuntos, cuyas figuras son del tamaño del natural, son de la vida de San Bruno; y es excelente uno en que se expresa dicho santo hablando con el Papa Urbano II. Se nota en él terrible naturalidad, mucha expresión, y particular decoro, con las demás circunstancias, que debe tener un cuadro de singular estimación, como es el referido. Sobre los cajones hay un retablito, que fue de Carlos V, y en tres tablas de él está expresado el Nacimiento, Bautismo, y Degollación de San Juan Bautista. Cada una de estas tablas está incluida entre dos pilastras, y un arco, figurándose en ellas historiejas alusivas al asunto, todo ello en pintura, y es de lo más delicado, y excelente de Alberto Durero.

27. En el relicario se guardan dos miniaturas de Christo muerto, y de su Resurrección, con otras, en el libro que llaman *del Mandato*, y las hizo el P. D. Francisco Galeas[3], que fue Prior de esta casa. Entre las alhajas de plata se ven dos portapaces excelentemente trabajados, y parecen de Juan de Arfe, con otras piezas muy buenas, aunque de estilo más antiguo. Volviendo a la iglesia, digo, que hay en ella a los lados del altar mayor suntuosos sepulcros de mármol: uno al lado del evangelio, y es de Per Afán de Ribera, con estatua

---

[2] Del P.D. Luis Pascual Gaudin puede verse lo que refiere Palomino en su vida, citando el libro De la Pintura de D. Francisco Pacheco.

[3] Son muy particulares los elogios que Palomino da a este religioso por su virtud, y habilidad, como pueden verse en la vida que escribió del mismo, y en el libro que cita de *Francisco Pacheco*.

echada entre las de sus dos mujeres, Doña María y Doña Aldonza: fue fundador de la casa de Ribera: vivió ciento y cinco años, habiendo servido a los Reyes D. Pedro, D. Enrique I, D. Enrique II, D. Enrique III, y D. Juan el II. Todo lo cual dice su epitafio; pero no el año en que falleció, que según conjetura D. Diego Ortiz de Zúñiga en sus *Anales de Sevilla,* debió de ser el 1423.

28. En dicho autor se pueden ver otros epitafios, que hay en esta iglesia pertenecientes a varones esclarecidos enterrados allí de la misma casa; pero yo me detendré más en los sepulcros de D. Pedro Henríquez de Ribera, y de Doña Catalina de Ribera su mujer, situados en la pieza, o capilla de capítulo, que llaman *el Panteón,* y mandados erigir por su hijo D. Fadrique Henríquez de Ribera, como lo dice una tabla de bronce puesta en el suelo de la capilla. La escultura de estos sepulcros, todos de mármol, es muchísima. En el de D. Pedro Henríquez hay primeramente una urna sobre su pedestal, con especie de arpías, que la sostienen, y encima su estatua echada en traje militar. En dicho pedestal se ven tres escudos de armas, sosteniendo unos niños el del medio. Sobre el plano donde sienta la urna hay otros dos niños de gran ejecución, en ademán de llorar, y sumamente expresivos, y en particular el de la mano izquierda.

29. Tiene esta máquina dos columnas con muchas labores a cada lado, que alternan con tres imágenes de santos. Los frisos, y demás partes del cornisamento están llenos de labores exquisitos a la grotesca, y una imagen de nuestra Señora en el remate. En el fondo del nicho se ve figurada la Resurrección de Christo, su Aparición a la Magdalena &c. En una de las piedras está esculpido este letrero: *Antonius Maria de Charona hoc opus faciebat in Iuaina.* El epitafio dice: *Aquí yace el ilustrísimo Señor Don Pedro Henríquez, Adelantado mayor de la Andalucía, hijo de los ilustres Señores Don Fadrique Henríquez, Almirante mayor de Castilla, y Doña Inés de Quiñones su mujer; el cual falleció a cuatro días de Febrero de mil cuatrocientos y noventa y dos, viniendo de tomar la ciudad de Granada, habiéndose hallado en la conquista de todo el dicho Reino desde que se tomó Alhama, que fue el comienzo de ella; el cual vivió como quien había de morir. Mandó hacer este sepulcro D. Fadrique Henríquez de Ribera, Marques de Tarifa, asimesmo Adelantado, su hijo, el año de mil quinientos y veinte, habiendo venido de Gerusalen el año de mil quinientos y diez y nueve.*

30. Enfrente del referido está el de Doña Catalina de Ribera, igualmente magnífico que el antecedente. En el pedestal, o basamento se representan

escudos de armas con figurillas que las sostienen, y algunos niños en gesto de llorar, y diversas calaveras: a cada lado se levantan una columna, y una pilastra llenas de labores, y en la pilastra de mano derecha hay escrito: *Opus Pazegazini faciebat in Ianua.* Igualmente esta adornada de varias, y diferentes labores la urna sobre la cual se representa difunta Doña Catalina de Ribera. En el fondo del nicho se ve de bajo relieve la Calle de amargura, o el Señor con la cruz a cuestas, más arriba la Resurrección, y encima el Nacimiento: los capiteles en esta arquitectura son compuestos al modo de los de Alonso Berruguete, práctica que se ve era común en aquella edad en España, y en Italia, esto es, el año 1520; pues todavía no había hecho su asiento el mejor gusto de las bellas artes en aquellos tiempos, aunque ya habían nacido insignes profesores, a quien se debió su restauración.

31. Los de estas obras serían sin duda muy acreditados, y verdaderamente son magníficas, y suntuosas, que es la razón principal de poner los letreros que contienen, y el de la que hablamos es el siguiente: *Aquí yace la ilustrísima Señora Doña Catalina de Ribera, muger del Señor Don Pedro Henriquez, Adelantado mayor de la Andalucía, hija de los ilustres Señores Per Afan de Ribera, asimismo Adelantado, y de Doña María de Mendoza, Condesa de los Molares, su muger: falleció en Sevilla en sus casas de S. Esteban a 13 de Enero de 1505 años. Mandó hacer este sepulcro D. Fadrique Henriquez de Ribera, Marques de Tarifa, asimesmo Adelantado, su hijo, el año de 1520, estando en Génova, habiendo venido de Gerusalen el año de 1519.*

32. Es cosa de admirar que en un año se pudiesen hacer por los dos citados autores de Génova obras de tanto trabajo, y prolijidad, y nada menos la magnánima piedad para con sus padres del que los mandó hacer, extendiéndose igualmente a erigir los sepulcros de otros progenitores suyos, que hay en la capilla mayor de esta iglesia: por tanto copiaré aquí una lápida, que como queda dicho está puesta en el suelo en la capilla, o panteón, que destinó a sus padres y es la siguiente: *Aquí yace el ilustrísimo Señor Don Fadrique Henriquez de Ribera Marques primero que fue de Tarifa, Adelantado mayor de la Andalucía; el qual falleció á tres de Noviembre de 1539, cuya ánima Dios perdone.* Del buen gusto de este caballero ocurrirá hablar oportunamente en otra ocasión.

33. El claustrillo inmediato del referido capitulo, o panteón conserva algunas copias de los cuadros originales, que pintó el P. D. Luis Pascual, y se quemaron. Hay en la iglesia, y capillas de esta Cartuja otros epitafios, y

memorias de insignes Caballeros, y Capitanes, particularmente de la Excelentísima Casa de Arcos, de los cuales dejo de hablar, por no contener sus sepulturas ornatos relativos a las bellas artes, que es nuestro principal asunto. En el oratorio de la celda prioral alta hay una pintura de Murillo, que representa de medio cuerpo al Salvador, y en una pieza más afuera varias, que representan Apóstoles, que si son de Velázquez, como allí quieren, puede ser que las hiciese en sus principios.

34. En la librería se guarda un cuadro de Zurbarán, y figúrase en él la Santa Familia: hay también allí cuatro Doctores de un tal Pereira, famoso pintor portugués del tiempo de Felipe II. En el respaldo de la iglesia se conserva una lápida traída de Alcalá de Guadaira, estimable por lo que contiene, y es lo siguiente en caracteres góticos: † *In nomine Domini atino feliciter secundo regni dom... ni nostri Erminigildi regis quem persequitur genetor suus*[4] *Dom. Liuvigildus rex in civitate Ispa. dutiaione*; cuya última palabra no se entiende. Dejando a la Cartuja de nuestra Señora de las Cuevas, situada en la orilla derecha de la corriente de Guadalquivir, entraremos en el inmediato barrio de Triana, que tiene la misma situación, dividiéndole el río de la ciudad. El vecindario de dicho arrabal es muy numeroso, y se extiende un largo espacio a la orilla del río; pero no sé si será exacto el cómputo de que tiene dos mil casas habitadas, y si será puntual su etimología de la voz *Traiana,* como si se dijese *Civitas Traiana,* por haber nacido Trajano en la vecina Itálica. Lo más notable es su parroquia, bastante grande a proporción del arrabal: su obra es de estilo gótico; y aunque su antigüedad se refiere al tiempo del Rey D. Alfonso el Sabio, que la fundó, naturalmente habrá tenido sus restauraciones: desde luego el altar mayor se hizo siglos después, como lo indica su hechura, y las bellas pinturas que contiene del célebre Maese Pedro de Campaña[5] muy acabadas, y expresivas, aunque maltratadas en parte. Representan asuntos de San Joaquín, Santa Ana, y nuestra Señora. San Jorge ocupa el lugar del medio; porque la antigua parroquia de Triana, situada en el castillo de este arrabal, estaba dedicada a dicho Santo. En el remate del retablo se representa la Asunción, y otras cosas bien hechas, siendo también regular la arquitectura.

---

[4] Dice *sus* en la piedra
[5] De este Profesor se hablará en otra ocasión.

35. Se conserva en Triana junto al puente de barcas la antigua fortaleza, desde la cual hicieron tanta resistencia los Moros en la conquista de Sevilla, y desde donde hasta el lado opuesto tenían su puente de comunicación hecho de barcas, con mucha trabazón de maderos, y asegurado con recias cadenas, las cuales rompió, y desbarató el célebre Almirante D. Ramón Bonifaz, embistiendo con la proa de dos naves fabricadas a este propósito, y fue uno de los sucesos memorables de la conquista de Sevilla, a que siguió su pronta rendición. En el ámbito de dicho castillo es donde hoy reside el Tribunal del Santo Oficio. En el expresado arrabal de Triana está el convento, e iglesia intitulada *la Vitoria* de Padres Mínimos, y alguna otra.

36. Pasado el puente de barcas, cuyo piso me pareció muy desigual, e incómodo, se echa pie a tierra en el paraje que llaman *el Arenal,* inmediato a las murallas de la ciudad: antes de entrar por sus puertas se me presentaron varios objetos, de que debo hablar a V. pero cansado ya del camino, y de escribir, los dejaré para otro correo, quedando yo muy contento, y satisfecho de haber arribado a tan insigne, y célebre ciudad, de la cual pienso referirle a V. cosas de mucho gusto. Mañana espero un buen día con las cartas que supongo encontrar de V. en el correo. Sevilla &c.

Tomo IX del
Viaje de España
(1780)

MVLTA
RENAS
CEN
TVR

Carta Primera

1. Amigo mío: No sentaría mal a algunos, particularmente de este país, que yo empezase mis relaciones hispalenses desde aquellos remotos tiempos, adonde no alcanza la verdad histórica; y si tal hiciera, probablemente me dejaría llevar de las opiniones más gloriosas a Sevilla, por el gran concepto que he formado de este territorio. Hércules, Baco, los Caldeos, los Hebreos, los Escitas, y cualquiera de aquellos antiguos héroes, o pueblos que fundase a Sevilla, tuvo muy buen gusto, y seguramente supo lo que se hizo. Su nombre de *Hispalis* tiene acaso tantos años como ella, y podrá muy bien ser de la antigua lengua de los Híberos; bien que, como dice el P. Florez en su tomo X de la *España Sagrada,* pag. 81, lo más autorizado es lo que sintió con Arias Montano, Samuel Bochart, que *Hispalis,* o *Spalis* es voz fenicia, derivada de *Sphela, o Spela,* que significa llanura. *Hispal* se parece en la terminación a las palabras *Asdrubal,* y *Aníbal,* que son fenicias, y Silio Itálico *Hispal* llamó a Sevilla.

Et celebre oceano, atque aeternis aestibus Hispal.

Estas, y otras erudiciones sobre la etimología, fundadores, y fundación de Sevilla las podrá ver el que quiera en Rodrigo Caro, Espinosa, Zúñiga, Morgado, y en otros que han tratado de ello; pues a mí para exordio de lo que he de escribir me basta lo dicho, y saber que Sevilla es una principalísima Ciudad situada en la parte oriental del célebre Betis, o Guadalquivir a los treinta y siete grados, y veinte y cinco minutos de latitud, y á los diez grados, y cuarenta y cinco minutos de longitud, siempre grande, magnífica, y muchas veces Corte de los respetivos dueños que ha tenido.

2. Lo primero que a mí me llama la atención es lo que hay en ella al presente, y ante todas cosas la Catedral con lo que en ella se contiene relativo a nuestro propósito. Como su fábrica es en punto de Iglesias la más considerable de Sevilla, y de las mayores de España, trataremos de ella para principio de estas relaciones, omitiendo, siguiendo, o añadiendo, conforme haga al caso, a lo que dejó escrito de la misma D. Pablo Espinosa de los Monteros.

3. El auto, o escritura para la fábrica de la actual Iglesia se hizo en 8 de Marzo de 1401 en tiempo de Sede vacante, y he oído, que para el dispendio de obra tan suntuosa cedieron los Prebendados su renta, reservándose solo lo muy preciso para vivir, y que hubo un acuerdo, cuya expresión es: *Fagamos una Iglesia para que los de por venir nos tengan por locos.* Pudo ser expresión de algún particular, y debe tomarse en buena parte por el gran concepto que se formó de la proyectada empresa.

4. Tiene la Iglesia cinco naves: el ancho de cada una de las[1] cuatro es de veinte y cuatro pies, y de cuarenta y dos el de la del medio. Treinta y dos pilares de a quince pies de grueso sustentan las bóvedas, o cerramientos, que entre todos, entrando los de las capillas, son sesenta y siete. Las capillas alrededor son muy espaciosas. Así las bóvedas, como los pilares que las sustentan se componen de los miembros peculiares al estilo llamado gótico, molduras, medias cañas, &c.

5. El cimborio fue de mucho mayor altura, y se desplomó con ruina de los tres arcos torales en 1512. La altura que hoy tiene desde el piso a la clave se regula de ciento cincuenta y ocho pies, y la de las bóvedas del crucero de ciento treinta y dos: la de las capillas, y de las cuatro naves de a cien pies cada una. Cercan todo este gran Templo dos anditos, el primero sobre los arcos de las capillas, y el segundo más alto: tienen sus antepechos calados, y se puede dar vuelta alrededor de la Iglesia.

6. Las ventanas, en cuyas vidrieras, al modo de las de la Catedral de Toledo, hay pintados varios asuntos sagrados, son unas noventa, y dan suficiente luz. Todas aquellas pinturas se ejecutaron con mucho acierto, cuando

---

[1] Parece que la exactitud de la obra, y el dar de las cosas una idea justa, piden las medidas del largo y ancho interior de la Iglesia Catedral, que como dice Espinosa en su Teatro es «por lo interior de un testero al otro 414 pies, y de ancho 271». (Conde del Águila)

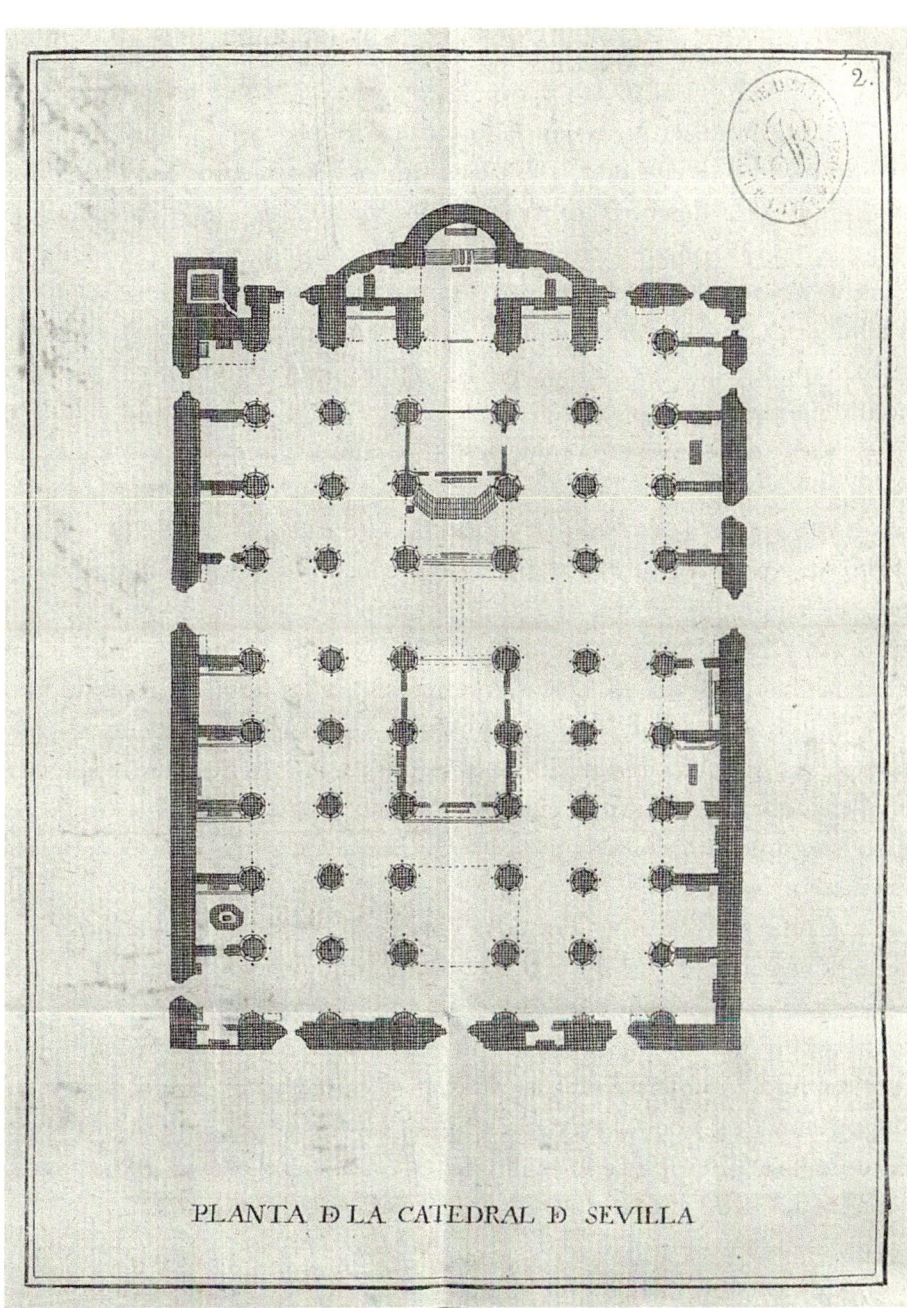

PLANTA D LA CATEDRAL D SEVILLA

florecía la práctica de pintar los vidrios hacia mediado del siglo décimo sexto, y las invenciones son tomadas de artífices del primer crédito, como Miguel Ángel, Rafael, &c. Hay otras del estilo de Durero, y también de Peregrino Tibaldi, y Lucas Cambiaso. Los asuntos son, Jesu Christo caído con la Cruz, su entrada en Jerusalén, la Resurreción de Lázaro, la Magdalena ungiendo los pies al Salvador, la Encarnación, el Nacimiento, con otros misterios, y asuntos devotos. Consta por año capitular de esta Iglesia, de 9 de Marzo de 1538, que fueron hechas por Arnao de Flandes, y que siendo el número de noventa, costaron noventa mil ducados, habiéndose regulado a mil ducados por cada una, que no es pequeña remuneración para aquella edad. Supongo que este Arnao fue el que pintó los vidrios, y no el que hizo las invenciones.

7. Tiene el Templo nueve puertas, incluyendo la que corresponde al Sagrario: tres de ellas están al Occidente, que es la fachada principal, adornadas al estilo gótico; pero sobre las colaterales de esta misma fachada, además de los ornatos, hay historias sagradas, que son, en la una, el Nacimiento de nuestro Señor, y en la otra San Juan bautizándole: ambas son de barro cocido, y sus figuras del tamaño del natural con poca diferencia. A los lados de cada una de dichas dos entradas se ven colocadas varias estatuas de Santos Obispos, ejecutadas de la misma materia, y con igual acierto, que es muy notable por la buena disposición, expresiones, e inteligencia que se advierte en dichas obras de escultura. Hubo de morir, o ausentarse el profesor que las hizo antes que se acabase de perfeccionar con semejantes ornatos, la puerta del medio.

8. Corresponden a las entradas colaterales de esta fachada principal otras dos en la de oriente del mismo estilo de arquitectura; y la escultura que adorna sus portadas, es de tanto mérito, como la que acabo de referir. Dice Espinosa en su *Teatro de la Santa Iglesia de Sevilla* parecerle imposible, que hombre humano hiciese dichas obras, pero hubiera sido mejor dejarse de imposibilidades, y haber averiguado quién las hizo, lo que no hubiera sido entonces tan difícil, como lo es ahora, que desde que él escribió se ha pasado ya cerca de siglo y medio. Las historias que en estos parajes están representadas son, la Entrada de Christo en Jerusalén, y la Adoración de los Santos Reyes, de barro cocido, como las antecedentes, muy bien dispuestas, y estudiadas; y aunque no en aquel alto grado que afirma Espinosa, es de lo que aquí debe estimarse en punto de escultura.

9. Adornan estas portadas alrededor varias figuras de Profetas, y Ángeles en nichos, y sobre repisas. No hay duda que después de tantos años es admirable su conservación; pero de todos modos se extraña, que en Iglesia tan magnífica no se hiciesen de mármol dichas obras, o de otra materia más preciosa que el barro. D. Diego Ortiz de Zúñiga hace autor de ellas a Jerónimo Hernández, escultor insigne sevillano, de quien se hablará más adelante; pero Hernández tuvo muy diferente estilo, y fue posterior al autor de la escultura de las portadas.

10. Entre estas dos puertas de Oriente hace un resalte la capilla del Santo Rey D. Fernando en figura semicircular, con dos cuerpos de arquitectura adornados de pilastras de orden jónico debajo, y encima del compuesto. Entre las otras portadas es notable la de las gradas, que da comunicación al patio llamado de los Naranjos en la fachada del Norte, y es residuo de la antigua fábrica del Templo, constituyéndola sus labores de un estilo arabesco. En un paraje de dicha fachada se colocó, y aún se mantiene, aunque muy retocada, una pintura de Luis de Vargas, y representa a Jesu Christo con la Cruz a cuestas, que todavía manifiesta el mérito de su autor. Las esculturas que allí se ven de la Anunciación, de San Pedro, y San Pablo, &c. son conformes al estilo de la arquitectura, que se refiere a la edad del Rey D. Pedro.

11. De las demás portadas del Templo no hay cosa particular que decir; solo la perteneciente al Sagrario por el lado de Poniente tiene cuatro columnas de orden corintio, &c. Las puertas están cubiertas de planchas de hierro por defuera, a excepción de la principal, que las tiene por dentro. Jacob Almanzor hizo poner en la gran Mezquita de Marruecos, como por trofeo, las puertas del antiguo Templo de Sevilla, y dos campanas, que mandó colgar al revés.

12. No están uniforme el ornato de la arquitectura del Templo, y sus adjuntas Sacristía, sala de Cabildo, Contaduría, &c. por lo exterior, como por el interior, y consistió en los varios gustos que hubo de adornar, cuando se iba abandonando el llamado gótico. Desde la puerta de Oriente, sobre que está el bajo relieve de barro de la Entrada de Christo en Jerusalén, hasta la del Medio día llamada de San Cristóbal, hay un ornato más conforme a la buena arquitectura, que por otros lados, exceptuado el reverso de la capilla de San Fernando, de que ya he hablado, levantándose sobre pedestales, pilastras con capiteles, compuestos de diferentes figurillas de animalejos, y otras, a que corresponde el adorno de friso, cornisa, &c. y remata todo en balaustrada, y pedestales interpuestos, sobre los cuales hay candelabros de diferentes labores.

FACHADA DE LA CAT

5.

EDRAL DE SEVILLA

13. También se ven repartidas en este pedazo de arquitectura medallas con cabezas grandes bastante relevadas, que el tiempo ha consumido en gran parte por defecto de la piedra. Desde la puerta de San Cristóbal, que está sin concluir, hasta la esquina de la fachada de Poniente, hay también un gran pedazo de fábrica a medio hacer; en cuyo distrito se habían de poner algunas oficinas. Es lástima no gastar antes en estas cosas, que pertenecen a la grandeza, e integridad del edificio, y en acabar las portadas, &c. que en alhajas, y otras obras no necesarias, y acaso de mal gusto.

14. El adorno de la fachada de Poniente, que es la principal, consiste en las tres portadas referidas, la del medio sin acabar, y las de los lados con las obras de escultura del Nacimiento, el Bautismo, y varias figuras a los lados, como queda dicho. Parte de la banda de Poniente, y parte de la del Norte ocupa la gran capilla del Sagrario, cuya decoración exterior por ambos lados, y por el del patio de los Naranjos, adonde corresponde, es de pilastras dóricas, jónicas, y corintias, unas sobre otras, formando tres cuerpos. Esta capilla fue más feliz en lo exterior, que en lo interior de ella; cuyo adorno de altares, y hojarascas de paredes, cúpula, &c. es desatinado a todo ser, habiendo desfigurado su primer idea de planta, y alzado con estas cosas. El retablo mayor tiene lugar entre los maderajes de primera clase faltos de orden, y concierto. Se hizo al principio del siglo para ser infeliz norma, según los aplausos que mereció su artífice, de infinitas monstruosidades en esta línea, que desde entonces hasta ahora se han ido haciendo en esta Ciudad, y fuera de ella.

15. Los retablos colaterales, aunque por otro término, son menos disparatados en materia de arquitectura. Los caprichos, extravagancias, y puerilidades, que se encuentran en todos tres, particularmente en el mayor, no podrá V. figurárselas, aunque se eche a delirar. En ellos se han empleado preciosas materias, oro sin término, mármoles, &c. La piedad, y celo de los señores Salcedo, y Arias, ambos Arzobispos de Sevilla, hubieran merecido artífices perfectos, para que la decoración de esta capilla, debida a su generosidad, hubiese sido como correspondía, para conseguir las alabanzas del arte. Dicho señor Cardenal Arias tiene su entierro delante del retablo mayor.

16. En cuatro tribunas, que tiene el cuerpo de la capilla, se ven, de dos en dos, ocho disformes estatuas de los Santos Doctores, y Evangelistas, que, según he oído, las hizo un D. Joseph Arce; pero sean de quien fuesen, y aunque tengan algún mérito, están infelizmente colocadas, y sin consideración al sitio, y a la distancia de donde se habían de ver. Hay opiniones, que los

primeros dibujos para la fábrica de la capilla del Sagrario fueron de Juan de Herrera; pero más cierto es, que trabajaron en ello, y dieron sus ideas Pedro de Valdevira, arquitecto muy acreditado en tiempo de Felipe II, que siguió Cristóbal de Rojas, ingeniero del mismo Rey, y el Maestro mayor Zumárraga. Sobre las voces que en diversos tiempos han corrido de amenazar ruina esta capilla, se puede decir, que para su reconocimiento fueron llamados varios profesores, entre ellos Juan de Torija, aparejador de las obras Reales, y autor de dos libros de arquitectura, después Juan de Rueda, y Alonso Moreno, discípulo de Bartolomé Zúmbigo. Acaban de hacerse otros reconocimientos, y han sido varios los dictámenes de los profesores, y a lo que entiendo ha prevalecido el de desmontar la fábrica de algunos pesos sobrepuestos en tiempos pasados[2]. Si esta operación llega a efectuarse bien, será de suma importancia, que resuelva igualmente el Ilustrísimo Cabildo desmontar la capilla de toda su interior hojarasca, dejándolo todo (incluyendo los retablos) con la propiedad, y decencia correspondiente a tan augusto Templo.

17. Toda la fábrica del mismo, y sus obras adyacentes vistas por defuera hacen un efecto muy particular, y vario por la diferencia de remates, trepados, antepechos, torrecillas, pirámides, anditos, y otras cosas, que puestas en graduación con las bóvedas más, o menos altas, forman un todo, que sorprende en su línea.

18. Continuaremos dentro del recinto de la Catedral a hablar de las cosas más notables que en ella he observado, y dejando el coro, y capilla mayor para después, empezaré desde una de las puertas de Oriente, sobre que está el bajo relieve de la Adoración de los Santos Reyes. En el primer altar a la mano derecha hay pinturas pequeñas, y de algún mérito, aunque muy antiguas: asimismo son estimables en el retablo de enfrente la Imagen de nuestra Señora sentada en trono de nubes, y debajo dos figuras pintadas de medio cuerpo con otros asuntos alrededor. Las figuritas alegóricas en las enjutas del arco son también buenas. En la capilla de nuestra Señora del Pilar lo más notable es un cuadrito hecho sobre el gusto de Murillo, y representa un *Ecce-Homo*.

---

[2] Después de escritas estas Cartas se descargó la cúpula, quedando en una forma que han desaprobado los inteligentes, y asimismo una estatua de madera dorada para representar la Fe, substituida en lugar de otra, que allí había de razonable mérito. D. Lucas Zintora, arquitecto en Sevilla, publicó en 1777 una carta apologética, en que hace juicio del desmonte de esta cúpula: critica con varias razones lo que se hizo, y da noticia de diferentes dictámenes, y reconocimientos efectuados anteriormente.

19. No es poco el mérito de las pinturas en el retablo de la capilla, que llaman de los Evangelistas: cuatro de ellas representan a dichos Santos sentados sobre nubes en ademán de escribir. El sitio del medio lo ocupa primeramente un cuadro de San Gregorio celebrando la Misa: encima de éste hay otro de la Resurrección del Señor. En el sotabanco se ven varias figuras de Santos de medio cuerpo. En dicho retablo se lee: *Hernandus Sturmius Ziriccensis faciebat 1555*, quien es verosímil sea el autor de dichas obras, aunque se nota en ellas variedad de estilo; pues en los Evangelistas hay algo del de la escuela florentina, y las del medio, particularmente la Resurrección, imitan al de Durero. Después de la inmediata capilla, que llaman de las Doncellas, hay una puerta, o salida al patio de los Naranjos, y en aquel espacio se encuentran dos altaritos, y en uno de ellos hay una pintura de nuestra Señora, obra del Racionero Cano.

20. Sigue la capilla de San Francisco de Asís, cuyo gran cuadro del retablo, que representa a este Santo en trono de nubes, es de Francisco Herrera el mozo, y el del remate con nuestra Señora dando la casulla a San Ildefonso, lo hizo Juan de Valdés.

21. En la inmediata de Santiago su pintura principal, en que se expresa dicho Santo a caballo con Moros a los pies, obra de mucho fuego, y travesura, la hizo el Clérigo Roelas; y del estilo de Juan de Valdés es el cuadro del remate. Se ve aquí un sepulcro con estatua de mármol de D. Alfonso, Arzobispo de Sevilla, y también hay una escultura antigua; es a saber, el Señor a la Columna con San Pedro, y nuestra Señora arrodillados, y esta firma: *Joan Millan la entalló*, obra que tiene su mérito, particularmente en los pliegues de paños.

22. La capilla que se sigue, llamada de la Consolación, o de las Escalas, tiene en lo alto una especie de tribuna, donde hay colocado un órgano, adornado con cuatro columnas corintias, de dos en dos, con figuritas de David, y Santa Cecilia en los intercolumnios: en medio se ve pintada nuestra Señora del *Pópulo,* y remata en un buen cornisamento. A la mano derecha, entrando en esta misma capilla, se ve un retablo también en alto, y es de mármol; en cuyo medio se expresa la Venida del Espíritu Santo, obra de escultura con muy buenas cabezas, y otras partes de particular mérito: su remate es un trono con Angelitos mancebos de rodillas adorando al Padre Eterno. En el basamento se representa el milagro de pan, y peces, y todo el retablo está incluido entre dos columnas llenas de labores.

23. Debajo de este altar se ve un magnífico sepulcro con un frontispicio de cuatro columnas, en que hay menudos ornatos al estilo de Berruguete. Igualmente delicado es el trabajo de una urna, sobre la cual está echada una figura de Obispo muy bien hecha, como lo son dos niños recostados, que tienen tarjetas. En un letrero se lee: *Aquí yace D. Baltasar del Río, Obispo de Escalas, Arcediano de Niebla, y Canónigo de esta Santa Iglesia de Sevilla.*

24. Se ve en el fondo del nicho donde está la urna una medalla, que representa de medio cuerpo a nuestra Señora con el Niño en brazos, y a los lados dos estatuitas de San Pedro, y San Pablo, todo ello de mármol. Este Prelado dicen que fue familiar de León X y de Julio II en cuyo famoso tiempo para las nobles Artes hubo de adquirir el buen gusto, con que ordenó esta obra.

25. La capilla siguiente, donde está la pila del Bautismo, es notable por dos bellas pinturas de Murillo. La una es un gran cuadro puesto en el retablo, y representa a San Antonio de Padua de rodillas, apareciéndosele el Niño Dios, acompañado de multitud de Ángeles, pintado todo con aquella dulzura, y gusto peculiar a tan insigne artífice, de quien es igualmente el Bautismo de nuestro Señor en el remate del retablo: obras bellísimas, a las cuales, ni a otras de esta clase no deben llegar ahora, ni nunca manos de componedores, o limpiadores de cuadros; y esto lo digo por cierta especie, de que uno de estos destruidores (que así deben llamarse los que van engañando con tales secretos de pueblo en pueblo) trataba, no ha mucho, de hacer esta ruinosa, y afrentosa operación con desdoro de nuestro crédito, y pérdida de tales obras.

26. Sigue a esta capilla la del Sagrario, de la cual tengo hablado a V. y se encuentra otra, que por el nombre de sus Patronos la llaman de los *Jacomes de Linden.* Su cuadro de altar ya muy maltratado representa una Piedad, obra que se atribuye al Clérigo Pablo de las Roelas. Inmediata a la referida está la capilla de la Visitación, cuyo asunto expresa la pintura del medio: a los lados hay otras de diferentes Santos: en el basamento se ven retratos de mujeres, y hombres de medio cuerpo; y en el remate algunos niños. Toda ella es obra exacta, concluida, de bastante expresión, y está firmada: *Petrus Villegas Pictor faciebat.*

27. Este fue un instruido profesor, de quien no hace mención Palomino, y uno de aquellos que pasaron a Roma, cuando las bellas Artes renacieron. Su estilo es por el término del de Juan de Joanes, de quien V. ha visto

pinturas: se conoce que estudió las obras de Rafael, y de otros de aquel siglo. Se puede decir, que fue fundador de la escuela de Sevilla, y por tal se tiene aquí. Está sepultado en la Parroquia de San Lorenzo de esta Ciudad, y tiene un epitafio, que le compuso su amigo Arias Montano; cuyo tenor es como se sigue: *Deo viventium. Petro Villegae Marmolejo Hispalen. Pictori solertiss. morib. integerrim. sensu & sermone opportunissimo. annor. LXXXVII. Arias Montanus amic. veter. uni soli ex testamento pos. Viator. pacem voveto. M. Perez Architectus amicitiae ergo incideb. A. Chr. N. CIJIOXCVlI.*

28. De dicho epitafio se colige, que habiendo muerto Villegas en el año de 1597 de edad de ochenta y siete años, pudo alcanzar en Roma a Miguel Ángel, Rafael, &c. Se colige también, que sería un hombre instruido (como conviene ser los pintores de fama), así por la amistad que tuvo con Arias Montano, como porque este mismo sapientísimo escritor lo expresa en el epitafio: *Sensu, & sermone opportunissimo;* y últimamente se colige la noticia de un arquitecto llamado *M. Pérez,* que naturalmente sería bueno, pues trataba con buenos: y quién sabe cuántas obras haría en Sevilla, que ignoramos de quién son.

29. Sin embargo de lo dicho no tuvo concepto de Villegas, Francisco Pacheco, quien en su libro de Pintura (pág. 452.) dice, que ni en vida, ni en muerte se habló de él; y que aunque Arias Montano le celebró, no sólo en sus graves escritos, pero en Italia, y Flandes, delante de los mayores pintores, se engañó en la estimación de tal sujeto, ostentando sus pinturas contra la reputación de sus letras. Esta censura pudo haberse fundado en preocupaciones contra Arias Montano; pues es constante, que Pacheco se gobernaba por conocidos émulos de tan grande hombre, y hablaba a gusto de ellos: la verdad es, que en las pinturas de Villegas hay más mérito del que manifiesta Pacheco.

30. Debajo del cuadro de la Visitación en la referida capilla se ve un San Jerónimo de escultura, que se tiene por de Jerónimo Hernández, aunque más parece de Torregiano, según la grandiosidad de carácter. La arquitectura de este retablo es como la que aquí se usaba en la edad de Carlos V.

31. La capilla de San Leandro inmediata a la referida está llena de hojarasca, y malísimos ornatos dentro, y fuera de ella, de modo, que afea mucho este recinto; y no es nada mejor la de San Isidoro, colaterales una, y otra a la puerta del medio en la fachada de Poniente. Estos dos Santos tutelares de Sevilla tuvieron la mala suerte (si así puede decirse) de que se

trató de obsequiarles con el ornato de estas capillas en malísimo tiempo para las Artes[3].

32. La última capilla de este testero es de mucha estimación por sus pinturas. La principal representa el Nacimiento de nuestro Señor, en que todas las figuras tienen muy bellas, y propias expresiones: es notable la de un Pastor con un cordero al hombro, y lleva asida una cabra del cuello, que parece está balando. El grupo de San José, la Virgen, y el Niño Dios denota las buenas máximas con que sabía componer el autor de la obra. Alrededor de esta tabla hay otras, que representan los cuatro Evangelistas. En el basamento se expresan la Adoración de los Santos Reyes, la Anunciación, y la Circuncisión. Se viene en conocimiento del autor de estas pinturas por un letrero que hay escrito en la del Nacimiento, y dice: *Tunc discebam Luisius de Vargas.*

33. Este Luis de Vargas, según el letrero referido, era joven cuando hizo estas pinturas: probablemente fue discípulo de Pedro Villegas, o a lo menos siguieron un camino por cierta similitud de sus obras. Palomino en su *Práctica de la Pintura,* pág. 259, nos lo describe como hombre de eximia virtud: nos lo hace imitador en siete años que estuvo en Italia de Pierin del Vaga, discípulo de Rafael, adonde, añade, volvió de Sevilla, viéndose excedido en ella de Maese Pedro de Campaña, y de Antonio Flores, Flamencos; y últimamente, refiriendo algunas de sus obras, de las cuales unas existen, y otras no, añade, que falleció año de 1590.

34. El retablo de la siguiente capilla de San Laureano es un moderno, y disparatado armatoste de talla, que no debía estar en esta Iglesia. Mejor es otro de la misma capilla, aunque muy antiguo, en el cual se ve colocado Jesu Christo de pie con Ángeles a los lados, y una firma, que dice: *Joan Millan Imaginero*; y del propio estilo es el Señor difunto en un nicho. Este autor es el mismo de quien hablé en la capilla de Santiago.

35. Después de esta se encuentra la de Santa Ana: luego la de San Joseph, en donde hay una pintura con el Niño Dios de mediano mérito, tenida por de Simón Gutiérrez, discípulo de Murillo: es asimismo razonable la estatua de San Joseph, creída de Roldán. Tiene esta capilla comunicación con

[3] De las dos capillas de San Leandro y San Isidoro, colaterales a la puerta principal, la de San Leandro fue hecha por la devoción del obispo de Segovia Don Domingo Valentín Guerra, confesor de la reina Isabel Farnesio, en la cual dicen gastó 40.000 ducados, estando aquí la corte, y dotó dos gruesas capellanías con muy mal gusto (Conde del Águila).

otra dedicada a San Hermenegildo, cuya imagen del Santo es de Juan Martínez Montañés. Se halla en ella un suntuoso sepulcro del Cardenal Arzobispo de Sevilla D. Juan de Cervantes, todo de mármol, y consiste en una urna sostenida de cuatro leones: está adornada en sus fachadas de las armas del Cardenal, de figurillas de Ángeles, y varias labores menudas con el bulto sobre la urna. El epitafio alrededor expresa sus virtudes, y dignidades, que fue Obispo de Ostia, y que fundó un Hospital en Sevilla, habiendo muerto en 1453. En un paraje del zócalo está firmado el autor de la obra, y dice: *Lorenzo Mercadante de Bretaña entalló este bulto.* En un pasillo, que sirve de Sacristía a esta capilla, hay una pintura de la Concepción del estilo de Francisco Pacheco.

36. La capilla siguiente de *nuestra Señora, llamada de la Antigua,* es de las que hay en esta Iglesia adornadas con más magnificencia. En el retablo se ve porción de estatuas ejecutadas en mármol por D. Pedro Cornejo, Escultor acreditado a principio del siglo presente, y que estuvo al servicio de la Corte: representan a diferentes Santos. Todo el retablo es de mármoles jaspeados, y según me dijeron, de las canteras de Morón, distantes de esta Ciudad nueve, o diez leguas, y de las mismas es lo más del que hay en las Iglesias de Sevilla. Consta de doce columnas, adornado de bronces en los parajes convenientes, y es lástima que le falte una forma más elegante de arquitectura. La imagen que se venera en esta capilla, pintada en la pared, y llamada *nuestra Señora de la Antigua,* es tradición, que se conservó todo el tiempo de la cautividad de los Mahometanos, y desde el de los Godos en una antigua muralla de este sitio.

37. Las pinturas de la bóveda, y paredes de esta gran capilla las ejecutó entrado este siglo Domingo Martínez, y otro profesor, llamado Rovira, parece le ayudó; y en ellas se representan asuntos relativos a la historia de esta devota Imagen, y otros. El mérito de dichas pinturas es lo que daba de sí Sevilla cuando se hicieron, y no dejan de tener cierta travesura, y fácil ejecución[4].

---

[4] La de Ntra. Sra. llamada «La Antigua» se renovó con todos sus adornos por el arzobispo Don Luis de Salcedo, en 1738, exigiéndola para enterrarse, cuyo año, y los antecedentes hizo las pinturas Domingo Martínez, de quien era Rubira el que le manchaba los cuadros, teniendo para esto particular habilidad, y Domingo los acababa (Conde del Águila).

38. En los testeros de los lados hay dos suntuosos sepulcros: en el uno está sepultado el Arzobispo D. Diego Hurtado de Mendoza, sobrino del gran Cardenal de España D. Pedro González de Mendoza, y hermano del Conde de Tendilla, Capitán General del Reino de Granada, quien le erigió este monumento; en cuyo epitafio se expresan sus dignidades, y la de haber sido Patriarca de Alejandría. Falleció, según allí se expresa, de cincuenta y ocho años en el de 1502. Todos los ornatos de este sepulcro, y sus labores son muy diligentes, y prolijos en el arco que forma el nicho, en las columnas colaterales, y en otras partes de la obra. Hay a cada lado seis figuritas de Santos; y en el fondo del nicho se expresan en tres compartimentos la Resurrección del Señor, Santa Ana con la Virgen Niña, y nuestra Señora con el Niño Dios. En el pedestal de la urna se ven dos medias figuras alegóricas, y remata el frontispicio de toda la máquina en candelabros, y otras labores. Por auto capitular de 18 de marzo de 1510 se saca, que el Cabildo mandó hacer este sepulcro al Maestro Florentin con la expresión de que continuase en las demás obras de la Iglesia.

39. El sepulcro de en frente es del Arzobispo D. Luis Salcedo, que murió en 1741; y aunque en la materia de mármol, y en lo demás se quiso imitar la diligencia, y artificio del referido, procurándole adaptar iguales adornos, es mucha la diferencia que hay del uno al otro en la ejecución, y pericia. Cuarenta y ocho lámparas de plata arden regularmente en esta capilla: sus rejas son de buena labor, y gusto; y el antepecho, o barandilla del presbiterio, está cubierto de chapas de plata: en fin, pavimento, y cuanto hay se hizo con magnificencia.

40. Tiene esta capilla su Sacristía particular; y entre las pinturas que la adornan, se ve una muy bella de Murillo, que representa nuestra Señora, San Juan, y el Niño Dios. En un retablito antiguo hay un Ecce Homo de Morales, San Juan, y nuestra Señora, figuras de medio cuerpo, y también se ven otros cuadros de diferentes asuntos, y de razonable mérito. Lo tiene igualmente un Niño de Montañés, y el Crucifijo grande de escultura colocado en el altar de esta Sacristía. El ornato de la puerta del costado de la referida capilla de la *Antigua* consiste en dos columnas de bellísimo verde antiguo, y en otros bastante buenos.

41. Inmediata a esta puerta hay una capillita, en cuyo altar está colocado un cuadro muy celebrado, de Luis de Vargas, en que se representan Adán, y Eva, diversos Santos Patriarcas, y encima nuestra Señora con el Niño. El

verdadero asunto que se quiso expresar es la generación temporal de Jesu Christo. A este cuadro llaman vulgarmente el de la *Gamba*; porque como refiere Palomino en la vida de Vargas, dijo Mateo Pérez de Alesio, autor del San Cristóbal, de que hablaré luego, al ver dicha pintura: *Piu vale la tua gamba che il mio San Christóforo;* esto es: más vale tu pierna, que todo mi San Cristóbal. Es una pierna escorzada, y muy bien entendida en la figura del Adán.

42. A los lados de dicha pintura hay otras dos, que representan a San Pedro, y a San Pablo, y en el basamento otra apaisada con el retrato del Chantre D. Juan de Medina, todo hecho con excelencia por el citado Luis de Vargas.

43. Se pasa por delante de la puerta de la lonja, o de San Cristóbal, y en la pared a mano derecha, se ve pintado dicho Santo en figura gigantesca de treinta pies de alto, obra de Mateo Pérez de Alesio[5], celebrada en extremo por Pacheco, y por Palomino en su vida, y realmente es obra de mérito, aunque hoy muy retocada. El docto D. Francisco Pacheco, Canónigo de esta Santa Iglesia, le compuso estos versos, que están escritos en la misma pared[6].

Christifer est, fortisque Gigas, cui lucet eunti In tenebris operosa fides, larvasque minaces Non timet, atque ullis rerum immersabilis undis Nititur usque Deo: talem te maxime Divum Credimus, exemplumque piis ad limina templi Ponimus, & merito aris adolemus honores.

Continuando la vuelta del Templo, se encuentran dos capillas sin cosa notable en sus retablos. En medio de la segunda, que es de San Andrés, hay un sepulcro de mármol, de D. Pedro Pérez de Guzmán, y sus descendientes con estatuas echadas, el cual estuvo en la Iglesia antigua.

---

[5] Palomino en la vida de Mateo Pérez de Alesio, citando a Pacheco, dice, que fue natural de Roma, de donde vino a Sevilla, e hizo diferentes obras: que siguió el estilo de Miguel Ángel, y que viendo cuán bien se portaba Luis de Vargas, y que era merecedor del primer crédito, se volvió a Italia. Espinosa refiere, que le pagaron cuatro mil ducados por la pintura del San Cristóbal. Se conoce que vivió en Sevilla con gran reputación por lo que Pacheco, y Palomino refieren de obras suyas, y por los ingeniosos versos que mereció la del San Cristóbal. Traen su muerte en el año de 1600.

[6] En la capilla primera después de la gran pintura de San Cristóbal, que se dice: «sin cosa notable en su retablo», hay en un nicho sobre la mesa del altar una imagen bellísima de la Virgen Dolorosa de Don Pedro de Mena, que por ser única estatua de este insigne escultor, expuesta al público en Sevilla, debe también no omitirse. (Conde del Águila)

44. La última capilla de esta nave del Templo de la banda de Medio día, es la que llaman *del Mariscal* D. Pedro Caballero. Hay en ella un retablo en alto con bellas pinturas de Maese Pedro de Campaña[7], y en ellas se observa, como en otras de este célebre profesor, el bello estilo que había aprendido del gran Rafael, y otros de aquella edad. La tabla principal representa la Purificación, de la cual dice Espinosa, que es de lo mejor de España. Efectivamente tiene buena composición, corregidos contornos, hermoso campo de arquitectura, &c. Hay un pobre pidiendo limosna, parecido en algo al de la puerta especiosa del Templo, que se ve en uno de los tapices, de Rafael de Urbino. Generalmente son bellas las figuras, y en particular una que baja ciertas gradas.

45. Encima de este principal cuadro se ve otro pequeño, que representa la Resurrección, y más arriba otro del Crucifixo con San Juan, y la Virgen. Al lado derecho dos figuras, que son Santiago a caballo, y Santo Domingo, y al izquierdo otras dos; es a saber, San Francisco, y San Ildefonso, que recibe la casulla de nuestra Señora: en el basamento la disputa del Niño con los Doctores: en uno de los lados tres retratos, y dos en el otro, que es verosímil sean del Mariscal, y su familia, obras todas del expresado Maese Pedro. La arquitectura de este retablo tiene su mérito en aquel estilo delicado de varias labores, que se usaba entonces.

46. Dando la vuelta por la nave de Oriente, se encuentra la capilla de San Pablo, en donde estuvieron enterrados los huesos de los Caballeros, Caudillos, y Conquistadores de Sevilla. He oído, que hubieron de ceder su antiguo lugar en el siglo pasado a un caballero, y a su mujer, que fundaron no sé qué octava, o festividad, de lo que se murmuró mucho en Sevilla. En el retablo de esta capilla, es obra bien ejecutada la imagen del Señor crucificado, que algunos dicen ser de las primeras de escultura, que hizo el Racionero Cano. La Concepción,

----

[7]   Palomino en las vidas de los Pintores, pág. 247 dice, que Pedro de Campaña fue discípulo de Rafael de Urbino, y que aprendió la Pintura en Roma por espacio de veinte años. Atribuye a este Artífice un famoso arco triunfal que entre otros ornatos dispuso la Ciudad de Bolonia en obsequio de Carlos V, cuando pasó por allí a celebrar su coronación en 1530 (Pudo con este motivo darse a conocer a los Españoles, y ser la causa de haber venido después a Sevilla.) Habla el expresado Palomino de ésta, y de otras obras que hizo; pero acaso si las hubiera visto, no hubiera dicho, que jamás perdió del todo aquella manera seca flamenca, que había en su país; pues no conviene demasiado con éstas, y otras obras, de que se habla más adelante, y con el concepto que de Campaña tuvieron Pacheco, y Murillo. Se retiró a su patria Bruselas de avanzada edad, donde murió en 1570; y para honor suyo colocaron su retrato en las Salas de Ayuntamiento, según Pacheco en su *Arte de la Pintura,* pág. 92

también de escultura, que allí hay, tira asimismo al estilo de dicho artífice; pero sobre todo es gracioso, y muy bello el Nacimiento colocado en la pared de esta capilla al lado de la epístola, insigne pintura de Murillo[8].

47. Entre ésta, y la de San Pablo se encuentra la llamada de los Reyes, que ocupa el medio de la nave de Oriente, enfrente el respaldo de la capilla mayor de la Iglesia: es muy espaciosa, y adornada: se regula de cincuenta y siete pies de ancho, y casi del mismo largo.

48. Nombra Diego Ortiz de Zúñiga en sus Anales de Sevilla a los Arquitectos de esta capilla, y fueron Martín de Gainza, que la comenzó: Hernán Ruiz, que la prosiguió; y Asensio de Meida, que le dio fin; y añade:

Que rompieron en mucha parte de su ornato las reglas de la arquitectura romana con fantasías platerescas, haciendo la obra, si bien muy galana, y rica de primores, no de aquella entereza magestuosa, que es mas plausible a los entendidos en la arquitectura sólida, que de los Griegos se dimanó a los Romanos.

En todo lo cual tiene muchísima razón el expresado escritor, y fue desgracia, que este estilo plateresco prevaleciese tanto desde que se abandonó la usanza gótica, hasta que enteramente abrazaron la buena arquitectura greco-romana.

49. Por un documento de esta Iglesia consta que se empezó la expresada capilla en 11 de Agosto de 1539, y que se remató en 4 de Abril de 1551 por Martín de Garnica por veinte y un mil y ochocientos ducados a carne, y cuero (que no sé lo que quiere decir). Acaso este Martín de Garnica será el Martín Gainza, de que habla Zúñiga, y puede haber equivocación en el apellido.

50. Tiene cuatro pilastras grandes a cada lado, y resaltan en ellas varias invenciones caprichosas de candelabros, especies de balaustres con diferentes labores. Los sepulcros colaterales uno enfrente de otro son del Rey D. Alonso el X y de la Reina Doña Beatriz; cuyas urnas están cubiertas con

---

[8] Siendo constante el hecho que toca este número de la mudanza de los huesos de algunos caballeros conquistadores, que yacían en esta capilla de San Pablo, o de la Concepción Grande, a una bóveda de la sacristía de Calices, para ceder aquella a Sepúlveda, como refiere Don Diego Ortiz en los *Anales*, pagina 450, con motivo de haber dotado el octavario de la Concepción, que es el más célebre de esta catedral, y de España, se ha hecho reparable la expresión de «no sé qué octava o festividad». La imagen de la Concepción que allí hay, y el retablo todo, se sabe que son de Alfonso Martínez. (Conde del Águila)

paños, y en ellos las armas de Castilla, y León. Sobre las gradas de esta capilla, cuyo testero tiene figura de semicírculo, ocupan el medio, altar, y retablo: este lo hizo un Luis Ortiz, y además de la Imagen de nuestra Señora de los Reyes con el Niño en brazos, colocada bajo un dosel, se ven a los lados en sus nichos las de Santa Justa, y Rufina, San Isidoro, y San Leandro, San Joaquín, y Santa Ana: encima hay otras de los Evangelistas, adornadas todas con fachaditas bien entendidas, aunque no propias en dichos parajes. El cuerpo de San Fernando está colocado delante del altar mayor en un suntuoso sepulcro, e incluido en una urna de plata, que costeó la piedad del Sr. D. Felipe V, destinando cierto donativo, que le fue hecho a S. M[9].

51. Además de los cuerpos de la Reina Doña Beatriz, esposa de San Fernando, y del Rey D. Alonso el Sabio su hijo, yacen en esta capilla los de Doña María de Padilla, mujer del Rey D. Pedro, y los de los Infantes D. Fadrique, D. Alonso, y D. Pedro. No quiero olvidarme de las inscripciones que tiene el sepulcro del Santo Rey, las cuales están en hebreo, árabe, latín, y castellano, cada una en su fachada diferente, con caracteres propios de aquel tiempo[10]. La castellana dice:

Aquí yace el Rey muy ondrado D. Errando, Señor de Castiella, é de Toledo, de Leon, de Galicia, de Sevilla, de Córdoba, de Murcia, de Jaén, el que conquisò toda España, el mas leal, é el mas verdadero, é el mas franco, é el mas esforzado, è el mas apuesto, é el mas granado, é el mas sofrido, é el mas omildoso, è el que mas temie à Dios, é el que mas le facia servicio, é el que quebrantó, é destruyó á todos sus enemigos, é el que alzó, y ondró todos sus amigos, è conquisó la Cibdat de Sevilla, que es cabeza de toda España, é pusoss, bi, en el postrimero día de Mayo en la era de mil, et cc. et noventa años.

52. La latina contiene en caracteres de aquel tiempo con algunas abreviaturas, y variedad de ortografía lo siguiente:

---

[9] La urna de plata en que descansa el cuerpo de San Fernando, no la costeó la piedad del Sr. rey Don Felipe V que solo mandó aplicar para que se acabase 6.000 pesos de que usó de los 100.000 ducados ofrecidos por la ciudad para gastos del viaje. (Conde del Águila)

[10] Aunque estos letreros fueron publicados por el P. M. Fr. Henrique Flórez en 1754 con el título de *Elogios del Santo Rey D. Fernando puestos en su sepulcro de Sevilla,* cada uno con sus respectivos caracteres, e interpretación; sin embargo ha parecido al autor, que se echaría menos, si no pusiese en castellano el árabe, y hebreo en la forma que se tradujeron.

Hic jacet illustrissimus Rex Ferrandus Castellae, & Toleti, Legionis, Galleciae, Sivilliae, Corduvae, Murciae, & Jaeni, constantissimus, justissimus, strenuissimus, detentissimus, liberalissimus, pacientissimus, piissimus, humillimus in timore, & servitio Dei efficacissimus, qui contrivit, & exterminavit penitus hostium suorum proterviam, qui sublimavit, & exaltavit omnes amicos suos, qui Civitatem Hispalensem, quae caput est, & Metropolis totius Hispaniae de manibus eripuit Paganorum, & cultui restituit Christiano; ubi solvens naturae debitum transmigravit ultima die Maii, anno ab Incarnatione Domini millesimo ducentesimo quincuagésimo II.

53. La traducción en castellano del epitafio hebreo la trae el citado Maestro Flórez del modo siguiente:

En este lugar está sepultado el Rey D. Ferrando, Señor de Castilla, y Toledo, y León, y Galicia, y Sevilla, y Córdoba, y Murcia, y Jaén. Sea su alma en el huerto Eden. El qual conquistó á toda España: recio, justo, cauto, magnífico, fuerte, misericordioso, humilde, temeroso de Dios, sirviéndole todos los dias de su vida. El qual quebrantó, y destruyó á todos sus enemigos, y ensalzó, y glorificó á todos sus amigos, y conquistó la Ciudad de Sevilla, que es cabeza de toda España: y murió en ella en la noche de la sexta feria del dia veinte y dos del mes de Sivan en el año cinco mil y doce de la Creacion del Mundo.

54. En las Memorias literarias de la Academia de las Bellas Letras de Sevilla publicadas en 1773, pág. 93 hay una traducción en castellano de este mismo epitafio hebreo, dejando los nombres propios como suenan en su original, y hecha por una copia más exacta del mismo original, como allí se dice. Es, pues, la traducción, y explicación de D. Tomás Sánchez, Bibliotecario de S. M. como se sigue:

En este lugar está el sepulcro del Rey grande D. Ferrando, Señor de Castela, y de Tolaitola, y de Leon, y de Galicia, y de Isbilia, y de Cortova, y de Murcia, y de Gien. Esté su alma en el Huerto Edén. El que conquistó toda Sepharad (España), el Recto, el Justo, el Prudente, el Magnífico, el Fuerte, el Piadoso, el Humilde, el que temió á Dios, y le sirvió todos sus dias (toda su vida), el que quebrantó, y destruyó á todos sus enemigos, y ensalzó, y honró á todos sus amigos, y conquistó la Ciudad de Isbilia, que es cabeza de toda

Sepharad, y murió en ella en la noche del dia sexto, segundo, y vigesimo dia del mes de Sivan, año cinco mil y doce de la Creacion del Mundo.

En dichas Memorias puede verse la explicación de este letrero.

55. La traducción que hizo en latín D. Miguel Casiri, Bibliotecario de S. M. del letrero árabe la redujo en castellano el Maestro Flórez en la forma siguiente:

Este es el túmulo del máximo Rey D. Ferrando, Señor de Castilla, y de Toledo, de Leon, de Sevilla, de Córdoba, de Murcia, y de Jaen: muy agradable á Dios: que recuperó á toda España: varon fidelísimo, veracísimo, constantísimo, justísimo, fortísimo, óptimo, liberalísimo, mansísimo en su Imperio, humildísimo: muy dado á Dios, y á lo que era de su obsequio: del qual tuvo Dios misericordia en las horas vespertinas del dia Viernes: el qual llenó de honras, y premios á todos sus escogidos amigos: el qual conquistó la Ciudad de Sevilla, que es cabeza de toda España, y murió en ella: el que finalmente quebrantó, y destruyó totalmente la fuerza de sus enemigos: cuyo tránsito fué en el dia veinte del mes Rabie primero, en el año de seiscientos y cincuenta de la Hegira.

56. En cuanto a la relación, antigüedad, hechura, y otras particularidades de la devota Imagen de nuestra Señora de los Reyes, que dejó San Fernando, y se venera en esta capilla, se puede ver lo que refieren varios autores, que han tratado de Sevilla, y particularmente Diego Ortiz de Zúñiga en sus Anales, pág. 55. Encima el altar mayor de esta se figura una concha, en que hay varios Ángeles, y sobre el cornisamento se levanta la cúpula; en cuyo artesonado están colocados de medio cuerpo los Reyes de Castilla, y en la diminución hasta el anillo varias cabezas de Serafines. La linterna se ve adornada de pilastras, y la altura desde el pavimento se regula de ciento y treinta pies. En todo el friso alrededor de la capilla hay varias figurillas de niños armados con lanzas, y otras cosas. La reja de la puerta se ha hecho últimamente, mediante la piedad de S. M. y a costa de su Real Erario, en la que, según entiendo, se han gastado mil doblones. Sobre ella hay una estatua de San Fernando a caballo, y Moros encadenados, con otras cosas: todo ello de madera cubierto de plomo. Esta es la materia: ¿y la forma? basta oír a los mismos sevillanos inteligentes,

que ven aumentados los motivos de la justa crítica que merecen las obras de los Templos, donde se miró poco a la propiedad del Arte, &c[11].

57. En el arco sobre dicha reja se ven colocados en doce nichos Reyes del Viejo Testamento, entre ellos los seis que tuvieron parte en la fábrica del Templo de Jerusalén. Dícese, que en un paraje de esta capilla está depositado San Leandro, de quien creo que es la figura del Santo Obispo, sobre la linterna de la cúpula[12]. Junto a la capilla de los Reyes a mano derecha está la de San Pedro, cuyo retablo es de buena arquitectura, y casi todas las pinturas que hay en él son de Francisco Zurbarán[13].

58. La capilla mayor, y el coro ocupan, como en otras Iglesias de este estilo, llamado gótico, el principal paraje de la nave del medio. Aquella es un cuadrado de casi sesenta pies. El retablo llega hasta la bóveda colocado sobre zócalo de piedra negra: tiene cuatro órdenes de nichos, en los cuales se representan de casi todo relieve la vida de Christo, y de la Virgen. El número de estos nichos es de cuarenta y cuatro, incluidos entre seis pilastras, siendo tantas las labores de ellas, y la de los nichos, que no se puede explicar. La Virgen de la Sede, que es el objeto principal, está ejecutada en plata, y colocada en el nicho encima del Sagrario. Dicen que un tal Jorge, y Alejandro Hernández, hermanos, vinieron de Córdoba para ejecutar este retablo, lo que no sé si será así; pues la venida de estos es muy posterior en su data, según entiendo, a lo que refiere Espinosa, quien afirma, que se acabó en 1424: añade, que según el dictamen de los Maestros de escultura, es este retablo de los más ricos, y suntuosos de la Cristiandad, lo que es una ponderación imposible de poderla verificar en tiempo de Espinosa: para cuando se hizo ya es

---

[11] La reja de hierro, y barandas de bronce de la Capilla Real, no solo las costeó la piedad de S. M. con la suma de 11.000 pesos, sino que fue el primer expediente que decreto a su feliz ingreso en la monarquía, habiendo quedado en la Bolsa del Despacho, cuando cesó de despachar el rey su augusto hermano. (Conde del Águila)

[12] D. Fernando de la Torre publicó en 1671 un libro de las fiestas que se celebraron en Sevilla con motivo de la Canonización del Rey San Fernando, el cual libro está adornado de varias estampas, que representan las máquinas, y otras cosas, que con tal motivo se hicieron. Matías de Arteaga, pintor, que vivía entonces, grabó de agua fuerte las más de dichas estampas, entre las cuales se encuentra la de la capilla de San Fernando con el ornato que en ella se hizo por causa de dichas fiestas.

[13] El cuerpo de San Leandro, que se dice estuvo depositado en esta capilla, hoy se venera (deshecho) en un medio cuerpo de plata que en el tesoro de las reliquias del cabildo la cabeza (al margen; «ojo») y este (?) sale en las procesiones. (Conde del Águila)

otra cosa. Su materia es de excelente madera de un árbol llamado *Alerce*, de que había abundancia en estos contornos de Sevilla, cuya casta se acabó, habiéndome asegurado, que no quedaba más de uno, que yo vi camino de Carmona, junto a los Arcos[14].

59. En lo alto se ven los doce Apóstoles con Jesu Christo en medio, en brazos de la Virgen, y remata en un Crucifixo con San Juan, y nuestra Señora a los lados. El estilo de toda esta obra de escultura tiene mucho del gótico; pero es prolija, y delicada en aquella línea.

60. Sobre el plano del altar está colocado el Tabernáculo, de plata, dorado en partes, y en el bajo relieve del medio se representan los Israelitas cogiendo el maná, adornado con una fachadita de cuatro columnas compuestas. Hay otras columnas alrededor de su figura oval, y entre ellas estatuitas de Profetas, y Ángeles oportunamente colocadas. Remata con la arca del propiciatorio, y los Serafines que la guardaban. Son notables dos grandes atriles de plata dorados en la mesa del altar con sus ruedecillas para moverlos, representándose en uno de ellos la Conversión de San Pablo, y en el otro el Cordero sobre el libro de los siete Sellos, &c.

61. En una pieza detrás de este retablo mayor, especie de Sacristía, se ven tres grandes tablas colocadas en nichos, que representan de pintura el Nacimiento de Jesu Christo, los Desposorios de nuestra Señora, y la Presentación, obras respecto a su antigüedad de no poco mérito, y lo mismo una nuestra Señora abrazada con su Hijo difunto.

62. Vi allí una urnita de plata con sus puertas, donde se contienen reliquias, y fue del Rey D. Alonso el Sabio, según me dijeron. Está adornado este relicario de piedras preciosas, y de varias piedras duras grabadas.

63. El pavimento de la referida capilla mayor es de mármoles jaspeados: sus tres rejas, la del medio, y las de los lados, tienen labores estimables. Los pulpitos puestos sobre columnas de mármol están cubiertos de chapas de hierro: en el uno se ven representados los Evangelistas; y la caída de San Pablo en el otro: su situación en los dos postes del ingreso. Así los pulpitos, como las rejas las hizo Fr. Francisco de Salamea, Lego Dominicano, con quien se ajustaron en 22 de abril, o en 7 de Mayo, según otra razón, de 1518.

---

[14] El retablo de la capilla mayor, manifiesta el estilo, y estado de la escultura de España a fines del siglo XV y principio del XVI, pues consta se buscaron para hacerle loa mejores escultores del Reino, uno de los cuales fue un tal Monleón. (Conde del Águila)

La reja del coro se ajustó en trescientos ducados de oro con Sancho Muñoz, artífice de crédito.

64. En el respaldo de esta capilla mayor, enfrente la de San Fernando, hay una porción de estatuas en dos hileras, colocadas en bastante altura: oí decir, que eran de barro, y que las acabó un escultor llamado Marín en el año de 1568; y si es así, por ventura haría también este las bellas esculturas de barro sobre las referidas puertas del Templo. También hay otras dos hileras de figuras en las paredes colaterales del respaldo de la mayor, y todas tienen no poco mérito sobre aquel estilo que tira al gótico.

65. El coro, y la capilla mayor, que ocupan gran parte de la nave principal, tienen comunicación por un andito cerrado de reja. Lo largo de aquel es de sesenta pies, y lo ancho de cuarenta: las sillas de varias, y excelentes maderas setenta y siete en cada lado, y en la testera la Arzobispal. Es rica la colección de libros para el canto, algunos con pinturas de un célebre miniador llamado D. Julio Labio, y estos libros exceden el número de ciento. Antiguamente era más la regularidad de la sillería de lo que es ahora por las obras modernas, con que desgraciadamente se ha desfigurado su recinco, cuales son un cuerpo de ridícula talla sobrepuesto al cornisamento antiguo de la sillería, y dos tremendos órganos también de esta suerte de talla, que cierran casi del todo dos arcos de la nave. No merece esta magnífica Iglesia semejantes fealdades, y se debe añadir, que será laudable determinación no dorarlas jamás; pues cuando las toleren así (lo que sería bueno no sucediese), podrá tomarse por indicio de haberlas desaprobado el Ilustrísimo Cabildo.

66. El facistol que hay en medio tiene encima figura de un excelente templecito redondo de orden dórico con ocho columnas: entre ellas hay planchas de metal, en que se representan figuras de bajo relieve alusivas a la música, o al canto. El atril se ve adornado en la parte inferior con cabezas de Serafines, y en diferentes partes de él hay planchas de metal con figuras de Ángeles, y otras, en todo lo cual no falta mérito particular.

67. Muchos consideran la sillería del coro como un vejestorio de poco aprecio; pero le aseguro a V. que tanto los respaldos, como otras partes de las superiores, y de las inferiores tienen gran mérito, aunque no es igual en todas. En las figuras se ven famosos partidos de ropas, que tiran mucho al estilo de Alberto Durero. Véese representada de bajo relieve en los respaldos de las inferiores del lado del Evangelio la vida de Christo, y en los de las de enfrente asuntos del antiguo Testamento. Encima de cada uno de estos bajos

relieves hay algún Ángel, u otra figura. Admiran otras labores en los brazos, y asientos de las sillas por su prolijidad, y las superiores las tienen igualmente en los mismos parajes. Son sus respaldos embutidos de varias maderas, que forman muy buenos ornatos, y entre ellos de los que ahora llaman *a la Greca*, harto mejores de los que suelen alabarse.

68. Divídense unas sillas de otras por pirámides, o pilaritos de forma gótica, y en cada uno de ellos se ven colocadas dos figurillas de Santos del mérito que ya he referido, siendo el remate antiguo de esta sillería de notable capricho, y prolijidad correspondiente a lo demás; y de la misma clase es la Silla Arzobispal, diferente solo en el mayor trabajo. Hay noticia de que el autor de esta sillería se llamaba *Danchart*, y que la hizo habiéndose vendido la sillería vieja al Monasterio de San Jerónimo: sin embargo, en una de las altas, al lado del Evangelio, leí en caracteres góticos lo siguiente: *Este coro fizo Nufro Sanchez, Entallador, que Dios haya, año de 1475 años.* En otra silla de este mismo lado se lee *Alborique,* que no sabemos si es nombre de artífice, o de quién; pero en otra del lado de la Epístola, enfrente la referida, hay escrito: *Esta es la figura del Alburique, y* pudo ser que estuviese allí el retrato de algún artífice así llamado, o que hiciese aquella parte del coro; pues siendo obra tan grande, regularmente la trabajaría mas de uno.

69. El promontorio de los órganos con sus dos fachadas cada uno, la una al coro, y la otra a las naves, y el cuerpo de igual pésima talla, que se puso sobre la coronación antigua de la sillería, serán mientras duren una ridícula extravagancia, contraria a la majestad de este augusto Templo, y sobre todo aquella especie de indecentes sátiros, que parece sustentan los órganos, continuando alrededor del coro. Bueno fuera tener presente el documento de un ilustre Sevillano (Francisco Pacheco, *Arte de la Pintura,* pág. 362.), donde dice, no ser lícito hacer en los Templos, ni en las cosas sagradas mascarones, sátiros, ni bichas. La licencia en esta parte ha llegado a un término increíble, como el descuido en no haberla refrenado. Cuando haya la suerte de parar la consideración en semejantes disparates, podemos creer, que no solamente no se permitirá su ejecución, sino que los ya ejecutados se entregarán a las llamas, purificando de este modo los lugares santos.

70. Además del ingreso del coro, que se ha dicho con reja de hierro variamente adornada, y encima figuras, que representan la generación temporal de Jesu Christo, hay otros dos en los lados colaterales, y se forma en ellos un pórtico (cosa bien inútil en aquel paraje) con cuatro columnas; y aunque es

arquitectura de poco gusto en el dórico, por fin no es la extravagancia de los órganos. Son estos pórticos de mármoles de Morón, y otras piedras.

71. Los adornos que tiene por defuera el recinto del coro, se reducen en la parte del Norte a algunas columnitas de alabastro entre dos capillas con retablitos modernos, uno de mala arquitectura. En la parte de Poniente, que hace respaldo al testero de la Silla Arzobispal, hay mucho más que ver: primeramente un retablo de diferentes mármoles jaspeados con ocho columnas, y cuatro bajos relieves de mármol blanco, que representan historias de la Escritura, alusivas a la Eucaristía en los intercolumnios: las basas, y capiteles de bronce dorado. En el nicho del medio se venera nuestra Señora de los Remedios, pintura muy antigua; y más abajo sobre la mesa del altar hay otra de San Fernando, recibiendo de un Moro las llaves de Sevilla, obra de Francisco Pacheco. Los demás objetos compartidos en este retablo son diferentes obras de escultura, es a saber, el Niño Dios, dos figuritas de medio cuerpo de bronce, que representan a las Santas Justa, y Rufina, Patronas de Sevilla, y en el remate Jesu Christo sentado, y otras figuras de Apóstoles, obras comunes ejecutadas de mármol. Algo mejores son los bajos relieves, que, según me dijeron, fueron traídos de Génova. A cada lado del referido altar hay puerta con rejas doradas, que dan ingreso al coro, y a los órganos. En el lado que mira al Medio día hay dos altares, siendo lo más notable en uno de ellos la Concepción, de Juan Martínez Montañés, y al estilo de este tiran las figuras de un San Clemente Papa, y de San Juan.

72. Cortaremos aquí la narración de esta Iglesia, porque para una vez es asunto largo, y trabajoso: saldremos de ello lo mejor que se pueda, y entretanto consérveme V. su afecto. Sevilla, &c.

Carta II

1. Las obras adjuntas, y pertenecientes a la Santa Iglesia son la capilla del Sagrario, de que ya se ha hablado, la Sacristía, la Sala de Cabildo, la Biblioteca, y la famosa torre, dicha *Giralda.*

2. Se entra en la Sala Capitular por la capilla llamada *del Mariscal,* y corresponde a la banda de Medio día. Lo primero es una pieza de paso

pequeña, y sobre dos puertas, medallas que representan a David, y Salomón la una, y al Salvador, y la Virgen la otra. De allí se entra en otra pieza de figura cuadrada, adornada con magnificencia, y viene a ser la antecámara de la Sala de Cabildo. Todas las paredes están llenas de obras de escultura, ejecutadas en mármol, y situadas entre pilastras de orden jónico, adornada igualmente la bóveda de fajas, y molduras.

3. Sobre cuatro puertas están en sus frontispicios las figuras de los cuatro Evangelistas en acto de escribir, y son a mi entender las mejores de este recinto. Las historias representadas de bajos relieves puestos en los compartimentos de las paredes, son tomadas de la Escritura, o alegóricas, cada una como de seis palmos de alto, y cuatro de ancho: además dos medallas redondas en medio de los testeros, y entre los bajos relieves ocho figuras como de una vara: representan la Justicia, Prudencia, Fortaleza, Templanza, Esperanza, Caridad, Providencia, y Piedad, cada una con sus insignias correspondientes. Los asuntos de los bajos relieves son: la justicia ejecutada en Aman por mandado del Rey Asuero: Moisés obrando milagros con la Vara delante de Faraón: el Arca de Noé, y Diluvio: el sacrificio que este Patriarca ofreció a Dios después de la inundación: la mujer ramera del Apocalipsis sobre la hidra, con varios adoradores, que le están postrados: la fábrica de la torre de Babel: la Justicia con espada en mano en ademán de expeler los vicios: el Templo de la Sabiduría, asistida de las Artes, y Ciencias: los Vicios, en que se representa una figura con orejas de asno sentada sobre un trono, y otras, cuyas cabezas son de animales de diversa especie, y las Virtudes, y Ciencias, que huyen: últimamente la disputa del Niño Dios con los Doctores, y la Venida del Espíritu Santo.

4. Estas obras se cree que vinieron hechas de Génova, o de aquel Estado: debajo de ellas hay versos elegantes, que compuso el nombrado Canónigo D. Francisco Pacheco, que por no alargar la narración omito; pero su estilo, y modo de pensar lo puede V. inferir por los que le envié del mismo autor puestos debajo la figura gigantesca de San Cristóbal, y por estos en el bajo relieve del Espíritu Santo:

Qualis Apostolico fuerat concordia caetu Talis & Ecclesiae debet inesse Sacrae Quamvis ora sonent variis fiammantia linguis Unus adest cunctis Spiritus, unus amor.

5. Desde la referida antesala se va por un andito a la Sala de Cabildo, que realmente es majestuosa, de cincuenta y siete pies de largo, y de ancho treinta y tres, según Espinosa: su figura es elíptica con puerta adornada de mármoles. Está revestida por dentro de terciopelo encarnado con galones desde los asientos hasta la cornisa, que es de orden dórico, sustentada por mensolas, en que hay labores, que representan niños, y ornatos de talla bastante buenos.

6. Sobre la cornisa se erige un cuerpo de orden jónico con diez y seis columnas sobre pedestales, arrimadas a pilastras, y en los intercolumnios hay ocho bajos relieves grandes de mármol, y otros ocho más pequeños. En el que está perpendicular a la Silla Arzobispal se representa la Asunción de nuestra Señora. En los demás, el Lavatorio de Christo a los Apóstoles: arrojando del Templo a los Mercaderes: su Oración en el Huerto, y el Bautismo en el Jordán: Daniel entre los leones: visiones del Apocalipsis: parábolas del Evangelio; y otros asuntos sagrados.

7. Tienen estas obras su respectivo mérito más, o menos, y naturalmente se traerían de Italia; pero el adorno mejor, y más gentil de esta pieza es para mi gusto la colección de pinturas colocadas en ella del célebre Bartolomé Murillo. La mayor es nuestra Señora, del tamaño del natural, que representa la Concepción: las demás son ocho óvalos, en que figuró el referido autor Santos Patronos de esta Ciudad; es a saber, a la derecha San Hermenegildo, San Isidoro, San Pío, y Santa Justa: a la izquierda San Fernando, San Leandro, San Laureano, y Santa Rufina, todas de medio cuerpo bastante bien conservadas. Hay otras ocho pinturas colocadas entre los miembros de la arquitectura, y son figuras alegóricas, cuatro de mujeres recostadas, y las otras de niños con tarjas, y dentro de ellas figuras al parecer simbólicas hechas de claro, y obscuro: se tienen por obras del Racionero Pablo de Céspedes, y los versos que en los mármoles se pusieron, y declaran las historias, que en ellos se figuran, los compuso el ya citado Francisco Pacheco, Canónigo de esta Santa Iglesia.

8. No se sabe quién fue el arquitecto de esta Sala de Cabildo, y solo consta por auto capitular de 1579, que se dieron cuarenta ducados al licenciado Pacheco por la industria de las historias, que se estaban poniendo, &c. y regularmente sería por los ingeniosos versos que compuso para ellas. Cerca de la referida Sala de Cabildo tiene su ingreso la Contaduría, para la cual hay destinadas dos espaciosas piezas alta, y baja, con adorno de algunas pinturas.

9. En el patio de la Sala de Cabildo hay una lápida sepulcral cortada por arriba, que publicaron Rodrigo Caro, y después con más exactitud el P. Flórez; y es:

CONMV......
BEATA TENES
IAMQ. NOVĒ LVSTRIS GAV
DENS. DVM VITA MANERET
S̄P̄S ASTRA PETIT. COR
PVS IN VRNA IACET
OBIIT IDĒ PONTIFEX SVB DIE PRI
DIE IDV̄ NOVĒBRES
ERA DCLXXVIII
IN HONORE VIXIT ANNOS
QVINQVE. MENSES VI.
NON TIMET OSTILES
IAM LAPIS ISTE MI
NAS.

Demuestra el expresado P. Flórez, que esta piedra habla del vigésimo quinto Obispo Hispalense, llamado Honorato.

10. La Sacristía, inmediata también a la Sala Capitular, es de las piezas más grandes, y adornadas de este recinto: su largo se reputa de setenta y cinco pies, y de sesenta y seis su ancho, incluyendo en esta medida la capilla, o sitio donde están las Reliquias. El arco del ingreso es de figura oblicua de los que padecen en perspectiva, y hay en él sus recuadros, o artesonado, donde en lugar de florones se ven figurados platos con frutas, y manjares de diversa especie. Las puertas tienen mucha obra, y adorno de escultura, y por la parte de fuera cuatro figuras de los Santos tutelares. Las dos columnas de los lados, el friso, y lo demás de este ingreso está todo lleno de figuras, ornatos, y otras invenciones, de las que algunos han llamado platerescas, notándose particularmente desnudos no mal entendidos.

11. Es redundantísima de adornos esta Sacristía, así en sus cuatro grandes arcos, que sostienen la bóveda, y linterna, como en los postes que se erigen, y en las medias columnas istriadas, y retorcidas de cada lado, que sientan en pedestales puestos sobre zócalo alrededor. Es tal la multitud, y confusión

de objetos en este género de obras, que no solamente es difícil describirlas, pero casi imposible concebirlas cuando se observan. Falta en ellas la simplicidad, y la unidad, necesarias para ser consideradas, y aunque hay variedad, es variedad confusa, o por mejor decir, de cosas inconexas, que aunque cada una tenga mérito en la ejecución de aquellas menudas labores que estaban en uso, no vienen las más de ellas al asunto, ni componen un todo; y así este género de obras, a manera de muchas de las que llaman góticas, son especie de enigmas para los ojos que las ven.

12. Las paredes de los lados, donde se forman dos de los arcos, tienen un género de portada en medio, que consiste en dos pilastras llenas de labores, siendo su friso el de toda la capilla: dentro de esta fachada hay otra, o llámese retablito de dos columnas compuestas, &c. sin frontispicio: dentro de esta otra con sus dos figuritas, y frontispicio, una medalla en el medio, y debajo de la fachadita otra con una cabeza. Vea V. todo esto qué efecto puede causar, aunque en la ejecución de cada cosa se observe suma diligencia, como la hay igualmente en las columnas trepadas de los testeros de la Sacristía: en una palabra, todos los arcos, frisos, pechinas, pilastras, cúpula, está lleno de tallas, grutescos, figurillas, y otras cosas en la forma que queda expresado, y en que he gastado más palabras de lo que era menester para el gusto de V. que no es inclinado a esta arquitectura media entre la gótica, y la buena de los antiguos.

13. No creerá V. ni yo lo he creído, aunque mucho me lo han asegurado, que el arquitecto de esta Sacristía fuese Juan de Herrera, así porque no dice con ninguna de las obras, y dibujos, que hemos visto de él, como porque habiéndose finalizado en el año de 1534, no estaría Juan de Herrera en edad de emprender estas obras; y porque en varias relaciones que hizo a Felipe II y de que hablaré, no menciona entre sus méritos semejante cosa: sobre todo, si V. viera esto, diría, que no puede ser parto del que acabó el Escorial, del que hizo la lonja de esta ciudad, y otras obras que sabemos. Pudo haber otro Juan de Herrera, de quien no tengamos noticia.

14. Mas se alegrará V. de saber, que en las paredes colaterales de esta Sacristía hay dos bellos cuadros de Bartolomé Murillo, en que representó sentados, del natural, y de cuerpo entero, los Santos Arzobispos, San Leandro y San Isidoro, y es obra de las más exquisitas del expresado artífice. La cajonería es de madera, de árbol llamado *Borne,* en que hay un trabajo peregrino, particularmente en la de la mano izquierda como se entra: el friso, la frente

de los cajones, tres puertecillas de alhacenas entre ellos, está lleno de niños, medallitas, animalejos, figuras desnudas, columnitas, los cuatro Evangelistas, Moisés, &c. y hasta en las aldabas hay sus medallas. Los cajones de enfrente son posteriores, e imitan en algunas de sus labores a los antecedentes.

15. En el testero de frente la puerta está el altar de las Reliquias, o por mejor decir, tres altares juntos. En el de medio se guardan las tablas que dio el Rey D. Alonso el Sabio con trescientas reliquias de Santos en ellas, que tienen sus letreros. Son dichas tablas de plata dorada por fuera, y por dentro de oro con historias cinceladas en ellas, sembradas de piedras duras grabadas, y de otras muy preciosas: su alto una vara cada una, y el ancho (pues son apaisadas) vara y media. Guárdase una llave de plata dorada en partes, de hechura muy especial, en cuyas guardas, que forman letras, se lee: *Dios abrirá: Rey entrará*; y lo mismo suena otro letrero hebreo en la orla del anillo de la misma llave. En un lado bajo del anillo hay esculpidas galeras, y navíos, y debajo castillos, y leones. Han juzgado personas doctas, y se tiene por cierto, ser esta llave la que entregó a San Fernando en la toma de Sevilla su último Rey Moro Ajataf.

16. No me detengo en referir a V. en materia de reliquias, y alhajas lo que esta Santa Iglesia posee, porque sería asunto muy prolijo, como tampoco la riqueza, y número de cálices, cruces, candeleros, ciriales, platos, y demás para servicio del altar; y asimismo vestuarios sagrados, pues se cuentan a centenares estas cosas, y muchas de excelente hechura, según el tiempo en que hubo, más, o menos buen gusto. En dos de los altares, donde están las Reliquias, que son los de los lados, se ven dos asuntos de Diego Vidal el viejo[15] pintados sobre sus puertas, en la una Christo Crucificado, San Juan, y la Virgen, y en la otra San Miguel.

17. No debo salir de la Sacristía sin hablarle a V. de la célebre custodia de plata de Juan de Arfe, la cual sirve en la festividad del Corpus, y en el monumento por Semana Santa, de cuya descripción sé que está V. deseoso; pero antes quiero decir dos palabras de una gran máquina de bronce, y es el Candelero, o Tenebrario de Semana Santa, tan grande, o acaso mayor, que el del Escorial; pero no tan imitado como en aquél el modelo, que todavía se conserva en el Arco de Tito en Roma, del que había en el Templo de Jerusalén.

---

[15] A este pintor no le nombra Palomino; pero Zúñiga en sus Anales, pág. 439, dice, que fue Racionero de esta Iglesia, gran pintor, pero mayor limosnero.

En el triángulo del de aquí se ven las estatuitas de los doce Apóstoles, Jesu Christo, y otras dos figuras: en el vano del triángulo hay variedad de follajes, o grotescos calados, y en medio un óvalo con la figura, al parecer, de nuestra Señora: encima la del Salvador, y más abajo la de un Santo Rey. Este cuerpo está sostenido de otro, cuyos miembros principales son cuatro columnas compuestas, las cuales descansan en cuatro como cariátides. Debajo de este se forma otro compartimento con cabezas de leones, y colgantes de bandas, descansando todo sobre el zócalo, o pie del Tenebrario, adornado con especie de harpías. Se creía que este Tenebrario había sido mueble de la Iglesia de San Pablo de Londres; pero consta que lo construyó aquí Bartolomé Morel, como también la figura que está sobre la torre de la Iglesia, llamada Giralda, o Giraldillo, el año de 1554.

18.   Las cosas de esta Iglesia se hicieron por lo regular con mucho gasto, y magnificencia, y es sensible que no acompañase siempre, y en todo, la finura y propiedad más acendrada. Otra prueba del buen ánimo, y grandiosas ideas es el Cirio Pascual, que dicen tiene ochenta y dos arrobas de cera, siendo las que computa Espinosa que se gastaban en cada año dentro de este Templo ochocientas arrobas, otras tantas de aceite en las lámparas, y mil y quinientas de vino en las Misas, y es regular sea lo mismo al presente, o acaso más. Vamos ahora a la Custodia de plata, de que hice mención, como de una de las mejores alhajas por su artificio. El mismo Juan de Arfe Villafañe, autor de la obra, la describió en un cuadernito de muy pocas hojas. Vea V. la dedicatoria que de su descripción hizo a esta Santa Iglesia.

19.   «No se pudiera tener noticia de las singulares obras fabricadas por los artífices Griegos, y Romanos, si no hubiera habido autores, que escribieran sus trazas, grandezas, y ornatos, con que se representan al entendimiento humano cuasi como si presentes estuvieran, contra lo cual no ha tenido fuerza la injuria del tiempo, consumidor de todas las cosas; y así parece, que las de la arquitedura, y escultura se debe fiar mas para la memoria de ellas de la historia escrita, que no de la formada, y esculpida, no solo en marmol, y bronce, mas aun en duro diamante. Comprueban muy bien esto la estatua que hizo de marfil, y oro, Fidias famoso, y celebrado Escultor, y la casa de Ciro, Rey de los Persas, que de tanta variedad de piedras de diversos colores hizo Mentor, artífice tan afamado: y otras muchas cosas, cuya noticia se hubiera ya borrado de la memoria de las gentes, si los escritores no las hubieran perpetuado con dejarnos hecha mención de ellas en sus libros. De

donde ha resultado haberse ido despertando los ingenios de los artífices, que
después se siguieron, a imitar las grandes obras de la antiguedad, con que
cada día vemos irse aumentando, y ennobleciendo nuestra España en edificios ilustres de varias materias. Entre los cuales en nuestros días resplandece
el maravilloso Templo de San Lorenzo el Real, fabricado junto a la Villa del
Escorial por orden de nuestro muy Católico Rey Felipe II que por seguirse
en él las reglas de la antigua arquitectura, iguala en suntuosidad, perfección,
y grandeza a los más celebrados edificios, que hicieron los Asianos, Griegos, y Romanos; pues cuanto en él parece, muestra verdad, y magnificencia, dejando por vanas, y de ningún momento las menudencias de resaltillos,
estípites, mutilos, cartelas, y otras burlerías, que por verse en los papeles, y estampas flamencas, y francesas, siguen los inconsiderados, y atrevidos artífices, y nombrándolas invención, adornan, o por mejor decir destruyen con
ellas sus obras, sin guardar proporción, ni significado[16], de lo cual como
cosa mendosa he huido siempre, siguiendo la antigua observación del arte,
que Vitruvio, y otros excelentes autores enseñaron con demonstración de los
mejores ejemplos de los antiguos, principalmente en la fábrica de la Custodia de plata, que por mandado de V. S. he hecho, y acabado a gloria de Dios
para esta Santa Iglesia. La cual por ser la mayor, y mejor pieza de plata, que
de este género se sabe, quise dar noticia a todos de su figura, y traza, por describir el hermosísimo ornato, que para ella, por mandado de V. S. ordenó
el licenciado Francisco Pacheco: el cual para que fuese muy propio, y decente, y de magnífica significación, le acomodó a la traza de la Iglesia Católica, repartiendo por todas sus partes historias, figuras, y hieroglíficos, que
cuadran con este intento, y particularmente con el misterio del Santísimo
Sacramento; y quisiera yo hallarme desocupado, y con Tallador liberal, y suficiente para poder mostrarlas, particularmente en diseño, como las lleva la
obra hechas para mayor satisfacción. Mas bastará para los buenos ingenios
decirlo por relación, de suerte que se entienda como si se viese. Y por ser,
cosa del servicio de Dios, y fábrica de esta Santa Iglesia, de quien V. S. son
Ministros, juntamente con ella les ofrezco esta obra, que aunque pequeña,
contiene en sí otra, que será muy agradable, y de beneficio universal. A V. S.

---

[16] En tiempo de Juan de Arfe todavía estábamos lejos del extremo de la barbaridad,
que vino después en materia de arquitectura; y sin embargo se explica como se ve.

suplico la reciba, y favorezca, recibiendo en todo mi voluntad. En Sevilla a los 20 de Mayo de 1587. Joan de Arfe y Villafañe.

20. »Es esta custodia de figura redonda dividida en cuatro cuerpos, y alta cuatro varas. Cada cuerpo está fundado sobre veinte y cuatro columnas con labores de relieve en unas, y otras istriadas. Es el primer cuerpo de orden jónico, adornado en columnas, y friso de vides, figuras de niños, &c. En el medio la Fe sentada con cáliz en una mano, y lábaro en la otra, varias figuras alegóricas, como son, el Entendimiento postrado con esposas en la mano, rindiéndose a la Fe, y la Sabiduría con los brazos cruzados, que reconoce la majestad de la misma: tras de un mundo, que está a los pies de la Fe, se representa una figura encadenada: a los lados de la Fe están San Pedro, y San Pablo, y en la clave de la bóveda el Espíritu Santo.

21. »En los seis asientos del basamento los cuatro Doctores, y juntamente Santo Thomas con el Papa Urbano IV que instituyó la festividad del Corpus Domini, siendo todas estas figuras de a media vara, es saber, la mitad de las columnas mayores de este cuerpo. En los nichos de entre los arcos están representados en figuras los Sacramentos. Todo el basamento de este cuerpo forma doce pedestales resaltados, y mostrándose tres caras de cada uno, hacen treinta y seis lados, en los cuales hay representadas otras tantas historias del viejo, y nuevo Testamento, que alternan entre sí, y corresponden a la Iglesia, traído todo con mucho ingenio, y propiedad.

22. »En los remates de las columnas hay colocados doce Ángeles niños con insignias de la Pasión: en las enjutas de los arcos otros Ángeles con espigas, y uvas en las manos; y en medio de los seis lados del friso hay óvalos con hieroglíficos, y su letra cada uno.

23. »El segundo cuerpo es de orden corintio con follajes en friso, y columnas. Va en cuerpo el viril, y alrededor están los cuatro Evangelistas con sus figuras de León, Toro, Águila, y Ángel adorando al Señor. Alrededor por defuera se representan doce figuras de los Santos Patronos de Sevilla: en los pedestales varios sacrificios antiguos, y en los remates de las columnas los Dones, y Frutos del Espíritu Santo con varios geroglíficos, que tienen también este segundo cuerpo en su friso.

24. »El cuerpo tercero es representación de la Iglesia Triunfante: se expresa la historia del Cordero sobre trono con los cuatro animales del Apocalipsis llenos de ojos. En los pedestales seis historias también del Apocalipsis, y varios geroglíficos en el friso. En el cuarto cuerpo está la Santísima

Trinidad sobre un Iris con muchos resplandores, y remata toda la custodia en una cruz».

25. Es sin duda de las mejores que hay en España, y de las que este artífice hizo con mayor empeño: obra de siete años, cuyo costo dicen ascendió entre hechura, y plata a veinte y cinco mil cuatrocientos cuarenta y un ducados, seis reales, y veinte y cinco maravedís, y que su peso es de diez arrobas de plata.

26. Magnífico es realmente sobremanera el modo de pensar de este Ilustrísimo Cabildo, como queda dicho. No contento al parecer con alhaja tan preciosa, acordó, y empezó a poner en ejecución estos años últimos otra custodia, nada menos que de oro, y no de inferior mole a la referida. No hubo la fortuna de un Juan de Arfe a mano para el desempeño de esta empresa; bien que si, como el asunto merece, se hubieran buscado en España, y aun fuera de ella, si hubiese sido necesario, profesores que hubieran hecho dibujos, la cosa iría adelante con acierto, y más si para lograrlo se aseguraban, y consultaban a verdaderos inteligentes. No obstante, han caído estos Señores en la cuenta de que la custodia de oro quedaría de forma muy inferior a la de plata; y no queriendo, ni debiendo ser menos que sus antecesores, piensan, según tengo entendido, en dejar una memoria digna, y de ningún modo expuesta a la crítica de los venideros, haciendo ver a todo el mundo, que no es la materia la que el entendimiento aprecia, cuando se trata de las artes, sino la noble forma, e invención, la cual siendo mala, es de mayor descrédito para los que la aplicaron a una materia muy preciosa. Ya desde que escribió Diego Ortiz de Zúñiga estaba empezada a ejecutar dicha custodia de oro, como lo dice en sus Anales, pág. 438; pero se hubo de dejar la empresa, que últimamente se ha renovado.

27. Aunque brevemente, le quiero hablar a V. de otro mueble de esta Santa Iglesia, y es el Monumento que se pone en Semana Santa, en aquel espacio de la nave mayor entre el trascoro, y la puerta principal del Templo. Dice Espinosa en su Teatro de esta Santa Iglesia, que es de las obras más insignes del mundo a dicho de los inteligentes. No le he visto armado; y así no salgo por fiador de semejante elogio. Su materia son maderos pintados, y dorados, según conviene, y la figura un octágono. Tiene varios cuerpos, el primero de orden dórico, que consta de diez y seis columnas altas veinte y dos pies: están puestas de cuatro en cuatro, formando así cuatro vistas más anchas, y cuatro menos: por una gradería se sube hasta el tercio de su altura, donde se eleva un cuerpo, o tabernáculo de orden corintio de trece pies de alto, en medio del cual se deposita la Custodia en caja de plata.

28. El segundo cuerpo es de orden jónico con columnas, cuya altura es de quince pies, y en los intercolumnios se ponen cuatro figuras colosales de Abraham, Melquisedec, Moisés, y Aaron, y además otras alegóricas, que representan la Vida eterna, la Naturaleza humana, la Ley Escrita, y la de Gracia: en medio está Jesu Christo en hábito de Sacerdote. El tercer cuerpo consta de columnas de orden corintio con varias figuras de Santos, y en el medio el Señor atado a la columna. En el remate se coloca la crucifixión. Toda la máquina tiene de alto como ciento y veinte pies, y ochenta de diámetro. Empieza a armarse, según me dijeron, al principio de Cuaresma, y su costo fue de veinte mil ducados al decir de Espinosa. No costaría poco la estampa que se grabó de dicha máquina en este siglo, que, si como es grande, fuera buena, podría darse por bien empleado. No tienen número las hachas, velas, y lámparas, que arden en el Monumento.

29. De este género de máquinas hay muchas en España, y parece que respeto a su mole se hicieron a competencia. Ya sabe V. lo que es la del Monumento del Escorial. Si se atiende el fin de sus destinos en los primeros siglos de la Iglesia, no parece había para qué hacer tantas profusiones.

30. Oiga V. algo de la famosa torre de la Giralda, obra del *Moro Güever,* natural de esta Ciudad, según dice, y gran Matemático, a quien se atribuye la invención de la Álgebra, o *Alguebra.* La elevó hasta la altura de las campanas, y hay memoria de que dicho Moro hizo otra torre en Marruecos, y otra en Rábata, en que puso su nombre. La altura de esta se regula de doscientos y cincuenta pies, y el ancho de cada una de sus cuatro caras de cincuenta: hasta los cuatro pies de alto sobre el suelo es su construcción de piedras sillares: lo demás de ladrillo grueso, con paredes lisas hasta los ochenta pies, o más: luego hasta las campanas hay órdenes de ventanas de hechura arabesca, cada una con tres columnas, dos a los lados, y una en medio, y en los arcos diversidad de labores, como los tienen otras partes de la torre. Todo el número de dichas columnas, cuya materia son mármoles blancos, o de mezclas, se acerca, si no me engaño, a ciento y cincuenta. La subida es sin gradas, y de suma comodidad, de suerte, que pueden ir por ella dos hombres a caballo, y a la par sin embarazarse. Remataba antiguamente en un chapitel de azulejos de varios colores, de donde se elevaba una barra de acero, en la cual estaban puestas cuatro grandes manzanas de hierro dorado, que según la Crónica de San Fernando, no había cosa tal en el mundo, la primera labrada con gentil arte, tan extraña, y grande, que fue menester ensanchar una puerta de la Ciudad para meterla.

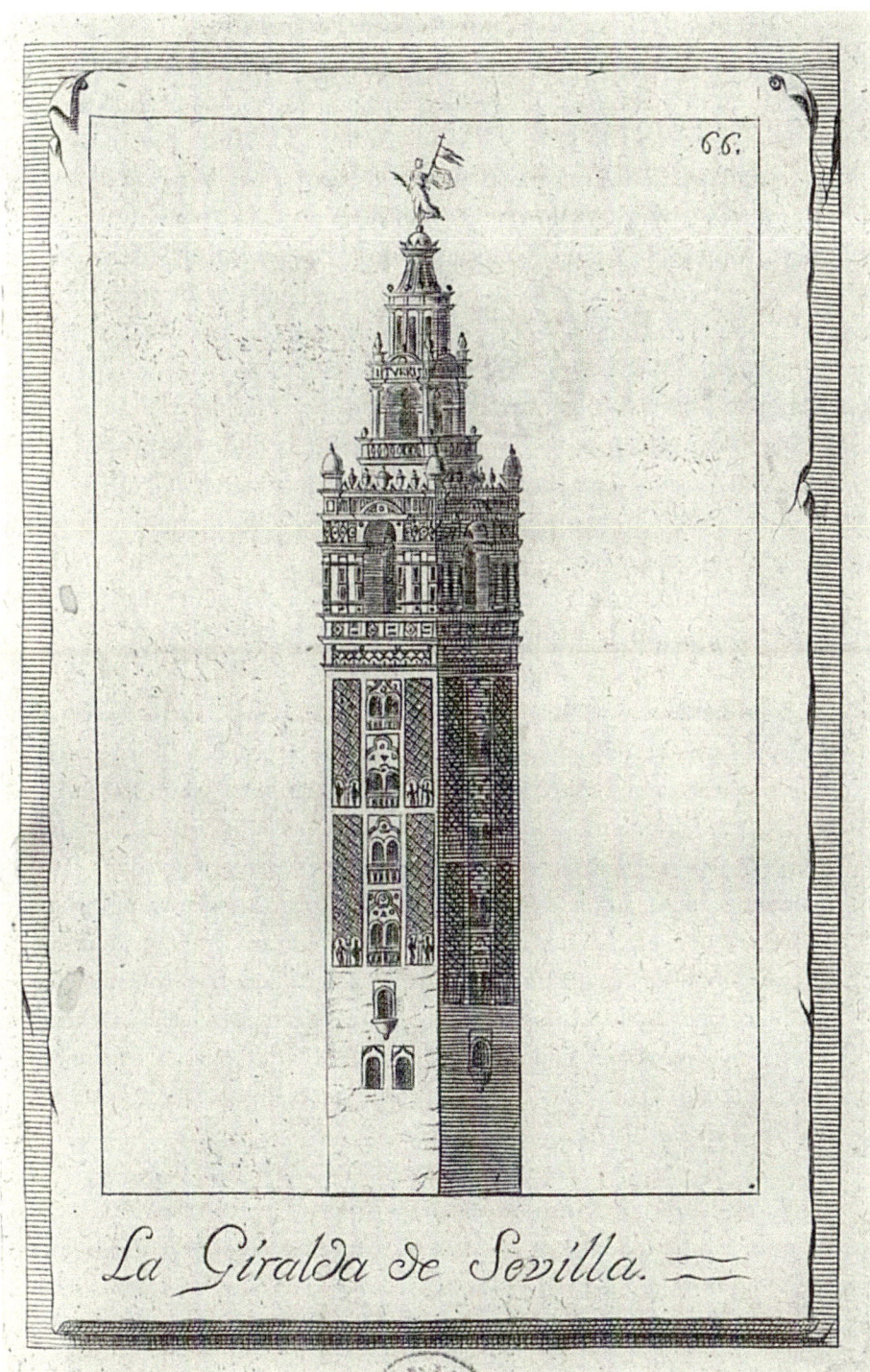

La Giralda de Sevilla.

31. Con dicho remate se mantuvo la torre hasta el año de 1568, en que la elevó otros cien pies el arquitecto Francisco Ruiz, Maestro mayor de la Santa Iglesia, en esta forma: hizo un primer cuerpo, que ocupa toda la anchura del vano de la torre, y lo puso sobre un zócalo, adornando dicho cuerpo, y cinco ventanas para las campanas. Sobre la cornisa hay baranda de balaustres con varios remates, y labores. El segundo cuerpo de orden dórico consta de cuatro columnas de ladrillo en cada lado, y dos pilastrones, dejando cuatro ventanas por los cuatro lados, y lo cierra una bóveda, dentro de la cual está la campana del reloj. En el friso hay escrito alrededor: *Turris fortissima nomen Domini. Prov. 8.* Otros dos cuerpos de figura esférica, jónico, y corintio con ocho pilastras cada uno se erigen sobre el referido, y el último, que está cerrado con su cupulilla; sobre la cual sienta la figura de bronce, vulgo *Giralda,* o *Giraldillo,* con palma en la mano, y en la otra un lábaro, o estandarte. Esta figura representa la Fe, y pesa veinte y ocho quintales, la palma dos, y cuatro el estandarte.

32. Toda la altura de la torre es de trescientos y cincuenta pies, y tiene la siguiente inscripción del Canónigo Francisco Pacheco:

Æternitati Sacrum: Magnae Matri Virgini Sospitae, Sanctis Pontificibus Isidoro, & Leandro, Hermenegildo Principi Pio, faelici: Ilibatae castimoniae, virilis constantiae Virginibus, divis tutelaribus. Turrim Phaenicae structurae, molisque admirandae, atque in CCL. ped. olim editae, in augustiorem faciem opere ac cultu splendidiore educto insuper C. pedum, operosissimo fastigio, auspiciis Ferdinand. Baldesii, Antist. pientiss. Hispalen. Ecclesiae Patres ingenti sumptu instaurandam curarunt, cui ob pietatis res egregie compositas, capite diminutis, atque sublatis Ecclesiae Romana: Perduellibus, victrices fidei colosum ad universa coeli tempora, captandae tempestatis ergo versatilem, imponendum jussere. Absoluto opere a. instauratæ salutis CIↃIↃLXIIX. Pio V. Pontif. optim. max. et Philip. II. Aug. Cathol. pio, fœl. Vict. Pat. Patriæ, rerum dominis.

33. Las victorias de entonces fueron la toma del Peñón de Vélez, y el impedir, que Solimán, Señor de los Turcos, tomase a Malta en 1564: la conquista de la Florida por Pedro Méndez de Avilés en 1565, y varias victorias en Hungría obtenidas por el Emperador Maximiliano contra el expresado Solimán.

34. No puede V. creer qué recreo causa desde lo alto de la torre el extender la vista por la Ciudad, y territorios, que desde allí se descubren. Toda la llanura de Sevilla, y riberas de Guadalquivir, varios pueblos, entre ellos Santi Ponce, Algaba, Gerena, Alcalá del Río, Guillena, Cantillana, Carmona, y otros: a lo lejos la cordillera de Sierra Morena, y en ella las de San Pedro, la de Tudia, el Castillo, y sierra de Aracena, las de Río Tinto. Por Poniente, y Mediodía el Aljarafe, las sierras de Gibrain, las de Zaara, y Morón, en donde se encuentran jacintos, y granates, además de los bellos mármoles jaspeados, de que se hace mucho uso, o se ha hecho en las obras de Sevilla.

35. La librería de la Santa Iglesia merece consideración. Está situada sobre una de las naves del Templo, llamada del *Lagarto*. Tenía en sus estantes al pie de veinte mil cuerpos de libros, que dejó D. Fernando Colón; cuyo sepulcro está en el suelo del Templo detrás del coro, y se leen en él los siguientes versos:

Aspice quid prodest totum sudasse per orbem,
Atque orbem patris ter peragrasse novum.
Quid placidi Baetis ripam finxisse decoram
Divitias genium post habuisse meum,
Ut tibi Castali resserarem numina fontis
Offerremque tibi quas Tolemeus opes
Si tenui saltem transcurrens murmure saxum
Nec Patri salve, nec mihi dicis ave?

Debajo de estos versos se lee:

Aquí yace el magnífico Señor D. Hernando Colon, el qual aplicó, y gastó toda su vida, y hacienda en aumento de las letras, y juntar, y perpetuar en esta Ciudad todos sus libros de todas las Ciencias, que en su tiempo halló, y en reducirlo á quatro libros, según están aquí señalados. Falleció en esta Ciudad á 12 de Julio de 1539 edad de cincuenta años, nueve meses, y catorce dias. Fué hijo del valeroso, y memorable Señor D. Christobal Colon, primero Almirante, que descubrió las Indias, y Nuevo Mundo en vida de los Cathólicos Reyes D. Fernando, y Doña Isabel, de gloriosa memoria, á once de Octubre de 1492, con tres galeras, y noventa personas, y partió del Puerto de Palos á descubrirlas á 3 de Agosto antes, y volvió á Castilla á 7 de Mayo del año siguiente, y tornó después otras dos veces á poblar lo que descubrió: al fin falleció en Valladolid á 30 de Agosto de 1506 años. Rogad á Dios por ellos.

36. No he tenido pereza de copiar esta lápida por la grande opinión que tengo del expresado D. Fernando Colón, viajero de primer orden; pero viajero utilísimo a su patria: no solamente fue con su padre, y un hermano varias veces a las Indias; sino en compañía del Emperador Carlos V a Italia, Flandes, y Alemania, habiendo hecho otros viajes, en que peregrinó toda Europa, y parte de Asia, y África, instruyéndose, y recogiendo más de veinte mil libros, que trajo a esta Ciudad, donde se estableció, y donde trató de fundar una Academia de Matemática. Los dejó después a esta Santa Iglesia.

37. Se conoce también, que a su costa se hermosearon las riberas de Guadalquivir con arboledas, que sería muy útil, y conducente haber conservado. Lo que en el letrero castellano de la lápida dice de haber reducido a cuatro libros, &c. se ha de entender de los libros originales, observaciones, y noticias manuscritas de sus viajes; cuyos cuatro libros, esculpidos en la losa con sus títulos, ya en tiempo de Zúñiga no podían leerse, y solo dice haber hallado algunos fragmentos, en que se mostraba contenían variedad de materias históricas, morales, y geográficas de las tierras que peregrinó, de las Indias, descubrimientos, y conquistas de su padre. Yo he visto manuscritas en la librería estas cosas; pero ya muy deterioradas, como acaso estarían en tiempo de Zúñiga, el cual a propósito de la librería se queja de que *permanecía despojo del tiempo, más olvidada, y menos frecuentada que la quiso su dueño, difícil de gozar, y fácil de consumirse.* Ahora entiendo que es muy otra cosa, mediante el celo, instrucción, y de quien la cuida. Hay en ella, además de sus estantes de caoba, otros adornos de pintura, y la serie de los retratos de los Arzobispos, algunos grandemente pintados, con un San Fernando de Murillo.

38. En cuanto a epitafios, y memorias sepulcrales, está llena de ellas la Santa Iglesia, que se pueden ver en Zúñiga, pues sería dilatarme mucho el entresacarlas, y más no conteniendo adornos peculiares de las artes. Entre ellos los hay de Prelados esclarecidos, personas doctas, grandes capitanes, conquistadores, y aun de los que acompañaron a San Fernando en la adquisición de esta Ciudad. Alrededor de la fábrica del Templo, que es un recinto muy frecuentado, y que sirve de paseo, hay grandísimo número de columnas, o pilares de mármol blanco, o de colores, que pasan de ciento y veinte:

yo creo que sean por lo menos muchas de ellas del tiempo de los Romanos, encontradas aquí, o traídas de Itálica.

39. Me parece haber tocado lo que hay de perteneciente a nuestro principal asunto en el recinto de esta Santa Iglesia, omitiendo otras cosas, que han tratado diferentes escritores, en donde podrán leerse; y ya que el principio de mis relaciones hispalenses ha sido de cosas sagradas, iremos recorriendo con la posible brevedad el gran número de templos de esta Ciudad, con el propósito de salir poco de los puntos relativos a las tres Nobles Artes, y sin otro orden, que el que a mí se me ha proporcionado en reconocerlos; pero dejaremos esto para otra Carta, pues ya se acabó el tiempo, y la gana de continuar ahora. Mande V. a su constante Amigo. Sevilla, &c.

Carta III

1. Amigo mío: Para guardar cierto orden en mis relaciones hispalenses, he pensado tratar de estas Iglesias con alguna separación, aunque yo las he visto conforme se me han proporcionado, cuando he salido de casa; y así hablaré primero de las Parroquiales, después de las de Religiosos, seguirán las de Monjas, y luego las de Hospitales. Digo ahora para en adelante, que no me detendré en hablar por lo que respecta a sus edificios, cuando no haya alguna particularidad notable: por lo regular son espaciosas, según sus destinos, y muchas de tres naves. El segundo lugar después de la Catedral lo tiene la Colegiata, que llaman del Salvador, situada en una de las plazas de Sevilla, donde se venden frutas, y otros comestibles.

2. Tuvo la desgracia de haberse pensado en su reedificación, cuando el buen estilo de la arquitectura había llegado a su precipicio; y así fue arruinada la antigua fábrica, que mantenía la forma de Mezquita, en 1669, acabándose la nueva en el de 1712. Se venera en esta Iglesia una Imagen de nuestra Señora, que llaman de las Aguas, por haberse conseguido estas mediante su protección en años de sequedad. No hay para qué detenernos aquí, ni V. se detendría un instante al ver los costosos, y extravagantes retablos, que poco ha se han hecho: lástima que las personas piadosas, que en ello han gastado su dinero, no se hayan informado bien antes, para emplearlo con

más acierto por lo tocante al artificio. El de la Comunión es de lo más ridículo que se puede imaginar, y por el mismo término el mayor, como el de nuestra Señora, donde hay dos estatuas de lo primero que D. Felipe de Castro hizo hallándose muy joven en Sevilla. La sillería sigue el orden de los referidos altares: han embarazado con ella el medio de la Iglesia, y por haberse hecho todo esto poco ha, es más sensible. En la nave al lado de la Epístola se encuentra un San Cristóbal de escultura del Montañés.

3. El cuadro del altar mayor de la Parroquia de San Isidoro es el *Capo d' Opera*, como dicen los italianos, de Pablo de las Roelas, en que se representa el tránsito de este Santo; y se ven en dicha pintura más de veinte figuras enteras las más. Se reconoce mejor por este cuadro, que por otro alguno de su mano haber estudiado este profesor con Ticiano, así por el colorido, como por la composición de él. La gloria, en que se ve Jesu Christo con Ángeles mancebos, y niños, es excelente. ¿Y creerá V. que una cosa tan buena se halle colocada en un ridículo retablo? Todavía hay otro de peor artificio, y es el del Sacramento, a los lados de cuya capilla se ven dos pinturas de bastante travesura de Lucas Valdés. En la capilla del Bautismo hay una tabla, que representa a San Antonio Abad, y a San Pablo conversando, que me pareció de Pedro de Campaña. La renovación de esta capilla se hizo el año de 1688, como dice allí un letrero: creo que no fue buena para el cuadro, que sin duda se retocó entonces[17].

4. En la Parroquia de San Pedro hay un retablo dedicado a nuestra Señora de la Paz, con diferentes pinturas, que eran originales del célebre Pedro de Campaña pero ya las más no lo son, por haberse retocado, y cubierto con suma impericia. Solo se han libertado la de San Sebastián, San Jerónimo, y el Señor atado a la columna. En otro altar de esta Iglesia se ve un bello cuadro del famoso Roelas, y representa en figuras del tamaño del natural al Ángel, que saca de las prisiones a San Pedro. Las formas son grandiosas, y el colorido muy semejante al de Ticiano, con buen partido de claro, y obscuro. Este cuadro lo grabó D. Juan Palomino[18]. El retablo mayor no es de

---

[17] Del lienzo del altar mayor de la parroquia de San Isidoro, hay abierta estampa, como del de San Pedro Advíncula, en la que fue Roelas más afortunado que los otros grandes pintores de Sevilla, de quienes no hay alguna. (Conde del Águila)

[18] Pablo de las Roelas, según D. Antonio Palomino, fiel discípulo de Ticiano, hijo de padres Flamencos, natural de Sevilla, Canónigo de la Colegiata de Olivares, dos leguas distante de dicha Ciudad. Cuenta el citado autor las pinturas que hizo en Olivares, y algunas

mala arquitectura, aunque tiene superfluidades: hay mérito en las estatuas, y bajos relieves repartidos en él, y casi todo es perteneciente a la historia de San Pedro. No sé si, como me dijeron, serán estas estatuas de Pedro Delgado, profesor de crédito, que floreció en esta Ciudad, de quien no tendría noticias Palomino, pues no le nombra.

5. El altar mayor de la Parroquia de San Lorenzo es del buen tiempo de la arquitectura, y de orden corintio, con columnas en su primero, y segundo cuerpo. Se ven diferentes bajos relieves, figuras del natural: uno representa al Santo titular despidiéndose de San Sixto, y otro repartiendo a pobres los tesoros de la Iglesia. En el segundo cuerpo, además de la estatua del Santo, se ve su martirio en las parrillas, y a otro lado azotándole, también en bajo relieve. En el ático está colocado el Señor crucificado, que parece lo tuvo presente Zurbarán para su pintura del mismo en el Convento de San Pablo. Son muy graciosos los niños puestos en los frontispicios de los nichos. Toda esta insigne obra es de Juan Martínez Montañés, a quien se le debe reconocer por uno de los grandes escultores de esta ciudad[19]. Hay en este altar dos Tabernáculos, y en el inferior cuatro figuritas pintadas de gusto, al parecer San Pedro, San Pablo, Elías, y Melquisedech.

6. ¡Cuántos de estos altares había en las Iglesias de Sevilla! ¡y cuántos se han despreciado, y quitado para poner en su lugar ridículos maderajes con sumo descrédito de nuestra edad! Todo hombre de buen juicio, y amante de su patria lo llora, y mucho más no viendo todavía el fin de esta desolación. En un buen altar, al lado del Evangelio, se ve una Concepción de escultura, bien hecha, y en lo alto el Padre Eterno: contiene también pinturas de San Juan Bautista, y San Juan Evangelista, creo que de Roelas. En otro, al lado de la Epístola, se encuentra un cuadro asimismo de la Concepción, que con otras pinturas hizo Francisco Pacheco. Los cuatro Evangelistas en la capilla mayor son de Lucas Valdés; y en un altar hacia el coro, se conserva una tabla grande de la Anunciación, obra de Pedro de Villegas, con esta firma: *Petrus de Villegas faciebat*, y lo mandó hacer Doña Elvira Marín el año de 1593.

---

de las que hay en público en Sevilla. Estudió mucho el natural en las Academias, y adquirió los importantísimos conocimientos de la Anatomía, Simetría, Perspectiva, bello colorido, y otros pertenecientes a la verdadera ciencia del arte. Es de suponer que estuvo en Italia. Falleció de sesenta años hacia el 1620.

[19] Dice Palomino en su vida, que fue natural de Sevilla, y que falleció el año de 1640.

En el remate está pintada la Visitación. En esta Iglesia tiene su sepulcro el citado Pedro de Villegas con la lápida, cuya copia envié a V. hablando de sus obras en la Catedral. Por de Montañés es tenida la Imagen de Jesús Nazareno en una de las capillas de esta Iglesia; y en la Sacristía hay una Concepción de Luis de Vargas, como también una razonable copia del Señor crucificado; cuyo original de Guido Rheni se admira en la Iglesia de *San Lorenzo in Lucina* en Roma.[20]

7. En la Parroquia de Santiago *el viejo* el cuadro del altar mayor es de Mateo Pérez de Alesio. En la de San Andrés tienen los pintores su capilla, y en ella hay obras de Murillo, de Herrera, y de otros que florecieron en aquella edad. Las pinturas del altar de la Concepción, que es de buena arquitectura, parecen del estilo de Villegas.

8. Lo que se encuentra de bueno en la Parroquia de San Esteban es el cuadro del martirio de este Santo, hecho por Francisco Zurbarán; y aunque los demás del retablo mayor, donde está dicho martirio, se tienen por del mismo autor, no me lo parecieron, o los habrán retocado, a excepción del San Pedro, y San Pablo, figuras excelentes.

9. La memoria más notable de la Parroquia llamada *Omnium Sanctorum* (hablo en materia de gusto) es, que un retablo, donde había colocadas siete pinturas originales de Murillo, se tuvo en menos que otro tosquísimo, y ridículo, situado junto a la puerta del costado, que mira al Norte, por el cual le trocaron, y no vale lo que la menor de las mencionadas pinturas. Testigos hay de este hecho, y de otros semejantes a él con gran deshonor de la edad

---

[20] La imagen de Jesús Nazareno, con el título del «Gran Poder» en la parroquial de San Lorenzo, no sólo es tenida por de Montañés, sino que consta efectivamente el año que la hizo, 15 antes que el altar mayor. Aquí pudiera ya añadirse a lo que se dice de Pedro de Villegas que la bella pintura de la Sacra Familia en una gran losa de mármol blanco casi cuadrada, con las figuras de medio cuerpo del tamaño natural, que pinto para el altar de su enterramiento, dotando una capellanía, se ha restituido a él el año pasado de 1780 haciéndole retablo de buena arquitectura el escultor Don Blas Molner, por disposición y a expensas de la Hermandad de la Casa de Misericordia, patrona de esta obra pía, y otras que dejó dicho Villegas

(Aquí falta una hoja)

de la Concepción, tiene la singularidad de que en un grupo de varios Santos que adoran a la Virgen, el San Cayetano es retrato del mismo Roelas. (Conde del Águila)

presente. Han quedado en esta Iglesia en el altar de las Ánimas las pinturas del Señor crucificado, San Pedro, y San Pablo de Francisco Reina, cuyo estilo casi se equivoca con el de Francisco Herrera, pero no le menciona Palomino; y los cuadros de Santa Catalina, San Juan Bautista, la Crucifixión, el Señor a la columna, y otros en una capilla a los pies de la Iglesia, se atribuyen a Varela, de quien se ha hablado. No es despreciable el retablo mayor con sus bajos relieves, aunque no se halla mérito sobresaliente.

10. En una capilla al lado de la Epístola de la Parroquia de Santa Catalina hay una bella pintura de Jesu Christo atado a la columna, y San Pedro de rodillas, obra que se cree de Pedro de Campaña; y por de Murillo es tenida la Santa titular de medio cuerpo en un cuadro de los de esta Parroquia.

11. En la Iglesia Parroquial de San Juan de la Palma todavía queda algo de lo mucho, y muy excelente, que en otro tiempo hubo, y se tuvo en poco aprecio, como es el altar mayor, que hoy por fortuna existe en el Convento de San Antón, llamado, *San Juan de Alfarache*. Lo que queda de consideración es un altar con un bellísimo Crucifixo, San Juan, y nuestra Señora a los lados, figuras del natural, reputadas con razón del célebre Maese Pedro de Campaña. En la Sacristía hay un cuadro de Roelas.

12. Las pinturas del retablo mayor en la Parroquia de San Martín son muy conformes al estilo de Herrera el viejo, y la de San Elías con el Ángel, que lo conforta, en el cuerpo de la Iglesia, se reputa por de Antolínez imitando a Murillo. En un retablo cerrado con su reja, y muy bien hecho se ve un Descendimiento de la Cruz con una figura del Señor escorzada, por la cual, y por el estilo de las demás, que son bonísimas, concebí que era obra de la primera, y más correcta manera del Racionero Cano. A los lados de este cuadro hay otros pequeños, pero buenos, que representan la Resurrección, la Ascensión, y los Santos Mártires, Esteban y Lorenzo. Sobre el arco de otra capilla, enfrente de la referida, vi una tabla de gran tamaño con nuestra Señora sentada, y el Niño en brazos: a los lados dos Santas: se reconoce en ella mucho de la primitiva escuela de Rafael, y como del estilo de Perugino[21].

13. Lo más particular de la Ayuda de Parroquia de Santa Cruz, y acaso de Sevilla, en materia de pintura, es la tabla de un altar al lado del Evangelio, donde se representa el Descendimiento de la Cruz con acompañamiento de

[21] El San Elías con el Ángel que lo conforta en la parroquia de San Martín, es de Meneses Osorio, discípulo de Murillo. (Conde del Águila)

nuestra Señora, San Juan, la Magdalena que besa los pies de Christo, y otras figuras pertenecientes al asunto. Tendrá este cuadro como seis varas de alto, y tres de ancho: llama la atención el Cuerpo de Christo, a quien descuelgan los varones, y lo recibe San Juan, cuya expresión exánime sorprende. Hablando Francisco Pacheco, docto profesor, de la figura del Señor difunto, dice que tal vez le daba pavor, y miedo, temiendo de estar solo en esta capilla, y viendo este Descendimiento. Asimismo es admirable el grupo de las Marías, en que se ve nuestra Señora sostenida, que parece va a dar el último aliento: una que mira arriba, no puede tener expresión más dolorosa, ni tampoco cabe más compasiva en la que mira a nuestra Señora. Es obra estupenda, y nada inferior a las mejores de Miguel Ángel, de quien Pedro de Campaña hubo de ser discípulo, si hemos de atender al estilo; y no de Rafael, como dice Palomino, aunque también pudo estudiar las obras de ambos insignes artífices; pero lo más cierto es, que seguiría el camino que los dichos siguieron, del natural, y el antiguo, buscando en él las preciosidades que constituyen a este cuadro por de primera clase en Sevilla. Tiene esta firma: *Hoc opus faciebat Petrus Campaniensis;* y debajo el marco se lee: *Este retablo mandó hacer Hernando de Jaen, cuya es esta capilla, y de sus herederos: acabóse en* 10 *de Febrero del año de 1548.*

14. Es una gran recomendación de esta obra el saberse, que Murillo la estaba considerando, y estudiando continuamente, y que muchas veces, aun en sus últimos años, respondía al Sacristán de esta Iglesia, y a otros, que le veían de continuo en dicha capilla: *Que estaba esperando, quándo acababan de baxar de la Cruz á aquel Divino Señor.* Tal es la verdad de la obra, y sobre todo las expresiones de cada una de las figuras.

15. El mismo Murillo quiso enterrarse enfrente de este cuadro, y sobre su lápida, en que se figura un esqueleto, se lee: *Vive moriturus.* Y porque se ha tocado el sepulcro de Murillo, debo decir a V. en orden a su nacimiento, que no fue en la Villa de Piles, como dice Palomino, ni nació en el año de 1613, sino en Sevilla, donde en primero de Enero de 1618 fue bautizado en la Parroquia de la Magdalena. Tampoco murió en 1685, como cuenta el citado autor, sino en el de 1682, y se enterró en esta Iglesia, como se ha dicho: todo lo cual consta de las fees de Bautismo, y Mortuorio.

16. En el remate del referido altar hay una Santa Faz del expresado Pedro de Campaña; y hasta las vidrieras de esta capilla son buenas por sus pinturas de la Virgen con el Niño, y la Adoración de los Santos Reyes. También

lo es la arquitectura del altar, aunque de aquel estilo plateresco que se usaba; por cuyas razones es digna la memoria de Hernando de Jaén, que lo mandó hacer; pero creo que si resucitara, se volvería de pesadumbre a la sepultura por no ver una indigna cenefa puesta modernamente en el altar, y por no oír, como yo he oído, que a esta excelente tabla la limpiaron con un estropajo, y jabón; con cuya maniobra, si es cierta, se puede creer lo que sería, siendo ahora tan bella. En la pared frente del altar hay una pintura de San Francisco de medio cuerpo del expresado Campaña. Junto a la puerta de la Sacristía una bella copia en pequeño de la Caída de San Pablo, que está original de Miguel Ángel en la capilla Sixtina del Vaticano, y un Señor en el Calvario con varias figuras, obra de mérito.

17. Hay en Santa María la Blanca, que también es Ayuda de Parroquia del Sagrario de la Catedral, varias pinturas de Murillo, que pertenecen a nuestra Señora de las Nieves: una la Santa Virgen con el Niño, que se aparece al Senador Juan, patricio Romano, y a su mujer dormidos, y al lado estos mismos ante el Papa Liberio, viéndose a lo lejos la procesión que se hizo en Roma, y dio motivo a la fundación de Santa María Mayor. En los testeros de las naves colaterales se ven dos lienzos del mismo autor, uno representa la Concepción, y otro la Iglesia Triunfante sobre nubes, y en ambos cuadros hay varias figuras de medio cuerpo en acto de veneración[22].También es de Murillo un cuadro grande colocado en la nave del lado de la Epístola, en que representó la Cena del Señor; y asimismo hizo dicho artífice una nuestra Señora Dolorosa, y San Juan de medio cuerpo, que están en la primera capilla a mano derecha. En el remate se ve un Ecce-Homo del estilo de Morales.

18. En un altar de la nave del Evangelio hay obras de Luis de Vargas, y son Christo muerto en brazos de nuestra Señora, figura muy grande en poco distrito, y la Magdalena, que besa los pies del Señor: se ve un grupo excelente

[22] De Bartolomé Murillo queda dicho el año de su nacimiento, el de su muerte, y cuál fue su patria. En lo demás no hay que oponer a Palomino, quien dice haber estudiado el arte con un tío suyo pintor, llamado Juan del Castillo, del cual habla en las vidas de los Pintores, fol.300; y dice haber sido también maestro de Alonso Cano, y que su escuela era muy frecuentada de discípulos. Cuenta que Murillo se ejercitó en pintar de feria para enviar a Indias, y que adquirido algún caudal, pasó a Madrid, donde con la protección de Velázquez vio, y copió obras de Ticiano, Rubens, y Van Dick, frecuentando también las Academias. Volvió a Sevilla, donde vistas sus obras adquirió gran fama. Rechaza Palomino la opinión de Sandrart, y la de otros de que Murillo pasase a Indias, y después a Italia, habiendo sido un hijo suyo, también pintor, llamado Joseph, quien fue a Indias, y murió allá.

de San Juan, y las otras Marías, y a lo lejos algunas figuras, que se retiran del lugar del Calvario, y otras, como que se disponen al Entierro. La pintura está firmada así: *Luisius de Vargas faciebat*. Y en el marco del retablo se lee: *Este retablo, y altar, y entierro es de Francisco Ortiz Aleman, y de Melchora Maldonado su muger, y de sus herederos, y sucesores, año de* 1564, y se ven allí los retratos de los mismos. En lo alto hay otra pintura de la Impresión de las Llagas de San Francisco.

19. La que fue Iglesia de los Jesuitas, en su Casa Profesa de Sevilla, está hoy destinada a la Universidad literaria. Es de buena arquitectura dórica con medias columnas en los postes del crucero, que fueron pintadas para que no faltase alguna extravagancia. El retablo mayor es de los mejores de Sevilla compuesto de dos cuerpos, en el cual se ven repartidas muy buenas pinturas. De Roelas son San Ignacio de Loyola, y San Ignacio Mártir, a quien despedazan los leones, como también la Sacra Familia del medio, y la Adoración de los Santos Reyes. El Nacimiento es obra de Varela, la Anunciación de Pacheco, y los dos Santos Juanes Bautista, y Evangelista del Racionero Cano: las dos estatuas de San Pedro, y San Pablo parecen de Juan Martínez Montañés. Se puede conjeturar, que los que hicieron estas pinturas trabajaron a competencia, pues realmente manifiestan el esmero, y diligencia de sus autores[23].

20. Antiguo, y buen retablo es el de la Concepción en el lado de la Epístola, que dentro un arco sostenido de columnas compuestas comprehende otro de orden corintio con dos cuerpos. Son muy buenas todas las estatuas del altar; pero no sé si de Montañés, como me dijeron. Casi todos los demás retablos de esta Iglesia son cosa mala en cuanto al artificio. Algunas pinturas del Refectorio, y Claustro se trasladaron para servir en el Estudio de las

---

[23] La que fue iglesia de los jesuitas en su Casa Profesa, según las memorias que conservan los padres, se hizo por diseño del arquitecto Herrera, quien pudo muy bien haberlo dado hallándose aquí cuando se empezó dicho templo, con motivo de la fábrica de la Lonja. En el retablo mayor las estatuas de San Pedro y San Pablo, seguramente no las hizo Juan Martínez Montañés, que quizá no habrá nacido cuando se colocaron allí: algunos las atribuyen al racionero Cano. El monumento que hubo en esta casa, el mejor de Sevilla (sin exceptuar el de la catedral) y tal vez del Reino, por su composición, para que formaron la idea los célebres jesuitas Prado, y Villalpando, se mandó dar el año antecedente por el Consejo a una parroquia de la villa de Cazalla de la Sierra, donde después del maltrato que padeció al conducirle por la aspereza del camino, lo habrán desfigurado para acomodarle al sitio, no sin sentimiento de los inteligentes, que le tenían por un modelo en su género, que debiera conservarse aquí. (Conde del Águila)

Artes de Sevilla. Las portadas de esta Iglesia son de buena arquitectura; pero con chafarrinadas de colores[24].

21. En otra de las Iglesias que tuvieron aquí dichos Regulares dedicada a San Hermenegildo, se representa este Santo en el retablo mayor, obra de Francisco Herrera el viejo. La figura de esta Iglesia es oval con dos órdenes de arquitectura; pero los altares de muy ridícula hojarasca. En la Sacristía del Noviciado, que fue de los mismos, he visto algunas pinturas buenas, y lo es un Descendimiento, de Luis de Vargas, y el San Luis Rey de Francia, titular de la Iglesia, tiene del estilo de Zurbarán. Fue célebre años pasados en esta ciudad un tal D. Juan de Hinestrosa para hacer, y colorir animales de bulto sumamente parecidos al natural, y los ejecutaba de cierta pasta inventada por él, pintándolos al temple: hacía también con particular gusto Nacimientos, y Desiertos con Santos Ermitaños, &c. Hay obras de él en esta Casa, y las he visto en varias de Sevilla. Murió en 1762. Muchas de sus obras se han extraído del Reino. Pintó también de miniatura. Todo el Templo, Sacristía, y capilla interior lo vi lleno de laminitas, espejos, miniaturas, y otras menudencias de poca importancia.

22. La Iglesia del Colegio de la Concepción, que vulgarmente llaman *de las Becas,* perteneció antes, como la que acabo de referir, a dichos Regulares. La figura es oval, y hace muy buen efecto, y la estatua de su altar mayor es de Pedro Roldán; pero su adorno interior es extravagante. En su portada están repartidas varias estatuas de Santos, con la de la Concepción en medio, y las hay del expresado Roldán, a quien se atribuye la traza de la Iglesia. Su situación es frente de la Alameda, y se le ha dado al Tribunal de la Inquisición. Otra Casa también, que fue de los mismos, se ha destinado a la facultad de Medicina[25].

---

[24] El retablo de la Concepción al lado de la Epístola, es de la escuela de Montañés, y de lo mejor suyo la imagen de la Virgen, como el San Ignacio de Loyola en el de enfrente, y también el Cristo crucificado de otro altar del cuerpo de la iglesia, Entre las pinturas trasladadas al salón de Estudio de las Artes en el Alcázar de esta casa (y las otras de jesuitas) fue un grande y hermoso cuadro de la Cena que estaba en el refectorio, original de Pablo de Céspedes, de cuyo pincel no hay otro en Sevilla. (Conde del Águila)

[25] El destino del Colegio de la Concepción, llamado «de las Becas», que se dijo daban al tribunal de la Inquisición, no se verificó. El otro colegio de Ingleses, lo tiene interinamente la Real Sociedad Médica. Aquí estuvo el excelente cuadro de San Gregorio, original de Roelas, que arrancaron del retablo principal para llevarle a San Albano, contra toda razón. (Conde del Águila)

23. En la Iglesia del Colegio de San Basilio merecen consideración las pinturas del retablo mayor, y las que hay en uno de los rellanos de la escalera del Colegio, pertenecientes a historias de los Emperadores Juliano, y Valente con relación al Santo titular. Se creían ejecutadas estas obras por Francisco Herrera el viejo; pero son de Luis Fernández, cuyas firmas mandó borrar, dicen que un abad, no ha muchos años, creyendo que rebajaban de su mérito, que en realidad no es muy inferior al de Herrera. Palomino en la vida de Francisco Pacheco deja en duda cuál fue su maestro, si Luis Fernández, vecino de Madrid, u otro del mismo nombre, vecino de Sevilla, y natural de Córdoba, que allí menciona; pero se debe estar por este, que según el tiempo, la habilidad, y otras combinaciones tiene más proporción que el otro. Lo demás de la Iglesia todo se reduce a una infeliz renovación. La fundación de este Colegio se debió en el año de 1595 a un hombre rico, natural de la Isla de Chipre, llamado *Nicolao Triarki*[26].

24. En el crucero a la banda de la Epístola del Convento de San Pablo de Religiosos Dominicos se ven obras de Lucas Valdés, y en una capillita de la Sacristía hay un Crucifixo de Francisco Zurbarán, pintura de estupendo relieve. Está firmado *Franciscus de Zurbaran f.* 1627. Se encuentran en dicha Sacristía otros cuadros sobre el estilo de este célebre pintor, y acaso son de su discípulo Polanco. En el recinto de este Convento hay una capilla, que llaman de la Antigua, donde se ve una Imagen de nuestra Señora de los Dolores, de Pedro Roldán; de quien son otras obras de escultura de la Iglesia, y el San Pablo de la portada, según Palomino: se hallan allí algunos floreros de un tal Campobrins, profesor de mérito en esta línea. También se estima con mucha razón el Calvario que aquí hay de Juan Martínez Montañés, en que Jesu Christo se representa hablando al Buen Ladrón, y está en la capilla de Monserrat. También hay algo a fresco de D. Clemente de Torres[27].

25. Pocas pinturas se encuentran en Sevilla de mano de Francisco Zurbarán, que lleguen al grado de mérito, que se reconoce en la que hizo para

---

[26] Las pinturas del retablo mayor, y otras de la iglesia, y colegio de San Basilio, son de Herrera el Viejo, indudablemente. Yo tengo el borrón que hizo para la principal de dicho retablo. Las de Luis Fernández, que tenían las firmas borradas modernamente, se reducen a los lienzos grandes de la escalera. (Conde del Águila)

[27] En la escalera del convento de San Pablo hay un gran lienzo de los mejores del Esclavo de Murillo, con su firma así: «Sebastian Gomez Iliberitano», por el cual se sabe su patria. (Conde del Águila)

el Colegio de Santo Tomás de Religiosos Dominicos, y es un gran cuadro puesto en el retablo mayor de su capilla. Se reduce a conjunto de Santos en gloria; es a saber, Santo Tomás en paraje principal, y sobre nubes los cuatro Dolores, San Pablo, y Santo Domingo, la Santísima Trinidad en lo alto, y en la parte inferior el Arzobispo de esta Ciudad D. Diego Deza, fundador del Colegio, acompañado de varios Religiosos arrodillados, y al lado opuesto Carlos V, con dos Clérigos, y un Fraile. Dejando aparte las impropiedades de estos anacronismos, que no deben atribuirse al artífice, no hay términos para explicar la naturalidad, y bellos partidos de las referidas figuras, que son por lo menos del tamaño del natural. Es sensible que hayan tapado parte de esta pintura con un tabernáculo puesto delante. De algún discípulo de Zurbarán parecen seis medias figuras de Santos de esta Orden en el basamento. En la pared frente el altar hay una tabla pequeña con nuestra Señora, que semeja al estilo de Miguel Ángel, copiado por algún artífice de mérito. Es buena obra la del sepulcro del Señor Deza; cuya figura echada sobre la urna, y lo demás es de piedra alabastrina. En el epitafio se expresa, que fue Maestro de esta Orden, Fundador del Colegio, Arzobispo de Sevilla, &c. y que murió de ochenta años en el de 1523 a 9 de Junio.

26.   Otra pintura hay en este Convento en nada inferior a la referida, y es la del Martirio de San Andrés, colocada en el retablo de la capilla de los Flamencos, obra del insigne Roelas. El cuadro se acercará a siete varas de alto con anchura proporcionada. Está el Santo puesto en el martirio de la aspa mirando al Cielo. Hay excelentes grupos de figuras a pie, y a caballo asistentes al espectáculo, que ciertamente tienen muy bellas, y naturales expresiones. En lo alto se observa una hermosa gloria de Ángeles niños, y mancebos: unos con palma, y corona: otros tañendo instrumentos, y cantando; y en el primer término de dicha pintura hay dos buenas figuras, una que recibe una escalera de mano de otra, todo bien hecho, y entendido. Igualmente son muy bellos los cuadritos del sotabanco, el uno de San Andrés predicando, y el otro del mismo con San Pedro, que deja la barca para seguir a Christo. No son despreciables algunas pinturas de esta Sacristía, en especial las que representan diversas Santas, y algunos Santos Obispos. Hay otra del llamamiento de Christo a los Apóstoles, firmada: *Gierolamo Lucerti da Correggio* 1608; pero de mérito muy mediano[28].

---

[28]   Del colegio de Santo Tomás pudiera no olvidarse la pintura de la Virgen del Rosario que está en un altar al entrar en la iglesia, del primer tiempo de Murillo, firmada, y acaso

27.   La portada de la Iglesia de Padres Dominicos, intitulada *Regina Angelorum,* está bien adornada con pilastras corintias, estatuas a los lados, y una bella escultura de la Asunción en lo alto, que siendo todo de piedra, tuvieron la extravagancia de pintarla, y no pues ya he hablado de otras, y algunas las omito. El retablo mayor es cosa buena, aunque sería mejor para mi gusto, si no constase de tantos cuerpos: son tres de orden corintio, y un ático encima. En todo el retablo hay porción de estatuas, y bajos relieves de no poco mérito. El espacio del medio lo ocupa nuestra Señora sobre trono de Ángeles; pero ridículamente adornada de tocas sobrepuestas, con lo que no se conoce bien toda la excelencia de la estatua. La escultura, y arquitectura de este retablo es de Pedro Delgado, artífice, como dice Zúñiga en sus Anales, pág.728, de mucha fama, de quien no hace mención Palomino. Hay en el claustro de este Convento dos cuadros de la primera manera, o estilo de Murillo, y el uno representa a nuestra Señora del Rosario acompañada de San Pedro, y San Pablo, que está de pie, y Santo Domingo de rodillas: el otro a San Francisco en ademán de persuadir a un Religioso, que siga la doctrina de Santo Tomás[29].

28.   La Iglesia del Colegio de Monte Sion, que también pertenece a Religiosos Dominicos, es de las que se encuentran de buena arquitectura en Sevilla, y solo le falta una fachada correspondiente. Acompañan en todo sus altares, particularmente el mayor, que se reduce a dos cuerpos de orden corintio con columnas, y entre ellas hay buenas pinturas, que se tenían por del Racionero Alonso Cano; pero hechas mejores averiguaciones, se ha encontrado ser de Juan del Castillo, que fue uno de sus maestros, y lo demuestran las firmas que de este tienen algunas de dichas pinturas, con las cuales son muy conformes las demás: por tanto parece que se puede corregir Palomino en la vida de Cano, a quien las atribuye. En el medio está la Asunción de

la más antigua suya que conocemos, Y el singular retrato del fundador original de Zurbarán que está en la librería. (Conde del Águila)

[29]   En el claustro del colegio de «Regina Angelorum» es como la anterior la que representa a San Francisco, Santo Tomás, y un religioso franciscano, a quien dice su patriarca, señalando al Doctor Angélico: «Crede huic quia eius Doctrina non déficit in eternum». El otro cuadro de Ntra. Sra. del Rosario acompañada de San Pedro y San Pablo, etc., no es de Murillo, sino de su maestro. También en la iglesia merece alguna atención la capilla de la Virgen del Rosario, propia de la Real Maestranza de Caballería, toda de Pedro Roldán (menos la imagen) por los bajos relieves de historias de la vida de Nuestra Señora que son lo mejor que ejecutó en yeso. (Conde del Águila)

nuestra Señora, donde se ven los Apóstoles: encima su Coronación: al lado derecho la Anunciación, y Nacimiento; y al opuesto la Visitación, y Adoración de los Reyes. En el basamento están representados los Santos Doctores con San Buenaventura, y Santo Tomás de Aquino. Y para que en este bello altar no faltase que criticar, le pusieron sobre la mesa un mal hecho tabernáculo, cabalmente lo que debía ser más exquisito por lo que encierra. Naturalmente habría otro, que por su seriedad no gustaría a los que deciden sin entenderlo. En el ático de este retablo está la Crucifixión, que acompaña con todo lo que hay de bueno en él.

29. También tienen mérito los retablos de un lado, y otro del presbiterio, con pinturas del mismo estilo que las del mayor, y representan a un lado Santo Domingo *en Soriano*, y al otro Santo Tomás de Aquino, y San Vicente Ferrer. La arquitectura, y escultura del referido altar se cree de Cano: no lo sé, porque en su edad, y antes se hacían en Sevilla altares de buena arquitectura por otros artífices. Asimismo, creían de Cano la pintura de un Purgatorio en el basamento de otro retablo, y acaso la hizo el citado Castillo. Tuve especial gusto en ver una bonísima copia puesta en la pared hacia los pies de la Iglesia, y es del insigne cuadro de Rafael de Urbino, que representa Santa Cecilia con otros Santos de pie, obra tan justamente estimada, y celebrada, que existe en la Iglesia de *Monti en Bolonia*. Es esta copia del mismo tamaño que el original. Hay en este Convento una Oración del Huerto de Pedro Roldán, escultura que se saca en Semana Santa.

30. El Convento de San Francisco es uno de los mayores, y de más número de Religiosos que hay en Sevilla. Está adjunto a las Casas de Ayuntamiento, o de Cabildo, muy celebradas por las labores de escultura de su fachada, de que hablaré después.

31. En una capilla de dicho Convento, que llaman de la *Vera Cruz*, hay nueve, o diez pinturas de Francisco Herrera el viejo, que tienen mucho mérito, y cuyos asuntos pertenecen o la Santa Cruz. Del mismo son algunas figuras sobre los arcos de otras capillas dentro de la referida, y en una pieza interior hay otro cuadro del propio artífice, que representa a Santa Elena, y a la difunta, que resucita en virtud del contacto de la verdadera Cruz de Christo. En una pared de esta pieza se ve un cuadro firmado de Francisco Pacheco en 1599, y representa a San Juan Bautista, y al Evangelista con el Salvador en medio, figuras casi del natural, muy bien

entendidas. Pero lo que en esta casa se aprecia sobre todo lo que hay, y con mucha razón en línea de pinturas, son las de Murillo, que están alrededor del que llaman claustro chico, que en todas son once, hechas con el gusto, y saber de dicho autor; pero entre ellas es cosa peregrina la que representa a San Diego alimentando a los pobres. Es inexplicable la naturalidad que se nota en cada cosa, lo bien agrupado de las figuras, sobre todo una mujer rodeada de cuatro niños, que cada uno manifiesta tener un año menos de edad, con otras figuras de pobres: toda cosa que encanta, por lo bien ejecutado, y por su conservación.

32. Es también bellísimo, y bien conservado el cuadro de la muerte de Santa Clara en año de espirar, a quien aparece Jesu Christo, y nuestra Señora con acompañamiento de Santas Vírgenes, de lo más verdadero, y bien colorido de dicho profesor, y de particular nobleza en las figuras. No es de inferior excelencia el cuadro donde hay un Papa sentado con varios asistentes, y delante un Venerable de esta Orden, como en éxtasis, y un Lego a su lado; y la misma alabanza merece otro, donde en una cocina se representan Ángeles mancebos, y niños, haciendo los ministerios de aquel paraje, mientras está en éxtasis un Religioso, y otro que llega a caballo, &c. Este cuadro tiene la firma de *B.^{maeusí} Steph.^{s} de Murillo. anno* 1646. *me.f.*

33. Los demás asuntos de los cuadros restantes pertenecen también a la historia de esta Orden, y entre ellos se representa en uno el alma, según me dijeron, de Felipe II que sube al Cielo; en cuyo cuadro hay una excelente figura arrodillada. Uno, u otro de estos cuadros está ya muy maltratado, cuyo mal vendrá del tiempo pasado; pues al presente están muy bien guardados con sus cortinas, manifestándolos a los curiosos, e inteligentes, y descubriéndolos en días festivos.

34. Son en gran número las capillas en este Convento por todo su recinto, como regularmente vemos en las casas grandes de esta Orden, por Claustros, Portería, Sacristía &c. de suerte, que aquí su número excede al de las de la Iglesia. Alrededor del claustro grande habrá como trescientas columnas de mármol, entrando otras que vi en el Convento, casi todas con sus capiteles árabes. En el jardín se ve una fuente de mármol con un niño encima.

35. Hubo una célebre colección de pinturas a fresco alrededor del claustro, hechas por Antonio Mohedano, acompañado de Alonso Vázquez, de las cuales han quedado cuatro como por muestra, y son pertenecientes a la Santa Cruz, historias de Heraclio, y Santa Elena, y la batalla de las Navas de

Tolosa[30]. Hay también algunas figuras de Religiosos de esta Orden con diferentes bajos relieves fingidos de claro, y obscuro. Son cosas buenas sobre el estilo de lo que en el Escorial hicieron Fabricio, y Graneli; pero de mejor forma las figuras. Los demás cuadros del claustro, que tienen tapados, son modernos, y sólo en un ángulo se ve un cuadro de la Concepción, y San Buenaventura, que dicen ser de las primeras obras que hizo Murillo.

36. En la Iglesia encontré pocas cosas de las que V. desea que yo le cuente. No es malo el retablo, y capilla mayor, aunque de aquel estilo medio de la edad de Carlos V y no de lo mejor. Lo que es bueno bonísimo es una Concepción de Murillo, colocada en el arco de dicha capilla. Junto a ella en el mismo arco se ven pinturas a fresco de Domingo Martínez, profesor de este siglo de bastante genio; pero no siguió el camino de los buenos artífices, que le precedieron, y más se dejó llevar de las estampas de Carlos Marati.

37. La arquitectura, y pinturas de un retablo colateral a la capilla mayor tienen su mérito. Es muy acreditada la capilla de los Vizcaínos en esta Iglesia, cuyo altar es obra de Pedro Roldán[31] con sus esculturas; y lo es muy particular, y aplaudida la del Descendimiento de la Cruz: las demás están repartidas por el retablo: en el cual también se ven algunos bajos relieves, como en el basamento la entrada de Jesu Christo en Jerusalén. La puerta de la Sacristía es de arquitectura dórica bastante buena, y sobre la cornisa hay estatuas, que tienen su mérito. En la pared de enfrente hay un retrato del tamaño del natural, obra de Murillo.

38. Ya que, como dije, las casas de Cabildo, o Ayuntamiento están unidas a la de San Francisco, no quiero apartarme de aquí sin decir a V. en qué

[30] Antonio Mohedano fue, según Palomino, natural de Antequera, y Jurado de dicha Ciudad. Siguió la escuela de Pablo de Céspedes y pintó a fresco con gran manejo de dibujo, y colorido, lo que tomó de César de Arbasia, de quien son varias pinturas del Sagrario de la Iglesia de Córdoba: fue buen paisista, y usó del natural para sus obras. Su muerte la pone el citado autor en Lucena el año de 1625, siendo de sesenta años. La patria de Alonso Vázquez fue la Ciudad de Ronda; pero vivió en Sevilla, habiendo sido discípulo de Luis de Vargas. Sus obras en la Merced, y en otras partes de dicha ciudad son testimonio de su habilidad en el dibujo, en la inteligencia de anatomía, en la práctica de pintar a fresco, y en otros ramos del arte: pintó también frutas con excelencia. Murió en Sevilla de sesenta y un años en el de 1650, según el citado Palomino.

[31] Pedro Roldán murió, según Palomino, el año de 1700, de edad de setenta y seis años. En dicho autor se puede ver su elogio, con la noticia de las principales obras que hizo dentro, y fuera de Sevilla.

consiste el mérito de dicha obra, mayormente extendiéndose su superior ornato a las fachadas de la Iglesia referida; desde cuya esquina va siguiendo hasta la galería de la casa de Cabildo. Se forman dos cuerpos de arquitectura inferior, y superior, cuyas columnas, capiteles, arquitrabes, frisos, cornisa, &c. están cubiertos de delicadísimas labores, según el estilo que usó el tantas veces nombrado Berruguete. Las pilastras, jambas, arcos de puertas es todo un primor en esta línea de grotescos, figurillas, animales, &c. y no es fácil comprehender el trabajo, y prolijidad que en todo ello se advierte. Hay festones con angelitos en algunas columnas, y medallas en las entrepilastras.

39.   Aunque cada cosa de por sí es un claro argumento del estudio, y diligencia con que fue ejecutada, y del considerable gasto que en ello se haría, el todo junto causa confusión a la vista por la falta de uniformidad en los miembros, diversidad de ornatos en las ventanas, puertas, y columnas, y lo mismo digo de todas las obras de esta clase ejecutadas, hasta que quedó establecida, y acreditada la noble arquitectura *grecorromana*. Sin embargo, se admira esto por las razones expresadas.

40.   Desde la esquina del Convento, o Iglesia, dando vuelta hacia la portería, no se concluyó la obra como iba; pero se siguió parte de ella con estilo más grandioso, y se pusieron varias columnas. Junto a la entrada del Convento hay pintados a fresco un San Antonio de Padua, y una Concepción por Lucas Valdés. En las puertas de madera de la casa de Cabildo todavía se conocen, aunque gastadas del tiempo, las excelentes labores que tuvieron, y se conservan muchas en el zaguán, escalera, y cúpula de su remate. En el techo de la sala baja de Juzgado hay sus recuadros, y en ellos se figuran de bajo relieve imágenes de Reyes, y de otras personas ilustres. Es rico, y adornado de artesones el techo del Juzgado superior, o de invierno; y asimismo su puerta por la parte interior se ve con figurillas de muchachos, y otras.

41.   La galería de la principal fachada se forma de arcos, y columnas de mármol, con sus capiteles arabescos. Hay escudos de armas del Rey, de la ciudad, y del Asistente con este letrero: *Reynando en Castilla el muy alto, y muy Católico, y muy poderoso Rey D. Felipe II. mandaron hacer esta obra los muy ilustres Señores, Sevilla, siendo Asistente el muy ilustre Señor D. Francisco Chacon, Señor de la Villa de Casarrubios, y Arroyomolinos, y Alcayde de los Alcázares, y Cimborio de Avila. Acabóse á XXII. dias del mes de Agosto de MDLXIIII. años.* Ya desde más antiguo se había empezado esta obra, y en el año de 1556 se congregaba en ella el Ayuntamiento. En varias piezas de esta

fábrica se leen letreros alusivos a la administración de la justicia. La plaza de
San Francisco es una de las principales, o la principal que hay en Sevilla; pero
no correspondiente a la grandeza de la ciudad. Regularmente está muy frecuentada por su ventajosa situación.

42. San Buenaventura, Colegio de Religiosos Franciscos, contiene una
buena porción de cuadros de Zurbarán en las paredes de su Iglesia; cuyos
asuntos son relativos a dicha Orden, y se ve en ellos mucha naturalidad, y
buenas composiciones. Las pinturas de la media naranja, y pechinas las hizo
Francisco Herrera el viejo.

43. Bellísima a todo serlo es la Imagen de nuestra Señora sentada, con
el Niño, obra de Murillo, que se guarda en la Sacristía del Convento de
Carmelitas Calzados, y es del tamaño del natural, como lo es asimismo el
Ecce-Homo de dicho autor en un altar de la capilla mayor al lado del Evangelio. En el coro bajo hay algunos cuadros, asuntos de nuestra Señora, tenidos por de Villavicencio. Sobre la puerta de comunicación al claustro hay
una copia razonable de la bella Concepción de Lanfranco, que está original
en la Iglesia de Capuchinos de Roma. Se ve otra copia en la escalera del Convento hecha por pintura grande de Rafael de Urbino, en que representó la
Asunción. Los ladrillos alrededor del claustro son dignos de verse, y acaso de
los que trabajaban los alfareros del barrio de Triana. Varios pintores de este
siglo hicieron obras para adorno de este claustro[32].

44. En el Colegio de Carmelitas Calzados, bajo la advocación de San
Alberto, hay pinturas muy apreciables en los altares de la nave de la Iglesia.
Las del retablo junto a la Sacristía son del Racionero Cano, y la del medio representa a Christo con la Cruz a cuestas: las demás a la Concepción, y varios
Santos. En la capilla adjunta hay una bellísima Adoración de Reyes, de Pacheco; y del mismo son las pinturas de otra capilla inmediata. Hay algunas
de Alonso Cano, y de él es la Santa Ana de escultura en su capilla. No son de
inferior mérito los retablos de las capillas de enfrente. En medio del de Santa
Teresa se ve su imagen de escultura, y así ésta, como las demás obras pintadas, que pertenecen a la misma Santa, y a otros asuntos devotos, con los retratos de los Fundadores, son de Cano. En la inmediata hay en medio una
bella pintura del Nacimiento del Señor: más arriba otra de la Presentación,

---

[32] Los seis lienzos grandes del coro bajo del convento de carmelitas calzadas, no son
de Villavicencio, sino de Esteban Márquez. (Conde del Águila)

en que se reconoce el manejo, y modo de pintar de Rubens; y así se cree, que sean de D. Juan Niño de Guevara, quien le imitó. En la siguiente hay porción de bellas pinturas de Zurbarán, y todos los referidos retablos son de arquitectura arreglada, no sucediendo así al mayor, y a los colaterales, que son modernos, y muy disparatados. En la pared debajo del coro hay un buen cuadro de Pacheco, que representa a San Miguel[33].

45. El Ángel de la Guarda es titular de un Convento, e Iglesia de Carmelitas Descalzos. Hay en ella un buen cuadro de la Santísima Trinidad, con dos medias figuras, una de San Juan Evangelista, y otra, al parecer, de San Mateo, del estilo de Rubens. Otras pinturas se ven allí pertenecientes a la historia de San Elías, muy razonables, según la manera de Zurbarán, y creo sean de un tal Polanco. No ha quedado de los altares antiguos de esta Iglesia sino uno arrinconado, que tenga idea de buena arquitectura.

46. Para ver a qué grado llegaron algunos discípulos de Murillo, conviene entrar en el claustro de Trinitarios Descalzos, en cuyos ángulos hay pinturas de Simón Gutiérrez, y Esteban Márquez. Las del Christo muerto, y los Desposorios de nuestra Señora se tienen por del Mulato. Es muy bella nuestra Señora con los Redentores a los pies. Hay diez y nueve retratos alrededor de este claustro hechos por los de la misma escuela. Algunas de estas pinturas se conoce estar retocadas por Murillo. También en el coro hay una nuestra Señora con Ángeles, que tiene mérito[34].

47. Es sumamente estimada de los que entienden la colección de pinturas, que se halla en los claustros, y otras partes del Convento de la Merced Calzada. Los cuadros del claustro chico los hicieron Zurbarán, y Francisco Reina, su condiscípulo: son quince, y es mucha la naturalidad, buenos pliegues, expresión, y fuerza que en todo se reconoce. Los asuntos pertenecen a la vida de San Pedro Nolasco: lo malo es, que hay en ellos muchos retoques, y alguno se ha repintado casi del todo. También las pinturas del claustro grande son de asuntos peculiares a esta Orden. Se ven algunas firmas de Alonso Vázquez, y

---

[33] En una capilla de la iglesia del colegio de San Alberto, la pintura del Nacimiento del Señor, en que se reconoce el manejo, y modo de pintar de Rubens, es de Santiago Jordaens. (Conde del Águila)

[34] En el claustro de los trinitarios descalzos, nada hay de Simón Gutiérrez, ni del Mulato de Murillo. Todos los lienzos de los ángulos son de Esteban Márquez, y particularmente el de los Desposorios, donde la imagen de Ntra. Sra. es retrato de su propia hija. (Conde del Águila)

otras de Francisco Pacheco: una de ellas tiene la siguiente: *J. Sanches Cotan.* Asimismo, hay algunas de Roelas, y también de otras manos; pero tan mal tratadas parte de ellas, y otras tan mal retocadas, que es una compasión.

48. Por del Clérigo Roelas se tienen un San Joaquín, y San Joseph en la sala del *De profanáis,* y por de Francisco Herrera el viejo una nuestra Señora de cuerpo entero con el niño en brazos. Cerca de la puerta del Refectorio hay dos Santos Mártires de Zurbarán; y de un discípulo de éste, llamado Juan Martínez de Gredilla, es la pintura del testero de dicho Refectorio. En la capilla de esta casa, que llaman de la Expiración, hay un cuadro de mucho mérito, firmado: *Franciscus Varela f.* 1629[35]; y del célebre Murillo es el de la Resurrección.

49. Alonso Martínez, y Francisco Ribas fueron profesores acreditados en esta ciudad, y el retablo mayor de esta Iglesia se atribuye a los mismos. Ya la buena arquitectura había declinado en demasiados ornatos, cuando se ejecutó, y es mucha la escultura que hay en este altar del citado Alonso Martínez. Dos figuras de Santos en los postes son de Zurbarán. En el retablo de San Antonio hay pinturas de Francisco Herrera. No son pocas las que se encuentran en las capillas, y pilares de esta Iglesia: un San Rafael, un San Luis Rey de Francia, y la Huida a Egipto son de Murillo: una Santa Ana con la Virgen es de Roelas, y del mismo una nuestra Señora del Coro. Por fin hay en esta Iglesia otras obras de profesores de razonable mérito, como fueron Matías de Arteaga, Juan de Valdés, Clemente de Torres, Alonso de Escobar, Juan de Flores, o Frutet, Simón Gutiérrez, y otros. Un Crucifixo en la capilla de las Reliquias se estima por de Van Dick, y por de Murillo un Jesús Nazareno. El Niño de escultura del Coro, y otros de la Sacristía son de Juan Martínez Montañés, y también un Jesús Nazareno con la Cruz a cuestas, que menciona Palomino como obra portentosa, &c. Últimamente se deben ver en esta casa el Noviciado, la Librería, una sala llamada de las Láminas, y otras piezas, donde se encuentran cosas estimables. Sobre todo, el célebre cuadro de Roelas en un altar de la Portería, y es nuestra Señora con el Niño en brazos con muchas figuras de rodillas. Del mismo autor es en la entrada del Convento un San Pedro Nolasco.

---

[35] Francisco Varela fue sevillano, y discípulo del Clérigo Roelas, de quien adquirió buen estilo, colorido, y franqueza, como lo acredita esta pintura, y otras que hay en Sevilla. Murió en 1656.

50. En la Iglesia del Convento de San José, perteneciente a Religiosos Mercenarios Descalzos, hay varias pinturas tenidas por de Zurbarán, y seguramente son suyas el Padre Eterno, dos Santas, y cuatro cabezas de Mártires en el retablo mayor; en medio del cual se dice que hubo otras, y que se quitaron para poner el desdichado adorno que hoy se ve. Del mismo artífice las hay en los demás altares, como un San Lorenzo en el del crucero, el San Antón de enfrente, &c. las pinturas del retablo de Santa Catalina: además diferentes Mártires en el claustro del Convento, y un Crucifixo del tamaño del natural en una pieza interior.

51. De Alonso Cano me pareció una Santa Ana enseñando a leer a la Virgen en una capilla obscura de la Iglesia; por cuya razón, por el tabernáculo puesto enfrente, y por varias hojarascas no pude ver bien. En el pórtico de la Iglesia hay una apreciable pintura de nuestra Señora con el Niño en brazos, obra de Sebastián, llamado *el Mulato de Murillo.* Tiene manillas, y corona de plata, devoción muy perjudicial a las pinturas, pero practicada en varias Imágenes de Sevilla con detrimento de los lienzos, o tablas donde están hechas. También hay en la portería un San Pedro Nolasco, tenido por de Zurbarán.

52. En la Iglesia del Colegio de los Padres de San Francisco de Paula merecen una vista las pinturas pequeñas en los pilares de la capilla mayor, que representan milagros de este Santo, donde se ven caprichosas invenciones. También son dignos de repararse los cuadros sobre el altar del crucero al lado del Evangelio, y otro en el de enfrente: en el primero se ve el Santo de rodillas ante el Papa, y parece de Herrera el mozo. En una de las capillas del cuerpo de la Iglesia, al lado de la Epístola, hay distribuidas en un retablo de regular arquitectura porción de pinturas del estilo, y manera de Pacheco, y debajo de una, que representa a San Pedro, se lee: *Franciscus Paciecus Romulensis pingebat anno Christiano CIↃIↃCXXXV.* Es estimable en uno de los altares la efigie de San Jerónimo, que es casi una repetición en pequeño del de Torregiani, en el Convento de Buenavista, de que hablaré a V. y dentro el nicho, donde está el Santo, se ven aves, y animalejos del famoso Hinestrosa, que, como tengo dicho, se acreditó mucho en esta línea.

53. En dos altares de la Iglesia de Padres Clérigos Menores hay dos cuadros de D. Antonio Palomino, que representan, el uno a San Nicolás de Bari, y el otro a San Basilio, si no me engaño. De lo demás hay poco que decir: había adornos de flores de papel en los arcos, y en las pilastras de la Iglesia, cosa bien extraña.

54. El Convento de Santiago, perteneciente a Caballeros de esta Orden, contiene en su pequeña Iglesia el depósito de uno de los mayores literatos que ha tenido España, Arias Montano. Está su sepulcro en un nicho al lado de la Epístola con estatua sobre la urna, todo de mármol, y grandemente ejecutado. Tiene este epitafio: *Deo viventium S. Benedicti Ariae Montani Doctoris Theologi Sacrorum librorum ex divino beneficio interpretis eximii, & testimonii Jesu Christi Domini nostri annunciatoris seduli, viri incomparabilis titulis cunctis majoris, monumenti augustioris, ossibus in diem resurrectionis Justorum cum honore asservandis. Dominus Alfonsus Fontiberus Prior, & Conventus Sancti Jacobi Hispalensis, Prioris quondam sui optime meriti, memoriam venerati, P. C. anno MDCV. Obiit anno MDXCVIII. aetatis suae LXXI*[36]. El cuadro del retablo mayor de esta Iglesia es muy buena obra de Varela, y representa a Santiago peleando con los Moros. Sobre el arco de la capilla mayor se ve el mismo asunto en una pintura de Herrera el viejo.

55. En un altar colateral, al lado del Evangelio de la Iglesia de San Felipe Neri, hay un cuadro de este Santo, y San Félix de Cantalicio, obra reputada por de Matías Preti, por otro nombre el Caballero Calambres[37]. Los altares, tribunas, y otros ornatos de esta Iglesia son de la última moda (ya V. me entiende); sin embargo, hay algunas obras de escultura de Pedro Roldán, y por de Van Dick se estima una pintura de Christo muerto con acompañamiento de nuestra Señora, de San Juan, y otras figuras. Hacia la Sacristía se ven algunos cuadros de un tal Cristóbal de León, y de un cierto Soriano de tal cual mérito, y una Crucifixión de San Pedro, copia buena de la de Caravagio, en la Iglesia de nuestra Señora del Pópulo, de Roma.

56. La Iglesia de Padres de San Juan de Dios, intitulada nuestra Señora de la Paz, es cosa rematada en materia de ornatos, ya sea en su fachada, o en los altares. Hubo porción de pinturas colocadas en los pilares de la capilla principal, originales de la escuela de Zurbarán, pero ya no están; y en su

---

[36] Véase acerca de este famoso escritor en la nota de la pág. 216 del segundo tomo de este Viaje, segunda edición, y en la pág.175 del tomo octavo.

[37] En España se encuentran bastantes pinturas de este profesor, y se hablará de otras en Sevilla. Fue natural de Taverna en Calabria, y es más conocido por el Caballero Calabrés, que por su propio nombre. Se cree que fue discípulo de Lanfranco. Floreció por los años de 1650. Pasó a Malta, donde pintó la Iglesia de los Italianos; y por su gran mérito, y distinguida familia, mereció la honra de ser creado Caballero, y de que se le diese la Encomienda de Siracusa en Sicilia.

lugar han puesto cuadritos de poca importancia, cuyo mérito principal creo que, según este modo de pensar, consiste en haberse hecho en Roma, y en el relumbrón de tallas, y doraduras. Mas valía que volviese a hacer su papel allí Zurbarán, si es que no han desaparecido sus obras. Además de una Dolorosa, obra de D. Antonio Palomino, se conserva una Asunción al lado del Evangelio bien ejecutada, como otras de la Sacristía, y escalera atribuidas a Matías de Arteaga, y Bernabé Ayala, profesores que todavía conservaron en esta Ciudad las buenas máximas del Arte. Con esto, amigo, daré fin a esta Carta, que servirá para entretener a V. y a quien guste de lo que ella contiene. Yo he celebrado algunas cosas de las que V. me cuenta, y en cuanto a otras soy del dictamen de V. Sevilla, &c[38].

Carta IV

1. La Iglesia de Monjas del Císter, dedicada a San Clemente, es de razonable arquitectura; pero renovada con pinturas de poca importancia. Aunque el retablo mayor no es del mejor tiempo, tienen competente mérito algunas estatuas que hay en él, repartidas en sus dos cuerpos, y el ático. Asimismo, se ven pinturas en la capilla mayor; y la de San Fernando armado, como entrando triunfante en Sevilla, es de bastante mérito, creo que de Juan de Valdés. Al lado del Evangelio hay un depósito Real con paño encima. Según su letrero están sepultadas en este Monasterio la Reina Doña María

---

[38] En la iglesia de los PP. de San Juan de Dios, no se halla cosa alguna de Arteaga. La Asunción de la capilla del Sagrario, es de Bernabé de Ayala, con los demás cuadros que estaban antes en los pilares de la capilla mayor, y ahora los han distribuido por lo alto del templo.

Después de impresas las observaciones antecedentes supe que la capilla del Santísimo en el colegio de San Francisco de Paula donde está el altar de Pacheco la fundó y dotó con capellanías el celebrado Miguel Cid, y parece yace en ella con su mujer.
En el mismo colegio, las pinturas de San Francisco de Paula, y el obispo Crespí de Valldaura a los pies del Pontífice recibiendo el breve del Misterio de la Concepción las equivocó en cuanto a la historia de este segundo lienzo la Carta 3ª. Como se ve en ella. (Conde del Águila)

de Portugal, viuda de D. Alonso XI, dos Infantes, hijos suyos, niños, y las Infantas de Castilla Doña Berenguela, Doña Beatriz, y Doña Leonor.

2. El altar de San Juan Bautista junto al arco de la capilla mayor, como las obras de escultura que contiene, tienen un mérito razonable. En el arco donde se incluye esta capilla hay cuatro pinturas buenas de Pacheco pertenecientes al Santo. La estatua del medio, en el retablo de San Juan Evangelista, y algún bajo relieve del mismo, se tienen por de Pedro Delgado. Están allí distribuidos los Apóstoles, y los Evangelistas, pinturas de mano de Pacheco, y en una está su firma. Junto a la reja del coro se ve una antiquísima pintura, bien que no como creen algunos de la edad de San Fernando, a quien representa. Pudo copiarla algún buen profesor de otra de aquel tiempo, y ser retrato de dicho Santo. Está sentado con espada en la mano derecha, y en la izquierda un globo, en el cual se ven figuradas las armas de Castilla, y de León. El Manto Real viene a ser como un capote de monte con su muceta. En este altar, y en otro de enfrente hay obras de Juan de Valdés[39].

3. En el Convento de Monjas, también del Orden Cisterciense, llamado de las Dueñas, son de muy buen estilo el altar mayor, y los de San Juan Bautista, y San Juan Evangelista, como también los bajos relieves, y demás obras de escultura que hay en ellos.

4. El Convento, e Iglesia intitulada la Madre de Dios pertenece a Religiosas Dominicas, y varias esculturas que hay en dicha Iglesia, merecen que yo se las nombre a V. El altar mayor actual contiene porción de estatuas, y de niños que le adornan; aunque jamás podrán hacer buena su arquitectura, como naturalmente lo sería la del retablo antiguo, de donde dichas estatuas se sacaron para colocarlas en el nuevo. Tiene mucho mérito una Cena de Jesu Christo en bajo relieve; pero lo más particular es la hermosa Virgen sentada con el Niño en brazos, cuya ejecución, y estilo no es inferior al de Torregiano, y acaso es obra de Jerónimo Hernández. Delante hay dos bellas figuras de rodillas, que representan Santo Domingo, y Santa Catalina. También hay algunos bajos relieves muy bien hechos en el retablo del Rosario, que algunos creen de Pedro Delgado. La Virgen del Rosario, y dos figuras

---

[39] El altar de San Juan Baptista, estaba frente a la puerta de la iglesia de monjas de San Clemente el Real, hoy se halla mudado, y puesto junto a dicha puerta; la estatua del santo y el desierto en que se representa, son de relieve entero, y lo mejor que se conoce aquí de Pedro Delgado, de quien no hay otra cosa en dicho templo. (Conde del Águila)

de Santos en este altar se ven repintados de muy poco gusto. En el retablo de enfrente hay una pintura del Entierro de Christo, copia de obra de Ticiano, y también se ven en él, Santiago, San Andrés y la Visitación, ejecutados sobre el estilo de Pedro de Villegas. No están menos ricos de obras de escultura los retablos de San Juan Bautista, y San Juan Evangelista con las estatuas de los mismos Santos en el sitio principal: todo hecho en el buen tiempo que aquí tuvieron las artes.

5. En la Iglesia de las Monjas Dominicas de la Pasión hay un altar mayor con dos cuerpos formados de columnas, y pilastras corintias, y contiene pinturas, que representan asuntos de la Pasión de Christo, según el estilo de Pacheco: en el remate hay un Crucifixo, estatuas de Santos de esta Orden, y Ángeles con varias insignias, todo bien ejecutado. Este retablo es de alerce, como el mayor de la Catedral, madera en que no tiene dominio la carcoma; pero menos lo tiene en el mármol, de que se pudieron hacer todos los retablos de Sevilla, sin acudir a las canteras. En el cuerpo de la Iglesia hay uno dedicado a San Juan Bautista, y otro a San Juan Evangelista, estimables por las pinturas que el primero contiene de Pacheco, y por las obras de escultura que hay en ambos. Me dijeron, que esta comunidad no estaba contenta con su retablo mayor antiguo, y será una gran lástima que le substituyan otro moderno sin el debido artificio, como se ha hecho en gran parte de estos Templos.

6. La Iglesia de nuestra Señora de Gracia, que asimismo es de Religiosas Dominicas, como la de que acabamos de hablar, tiene algunas pinturas de Lucas Valdés, y en los cuatro pilares de ellas se ven cuatro Apóstoles de un Clemente de Torres, siendo los demás de mano menos diligente.

7. Al retablo mayor de la Iglesia de Monjas Franciscas de Santa Inés le hubo de suceder la misma calamidad, que al del Convento de Dominicas de la Madre de Dios, de que ya he hablado, habiendo quitado el antiguo para poner en su lugar otro nuevo muy extravagante. No son así los de la Santa titular, y de Santa Clara: la primera se reputa obra de Montañés. Dos singulares, y muy bellas pinturas de Francisco Herrera el viejo se conserva en esta Iglesia: la una de la Sacra Familia con mucho acompañamiento de figuras, y encima el Padre Eterno; y la otra de la Venida del Espíritu Santo sobre los Apóstoles, todavía de mejor partido, e invención, que la antecedente. La han colocado en la pared para substituir un maderaje de moda, en lugar del retablo, donde estaba colocada. En un colateral de la capilla mayor en el lado de la Epístola se ven muchas tablas pintadas con diligencia, según

el estilo de Alberto Durero. Aún son más antiguas, pero no tan buenas, las del otro colateral.

8. En la Iglesia de San Leandro de Monjas Agustinas Calzadas hay dos buenos retablos con estatuas de Juan Martínez Montañés, y son de San Juan Bautista, y San Juan Evangelista. Lo demás de los mismos retablos, y el de San Agustín parecen obras de su estilo, acaso hechas por otros que le siguieron. No son malos los bajos relieves del retablo mayor; pero la arquitectura no acompaña.

9. La Iglesia de la Encarnación, que pertenece también a Monjas Agustinas, tiene un cuadro de Roelas, que representa a nuestra Señora, a quien coronan unos Ángeles, siendo de dicho artífice el Salvador, y las pinturas de San Juan Bautista, y San Juan Evangelista a los lados.

10. El Convento de la Concepción de Religiosas Terceras de San Francisco, contiguo a la Parroquia de San Juan de la Palma, tiene una portadita razonable, en la cual hay una estatua del Racionero Cano, y debajo se lee: *Ildefonsus Cano*. Dentro de la Iglesia son dignos de observarse el altar mayor, y sus bajos relieves, que representan la vida de la Virgen, como otros dos retablos de la nave, el uno dedicado a San Juan Bautista, también lleno de bajos relieves, y figuras; y el otro a San Juan Evangelista con muy buenas pinturas.

11. Pertenece igualmente a Religiosas Terceras de San Francisco el Convento llamado *de las Vírgenes*; y en el retablo mayor de su Iglesia se ven colocadas porción de estatuas muy razonables, y de buen estilo con un bajo relieve de la Encarnación. Las obras de escultura en los retablos de los dos San Juanes, Bautista, y Evangelista, son también estimables.

12. A las Religiosas del Convento de Santa Isabel llaman las *San Juanistas* por haberles concedido el Gran Maestre de la Religión de San Juan de Malta todos los privilegios que goza la Orden, &c. En la Iglesia se ve el famoso cuadro del Juicio final, que hizo Francisco Pacheco, tapado por la parte baja con una especie de banco, o urna puesta modernamente, y se extiende a todo el ancho del cuadro. Si el autor de él hubiera previsto, que de este modo se habían de ocultar sus fatigas, por ventura no se hubiera cansado tanto en ellas, y menos en la prolija narración que de este cuadro dejó hecha en su libro del Arte de la Pintura, desde la pág. 194, hasta la 234; en la cual se encuentran muy buenos documentos, que no deben ignorar los que hacen el debido aprecio de la costumbre, y el decoro: partes muy necesarias a la pintura, de las cuales algunos eminentes profesores no han tenido gran cuidado,

como no lo tuvo el gran Miguel Ángel en su inimitable obra del Juicio final, que con asombro de todos los inteligentes hizo para la capilla Sixtina en el Vaticano; y así como siempre se ha tenido por cosa milagrosa dicha obra en la esencialísima parte del dibujo, del mismo modo se criticó desde el principio, y se criticará siempre la falta de decoro mientras ella dure.[40]

13. En este cuadro de Pacheco hay el letrero siguiente, que compuso el Maestro Francisco de Medina: *Futurum ad finem saeculorum judicium, Franciscus Romulensis depingebat, saeculi à judicis natali XVII. anno XI.* A los pies de la Iglesia se ven obras de Roelas, que representan el Nacimiento, y la Adoración de los Santos Reyes. La fachada es buena, de dos cuerpos, con columnas corintias, y se ven repartidas en nichos las estatuas de San Juan Bautista, San Juan Evangelista, San Lucas, y encima un bajo relieve de la Visitación.

14. La arquitectura, pintura, y escultura de la Iglesia de Monjas Jerónimas de Santa Paula se tenía por del Racionero Cano; pero si el altar mayor fue bueno, y suyo, se quitó, y el de hoy es muy ridículo. Lo que sin duda es de dicho artífice es el de San Juan Evangelista, y así lo dice Palomino: en él está la estatua del Santo, y otra del mismo en el martirio del aceite, con ocho excelentes cuadritos relativos a su historia. El ornato de la arquitectura es bastante bueno, particularmente algunos niños repartidos en ella. Los asuntos del altar de enfrente pertenecen a San Juan Bautista: no me han parecido obra de tanto mérito como la pasada, aunque digna de estimarse. Encima de la estatua del Santo se ve representado el Bautismo de Christo[41].

15. Bellísima es una pintura de Roelas, colocada en el retablo mayor del Hospital de San Hermenegildo, por otro nombre *del Cardenal*. Representa el martirio de dicho Santo con una gloria encima, en que está nuestra Señora en trono de Ángeles. Se ven introducidos en el mismo cuadro los Santos Obispos Leandro, e Isidoro, tíos de San Hermenegildo, y a un lado de la

---

[40] En el celebrado cuadro del Juicio Final que hizo Francisco Pacheco, y se ve en el convento de Santa Isabel, se retrató el autor entre los bienaventurados, que oculta hoy el banco sobrepuesto por la parte baja. (Conde del Águila)

[41] La arquitectura de la iglesia de Monjas Jerónimas de Santa Paula se equivocaron mucho los que la han atribuido al racionero Cano, con motivo de los dos altares suyos que se hallan en ella. Hízose en tiempo de los Reyes Católicos, como se reconoce por la empresa de aquellos príncipes que está en la portada, y consta en los papeles del archivo de la casa de la marquesa de Paradas y la Sauceda, condesa del Águila, a quien pertenece el patronato. (Conde del Águila)

pintura el Cardenal D. Juan de Cervantes, fundador del Hospital. En lo alto se representa la Santísima Trinidad, y dos Virtudes, del mismo artífice, de quien asimismo son las imágenes de medio cuerpo del basamento.

16. En el patio, o atrio de esta Iglesia hay una lápida con la inscripción siguiente:

M. HELVIO

M. F.

M. N.

SERG.

AGRIPPAE.

HVIC. ORDO.

SPLENDIDISSIMVS.

ROMVLENSIVM.

IMPENSAM FVNERIS.

STATVAM.

LOCVM. SEPVLTVRAE.

DECREVIT.

M. HELVIVS. AGRIPP.

PATER. HONORE. VSVS.

IMPENSAM. REMISIT.

17. En la Iglesia del Hospital de Santa Justa, y Rufina, vulgarmente llamado *de las Bubas,* junto a la Parroquia de Santa Catalina, son de Luis de Vargas las pinturas de un altar colateral, con puertas como usaban antiguamente. La principal es Jesu Christo crucificado entre los Ladrones, y al pie de la Cruz la Virgen, San Juan, y la Magdalena, figuras todas del tamaño del natural. En lo interior de las puertas se representa la calle de la Amargura, y el Descendimiento, y en el exterior nuestra Señora con el Niño Dios, y San Bernardo. También hay una Magdalena de escultura de Alfonso Martínez Montañés.

18. El Hospital, e Iglesia de los venerables Sacerdotes son notables por varias razones; y dejando aparte el objeto piadoso de su fundación, tiene dicha Iglesia la particularidad de ser la primera que se fabricó en España con el título de San Fernando. Hay en ella valientes pinturas de Murillo, y lo es el San Pedro en el primer retablo al entrar en la Iglesia sobre la derecha, en cuya obra se propuso imitar al Españoleto; pero sin duda le excedió en la

ternura, y suavidad del colorido. Es tenida por una de las obras más excelentes la Concepción de dicho artífice sobre trono de Ángeles, y nubes, colocada junto a la puerta de la Sacristía; y entre los retratos que el expresado Murillo hizo con sumo acierto, se debe contar el de D. Faustino de Neve, Canónigo de la Santa Iglesia, uno de los primeros Sacerdotes fundadores de esta casa, puesto en el Anterefectorio; en cuyo retrato hay una perrilla, que parece viva[42]. En el testero del Refectorio se ve una célebre pintura nada inferior a las referidas, en que expresó a nuestra Señora sentada, y al Niño Dios, que toma de un canastillo que le presenta un hermoso Ángel, algunos panes, y los reparte a tres Sacerdotes, figuras de medio cuerpo. En el retablo mayor es apreciable el cuadro de la Cena, no sé de qué autor, y en el remate el San Fernando de D. Juan de Valdés.

19. Seis cuadros sobre los arcos de las capillas, en que se expresan historias eclesiásticas, son de Lucas Valdés, hijo del referido, quien también hizo las pinturas de pechinas, y bóvedas[43]. Del mismo artífice son las pinturas del pórtico, y debajo de una de ellas se lee: *Hic Sacerdotum infirmitas vertitur in salutem.* Debajo de la otra: *Hic Sacerdotum paupertas vertitur in solatium.* Otro letrero hay, que expresa la dedicación de esta Iglesia a los Santos Apóstoles, y a San Fernando. En lo interior de la casa es mucha la limpieza, aseo, y buen orden, y alrededor de sus patios hay más de treinta columnas de mármol.

20. Cansado hasta no más, y cansado con mucha razón le considero a V. de pinturas, noticias de Iglesias, &c. sin embargo de su afición a estas cosas; pues sepa V. que no se lo cuento todo, porque muchas se quedan en el tintero, y de infinitas cosas de las de esta clase no le hablo, o porque no todo se puede ver, o porque carecen de una bondad señalada en su artificio, aunque tengan alguna. Sevilla es muy grande: contiene veinte y seis Parroquias, cuatro Ayudas de Parroquia, más de cuarenta Comunidades de Religiosos, veinte y ocho, o veinte y nueve de Monjas, y los Seminarios, Hospitales, casas de Misericordia, y Ermitas, creo que pasan de cuarenta. En todas estas casas hay Iglesia, o por lo menos tienen particulares capillas, y en todas se encuentra que notar; pero lo principal que hay en las de dentro de la ciudad

[42] Celebra Filibien este retrato en la vida de Murillo.

[43] No ocurre qué añadir a lo que Palomino refiere en la vida de D. Juan de Valdés, quien dice nació en Sevilla el año de 1630, en donde falleció el de 1691, habiendo hecho muchas obras allí, y en otras partes de Andalucía. De su hijo Lucas Valdés hace mención el referido autor en la vida del padre.

queda referido, dejando montes de hojarasca, y disparates clásicos en las más de ellas, cuya vista solo sirve de encender la sangre a los hombres de razón, y de buen gusto.

21. La corrupción, por lo tocante a la arquitectura, se hizo general en España en el siglo anterior hacia la mitad de él, lo que cabalmente aconteció en Sevilla a pesar de los buenos profesores de escultura, y pintura, que entonces florecían. Desde Alonso Cano, y Juan Martínez Montañés se puede decir, que no tuvo arquitecto, ni escultor notable, excepto Pedro Roldán, con quien se enterraron los residuos de la buena arquitectura, y escultura. Las mejores producciones de las bellas Artes se miraron después como sencilleces, y antiguallas indignas de la cultura de nuestro siglo. Las obras de los mejores profesores, que sudaron en imitar la grandeza griega, o romana, padecieron la mayor persecución, quitando infinitas de la vista para introducir soñadas, y monstruosas invenciones de una arquitectura, y escultura desconocidas, y de menos artificio que la gótica, y árabe; pues haciendo una mezcla de todos los órdenes, quebrantando, y confundiendo sus miembros entre hojarascas las más ridículas, lograba mayor crédito el que más se apartaba de los verdaderos caminos, y reglas del arte; de modo, que lo que no se destruyó parece que no fue por falta de voluntad, sino de medios para costear dispendiosas obras, según la nueva usanza.

22. Muy larga sería la enumeración de los retablos buenos que desde entonces han perecido, según mis averiguaciones, y muy corto el catálogo de los que restan. Algunos se libertaron vendiéndolos a otras partes, como el mayor de San Juan de la Palma con pinturas estimables, de que hablaré: el de las Monjas del Espíritu Santo con obras de Pacheco, que se llevó a la Villa de Brenes, y se lo nombré a V. al pasar por ella[44]. Se vio arrancar de quicios en la Parroquia de *Omnium Sanctorum,* como le he contado, un retablo lleno de pinturas de Murillo, que se dieron por el mamarracho puesto en su lugar. Uno de los más sobresalientes cuadros del Clérigo Roelas en el retablo de San Bernardo, llamado *de los Viejos*, se arrimó por otro disparatorio semejante.

23. Este trastorno tuvo su entero cumplimiento con la venida a Sevilla a principio de este siglo de un Jerónimo Barbas (bien podía llamarse el Barrabás de la arquitectura); y aunque su principal profesión he oído que era de tramoyista de Comedias en la Corte, fue considerado buen escultor, y

---

[44] Véase tomo 8, pág. 220.

arquitecto y se le fio el retablo de la capilla del Sagrario de la Catedral, que hablando de ella referí a V. donde se malgastaron cuarenta mil ducados para poner a la vista un aborto de la fantasía más descabellada.

24. Faltos ya los profesores de aquella edad de los buenos principios que diera la razón del arte, y lo que es peor, oyendo las alabanzas que se daban a aquel Barbas, le siguieron ciegamente, y hasta D. Pedro Cornejo, nieto de Pedro Roldán, escultor de crédito, abrazó dicha secta, y de su mano hay esculturas en aquel retablo del Sagrario.

25. No paró aquí la depravación, sino que se introdujo la de estofar, o por mejor decir, chafarrinear las Iglesias con colores, y ridículos ornatos pintados, que no sirvieron sino de desterrar a mucha costa la decencia, y gravedad de las mismas, haciéndolas parecer, no sé si diga Teatros de Representantes, u hosterías, como lo manifiestan algunas de ellas; y por este camino se vino también a profanar en cierto modo la casa del Altísimo. Tal fue el empeño en llevar adelante el desvarío, que hasta las columnas de bellos mármoles se pintaban.

26. Lo que queda dicho, no solamente se practicó en Sevilla, sino generalmente en toda España, más, o menos, según los gastos que podían hacerse.

27. A todo este mal se agregó después otro, y fue la moda de introducir un género de tabernáculos, con los que vinieron a desentrañar en cierto modo los buenos retablos antiguos para ingerirlos en ellos, o para ocultar con semejantes maderajes pinturas, o estatuas estimables: idea que todavía hace muchos progresos, como si el Redentor se complaciese de estar antes cerrado en un recinto que ejecutaron manos disparatadas, que en un tabernáculo dirigido por la razón, y el arte, y como si el obsequio consistiese en el bulto, o embrollo de las cosas, y no en la elegancia de las mismas.

28. Todos estos sentimientos, que no solamente son míos, sino de personas sabias, y piadosas de esta ciudad, me hacen acordar de un terrible pasaje de Isaías (cap. 3.), en que después de amenazar Dios a los Judíos con varias calamidades por sus delitos, añade que quitará de entre ellos: *Principen super quinquaginta, & honorabilem vultu, & Consiliarium, & Sapientem de Architectis.* ¿Quién podrá negar, que este último castigo se ha verificado en nosotros desde la época referida[45]?

---

[45] Al presente parece que Dios ha levantado la mano mediante las providencias del Rey nuestro Señor, para que se restituya a los Templos la sabia arquitectura, y se extienda a

29. Muy importante sería, que los que ordenan obras eclesiásticas, tuvieran en la memoria otro pasaje de la Escritura, capítulo segundo del segundo libro del *Paralipómenon,* en que después de haber dispuesto, y ordenado Salomón cuanto convenía para la fábrica del Templo, que había de dedicar a Dios, y el número de operarios, dice: *Quis ergo poterit praevalere ut aedificet ei dignam domum: Si Coelum, & Coeli Coelorum capere eum nequeunt: quantus ego sum ut possim aedificare ei domum?... Mitte ergo mihi* (habla con Hiram, Rey de Tiro) *virum eruditum, qui noverit operari in auro, & argento, aere, & ferro, purpura & coccino, & hyacintho, & qui noverit sculpere caelaturas cum, his artificibus quos mecum habeo in Judaea & Jerusalem, quos praeparavit David pater meus.* A esto, y otras cosas, que pide Salomón al Rey de Tiro, responde este: *Misi ergo tibi virum prudentem, & scientissimum, Hiram patrem meum*[46]. Otro pasaje de la Escritura convendría también tener presente, y es del cap. 35, del Éxodo, verso 30, donde se lee: *Dixit Moyses ad Filios Israel: ecce vocavit Dominus ex nomine Beseleel filium Uri, filii Hur, de Tribu Juda, implevitque eum spiritu Dei, sapientia, & intelligentia, & omni doctrina ad excogitandum & faciendum opus....* Dice después, que eligió también Dios para la misma obra, que era la del Tabernáculo, y todas las adyacentes, a Oliab, hijo de Achîsamech, de la Tribu de Dan.

30. Estas cosas debían, particularmente las personas dedicadas al culto, tener presentes, para conocer con cuánto empeño se han de elegir los artífices que se hayan de emplear en las casas de Dios; pues un Salomón practicó las diligencias que quedan expresadas, y un Moisés se valió solo para la construcción del Tabernáculo de artífices, a quien Dios había llenado de su espíritu de sabiduría, y de inteligencia. Así el Tabernáculo de Moisés, como el Templo de Salomón, no fueron más que figuras representativas del nuestro, en que había de tener su morada el Redentor, y no obstante mereció tanto cuidado la elección de los artífices.

---

las demás obras considerables de su Reino: basta que las personas eclesiásticas, y seculares, en cuyo arbitrio está el costear, y encargar las obras, reflexionen los piadosos fines de estas providencias. Véase la Carta de S. M. a los Señores Arzobispos, y Obispos en el Prólogo del tomo VII de esta Obra.

[46] En el sentir de varios autores, a los varones muy sabios les llamaban padres, y otros leen: *Hiram Patris mei esto servum Patris mei*; esto es, Arquitecto al servicio del padre de dicho Rey de Tiro.

31. ¿Qué diremos ahora, viendo con tanta frecuencia dar las obras más sagradas a ignorantes de primera clase, que ni los principios de sus profesiones han aprendido? ¿Viendo preferidos a los que tienen más empeño, y favor, sin que entre el menor cuidado de su habilidad, y pericia? Yo hallo, que los tres arquitectos, que refiere la Escritura en los pasajes citados, estaban llenos de aquellas cualidades que Vitruvio requiere en quien pretende llamarse tal, capaces de dirigir, y gobernar todas las artes subalternas, llenos de sabiduría, prudentísimos, doctísimos; y vea al mismo tiempo, que acaso se eligen entre nosotros para obras de esta importancia sujetos tan incapaces como ellas manifiestan: algunos tan sin cultura, que no digo las reglas del arte, pero apenas saben darse a entender, ni por palabra, ni en escrito. No se olvide V. de aquello: *Auferam à vobis Sapientem de Architectis.*

32. Amigo, creo que insensiblemente ha ido degenerando esta Carta en Sermón. Puede ser que aproveche, pues al fin es un recuerdo de lo que deben ser los buenos arquitectos, y de lo que deben hacer los que los emplean, particularmente en las casas de Dios, a quien ruego conserve la vida de V. &c. Sevilla.

Carta V

1. Carísimo Amigo: Con todo lo que he hablado a V. de los templos de Sevilla, me parece que si no diéramos una vuelta por los que hay extramuros de la ciudad, quedaría yo con un escrúpulo, y acaso me formaría V. con el tiempo una queja. Para evitar uno, y otro digo brevemente, que las Iglesias de los contornos de Sevilla pertenecientes a la misma, donde se encuentran obras dignas de mencionarse, son primeramente la Ayuda de Parroquia llamada San Bernardo, situada en el barrio de su nombre, frente la puerta de la ciudad, llamada *de la Carne*, donde se ve a mano izquierda un cuadro grande de Herrera el viejo, en que representó el Juicio final. Tiene dicha pintura excelentes desnudos, y otras circunstancias, que acreditan el gran mérito del artífice. Debajo del trono de Jesu Christo está San Miguel armado, con los bienaventurados a la derecha, y a la izquierda los réprobos. Junto a este retablo hay otro, que contiene una de las mejores pinturas de Francisco Varela,

firmada en 1622. Es la Cena de Christo. Se ve allí un tabernaculillo con San Miguel, la Fe, San Agustín, y Santo Tomás, todo de escultura, y se tiene esta por de Luisa Roldán; y si el Crucifixo del tamaño del natural, que está en su capilla, es, como me dieron, de Pedro Roldán, padre, y maestro de la expresada Luisa, no hizo, a mi entender, mejor figura, y puede competir con cualquiera de las que se aplauden en Sevilla.

2. Portacoeli es un Convento de Padres Dominicos, cuyo retablo mayor es de los de mejor arquitectura que hay aquí. Consta de dos cuerpos con columnas jónicas, y corintias. Contiene diferentes bajos relieves, que representan a Santiago, San Francisco, San Jerónimo, San José, la Santísima Trinidad, los dos San Juanes, Bautista y Evangelista, y un trono de cuatro Ángeles, que sostienen a nuestra Señora, todo esto de la escuela de Montañés; pero lo que indubitablemente es de su propia ejecución, y muy excelente, es la estatua de Santo Domingo de rodillas en el nicho principal desnudo hasta la cintura, azotándose con cadenas, obra de singular inteligencia, y corrección[47].

3. Los dos retablos del crucero son también de buena arquitectura con dos columnas cada uno: en el de mano derecha está pintado San Enrique, Religioso de esta Orden, quien con un punzón imprime en su pecho el nombre de Jesús; y en el de mano izquierda San Luis Beltrán con el Cáliz, y sierpe en la mano. Hay en estas pinturas, que hizo Zurbarán, vivas expresiones, y bellos campos de países. Todos los retablos de hojarasca monstruosa, que son sin número en Sevilla, han sido ejecutados con ruina, y destrozo de otros buenos, como el que acabo de referir; pero tuvieron la desgracia de que los declarase por antigüedades insípidas la ignorancia, poderosísima a profanarlo todo, sin consideración a los parajes más sagrados. Ya en mi antecedente dije algo de esto; pero más dijera V. si viniese conmigo. Junto a este Convento se halla la Huerta, que llaman del Rey, perteneciente al Duque de Medinaceli. En este barrio, o arrabal de San Bernardo está la fundición de Artillería, y por lo que toca al edificio no hay cosa notable que contar a V.

4. El Convento de San Agustín se ve situado fuera de una de las puertas de esta ciudad, llamada de *Carmona*. La que da ingreso al patio, adornada

---

[47] En este número pudiera añadirse, que el Montañés se preciaba tanto de la estatua de Santo Domingo de rodillas azotándose con cadenas que cuando le retrató su amigo Varela, quiso fuese modelándola en barro como se ve en dicho retrato original de medio cuerpo, que está hoy en la biblioteca pública de la ciudad en el colegio de San Acacio, con los de Velázquez, y Murillo. (Conde del Águila)

de columnas jónicas, tiene regularidad, como también la de la Iglesia, que se forma de cuatro pilastras de orden dórico, &c. y nichos con figuras de Santos en ellos. En el altar mayor se ven, del viejo Herrera, una Asunción de la Virgen, su Coronación, y un Salvador en el Sagrario. De Murillo, San Agustín escribiendo, figura del natural: la Virgen, que se le aparece: Ángeles con insignias Episcopales; y otros alrededor del retablo. En la capilla de Santo Tomás de Villanueva se ven en la pared dos bellísimas obras del mismo Murillo, en que se expresa dicho Santo, niño, dando limosna, y despojándose de sus vestidos para dar a otros niños pobres de su edad: del expresado artífice son las pinturas del basamento; y en el cuerpo de la Iglesia hay copias de las obras que hizo para el Hospital de la Caridad, de que se hablará[48].

5. También se ve algo en esta Iglesia, de la escuela de Rubens, y lo mejor es Jesu Christo con Marta, y María. Los Apóstoles en un retablo a los pies de la Iglesia tienen su mérito, y parecen obras de Herrera, aunque algunos las creen de Varela. Inmediato hay otro retablo de simple, y buena arquitectura dórica, en que se ven pintadas tres Santas Mártires, según el estilo de la edad de Luis de Vargas. Cerca de este se encuentra un cuadro muy acreditado, y de excelente conservación, en que se expresa el Juicio final: tiene infinitas figuras vestidas, y desnudas, hermosas tintas, mucho capricho de invención, y todo se advierte acabado en extremo. Se lee en dicho cuadro la firma siguiente: F. Marten De Vos. y los números, que no pude leer bien, me parecen 1570[49]. Tuve complacencia de ver una obra tan principal de este artífice famoso de la antigua escuela flamenca. En la Sacristía vi un San Agustín arrodillado de Murillo[50], una razonable copia de la célebre Crucifixión, que pintó en Venecia Tintoreto, y algunos Santos del estilo de Pacheco. En los Claustros, Portería, y otras partes se encuentran pinturas de gusto flamenco, aunque las más muy mal retocadas.

---

[48] El retablo de la iglesia de San Agustín lo hizo Hernando Simón de Pineda, buen arquitecto en tiempos de Murillo. Y de Juan de Valdés, no de Herrera, son los dos lienzos que están embebidos en las paredes colaterales de la capilla mayor. (Conde del Águila)

[49] Martin de Vos fue gran viajero aun desde la niñez. Su patria fue Amberes: vio a Roma, y estudió en Venecia con el Tintoreto, de quien puede llamarse discípulo. Tuvo mucho crédito para los asuntos históricos, y para los retratos. Juan, y Rafael Sadeler grabaron gran número de sus obras, y en España se encuentran originales en varias partes. Murió de larga edad en su patria el año de 1604.

[50] Este cuadro, y los que estaban en la capilla de Santo Tomás de Villanueva, se han puesto a mejor luz en la nave de la Iglesia.

6. Fuera de la que llaman *Puerta del Sol* está el Convento de la Trinidad de Calzados, en cuya Iglesia se encuentran dos altares de muy buena arquitectura, y son los colaterales a la capilla mayor. Las pinturas de el del Evangelio son buenas, según el estilo de Pacheco, y no falta quien crea ser de las primeras cosas del Racionero Cano: las del lado de la Epístola, de Zurbarán, representan la vida de San Joseph, y de la Virgen, y en la puertecita del Sagrario hay un Niño del citado Zurbarán. En esta Iglesia se enseña la cárcel, donde se dice que estuvieron presas las Santas Patronas de esta Ciudad, Justa, y Rufina, y con su nombre llaman al prado situado detrás del Convento.

7. La Iglesia del de Padres Capuchinos no cede en el número de pinturas originales de Bartolomé Murillo a ninguna otra de las de Sevilla. Se ve en el altar mayor la del Jubileo de la Porciúncula, cuadro de gran tamaño, cuyas principales figuras son Jesu Christo, nuestra Señora, y San Francisco, con una hermosa Gloria, obra digna de muchas alabanzas. En la puerta del Tabernáculo está colocada una Imagen de medio cuerpo, y representa a María Santísima abrazada con el Niño Dios, que parece salirse del cuadro por la viveza, y relieve. Al uno, y al otro lado del retablo se ven dos figuras de cuerpo entero, de San Félix, y San Antonio de Padua, pinturas de no menor mérito, que las antecedentes, como lo son otras repartidas en el mismo retablo; es a saber, San Joseph con el Niño en brazos, San Juan con el Cordero a los pies, Santa Justa, y Rufina, San Buenaventura, y San Leandro.

8. Bellísimos son los cuadros en las paredes del Presbiterio, en que el citado autor representó a San Miguel, y al Ángel Custodio; y no ceden a estos el de la Anunciación, y el de Christo difunto en brazos de la Virgen en sus respectivos altares; pero a mi entender todavía es superior el del Nacimiento, en el que todas las figuras de Pastores, San José, la Virgen, &c. están alumbrados del resplandor del Niño, y en todo reina un tono de color, que enamora. En el retablo de San Félix se ve representado dicho Santo con el Niño Dios en sus brazos, mirando, como transportado, a nuestra Señora, de quien lo había recibido; y en el de Santo Tomás de Villanueva, que reparte limosna a los pobres, hay algunos de estos en acciones que no pueden ser más verosímiles: una mujer y un niño llenos de gozo, contemplando la moneda que habían recibido, y un muchacho como impaciente, y dudoso de si le tocará, o no la suerte.

9. También es sumamente agradable el San Antonio, y la Concepción en sus altares: en el primero hay cuatro Ángeles en gloria bellamente agrupados: el perfil del Santo es sumamente gracioso, y asimismo el Niño sentado

sobre un libro. En la Concepción se ve una hermosa gloria con el Padre Eterno. En la capilla del Santo Christo hay dos figuras del Señor crucificado: la del retablo es de Murillo, abrazado con San Francisco, y otra en la pared de Zurbarán; y aunque el claro, y obscuro de este, da a su figura grandísimo relieve, es de inferior gentileza, y gracia a la de Murillo. Todas las referidas figuras son enteras del tamaño del natural, fuera de la nuestra Señora del Tabernáculo del retablo mayor, que es de medio cuerpo.

10. Asimismo, en el Coro se ve colocada una bella Concepción en trono de nubes del expresado autor, y en el remate de la escalera del Convento un Crucifixo de Zurbarán. En el Claustro algunos asuntos de la vida de San Francisco, de Francisco Herrera, y algo hay en la Portería de Lucas Valdés. Lo dicho basta para conocer cuán rica está de pinturas la pobreza Capuchina, que si no puede tener oro, ni plata, le es lícito poseer estas maravillas del arte.

11. Unido a la puerta de Córdoba, ya dentro de la ciudad, y no lejos de Capuchinos, hay una Ermita dedicada a San Hermenegildo, en cuyo retablo mayor se ven varias pinturas de Francisco Herrera el viejo. Por de Ticiano son tenidas algunas que hay puestas en un altar del cuerpo de la Iglesia. Representan la deposición de Christo en el Sepulcro, el *Ecce-Homo,* y al Señor, que manifiesta a los Judíos la moneda, o tributo debido al César; pero como dichas obras se hallan originales en el Monasterio del Escorial, estas de aquí pueden tenerse por copias, a no ser que sean repetición de aquellas: como quiera están bien ejecutadas. Se ven allí mismo una copia del Nacimiento, pintado por el Mudo en el claustro alto del Escorial, y dos niños jugando con un cordero, atribuidos a Peregrino Tibaldi. Más valen este género de copias, que originales, cuando no tengan un mérito particular.

12. Fuera de la puerta de la ciudad, que llaman *de la Macarena*, se encuentra una de las mayores fábricas de Sevilla, y si se hubiera acabado, sería en su línea de las mayores de Europa: aunque no está habitable sino la cuarta parte de ella, o poco más, se considera capaz de ochocientos pobres. Este es el Hospital llamado *de la Sangre:* su fachada principal mira al Medio día, adornadas las ventanas del cuerpo inferior con pilastras dóricas, y las del superior con columnas jónicas resaltadas, y asimismo las fachadas de Oriente, y Poniente. La portada consta de cuatro columnas dóricas en el primer cuerpo, y de dos jónicas en el segundo con nicho en medio, todo de mármoles. Esta portada fue obra posterior, mandada hacer por los Administradores hacia el año de 1618; pero es de buena arquitectura. En la inscripción se expresa estar dedicado aquel

Hospital a las cinco Llagas de Jesu Christo por Doña Catalina de Ribera, y D. Fadrique su hijo, Marqués de Tarifa, que a su costa lo labraron.

13. Después del primer ingreso se encuentra la Iglesia con muy bella portada, también de dos cuerpos, dórico, y jónico, y dos torres, una a cada lado, en las que hay añadido un orden compuesto: dichas torres no tienen resalte, ni mucha elevación, mediante lo cual se nota más uniformidad en el todo. Las columnas son medias, y de mármol, dos a cada lado del cuerpo bajo, y otras tantas en el de encima, con nichos en los intercolumnios. Sobre el frontispicio de la puerta hay colocadas tres figuras de la misma materia grandemente ejecutadas, acaso por Torregiano, según el estilo, y representan la Fe, Esperanza, y Caridad, agrupada esta con graciosos niños. De bella forma son también tres jarrones del segundo cuerpo. Debajo la cornisa, que está excelentemente trabajada, como lo demás, se lee: *Quia vidisti me Thoma, credidisti: beati qui non viderunt, & crediderunt.* Alude a estar dedicada la Iglesia a Santo Tomás Apóstol. Debajo de un arco de singular capricho en el segundo cuerpo está notado el año de 1567. Las puertas de los costados de esta Iglesia están adornadas de dos pilastras jónicas cada una, y su frontispicio, y aunque de piedra común, son de excelente forma, con niños, muy bellos follajes en los frisos, nicho en el ático, y jarrones en los remates.

14. La planta, y alzado de la Iglesia, toda ella de piedra de sillería, tienen su particular mérito, aunque no me parece igual al de las portadas de los lados exteriores: en cada uno de los de la nave hay cuatro arcos, que forman las capillas, y sobre estas, dos a cada lado, que ocupan el espacio de los cuatro inferiores: están incluidos entre tres medias columnas de orden jónico, de lo que sin duda resulta grandiosidad a la fábrica; y porque si las tales columnas llegasen al suelo serían de desproporcionada altura, sientan sobre ménsolas en el extremo de los arcos inferiores.

15. También los pilares del crucero tienen adorno de columnas. La arquitectura del altar mayor es buena en cada uno de sus tres cuerpos, adornados de columnas, y entre ellas hay varias pinturas de bastante mérito, según el antiguo estilo de Vargas, en que se representan Santo Tomás, y otros Santos. Dentro de este grande Hospital, que solo se destinó para mujeres, hay espaciosas habitaciones en la parte que se acabó; y lo que puedo decir en cuanto al arquitecto es, que en algunas cuentas de esta casa se ha hallado esta firma: *P.º Ros.º* que querrá decir Pedro Rosendo, Pablo Rosendo, u otra cosa, que no es fácil adivinar.

16. A distancia algo más de un cuarto de legua del Hospital de la Sangre está el Monasterio de San Jerónimo, llamado con justa razón de *Buena vista,* porque realmente es una delicia la campiña que desde lo alto del Monasterio se descubre en sus alrededores, y la vecina ribera de Guadalquivir. Antes de llegar se pasa por delante el Hospital de San Lázaro. Fue reedificado dicho Monasterio en el buen tiempo de las artes, como lo manifiestan muchas partes de él, señaladamente el claustro grande, adornado de medias columnas dóricas en el primer piso, y jónicas en el segundo, con antepechos, y balaustres, y además otros adornos, y portaditas de buen estilo a lo largo de las galerías. Igualmente es suntuosa la escalera principal con su cúpula, y linterna, &c. La Iglesia tiene aún de la manera gótica, como también el retablo mayor; sin embargo, se ven en él muchas figuras de escultura muy bien compuestas, y plegadas, con otros adornos, que ya nos alegráramos fuesen tan buenos muchos de los de nuestra edad.

17. Le considero ya impaciente a V. porque no le hablo de la famosa estatua de barro cocido del tamaño del natural, obra del gran Torregiano[51]. Está, pues, dicha estatua colocada, sin merecerlo, en un altar moderno de mala arquitectura al lado del Evangelio. Su postura es de rodillas, con un canto en la mano derecha, y un Crucifixo en la otra. El contraste de la figura, su grandioso carácter, y expresión, inteligencia de anatomía, y lo demás, no tienen igual; de suerte, que en mi dictamen puede estimarse esta obra, como igual en su línea a las mejores del gran Miguel Ángel. ¡Con cuánto más gusto

---

[51] De Torregiano Torregiani cuenta Palomino en su vida el deplorable fin que tuvo en Sevilla. Sería cierta la tragedia, si fuese como la cuenta el Vasari, de donde la sacó Palomino; pero testimonios como este, y semejantes nos han levantado a montones escritores forasteros, y en tenerlo por tal no lo juzgo temeridad. Dicen, pues, los citados autores, que el expresado artífice vino a parar a Sevilla después de sus aventuras, y sucesos particulares, que empezaron en Florencia en aquella gran Academia de Lorenzo de Médicis, donde no pudiendo sufrir Torregiano superior a nadie, fácilmente reñía con los demás, hasta que un día rompió las narices a Miguel Ángel. Este suceso, que el Duque Lorenzo llevó muy mal, fue motivo de huir Torregiano a Roma, donde trabajó en tiempo de Alexandro VI. Fue soldado en las guerras con el Duque Valentín: después en la de Pisa; y se halló con Pedro de Médicis en la batalla del Garillano, tan gloriosa a los españoles, y a su Caudillo el gran Capitán. Llegó Torregiano al grado de alférez; pero aspirando a mayores ascensos, y no correspondiendo estos, volvió a la escultura. Pasó a Inglaterra, donde dicen, que aquel Soberano le empleó en varias obras de bronce, mármol, y madera con gran lucro suyo; pero el natural desasosiego que tenía, le condujo a España, donde hizo cosas excelentes en Granada, y Sevilla, hasta que llegó su desgraciado fin de morir, como dicen, en la cárcel en 1522 a los cincuenta años de su edad.

la irían a ver los aficionados, e inteligentes, si la pudiesen reconocer bien por todos sus lados fuera de aquel nicho, donde está colocada!

18. En una capilla inmediata a la referida hay un hermoso cuadrito de la Concepción, obra de Murillo, pero en malísimo retablo, semejante al cual se van poniendo otros en las demás capillas: cosa sensible, y mucho más en las Iglesias de los Padres de la Orden de San Jerónimo, que, como he dicho en otras partes, son regularmente las más bien fabricadas, y en donde se encuentran mejores cosas. En la Sacristía, que también es de buena arquitectura, se ven diferentes cuadros de Juan de Valdés. Los de la vida de San Jerónimo alrededor del claustro del Convento, y algunos otros los ha hecho D. Juan Espinal, Pintor acreditado de esta ciudad.

19. Hubo en este Monasterio dos Religiosos, a los cuales se atribuye la arquitectura del claustro principal, y de otras partes de la casa. Se llamaban Fray Bartolomé de Calzadilla, y Fray Felipe de Morón, personas de mucha virtud, según la memoria que queda de ellos, y vivieron desde el año de 1600 hasta el de 1678. El segundo parece que tenía por principal oficio el de cantero. A estos se atribuye la arquitectura dicha; pero me persuado, que querrán decir la ejecución de ella, o de parte de ella, pues la invención se conoce que fue de algún principal arquitecto de la edad de Felipe II, y dice no poco la del claustro con la del Escorial. Se sabe que Juan de Herrera fue el arquitecto de la Lonja de Sevilla. En algunos altares de las Iglesias se conoce el estilo de su escuela: pudo él, o alguno de sus discípulos dar ideas para lo bueno que se fabricó en San Jerónimo.

20. Tenga V. ahora paciencia para que yo le cuente lo más singular, y precioso que pintó el gran Murillo, y se encuentra en el Hospital de San Jorge, llamado de la Caridad: Primeramente cuatro cuadros en las paredes del cuerpo de la Iglesia, como de a seis varas de largo, y cuatro de alto, y representan el milagro de multiplicar Jesu Christo los panes, y peces en el desierto; y enfrente, cuando Moisés sacó agua de la peña, en que se ven todo género de expresiones las más propias que pueden imaginarse, entre ellas un muchacho, que se va a arrojar de la yegua donde está montado: una mujer, que al parecer después de saciada su sed, da de beber a un hijo, y otro llorando amargamente porque se le retarda este consuelo: en fin, en la variedad de figuras que se representan en esta historia, se ven los afectos de placer, de reconocimiento, y gratitud a Dios, y a Moisés, y otros que caben en el asunto; de modo, que es obra comparable por estas insignes preciosidades del arte a las de los más célebres profesores de cualquiera edad.

21. Debajo de estas pinturas hay en unos altaritos de ordinaria arquitectura un Niño Dios, y un San Juan Bautista, también niño. Hacia el medio de la Iglesia, en el lado del Evangelio, se ve un cuadro, que representa la parábola del Hijo pródigo, a quien recibe su padre con ánimo tierno, y compasivo; y junto a él otro, y es la aparición de los tres Ángeles al Patriarca Abraham. Debajo se ve expresado en otro cuadro a San Juan de Dios con un pobre a cuestas volviendo el rostro a un Ángel, que le ayuda a sostener el peso. Junto a este se ve en un altar la Anunciación, cosa bellísima. En la pared de enfrente está Jesu Christo con varios Apóstoles, y hablando con el paralítico en la probática piscina; y al lado otro asunto, que es el Ángel libertando a San Pedro de la prisión.

22. Debajo de este se admira con justísima razón el famoso cuadro de Santa Isabel, curando a un muchacho tiñoso: el gesto compasivo de la Santa, y de los demás asistentes, el del muchacho a quien está curando, y el de otro inmediato con una mano bajo el brazo, y con otra rascándose la cabeza, son todas como de un artífice filósofo, expresivo, y sensato. Son las figuras de estos cuadros del tamaño del natural pintadas con singular ternura, y de lo más digno de quien las hizo; de suerte, que juzgo indispensable, que las vea quien quiera hacer justo juicio de lo que fue Murillo. Hizo estas pinturas con alusión a las Obras de Misericordia. No es de extrañar se esmerase en dichas obras para complacer al santo varón, y amigo suyo D. Miguel Mañara, fundador de este Hospital, y porque querría concurrir con todas sus fuerzas al esplendor de esta obra, como persona piadosa, que lo era, y mucho.

23. En la pared del coro se ve pintada la Exaltación de la Cruz por Juan de Valdés, y sobre dos puertas a los pies de la Iglesia hay a un lado un cuadro, que representa unos esqueletos pintados, y se ven en él libros, Tiaras, Mitras, e insignias de otras dignidades, con lo que parece quiso demostrar el paradero de la gloria, y ciencia mundana. Enfrente expresó aquel famoso cadáver corrompido, y lleno de gusanos, que causa horror el verle.

24. En el altar mayor de esta Iglesia hizo patente su habilidad Pedro Roldán, quien representó de escultura en medio del retablo el Entierro de Jesu Christo en grandes figuras, y a los lados las imágenes de San Roque, y San Jorge. Esta casa la tiene a su cargo una Hermandad de la principal nobleza de Sevilla, ocupada en ejercicios piadosos, y particularmente se recogen en el Hospital por la noche los pobres, &c. Tuvo su aumento, y reedificación, como ahora se ve, mediante el celo del citado D. Miguel Mañara Vicentelo de Leca, Caballero de Calatrava, cuyo sepulcro está en la capilla mayor, donde

se escribió por disposición suya: *Aquí yacen los huesos, y cenizas del peor hombre que ha habido en el mundo*, con lo demás que se añadió después. Toda la casa está con el aseo, y buen orden correspondiente a los que la gobiernan. En la portada, que mira al Arenal enfrente del río, hay algunas imágenes bastante bien pintadas en azulejos, y en el patio se ven figuras de mármol, que naturalmente se traerían hechas de Italia, representan la Caridad con unos niños.

25. Se fundó esta casa en el sitio donde estuvieron las antiguas, y famosas Atarazanas de Sevilla, o llámese Arsenal, que si permanecieran, dice Rodrigo Caro[52]: *Fuera uno de los edificios más celebrados de Sevilla: era lugar capacísimo para el ministerio que el Rey le hizo* (D. Alonso el Sabio), *que fué para que en él se labrasen galeras, navíos, y otros baxeles, y allí se conduxesen todos los materiales necesarios, &c.* También ocupan parte de la obra de las Atarazanas la Aduana Real, y la Maestranza de Artillería. Todavía se ve un mármol con versos leoninos, situado en la pared de la fachada de la Caridad, que para memoria de la fundación de dicho Arsenal mandó escribir el expresado Rey D. Alonso, y se lee en él:

Res tibi sit nota, domus hoec, & fabrica tota Quam non ignarus Alfonsus sanguine clarus Rex Hispanorum fecit. Fuit iste suorum Actus in Austrinas vices servare carinas: Arte micat plena, fuit hic informis arena. Era millena, vicentena, nonagena.

26. Es correspondiente esta Era al año de la Encarnación del Señor de 1252. Por los restos que hoy se ven de dicha fábrica, se conoce que fue suntuosa, conforme al estilo de fabricar de los Árabes, muy usado entonces, compuesta, según escribe Zúñiga[53]: *De seis anchurosas naves que sobre pilares de ladrillo volaban arcos, y cerraban bóvedas. Tenia número de oficiales francos de todos pechos, y en su jurisdiccion todos los montes de estas comarcas, que criaban árboles reservados á la materia de baxeles, sin que á otro empleo se pudiesen cortar.* Aunque las Atarazanas existiesen hoy, me parece serían de poco provecho por falta de árboles.

27. También dice el mismo Zúñiga, hablando del Rey D. Pedro, en sus Anales de Sevilla, pág. 217: *Que estaba tan prevenido de sus Atarazanas, y*

---

[52] Pág. 59.
[53] Pág. 61. *Anales de Sevilla.*

abundante de quanto era necesario para fabricar, y armar, que en brevísimo tiempo se ponian en el astillero muchos vasos, todos de maderas cortadas en las sierras de estas comarcas, en las de Constantina, y Aroche, y otras que estaban de espesas arboledas, y con grandes penas solo á este fin se reservaban. Todo esto, según tengo entendido, se ha reducido a muy poco. También comprende el antiguo sitio de las Atarazanas a la Real Aduana, obra de buena forma, solidez, y comodidad: asimismo al Almacén de los azogues, que se transportan de las minas del Almadén, para embarcarlos anualmente a América para beneficio de las minas de plata. Enfrente está la Plaza de Toros, parte de madera, y lo demás de fábrica mala.

28. Aunque ya hablé a V. de Triana, barrio considerable de esta ciudad, cuando llegué a ella, le recorreremos ahora por un instante para añadir, y rectificar algunas especies. Primeramente, el retablo mayor de la Cartuja de las Cuevas, que hoy se ve, lo costeó la Comunidad, habiéndose trasladado el que costeó, y mandó hacer el Rey de Portugal D. Alonso V, a una capilla interior. En segundo lugar, la quema de los cuadros originales del P. D. Luis Pascual, cuyas copias están en el claustrillo, sucedió, según testifican aquellos Monjes, en la gran Cartuja, adonde les llevó el General. Con esto queda mejor averiguado lo que se dice en Tom. VIII, Carta VI, núm. 24, y 33[54]. En el número 34 de la misma Carta se habla de algunos cuadros de la Librería; y añado, aunque no es de mi principal instituto, que en ella se encuentran preciosos manuscritos, entre ellos una Crónica de San Isidoro, y su continuación por D. Lucas de Tuy, en castellano, hasta el casamiento del Rey D. Alfonso, hijo de San Fernando. Otra de D. Juan el II, que se halló en la Cámara de la Reina Doña Isabel su hija, por Alvar García de Santa María, dividida en dos tomos. Otra de Enrique IV, por su Cronista Diego Enríquez. Otra de los Reyes de España por el Arzobispo D. Rodrigo, que fue como los más de estos manuscritos de la Librería del Marqués de Tarifa. Genealogía de los Reyes de España, y proposición del Obispo de Burgos D. Alfonso de Cartagena en el Concilio de Basilea, sobre la preeminencia del Rey de España sobre el de Inglaterra, y suma de las Crónicas de España. Defensa del Papa Benedicto XIII, en el gran cisma por los años de 1410, en latín. *Annales gestorum Hispaniarum, tempore Henrici Regis, ab Alfonso Palentino.*

---

[54] Tengo noticia de que se han adquirido después algunos cuadros de Cano, que se han colocado dos en la capilla del Santo Christo, y los demás en el Refectorio.

Libro de la vida del bienaventurado Séneca en castellano, y de las siete Artes liberales, y de amonestamientos. Décadas de Tito Livio en romance. El libro de Montería del Rey D. Alonso el XI, que fue del uso de los Reyes Católicos D. Fernando, y Doña Isabel. Está lleno de pinturas, que manifiestan los trajes del Rey, y de su Corte, como también los arreos de la caza. Tiene ciento ochenta y cinco hojas, y empieza: *Este libro mandamos facer Nos el noble Rey D. Alonso, que fabla en todo lo que pertenece á las maneras de la Montería.* Por muy raro se estima uno en castellano, que se intitula: *Guerras de Anibal, y Scipion.* Hay otro, que se intitula: *Regimiento de Príncipes,* y empieza: *Aquí comienza el libro de los Príncipes, fecho de D. Fr. Gil de Roma, de la Orden de S. Agustín, é fizolo trasladar de latin á romance D. Bernabé, Obispo de Osma, por honra, y enseñamiento del muy noble Infante D. Pedro, fijo primero, heredero del muy alto, é muy noble Rey D. Alfonso, Rey de Castilla.* Además de los expresados manuscritos hay otros muy estimables en dicha Librería.

29. Merece alguna consideración la vajilla de loza, que se hace en los Alfahares de Triana, para consumo de esta Provincia, y de otras, como también para embarcar a la América, y oigo decir, que esta manufactura va mejorando, consistiendo hoy en veinte y tres Maestros, y caudaleros, con otros doce Maestros blanqueros; y también se debe hacer memoria de la famosa huerta del Convento de los Remedios, que á lo que me han dicho, rinde más de cuatro mil ducados, que sirven de sustento a la Comunidad, siendo mucha la abundancia de naranjas, y limones que produce. De la Parroquia de Santa Ana de Triana ya hablé a V[55].

30. San Juan de Alfarache es un Convento de Terceros de San Francisco, situado en un cerro llamado *del Alxarafe,* al Poniente de Sevilla, un cuarto de legua de Triana. Allí, según han escrito algunos autores, fue la Colonia *Julia Constantia,* llamada *Osset* en las Medallas[56], y que es donde sucedía el milagro de llenarse repentinamente la pila bautismal de agua cada año el Sábado Santo, y que se colmaba mucho sin derramarse, y que cuando el primer bautizado la tocaba, bajaba el agua, quedándose al igual de la pila. Varios autores refieren este milagro en Osset, y entre ellos San Gregorio Turonense;

---

[55] Véase tom. VIII, pág. 238.
[56] El P. Florez en su tom. 9 de la *España Sagrada* niega que fuese Colonia, por no constar de las mismas Medallas.

pero la duda está en si es este Osset, u otro. Entretanto enseñan en la Iglesia una pila bautismal, que dicen ser la del milagro referido.

31. El altar mayor de esta Iglesia es el que, como dije en otro lugar, estuvo antes en la Parroquia de San Juan de la Palma, y se desestimó, creo que por antigualla. Es de los mejores que he visto, sobre todo sus pinturas pertenecientes al Santo Precursor, y a San Juan Evangelista, que se han tenido, y se tienen por de Pedro Campaña: los cuadros son muy grandes, y las figuras del tamaño del natural[57].

32. Desde este Convento se presenta una de las mejores vistas que puede V. imaginarse, descubriéndose en lo bajo la ciudad, y todo su territorio, las riberas de Guadalquivir, y los pueblos de la dilatada comarca. Conténtese V. con lo dicho por ahora, y con saber, que ya tengo algún material recogido para la primera Carta que le escriba, en que se tratará de otros edificios de Sevilla, y de lo que irá saliendo. Antes que se me olvide, en San Diego, Iglesia de Descalzos de San Francisco, fuera de la Ciudad, y no muy lejos del Alcázar, hay algo de bueno en materia de artes, particularmente una pintura de Murillo, que, si no me engaño, representa a San Antonio. Sevilla, &c[58].

Carta VI

1. Amigo: Después de las Iglesias es debido hablar de otras fábricas considerables de Sevilla, y sea el Alcázar la primera. Al Medio día de la Catedral, y enfrente de ella está situado el Alcázar, que aunque magnífico, espacioso, y de muy cómoda habitación, es un conjunto de fábricas de diferentes tiempos, y estilos. Fue este el Palacio de los Reyes Moros, y no hay noticia de su

---

[57] En el convento de San Diego, son de lo bueno de Montañés, las efigies de la Concepción, y el Santo de estatura natural. (Conde del Águila)

[58] En la Carta 5ª. No se tuvieron presentes las mesas de piedra de la sacristía de la Cartuja siendo singulares en su género, y por dádiva del rey Don Alonso el Sabio a los Templarios en cuya extinción las tuvieron los claustrales, y de estos los PP. Franciscos de la Observancia, a quien las compró el arzobispo Mena para donarlas a este templo cuando fundo el monasterio. (Conde del Águila)

principio, ni de la extensión que antiguamente tuvo: buena parte de él se aumentó, y renovó por el Rey D. Pedro desde el año de 1353, y se trabajó lentamente hasta el de 1364, según el estilo arabesco. Carlos V añadió varias obras de mejor arquitectura. La muralla que da vuelta al Alcázar es parecida a la que cerca el resto de la ciudad; pero tiene un muro interior de sillares, que lo separa. Comprehendía un gran recinto hasta la puerta de Jerez, corriendo la muralla dilatadísimo espacio, por el cual he andado hasta la Torre del Oro. Bien había que añadir a la descripción del Alcázar si pudiera hacerse por medio de algunas notas, o suplementos, para publicar el descubrimiento del Oratorio privado de los Reyes Católicos; el nuevo salón de pinturas: el de modelos y antigüedades, y las obras con que ha hermoseado estas últimas piezas, y los jardines, dividiéndolos con rejas de hierro pintadas de verde, su teniente de Alcaide el Sr. Don Francisco de Bruna, a quien toca dar las noticias de todo esto, por lo que se omite ahora. (Conde del Águila)

2. Después de la principal Puerta, que llaman *de la Montería* (por juntarse allí los Monteros cuando los Reyes salían a caza), se encuentra un patio: de este se pasa a otro cuadrado, en que hay una portada de piedras labradas a la arabesca, con lazos, follajes, &c. y entre ellos las armas de Castilla y León, y en un friso de ella se lee en caracteres antiguos: *El muy alto, é muy noble, é muy poderoso, é muy conqueridor* D. *Pedro por la gracia de Dios, Rey de Castiella, é de León, mandó facer estos Alcázares, é estos Palacios, é estas portadas, que fué fecho en la era de mil é quatrocientos y dos.* Este patio se ve cercado en parte de columnas de mármol, y de obras modernas, que no se concluyeron.

3. En un tránsito, o apeadero hay dos ingresos a las esquinas, el uno del Palacio antiguo, que va a un pequeño patio llamado de las *Muñecas*, adornado, como también sus cuartos, de muchas labores. El otro ingreso con columnas arabescas, y alguna romana, es al patio principal, enlosado de mármol, y cercado de galería superior, e inferior, sostenidas de ciento y cuatro columnas pareadas, también de mármol, y de orden corintio: los arcos adornados a la arabesca, y las paredes hasta la segunda galería llenas de labores, y trepados imitando el mismo estilo: alternan las armas de León, y Castilla con las del Emperador Carlos V. Los techos de estas galerías son de madera, en que hay labores de mucho capricho, y artificio, y estucos con adorno de azul, y oro. Los corredores, y piezas de sobre la galería están también enriquecidas de mármoles.

4. Este principal patio fue hecho de orden de Carlos V el año de 1524 con motivo de las bodas que contrajo con la Infanta Doña Isabel de Portugal: su

arquitectura es buena, y en varias partes de la misma se ven las armas de dicho Monarca con el letrero *Plus ultra,* cuya invención se atribuye a Luis Marliano, su médico. Las primeras salas correspondientes a este patio, y galería, y sus alcobas tienen decoración de columnas de diferentes géneros de mármol, entre ellos de verde, y negro antiguos, azulejos en las paredes con menudas, y varias labores arabescas, famosos artesonados de madera cubiertos de oro, y colores.

5. Hay entre estas piezas una de doce varas en cuadro, que llamaban la media naranja por la forma de su techo: hoy se distingue con el nombre de sala de Embajadores. Es muy particular por la variedad, y lo prolijo de sus labores, estucos, doraduras, &c. y por el pavimento de bellos mármoles: a la mitad de su altura hay balcones en todos cuatro lados para ver desde allí bailes, o representaciones. En un friso que corre alrededor, entre otras cosas hay retratos de los Reyes de España, y en cada testero tiene tres arcos con columnas, por donde se comunica a otras salas, y a la puerta grande, que corresponde al corredor.

6. Alrededor de las hojas de las puertas principales de esta gran sala, que son de alerce, y las mismas que tenía, según dicen, cuando se conquistó Sevilla, se lee en caracteres árabes: *Jalubi fue el Arquitecto de mi obra, y Maestro mayor. Fue venido de Toledo con los demas Maestros Toledanos á mi Palacio, y Maestranza de Sevilla. Yo el Rey Nazar por la gracia de Dios.* Pone el año, y según se ajusta del de la Égira que señala, corresponde al de 1181 de la Era vulgar. Quando el Embajador de Marruecos *Sidi Achmet Elgacel* estuvo años pasados en Sevilla, reconoció, y tradujo este, y otros letreros de dentro de las salas, y encargó mucho por medio de su intérprete al Señor D. Francisco Bruna, Decano de esta Real Audiencia, y Teniente Alcaide de los Reales Alcázares, a quien soy deudor de estas relaciones, que conservase con gran cuidado aquel sitio, porque se hallaban estampados en sus paredes grandes misterios de la Religión. El resto de puertas, y ventanas de dichas salas correspondientes al patio referido tienen igualmente muchos letreros árabes.

7. Hay otras salas interiores con azulejos dorados, y en ellos las armas de Castilla y León, del tiempo del Rey D. Pedro, y del mismo son cinco piezas altas seguidas, que hoy llaman cuarto del Príncipe, sobre la portada principal, con paredes cubiertas de muy menudas labores, con repartimiento de columnas de exquisitos mármoles jaspeados, que, según Jerónimo Zurita, estuvieron en el Palacio de Valencia, que llaman *el Real,* y fue despojado de este, y de otros adornos después de haber sido vencido el Rey D. Pedro de Aragón por el de Castilla.

8. El frente del Medio día hacia los jardines pertenece a los cuartos, que llaman del Rey, y son del tiempo de Carlos V. Desde ellos se sale a una galería, que tiene mirador de buena arquitectura: se pasa a otra adornada de grotescos, y columnas de varios mármoles, y va continuando entre los dos jardines.

9. Hay una puerta grande, que llaman de las Banderas, antiguamente postigo del Alcázar, y en una esquina junto a ella estuvo el Tribunal público del Rey D. Pedro, donde dicen que oía, y juzgaba los pleitos. Era de cantería sobre gradas, arrimado a la muralla, y encima había una silla labrada de piedra sobre columnas, de las cuales aún se conserva una.

10. Por dicha puerta se entra en un gran patio, que servía a los Reyes de picadero, y alrededor hay varias viviendas: a un lado de este patio está el apeadero en un pórtico de treinta y ocho varas de largo, y quince de ancho, con dos órdenes de columnas de mármol pareadas, y tiene poyo para montar a caballo. Encima hay un salón, que mandó construir Felipe III, año de 1607, y era destinado para armería.

11. Desde el patio grande, o picadero se entra en otro, que llaman el Crucero. Este con sus adornos, que en opinión del citado Sr. Bruna era del primitivo Alcázar de los Moros, y admirado de los curiosos, se transformó en 1760 con nuevas obras por las ruinas que causó el terremoto de 1755, formando un gran patio enladrillado, y levantando otras obras. Por fortuna quedó intacto el cañón de bóveda debajo de este patio, y efectivamente se cree fueron allí los baños de Doña María de Padilla, y es verosímil sirviese de lo mismo en tiempo de los Moros. Se conoce el sitio donde templaban el agua, y existe un caño de fierro, por donde se comunicaba a sus divisiones. Tienen cincuenta y dos varas de largo, y siete y media de ancho.

12. En el testero del referido patio hay una hermosa galería con columnas de mármol, y por ella se entra en un cañón de bóveda de ciento y treinta pies de largo, y treinta de ancho, con linterna en medio. En esta pieza se han colocado para adorno, y para beneficio de la escuela de dibujo establecida en esta Ciudad varios cuadros de diferentes autores, que estuvieron en las casas, que fueron de los Jesuitas. Una gran pared separa este salón de otro, del mismo largo, aunque no tan ancho: ambos se creen ejecutados en tiempo del Rey D. Pedro, aunque los azulejos que adornan parte de las paredes del segundo con el *Plus ultra,* y otras labores pintadas en ellos, indican que se pusieron en el de Carlos V.

13. Desde uno de dichos salones se entra en un espacio, donde hay un estanque, que sirve de depósito para el riego de los jardines, fuentes, y juegos de aguas: tiene barandillas de hierro, pilares interpuestos, y bolas de bronce. En el medio se eleva una urna con doce caños, y encima la estatua de Mercurio, también de bronce dorado. Desde aquí se baja al primer jardín llamado de las *Damas* en que con la murta se representan varias figuras: por él se entra a los baños que se han referido: así este jardín, como otros dos contiguos ya dicen que los había en tiempo del Rey D. Pedro.

14. Se encuentra después otro cuadrilongo lleno de fuentes, y surgideros, del tiempo de Carlos V. Junto a él hay otro con su laberinto formado de murta con risco, y fuente en medio. A la que hace frente llaman *del León*, por uno de piedra puesto en el estanque, echando mucha agua por la boca. Se ve a un extremo del estanque un bonito cenador; y hay en medio del jardín otro cuadrado con su cúpula de buena arquitectura, *y* varios surgideros: el suelo de piedras embutidas con buen dibujo, y en él se lee el nombre del artífice: *Juan Fernandez año de* 1549. Por lo pasado dividía una tapia este jardín de los otros; pero últimamente se les ha dado mejor aspecto con una reja que se ha substituido.

15. Hablando el Navagero del Alcázar, y jardines, dice muchas alabanzas de sus salas, piezas, baños, fuentes, mármoles, bosque de naranjos, y por fin lo declara por un sitio deliciosísimo, en lo que nada me parece que exagera. En el lado de Poniente, hacia el cuarto que llaman *del Príncipe,* se conserva otro jardín, y todos están circuidos de huertas muy frondosas, y útiles, pertenecientes al Alcázar. También era de su recinto la Casa Real de la Contratación de Indias, que tuvo su principio desde luego que se descubrió aquel nuevo Mundo, con establecimiento de todos los oficios necesarios para su gobierno, y se llamó *casa de los Almirantes.*

16. Este Palacio ha sido habitación de muchos Reyes, y en este siglo lo habitó también el Sr. Felipe V con su Real Familia. Desde el Alcázar va un lienzo de muralla antigua hasta cerca la puerta de Carmona, en cuyo distrito estuvo la Judería con cuatro Sinagogas; y en la Parroquia de San Bartolomé se conservan en letreros hebraicos los nombres de la calle de los *Levies*, y de la *Xamardana.* Hay memoria de que cada judío pagaba a la Santa Iglesia treinta dineros en memoria de los que dieron por Jesu Christo, y la mitad de esta cantidad pagaban a los Arzobispos.

17. La Casa de la Moneda, situada cerca del Alcázar entre la puerta de Xeréz, y el postigo del Carbón, comprehendida antiguamente en el territorio

del Alcázar, es antiquísima en Sevilla. Pedro de Medina, hablando de Sevilla en su libro de las Grandezas de España, dice: *En esta Ciudad hay una Casa de Moneda, que á mi ver es la mejor del mundo, donde mas moneda se labra, porque ordinariamente van labrando, y batiendo moneda ciento y ochenta hombres, en que cada día se labran setecientos marcos de oro, y plata. Es cosa de ver los montones de moneda que en ella hay. De esta casa salen continuo requas cargadas de oro, y plata amonedada, como si fuera otra mercadería común.* Cesó en esta casa la labor de tijera, y martillo en el año de 1704, y desde dicho tiempo se estableció la de molinos, todo de cuenta de particulares, hasta que en 1718 se empezó a labrar de cuenta de la Real Hacienda. Los seis volantes que trabajan al presente, se fundieron desde el 1730 en adelante, y un D. Antonio Almeida, de nación portugués, vino de la Corte para su arreglo, y otras operaciones. Han dirigido esta fábrica en el siglo presente profesores bastante diestros, como lo han sido D. Manuel de Fonseca, D. Félix de Araujo, y su hijo D. Francisco, y actualmente D. Antonio de Saa, quien ha dado muestras de su talento en las medallas en fondo que ha grabado.

18. La Lonja, o Universidad de los Mercaderes, que por lo que respecta a la excelencia de la arquitectura debía ocupar el primer lugar en estas narraciones hispalenses, tiene su situación entre el Alcázar, y la Catedral. Se eleva la fábrica sobre gradas, que la dan mayor magnificencia, formando un andito espacioso alrededor; y sobre su puerta principal se lee esta inscripción: *El muy Católico, y muy alto, y muy poderoso Rey D. Felipe II. Rey de las Españas, mandó hacer esta Lonja á costa de la Universidad de los Mercaderes, de la qual hizo Administradores perpetuos al Prior, y Cónsules de la dicha Universidad. Comenzóse á negociar en ella en* 14 *dias del mes de Agosto de* 1598. Toda la fábrica es islada, de fachadas iguales, y parecidas, y de largo unos doscientos pies cada una. Tiene ciento diez y nueve ventanas, y puertas en el exterior. Consta de dos cuerpos de pilastras sencillas de piedra de Martelilla, junto a Jerez de la Frontera, de donde es la que se usó en las más de las fábricas de Sevilla, entrando la Catedral: las entrepilastras son de ladrillo, todo de excelente construcción.

19. En lo interior hay patio cercado de pórtico, o galerías, alta, y baja, muy espaciosas, y acomodadas, como convenía para el trato de comerciantes. Las columnas sobre que se elevan los arcos del primer cuerpo son de orden dórico, y de orden jónico las del segundo. Parte de estos pórticos están hoy cerrados con tabiques, y destinados a habitaciones, lo que causa deformidad.

LONJA DE MERCADE

RES DE SEVILLA.

Rod.ⁿ f.^t

20.   La escalera es majestuosa, y cómoda hasta la galería del cuarto principal, y desde él a las azoteas, que son espaciosas, y magnificas. Ya está tocada en alguna parte dicha escalera con adornos ridículos. Hay algunas piezas, así en el primer piso, como en el segundo con bóvedas de artesonado. La forma de este edificio le hará conocer al que tenga gusto de arquitectura, y ha visto el Escorial, quién fue su artífice, aun cuando no se supiera, que fue el famoso Juan de Herrera. Se da por cierto, que se pensó hacer una torre en cada ángulo; pero no tuvo efecto, ni me parece que le hace ninguna falta. En su lugar se pusieron obeliscos, que también los hallo por demás, corren balaustres alrededor de la cornisa, y en las gradas que circuyen la fábrica gran número de columnas de varios mármoles con cadenas de una a otra.

21.   Dice Rodrigo Caro, que en esta Lonja, y sus gradas se vendían muchas almonedas con todo género de mercaderías, plata labrada, esclavos, ropa, cuadros, y cuanto se puede pensar; y que por hacerse antes esto, o parte de ello en las gradas de la Santa Iglesia Catedral con poca reverencia de la Casa de Dios, pregonando allí las almonedas, y haciendo contratos de comercio dentro la misma Iglesia, sin que bastasen sermones, censuras, ni admoniciones de los Eclesiásticos, se pensó en esta Lonja, por cuyo dibujo dieron al citado Juan de Herrera mil ducados, habiendo costado sesenta mil el sitio en que se edificó.

22.   Y porque se ha proporcionado esta ocasión de hablar nuevamente de Juan de Herrera, no quiero diferir a V. una noticia, que debe serle muy plausible, perteneciente a tan grande artífice. Es el caso, que han llegado a mi mano ciertas representaciones originales suyas, en las que podemos casi decir, que cuenta su vida. Son dirigidas a Mateo Vázquez, Secretario de Felipe II, según se infiere de uno de estos papeles. Le dice, pues, de este modo:

23.   «Siendo yo desde mi niñez inclinado al servicio de mi Rey, y Señor natural, y que sin haber aun bien entrado el uso de la razón, desamparando mi casa, y patria, me fui en el año de 1547 en Italia tras de S. M. en la primera jornada que hizo fuera de estos sus Reynos; y en el año de 1551, cuando S. M. volvió á ellos, yo tambien volví por no tener aún edad de poder servir en las cosas de la Milicia, á que naturalmente me aficionaba, y en el año de1553 torné otra vez en Italia en la Compañía del Capitán Medinilla, en la qual asistí sirviendo, hasta que después fui Arcabucero de á caballo de la guarda de D. Fernando de Gonzaga, sirviéndole en todas, las jornadas del Piamonte, hasta que fué en Flandes, adonde le serví en toda la jornada de Rentin, en que él anduvo sirviendo al Emperador nuestro Señor, que está

en gloria; y volviéndose en Italia, y sin cargo de General, yo me quedé, á persuasion de los amigos, y por voluntad que tenia de me venir en España, en la guarda del Emperador nuestro Señor, en la qual, y en la de S. M. serví hasta el año de 1563, en que S. M. me hizo merced de cien ducados de entretenimiento, porque anduviese en compañía de Joan Baptista de Toledo.

24. »Serví con los dichos cien ducados desde el dicho año de 1563 hasta el de 1567, andando siempre con el dicho Joan Baptista adonde quiera que iba, y con él me hallé al asentar de la primera piedra de la fábrica de S. Lorenzo el Real, la qual yo escribí de mi mano.

25. »Desde el año de 1565 comencé á andar continuamente con S. M. adonde quiera que iba, y con el dicho salario de los cien ducados, hasta el año de 1567, que se me hizo merced de acrescentarle hasta doscientos y cincuenta, de los quales gocé hasta el año de 1569, que se me hizo merced del oficio de Ayuda de la Furriera, que con los gages de este oficio, y ración, y el salario que yo tenia, llegué á tener en todo quatrocientos ducados de salario, que gocé hasta el año de 1577, que S. M. me hizo merced de me acrescentar otros quatrocientos ducados mas, y á suplicación mia se me quitó el oficio de Ayuda de la Furriera, y me quedé con ochocientos ducados de gages, la metad pagados en S. Lorenzo, y la metad en Madrid.

26. »En el año de 1579 S. M. me hizo merced del oficio de Aposentador de Palacio, cuyos gages, y ración montan en cada un año doscientos y cincuenta ducados poco más, ó menos; de suerte, que dende el dicho año de 1579 hasta el presente tengo de gages como mil ciento y cincuenta ducados.

27. »Montará todo lo que en los dichos años yo he recibido de gages hasta este presente de 1584 como once mil ducados.

28. »Habráseme hecho de merced en veces como mil y quinientos ducados.

29. »Hízoseme mas una merced de un solar, del qual S. M. gustó de se tornar á servir.

30. »Hízoseme otrosí merced por treinta años de todas las minas de cobre, y plomo del Principado de Asturias, de la qual merced ningún aprovechamiento puedo tener, porque los del Consejo de Hacienda, y Contadores no dan lugar á que se asegure el gasto que en ellas se podría hacer, ni el beneficio que se podría sacar, ansí para S. M. como para mí, á cuya causa las he dexado para que S. M. disponga de ellas, como mas sea su Real servicio: y esto es en suma lo que he recibido de mercedes, y gages de S. M. de treinta

y un años de servicio, fuera de la principal que he recibido en haberse S. M. querido servir de mí, y de mi poco talento.

31. »Lo que he gastado en servicio de S. M. además, y allende de los gages, y mercedes rescebidas:

32. »Por la inclinación ya dicha, que me movió á desamparar mi patria, y casa, se me perdió toda la hacienda, que de mis padres me quedó, que para el valle donde vivían era buena, señoril, y honrosa, por ser de herrerías, molinos, montes, tierras, prados, é invernales, que es la hacienda principal de aquella tierra, y que á no nada valdría todo ello pasados de seis mil ducados, y en la era de agora ha venido á tanta diminución, que no se hallaría, por lo que ha quedado mil ducados; pero de esto no hay razón que haga cargo á S. M. sino á mí, que lo desamparé.

33. »En el año de 1571 yo me casé en la Villa de Madrid, con el favor de S. M. con una muger, que tenia de renta cerca de dos mil ducados, los quales yo expendia en servicio de S. M. demas de los quatrocientos ducados, que en aquel tiempo tenia de gages.

34. »Quando enviudé, que fué en el año de 1575 y, quedé con mil y doscientos ducados de renta, que mi muger tuvo por bien, de me dexar, y algunos años pasaban de mil y trescientos. Toda esta renta, y también algo del principal, que por ausencias mías se ha perdido, he gastado en servicio de S. M. andando de unas, y otras partes; y, en la jornada de Portugal gasté al pie de, seis mil ducados por las muchas veces que, fui, y vine, y anduve por aquel Reyno, y, por partes donde era imposible dexarse de, hacer excesivos gastos, y que no se podía dexar de mostrar ser criado de un tan grande Príncipe; de manera, que no solo despues que sirvo á S. M. he gastado todos los gages, y mercedes que me ha hecho; pero con ello he consumido lo que en este tiempo he tenido de la renta que me dexó mi muger, y parte de lo principal, sin que en este tiempo haya podido acaudalar con que comprar un maravedí de renta, ni otra cosa que pueda decir después de mis dias, que haya ganado en quantos trabajos de espíritu, y corporales he tenido, que se sabe bien son hartos.

35. »Los servicios extraordinarios que he hecho á S. M. después que estoy en su Real servicio, y en que se ha aprovechado grande suma de hacienda:»

36. »Habiendo muerto Joan Baptista de Toledo, y no dexando declaración, ni traza de los texados de los quartos de S. Lorenzo, y habiéndose mandado hacer á Gaspar de Vega un modelo de los dichos texados, costosísimos de hacer, y de sustentar, yo di orden, y forma para los hacer con la menos

costa posible, y con que el edificio quedase mas hermoso, y provechoso, y en que se ahorraron pasados de doscientos mil ducados.

37. »Iten, por se haber hecho la fábrica, de la Iglesia, y lo mas que se ha fabricado dende que se tomó á hacer la dicha Iglesia por la orden que yo di, se ha ahorrado de hacienda por el ahorro de los manegios tanto como ha costado todo lo que se ha gastado en todo lo hecho después de la nueva orden, y aun algo mas; y lo que de mas momento ha seido, y mas se debe estimar es haber hecho en ocho años lo que era imposible hacerse en ochenta por la orden antigua.

38. »Iten, en la fábrica de S. Lorenzo, y en las demas de S. M. he procurado siempre buscar medios como se hagan mas perfectamente, y á menos costa, como es sabido de todos.

39. »Iten, en el riego del Colmenar de Oreja, si no fuera por mí, se gastaran mas de quarenta mil ducados sin provecho ninguno, y hice aprovechamiento de mas de sesenta mil.

40. »Iten, en todo el tiempo que ha que sirvo á S. M. siempre he procurado de enseñar, y criar personas, que con el tiempo aprovechen para su Real servicio, y en esto, y en recoger, y regalar á otros, que andan en él, y que veo son virtuosos, y para servir, he gastado mucha parte de mi hacienda; y aunque el hacer esto es mi natural condición, todavía me ha hecho continuarlo el ver que en casa de S. M. no hay quien lo haga, y muchos de ellos échanlo de ver, y son extrangeros, y algunas veces no van con el gusto que hombre querría que fuesen.

41. »Entre otros servicios ha seido principal el de la invención de los nuevos instrumentos que he dado para la navegación, en especial el de las longitudines, cosa tan deseada, y buscada en tantos siglos, y de tanto provecho para las navegaciones del Este á Oeste, y que sin dubda ninguna, aunque hubieran dado por el invento dos mil ducados de renta perpetuos, no se pagaba, y no solo no se me ha dado nada, empero de mi hacienda he hecho muchos instrumentos, y dádolos á quien se sirva de ellos, declarándoselos con otros muchos secretos para la dicha navegación, sin ocultar cosa alguna del dicho invento.

42. »Iten, entiendo haber hecho particulares servicios en haber desengañado de muchas máquinas, que algunas personas no fundadas en ellas han trahido á estos Reynos, y á S. M. ofresciendo con ellas cosas imposibles, y no concedidas de la natura; y por mi causa en muchas de ellas no se ha puesto la mano, porque se hubiera perdido la hacienda, tiempo, y reputación, y el

conoscimiento de estas cosas enseñádolo á muchos, que de aquí adelante podrán hacer lo que yo[59].

43. »En todos los servicios ordinarios ya se sabe quánto en ellos perse-
vero, y mi asistencia, sin hacer falta en todas las jornadas, y viages que S. M.
ha hecho dende el año de 1565; hasta el presente, en que estamos, poniendo
en ellos mucho trabajo de la persona, y gastos de hacienda, sin que se ima-
gine haber tenido en este tiempo otro aprovechamiento, que los gages de
que se me hace merced.

44. »La merced que yo suplico á Vm. es, que, representando á S. M.
estos servicios, le diga en suma:

45. »Que en treinta y un años de servicios, no solo he gastado lo que
S. M. me ha hecho merced; pero pasados de diez y seis mil ducados mas de
mi hacienda, fuera de lo que de mis padres se perdió.

46. »Que de tantos servicios paresce seria justo que yo tuviese alguna
merced señalada, en que el mundo conosciese el haber sido gratos á S. M. y
que con justicia se me hacia, y que para después de mis dias pudiese dexar el
premio de mis trabajos para testimonio de que con ellos, y con la virtud se
adquiere algún renombre, y también para dexar á mis hijos, si, Dios fuere
servido de me los dar, y quando no, á mi alma en especial, que en mi vida
todo ha de ser para servir á S. M.

47. »También suplico á Vm. Represente á S.M. que asistiendo yo fuera
de la Montaña, la hacienda de mi muger, que es muy principal, y buena, se
perderá por ser los padres de mucha edad, y no estar presente quien le duela,
y vendrá en diminución como la de mis padres, lo qual para sus hijos, y ella
sería de gran daño, y aun para la principalidad de la casa, por cuya causa,
siendo la voluntad de S. M. porque yo en esto no quiero tener ninguna, ser
servido de darme su grata licencia para que después de acabado el retablo de
Sanct Lorencio, en el qual tiempo las demas cosas estarán acabadas, para que
yo me vaya á la Montaña á tener cuenta con la dicha hacienda, y lo principal
á recogerme á pensar las cosas de el alma, pues el cuerpo, y todos sus sentidos
van muy perdiendo las fuerzas, y bríos naturales, que hasta agora han tenido,
y con que se han podido emplear, como lo han hecho, en el Real servicio
de S. M. con el ánimo, y fidelidad que siempre se ha visto. Y en todo espero

---

[59] No hay con qué pagar a hombres de esta clase, y sería gran ganancia que los hubiera en todos tiempos para no malgastar lo que se suele, dando crédito a proyectistas.

mercedes de S. M. y el auxilio de Vm. para que se me hagan, cuya muy ilustre persona nuestro Señor prospere como yo deseo, &c. — Muy Ilustre Señor. — B. L. M. de Vm. su servidor *Joan de Herrera.*»

48. Otra Carta del mismo Herrera. «Paréceme que esta jornada de S. M. anda tan caliente, y que el tiempo es tan breve, que los que tenemos necesidad de él, nos es forzoso, aunque sea dando pesadumbre á sus Señores, y amigos, ganar alguno para negociar sus pretensiones. Las que yo tengo Vm. las sabe muy bien, pues ansí por escrito, como por palabras en veces he dado cuenta de ellas. Hame parecido, pero con licencia de Vm. dar á S. M. un Memorial, cuyo traslado envio á Vm. con esta, para que si paresciere convenir darle, se dé, y si no, que Vm. me haga merced de avisarme de ello, y decirlo al portador de esta, que es Pedro del Yermo, mi sobrino, que solo va á este negocio, y á que, dando Vm. licencia antes que salga del Pardo, le dexe dado.

49. »Mi pretensión, resolviéndome con Vm. es, que S. M. por mis servicios, y por haber gastado cerca de veinte mil ducados en su servicio, fuera de los gages, y mercedes que de S. M. he recebido de catorce años á esta parte, siéndome forzoso el hacerlo, porque sin comodidad, como Vm. sabe, puédese mal servir á los Príncipes: con los quales veinte mil ducados pudiera haber comprado, por lo menos, mil de renta perpetuos, y ansi S. M. está obligado, pues se han gastado en su ser vicio, á la remuneración de ellos. Demas de esto el haber sido instrumento para que S. M. haya ahorrado de hacienda en la fábrica de Sant Lorenzo cerca de un millón, fuera de lo que merece el haber dado medios para que S. M. haya visto en sus felicísimos dias acabada la dicha fábrica, que esto no tiene precio, y las otras cosas, que á Vm. por escrito tengo representadas, que son de harto momento; por todo lo qual es justo, que S. M. me haga una cumplida merced en cosa perpetua, para que yo en mis dias lo goce, y después de ellos mis herederos, y subcesores.

50. »Lo otro que pretendo es, que los dias que el Señor tuviere por bien de darme de vida, pues los he de emplear en el Real servicio de S. M. como lo he hecho de treinta y dos años á esta parte, que, S. M. me haga merced de mandarme situar en parte segura lo que yo he menester para mi gasto ordinario, para perseverar en este su Real servicio; y porque de lo que he menester se tenga alguna luz, juro á Vm. como quien soy, que de catorce años á esta parte en ninguno de ellos he dexado de gastar dos mil y setecientos, dos mil y seiscientos, dos mil y quinientos ducados; de manera, que de aquí adelante aún habré menester mas, porque las vejeces acarrean consigo mas

embarazos, que en todos ellos es forzoso el gasto, en especial á los que andan con los Príncipes, que les son necesarios mil medios para conseguir el fin de su servicio, y alguna ayuda de costa para pagar las deudas con que al presente me hallo: y de la situación que tengo agora de quatrocientos ducados en el Escorial, y quatrocientos en las obras de Madrid, Vm. no haga caso, porque á qualquier accidente cesa lo uno, y lo otro, porque en Madrid no hay situado nada para las fábricas, ni yo lo quiero en ellas; y lo otro, mañana se acabará lo del Escorial, y allí no hay nada, y fuera de esto otras mil cosas que suelen sub-ceder; y ansí lo que yo puedo declararme, y decir en este mi particular, y que sé que me justifico todo lo que es posible, es esto, y que si no se hace conmigo como lo pido, ó me es forzoso á la vejez, y de aquí adelante morir de ham-bre, ó recogerme en parte donde no venga en tanta necesidad. Suplico á Vm. que todo ello lo mire como negocio de amigo, y servidor, y como la justicia lo pide, y me favorezca en lo uno, y en lo otro con S.M. de manera, que esto haya efecto, y breve expedición: y si á Vm. le pareciere decir á S. M. que para mas satisfaccion suya mande que otra persona la que S. M. fuere servido, vea con Vm. este mi negocio, y la justicia que pido, y con brevedad Vm. y la tal persona lo consulten á S. M. porque desta manera será ocasión á que S. M. se resuelva mas presto á hacerme la merced que pido, y quedará mas satisfe-cho de lo que en esto hiciere. Y Vm. por amor de Dios, perdone estas impor-tunidades, pues el tiempo, y la ocasion no las excusan. Nuestro Señor la muy Ilustre persona de Vm. guarde, como este su muy cierto servidor desea. De Madrid, y Octubre 12 de 1584. — Muy Ilustre Señor. — B. L. M. de Vm. su muy cierto servidor *Joan de Herrera*.»

51. El Memorial de que hace mención en la Carta anterior, está conce-bido en estos términos:

52. «S. C. R. M. Joan de Herrera, Criado de V. M. dice, que él dió habrá mas de quatro meses al Secretario Mateo Vazquez una memoria, en que repre-sentaba el tiempo que ha que sirve á V. M. y los servicios en él hechos, y gastos de su hacienda, pidiendo en ella al dicho Secretario lo representase todo á V. M. para que vístolo V. M. como benigno, le hiciese las mercedes que por tales ser-vicios espera de la Real grandeza de V. M. y hasta agora no sabe, si el dicho Se-cretario lo ha hecho. Suplica á V. M. le mande consultar la dicha memoria, para que en ella se tome alguna resolución, que en ello recibirá señalada merced.»

53. La siguiente Carta parece por su contenido, y lo que se explica en los anteriores papeles, que fue escrita después. Es en esta forma:

54. «Muy Ilustre Señor: Por la relación que á Vm. di en Aranjuez del tiempo que ha que sirvo á S. M. y de los servicios en él hechos, y gastos de mi hacienda, y por la experiencia que de lo uno, y lo otro se tiene, se verá si todo esto es de algún momento, y si por ello se debe esperar premio, que sea justamente dado, y si se puede calificar con la voluntad que siempre he atendido á estos servicios, con una continua perseverancia, sin haber faltado en ellos en cosa que haya hecho falta; y si de todos estos trabajos no se sacase para mí, y los míos cosa con que para despues de mis días hubiese memoria de mí mas de que lo hice bien (que esto no sería poco), paresce que ellos se quedaban sin el premio debido á la fin de mis dias, y la voluntad no habia conseguido su fin segundario, habiendo en el primario hecho su deber: Y que por todos estos trabajos yo pida cosa señalada á S. M. no la sé, porque no me exercito en buscar avisos., ni otras cosas que hallan los que en esto se ocupan. Lo que se me ofresce, en que S.M. me haría mucha merced, es, que pues la razón pide, que estas sus Casas Reales de Sant Lorencio el Real han de ser conserservadas por de quien son, y esto no se puede hacer sin haber en ellas un perpetuo Alcayde, y que el gasto de este no se puede excusar, que S. M. me haga merced de honrarme con la Alcaydía perpetua de esta Casa para mí, y mis herederos, con los títulos, libertades, preeminencias, y honras, que se suelen dar á los tales Alcaydes, y con el sueldo ordinario, que para esto se requiere, ansí para mi persona, como para mis herederos después de mis dias, y para un Teniente de Alcayde (al qual es forzoso asistir continuo en la dicha Casa), el que él nombrare, y, después de sus días sus herederos, á quien viniere la merced de la dicha Alcaydía. Y quando S. M. sea servido honrarme con qualquier otra qualidad, rescebiré en todo las mercedes que de su Real mano espero, y de Vm. las que en esto, y en todas las demas se me han de hacer; cuya muy ilustre persona nuestro Señor prospere, como sus servidores deseamos, &c. — Muy Ilustre Señor. — B. L. M. de Vm. su servidor *Joan de Herrera.*»

55. Conozco que es larga esta historia de Herrera; pero me ha parecido también que V. la celebrará por su afecto a tan célebre profesor, y porque es una especie de narración original de su vida, de sus viajes, de su gran mérito en las Matemáticas, y en lo demás que V. habrá visto. Ignorábamos que hubiese ido a Italia, y a Flandes, y se hacía duro el creer, que desde el año de 1563, en que él dice que estuvo al lado de Juan Bautista de Toledo[60],

---

[60] Véase tom. II de este Viaje, edic. 2, pág. 24.

pudiera llegar a ser tan eminente hombre en la Arquitectura, sin los auxilios de la Matemática, y sin haber visto, y observado residuos de grandes fábricas de la antigüedad, como vería en Italia, y naturalmente estudiaría.

56. Hablando del Escorial dije a V. cuanto hasta entonces pude averiguar de este artífice, y con aquello, y esto ya se puede formar una competente idea de su vida[61], y últimamente acabar de persuadir la injusticia con que Autores extranjeros han intentado quitar a Juan Bautista de Toledo, y a Herrera el honor de haber sido ellos, y no otros los arquitectos de la insigne obra del Escorial.

57. En confirmación de todo esto, por lo tocante a Herrera, y en testimonio de su gran reputación, aun fuera de España, hay una estampa, que se grabó en sus días: invención de *Otho Venius,* esto es, Octavio Van-Veen, pintor acreditado de aquella edad, que se dice fue el primer maestro de Rubens. Dicha estampa está en poder de D. Pedro Sepúlveda, Individuo de la Real Academia de S. Fernando. Parece quiso significar en ella los diferentes estados de la vida de Juan de Herrera, criado primero en la abundancia, entregado después a los placeres, y abatido al fin por la pobreza, de todo lo cual le sacaron el tiempo, y el estudio.

58. Esto se expresa en una composición alegórica del modo siguiente: Herrera tendido en tierra medio desnudo, y la pobreza, figura mal vestida, y de ordinario aspecto, en ademan de abatirle: Venus como en acto de avanzarse de su carro exprimiendo un pecho, de donde le comunica la leche que Minerva, o Palas recibe, y detiene con su escudo, y con la diestra le levanta: a Venus la separa el tiempo representado en figura de anciano: entre aquella, y Herrera se ve Cupido, que poniendo un pie encima del artífice, le está halagando en la barba, y mira a su madre en ademán de obedecer sus órdenes: Baco coronado de pámpanos, puesta una pierna del abatido joven encima de su brazo izquierdo, derrama la copa sobre su vientre, y con la diestra toma uvas de un canasto, que le suministra un Sátiro: Ceres algo retirada, mira a Herrera: a lo lejos se ve un monte: encima el Templo del Honor, y Genios en el aire, que traen tres guirnaldas de laurel, y una de olivo, símbolos de paz, y victoria, y aun de las nobles Artes, por las cuales triunfó Herrera de sus pasiones.

---

[61] Véase tom. II. edic. 2, pág. 28.

59. V. conoce la significación de la alegoría, y la conocerá cualquiera medianamente instruido: también se entiende por los siguientes versos, puestos al pie de la estampa:

Blanda Venus Juvenem praedulci lact jacentem
Lactat, cum Bacchus irrigat usque mero.
Immoderata Ceres comes est tantisper, Egestas
Sordida dum miserum prendat humique premat
Dimovet at Tempus Venerem: ejus & assecla
Pallas
Objicit huic remoras illici ubique Deae;
Delitiis Juvenem haec stolidis ne fascinet ultra,
Mox illum pigra tollit amanter humo,
Quo per iter durum ad Virtutis Honoris & AEdem
Impiger is tendat serta ubi honora ferat.

60. Ya ve V. que ha sido un hallazgo la susodicha estampa, y cuán debido era dar noticia de ella. También es importante el letrero puesto en el pavimento, y es: *Ser. Elect. Colonien. à cubic. Otho Venius invent.* Debajo de los versos se lee: *Nobili, & Ill.ri Viro Johanni de Herrera primario Architecto, ac designatori Palatii Reg. Hispaniar. &c. Petrus Perret f.&* DD[62].

61. Basta del célebre Juan de Herrera, acreedor a que conservemos todas sus memorias, y defendamos su reputación, y fama con documentos tan incontrastables.

62. El Palacio Arzobispal inmediato a la Catedral es suntuoso; pero la arquitectura llena de ornatos de mal gusto. En los recuadros de un techo pintó Luis de Vargas varios asuntos, que hoy se hallan indignamente retocados; y por haber fiado años pasados avun remendón de cuadros, que retocase, o compusiese una Concepción de Murillo, que había en el Oratorio, resultó, que habiendo el tal cortado la mitad de la figura, dejó una copia en su lugar, y se llevó la original. La misma plaga de infelices retoques que las pinturas de Luis de Vargas, tuvieron otras de este Palacio, y entre ellas varios Apóstoles de Francisco Herrera. Se ven en él algunos bellísimos cuadros del

---

[62] Vense también en los techos del palacio arzobispal, algunas pinturas de Maese Pedro de Campaña. (Conde del Águila)

Caballero Calabres, llamado *Matías Preti*: en uno se representan los estragos de una peste; y en los otros dos, nuestra Señora con varios Santos adorándola, y el martirio de San Juan Bautista.

63. La que vulgarmente llaman *Casa de Pilatos* fue de los Duques de Alcalá, y hoy pertenece al Señor Duque de Medinaceli. En el tomo VIII, de esta obra, pág.236, hablando de D. Fadrique Enríquez de Ribera, primer Marqués de Tarifa, se dijo, que ocurriría tratar oportunamente en otra ocasión de dicho Caballero, quien después de haber sido embajador en Roma, y Virrey de Nápoles, hizo viaje a Jerusalén, y mandó fabricar esta casa con semejanza a lo que se figurarían que fue la de Pilatos: esto es lo que he oído; pero lo que no puede ponerse en duda es, que hay excelentes estatuas, columnas, y fragmentos de antigüedad en ella, adquiridas, y mandadas conducir de Italia, habiendo sido algunas del foro de Trajano.

64. En medio del patio principal, cercado alrededor de más de cuarenta columnas de mármol, hay una bella fuente sobre cuatro delfines, y sobre la gran taza un busto de Jano. En los ángulos de este patio se ven puestas sobre pedestales dos figuras como vez y media el natural por lo menos, y representan la Diosa Palas, obras insignes del mejor tiempo de la Grecia, y que se dice estuvieron en Nápoles: algunas partes de estas estatuas, como cabezas, escudos, &c. se conoce que fueron restauradas; pero restauradas excelentemente en tiempo de Miguel Ángel o poco después. A la una le falta enteramente el pie derecho, y la mitad del otro. Los brazos parecen restaurados, imitado el carácter griego: tiene morrión: apoya la mano izquierda en un escudo en que está esculpida la cabeza de Medusa. La otra tiene levantado el brazo izquierdo con su escudo: en la derecha pudo tener algún símbolo de paz, según su epígrafe de *Palas Pacifera*. Sus paños son excelentes, y todo de grandioso carácter.

65. Las otras dos representan, a mi modo de entender, la una a Ceres, figura graciosamente movida, y de bellos partidos de paños: la otra parece una Musa, aunque en la basa está escrito: CAVPÆ SYRISCA; pues pudo haber sido dedicación de estatua, o urna sepulcral lo que ahora es pedestal de dicha figura. En la galería alrededor del patio hay colocadas veinte y cuatro cabezas de Césares, y otras personas ilustres de la antigüedad, y algunas son excelentes.

66. Hay en este Palacio magníficas piezas trabajadas con suma diligencia en el estilo arabesco, cubiertas las paredes al modo de las del Alcázar, y en parte con azulejos. La escalera es suntuosa con cúpula, en que se ven prolijas labores, y artesonado, con mucho oro sobrepuesto. En el piso del cuarto

bajo, que es del que se trata, se halla el jardín con una galería de arcos, y columnas de mármol: dentro de ella se conservan muchas preciosidades de la antigüedad: primeramente seis magníficas columnas de exquisitos mármoles con maravillosos capiteles de orden corintio: además de estas, otras también de mármol, y verde antiguo, y encima de todas se colocaron bustos, y cabezas de diferentes Emperadores, y Emperatrices Romanos, de Héroes, Dioses, &c. El morrión de un Alexandro se ve trabajado con grande perfección, y la estatua de Ceres bien conservada, como la de Marco Aurelio, son dignas del mayor aprecio. Se reconoce que algunas de las cabezas referidas son copias de otras antiguas, pero muy excelentes.

67. En otra galería correspondiente a este mismo jardín hay preciosidades de no menor estima: entre ellas una Venus destrozada con su Delfín, no muy inferior en mi concepto a la Venus de Médicis; y fuera de estos hay trozos de otras estatuas insignes, como manifiestan los mismos. Enteras se conservan allí dos Consulares, o Togadas, y había un Mercurio, y un Apolo también enteros, que el Señor Duque de Medinaceli actual ha hecho transportar últimamente a la Corte, y agregar a la colección que allí tiene, y de que en otra ocasión hablé á V[63]. Además de lo dicho se ve otro número de cabezas, y lápidas sepulcrales; todo lo cual el Duque de Alcalá, creo que D. Fernando de Ribera, hizo transportar de Italia en el mejor tiempo de las bellas Artes, y después de su restauración, dando este singular, e inestimable adorno a su patria, y a su casa, y dejando grandísima fama de exquisito gusto.

68. Está inexorable el P. Norberto Caimo, hablando de estas antigüedades[64]:

> Todo esto, dice, se halla tan bárbaramente prostituido a la injuria de los tiempos, o a las pedradas de los insolentes, y al celo de los indiscretos, que a cada paso se ven con extremo dolor coloridas, enyesadas, o rotas las reliquias más preciosas de la antigüedad. Mas: ha llegado el fiero desprecio a mutilar los Vitelios, los Cicerones, las Venus, y los Adonis (*Lugete Veneres, Cupidinesve & quantum est hominum venustiorum*), y todo trabajo delicado de artífice Griego, y Romano: de modo tal, que los pedazos sumamente estimables de aquellos divinos simulacros, como son cabezas, piernas, brazos, pies, dedos,

---

[63] Véase tom. V, pág. 325.
[64] Tom. III. Carta de Sevilla de 29 de Enero de 1756.

narices, orejas, de que está llena una pieza vecina al jardín, al mismo tiempo que nos acuerdan la barbarie de los Godos, y Musulmanes, mueven a extremo dolor los ánimos gentiles, y amadores del gusto antiguo. Considere ahora aquella alma Ciudad, la más rica tesorera de los preciosos modelos de las bellas Artes, cuanto debe estimularle el empeño de guardarlos, o si deberá incauta aventurarlos a ser despojo de otras naciones, en donde, dominando por fatal destino la estupidez, o la licencia, o ambas cosas juntas, se vea en la precisión de llorarlos brutalmente tratados, o lo que es más, mezquinamente destruidos.

69. Estas son las expresiones con que nos honra el Vago Italiano, haciendo un retrato odiosísimo de la nación; pero esto se podría disimular si recayesen sobre la verdad. Es falso lo primero, que estas antigüedades estén bárbaramente prostituidas a la injuria de los tiempos, porque están en galerías, que para conservarlas se hicieron con suntuosidad: tampoco es cierto, que estén expuestas a las pedradas de los insolentes, porque ni en el patio, ni en dichas galerías entran sino personas decentes, y con el permiso de quien tiene cuidado del todo: no he visto la pieza que dice, confusamente llena de brazos, piernas, cabezas, &c. pues aunque hay algo de estos fragmentos, ¿quién le ha dicho que no los pudo comprar así su dueño, o que al transportar tantas cosas no se rompiesen algunas, o que otro accidente no fuese la causa de dicho mal, y no acordar en deshonor nuestro la barbarie Gótica, y Musulmana? Acaso si tales preciosidades hubieran quedado en Italia desde que las adquirió el expresado Duque de Alcalá, hubieran tenido peor suerte, como lo han tenido en Roma mismo *aquella tesorera de los preciosos modelos de las bellas Artes*, magníficos edificios antiguos, y otras preciosidades.

70. Reprehenda el P. Caimo con el buen celo que, en algunas partes de su obra manifiesta, las cosas realmente despreciables, y dignas de enmienda, que le daremos muchas gracias por sus instrucciones, y advertencias; pero cerrar con invectivas, e injurias en lugar de describir las preciosidades de que se trata, es (perdóneme) una barbarie más que Gótica, o Musulmana. Cualquiera concebirá por su ridícula descripción, que cuanto hay en esta casa está hecho pedazos, siendo poquísimo lo que se ve de esto en comparación de lo entero, y bien conservado, de lo cual apenas habla.

71. El difunto Duque de Medinaceli hizo llevar a su casa de Madrid muchas de las bellas obras de escultura, y otras preciosidades que aquí había, mandándolas colocar en ella con la mayor decencia, y propiedad, para que el

público goce de su vista, y se aproveche el inteligente, o aplicado: acaso estas conducciones le costaron más que a su antecesor la primera compra, y transporte desde Italia a Sevilla. ¿Es esto prueba de estimación, o de desprecio? El actual Duque, como queda dicho, ha ejecutado lo mismo últimamente con algunas piezas, y debo añadir el gran sentimiento que han tenido ciertos sevillanos que conozco en perderlas de vista: no es esto prueba, a mi entender, como dice el Vago Italiano, de que aquí señorea la estupidez. Siempre se debe esperar, que el Excelentísimo Señor Duque de Medinaceli hará de estas cosas el aprecio que merecen, y que las mandará cuidar escrupulosamente.

72. Por lo que toca a monumentos antiguos tiene tanto más mérito en orden a su conservación la nación Española, que otras muy preciadas de esto, cuanto ha sido más permanente en ella la dominación de naciones bárbaras, enemigas de las Artes, y porque se conserva lo que hay, respetivamente, tan bien, o mejor que en otras partes. Acuérdese V. de lo bien que nos trata el Abate de Lubersac en su *Discours sur les monuments publics de tous les ages et de tous les Peuples connus, &c*[65]. y los desaciertos que cuenta hablando de España. Muy conducente sería, como en varias ocasiones he insinuado a V. que personas de talento se ejercitasen en vengar a su nación, y defenderla de las injurias, e imposturas con que otras la disfaman.

73. No es muy de extrañar, que el Vago Italiano se propasase en aquellas expresiones con el ejemplo de muchos escritores extranjeros, y aun de algunos nacionales, que repetidas veces han declamado en materias de no gran importancia, y con ardor poco oportuno para lograr el fin que debían proponerse de instruir, y hacer conocer lo bueno, sin irritar, ni atribuir a una común ignorancia la que era peculiar de algunos. Yo he visto, y actualmente hay en Sevilla personas que recogen, compran, y aprecian todos los monumentos antiguos, y le puedo decir a V. que las hay en todas partes por donde he andado.

74. Ningún buen ciudadano debe disimular el mal que ve arraigarse, y cundir en su nación, y más cuando sus diligencias, sus palabras, y su eficacia pueden contribuir a que se conozca, y por consiguiente se remedie; ¿pero qué se diría de un médico a quien le ocurriese insultar al enfermo en lugar de curarle, o de un Confesor que llenase de oprobrios al penitente, cuando con saludables consejos debía sacarle del mal estado? Se

[65] Véase tom. V, pág. 341.

tacharían de imprudentes, y nada les convendría menos, que el nombre de celosos, y benéficos, ni se debía esperar sombra de bien verdadero por semejantes artes.

75. Entre las fábricas considerables de Sevilla debe ponerse en primer lugar la del Tabaco, por lo que toca a la extensión del edificio; y si su forma fuese tan buena como la de la Lonja, sin duda sería lo que dice el Vago Italiano *una delle piu maestose, e ben intese fabriche della Spagna.* De todos modos, es muy grande, y adaptada a su destino, con muchas separaciones, y máquinas para las maniobras del tabaco. La portada es de dos cuerpos de arquitectura, con cuatro columnas en cada uno: se acabó la obra en 1757, según un letrero que allí hay, y el Arquitecto fue un tal D. Juan Wandembor, según oí; pero dirigieron al parecer esta obra, después de su muerte un D. Juan Vicente Catalán, y otro llamado Vengochea, hasta su conclusión.

76. La obra es fuerte con un foso alrededor: su largo de doscientas y once varas, su ancho de ciento diez y siete, y el alto hasta el remate de unas veinte varas. Tiene veinte y ocho patios, y gran número de ventanas. Entrando algunas obras exteriores, que se acabaron en 1770, se reputa que costó todo el edificio treinta y siete millones de reales. La fachada que corresponde al Norte en una espaciosa calle nueva, que llaman de San Carlos, y se extiende hasta la puerta de San Fernando, tiene en el remate una figura, que representa la Fama. Las piezas en lo interior, almacenes, oficinas, galerías, azoteas, terrados, &c. corresponde todo muy bien á su destino.

77. Por lo que toca a las maniobras, y operaciones del tabaco, y de los empleados, hay en la plana mayor de estos, cincuenta y tres personas: de Ministros subalternos cincuenta y una: de los empleados a jornal mil y trescientas: veinte y una máquinas de a seis molinos cada una, seis de a cuatro, y dos de a dos molinos: además hay otros cuarenta y ocho molinos en actual ejercicio para labor de seis millones al año. Las caballerías que sirven en estos ejercicios son ciento y trece, entre ellas sesenta y tres caballos, y los demás machos mulares. En los cinco años últimos ha dejado de valor líquido la renta de tabaco desde noventa y tres hasta noventa y ocho millones de reales de vellón, como sucedió en el de 1777, que arribó a dicha suma con el exceso de cuarenta y seis mil seiscientos veinte y cuatro reales, y cinco maravedís, habiéndose reputado aquel año el consumo en polvo un millón novecientas veinte y dos mil ochocientas y cuarenta libras castellanas,

y además de hoja, y cigarros un millón ochocientas veinte y siete mil cuatrocientas y cinco libras, con poca diferencia de onzas. Los salarios de fábricas, y gastos de administraciones, se reputan anualmente de diez y nueve a veinte millones. Hay también fábrica de cigarros en Cádiz, y entre aquella ciudad, y esta se construyen como dos millones y trescientos mil atados cada año: en unos entran treinta y cuatro cigarros, que se venden a dos cuartos el cigarro; y en otros sesenta y cuatro, y se venden a cuarto el cigarro. No se sabe la extracción de tabacos que se hace para fuera del Reino, porque no se toma razón de ello.

78. Muy machaca dirá V. que he estado en la narración tabaquística, y yo digo, que más de cuatro tendrán mal gusto de leerla, que la de cuantas pinturas hay en el mundo.

79. El Seminario de San Telmo es también edificio muy grande: su principal ornato por lo tocante a arquitectura consiste en los tres cuerpos de su portada, en que parece se quisieron representar tres órdenes: hay distribuidos en él porción de estatuas, en que se figuran las Artes, y algunos Santos; pero todo al estilo churrigueresco. El Cielo parece que se declaró contra esta fachada; pues en 1735 cayó un rayo, que arruinó parte del tercer cuerpo. Por fin es de aquellas obras, cuyos ornatos muy costosos, y poco significantes, me ahorran el trabajo de describirlas por menor: a lo demás de la fábrica no le falta regularidad, y proporción. Dejo aparte su amplitud, y útil destino, que es para criar jóvenes en el arte del Pilotaje, y práctica de la navegación, enseñándoles allí desde leer, y escribir.

80. La Universidad de Comerciantes hizo esta fundación bajo ciertas condiciones que propuso al Rey, de mantener ciento y cincuenta jóvenes: de dar seis pesos por tonelada de las que llevasen sus navíos en las flotas a Nueva España, o en los galeones a tierra firme, y dos pesos por tonelada de los navíos que con registro navegasen sueltos a los demás Puertos de Indias.

81. Entiendo que el célebre D. Fernando Colón intentó hacer a su costa esta fundación en 1526 en vista de la falta de Pilotos para los navíos de la Armada, y Comercio, y de que era preciso buscarlos extranjeros a mucha costa, y que aunque escribió al Sr. Felipe II, para que consultase con Carlos V, su padre este asunto, no tuvo efecto, como tampoco lo tuvo en los años de 1607, 1627, 1635 y 1638, hasta que creciendo la falta de sujetos hábiles para la navegación, se consiguió en 1681 bajo la protección del Sr. Carlos II. Lo substancial de la educación consiste en enseñarles la Aritmética,

Geometría, arte de navegar, Marinería, y Artillería de Marina, después de haber aprendido allí mismo a leer, y escribir, sin otra ciencia alguna, y para todo tienen sus Maestros, que en 1724 se sacaron del Cuerpo de Guardias Marinas. Hay allí modelos de navíos, de cañones, globos, mapas, y cosas semejantes. Se halla esta fábrica inmediata al río, y en su capilla se ven algunas pinturas de Domingo Martínez[66].

82. La Torre, que llaman *del Oro*, es sin duda fábrica de Romanos, y como tal se ha tenido siempre: su figura es octágona, de tres cuerpos, y en gran parte de piedras labradas, a la orilla del río, donde anualmente está el desembarcadero: pudo fundarse para defender la navegación, y la ciudad por aquella parte. Los Moros tenían una cadena desde la misma a un murallón en la parte opuesta de Triana. Además de la Torre del Oro hay otra cercana, que llaman *de la Plata,* junto al inmediato postigo del Carbón. Acaso se llamaría *de la Plata*, porque pudo depositarse allí la que venía de Indias. Fue prisión de Caballeros, y ambas tuvieron sus Alcaides.

83. La muralla de la ciudad tiene de ámbito más de una legua: se supone de Romanos, y señaladamente de Julio César, con ciento y sesenta y seis torreones; y sus fosos están ya casi ciegos. Sus entradas, entre puertas, y postigos, son: la Barqueta, la Real, la de Triana, del Arenal, del Aceite, del Carbón, la de Jeréz, la nueva de San Fernando; las de la Carne, de Carmona, del Osario, del Sol, de Córdoba, y la Macarena. Algunas de estas entradas tienen adorno de arquitectura con inscripciones.

84. La más magnífica es la de Triana, cuya arquitectura es dórica, con columnas, y estatuas en lo alto. Se lee esta inscripción: *Philippo Secundo Hispaniarum Rege, multarumque per orbis Cardines provinciarum potentissimo, ac gloriosissimo Domino, amplissimus ordo Hispalensium novam hanc Trianensem Portam, novo adaptato situ ornandam censuit, urgente operas,*

---

[66] Del Real Colegio Seminario de San Telmo, en orden a sus estudios, ya se dijo en otra ocasión, como lejos de que los primeros maestros se sacaran del cuerpo de guardias marinas en 1724, los dio esta casa para el establecimiento de aquella Real Academia; y precisamente el mismo año 1724, que de orden de Su Majestad pasó a Cádiz por director de ella Don Pedro Manuel Cedillo, que habiendo sido colegial aquí, se hallaba de maestro de Navegación en él, de lo cual pudo nacer la equivocación de quien dio la noticia.

Luego por los años de 1729 fue también a Cádiz, con orden del rey, a servir la plaza de maestro del Real Cuerpo de Guardias Marinas Don Antonio Gabriel Fernández, hijo mismo de este Colegio, y discípulo de Cedillo, a quien se siguió otro discípulo de Cedillo, e hijo de la casa, Don Domingo Antonio Pérez en 1737. (Conde del Águila)

perficiundoque operi, Adsistente Domino Joanne Hurtado Mendocio, Guthmano, Comiti Orgacensi, ejusdem florentissimae urbis praesule vigilantissimo. Anno Christianae salutis CIƆIƆLXXXVIII. En el grueso de esta puerta hay cárcel de Caballeros.

85. Las demás puertas principales de Sevilla, y que tienen algún ornato de arquitectura, son las fabricadas en tiempo de Felipe II, la del Arenal, la de Jerez, la de Carmona, la de la Carne, la Real, &c. En todas hay inscripciones latinas, o castellanas, y en la de Jerez se lee:

> Hércules me edificó:
> Julio Cesar me cercó
> de muros, y torres altas;
> y el Rey Santo me ganó
> con Garci Perez de Vargas.

86. A las plazas de Sevilla, de que Rodrigo Caro cuenta veinte y cuatro, les falta cierta proporción, y regularidad, o estar acompañadas de edificios con alguna uniformidad, y así más se pueden llamar sitios espaciosos, entre los cuales es muy principal, y de gran recreación para Sevilla el de la Alameda, dispuesto con tres calles de árboles, fuentes, y asientos; y en él hay dos columnas de orden corintio, que se cree haber sido de un antiguo Templo de Hércules, y se hallaron en el recinto de la Parroquia de San Nicolás, en donde se dice que quedaron otras cuatro de igual tamaño: se les hicieron correspondientes pedestales, y sobre cada una hay una estatua, que son las de Hércules, y de Julio César. Se leen estas inscripciones con alusión a Carlos V y Felipe II, escritas en bellos caracteres:

HERCVLI AVGVSTO

Imperatori Caes. Carolo V. Augusto Reg. Philippi F. Regis Ferdinandi Nep. Joan. Pronep. Pío, foelici, Gallico, Germanico, Indico, Turcico, Africano, qui longe ultra Herculis columnas per novum orbem propagata gloria, imperium Oceano, famam coelo terminavit, Sacratissimo Heroi, & de Christiana Rep. meritissimo, aeterne pietatis & virtutis ergo S. P. H. sacrae memoriae Majestatique ejus D. D.

87. En la de Julio César hay escrito lo siguiente:

LIBERALITATI SACRVM

Philippo II. Divi Caroli filio, Magni Philipp, Nep. Divi Maximiliani Pronep. Divi Federici Abnep. Pio, foelici, maximo Catholico, Germ. Francic. Britanic. Belgic. Indic. A frican. Turcic. Terra Marique imp. invictiss. Quod novis ornamentis, & praerogativis, contributis etiam, & adjudicatis illustrib. Municip. hanc urbem ante alias auxerit, atque honestaverit, optimo Principi, & Romulensis Col. instauratori indulgentiss. Ordo Hispalensium D. D.

88. Al pie de una de las referidas columnas se lee *Virinus*, lo que ha dado motivo para juzgar, que así se llamaría el que las trabajó, o el arquitecto del expresado Templo de Hércules, a quien los historiadores de esta ciudad, y otros atribuyen su fundación, tocante a lo cual se leen estos versos en una de las puertas llamada de la Carne:

Condidit Alcides, renovavit Julias urbem:
Restituit Christo Ferdinandus tertius Heros.

Sobre haber fundado a Sevilla Hércules, dice el Vago Italiano, que los monumentos de Sevilla son de ligero peso, añadiendo que a otras razones que se pueden alegar en favor de Hércules, se contenta de oponer la autoridad de Plinio, que afirma haber sido fabuloso cuanto se cuenta de Hércules tocante a España (Plin. *Hist. Nat. lib.* 3. *c.* I. *circa medium.),* y concluye, que un historiador como Plinio, más presto inclinado a aprobar lo que le referían, aunque fuese incierto, merece fe cuando lo desaprueba. Rodrigo Caro (fol. 6.) se hace cargo de la incertidumbre de tales relaciones; pero suponiendo que las tradiciones tienen gran fuerza en lo que excede la noticia de los hombres, y la de que Hércules fundó a Sevilla es tan admitida en varios autores que lo refieren, no le pareció ser digno de reprobar, comprobando su dictamen con no haber tenido más autorizados fundamentos Julio Solino para haber escrito lib.2, que muchos pueblos de Italia fueron fundados por Hércules, y sus compañeros. Sea como quiera, esto no importa nada, ni yo quiero detenerme en ello.

89. La antigualla verdaderamente provechosa, y dignísima de conservarse entre cuantas tiene Sevilla, es la de *los Caños de Carmona,* cuya primera fundación no dudo que fue de Romanos, y aun lo indican varios trozos de su construcción; bien que otros infieren ser obra de Moros por algunas partes que inclinan aá su modo de construir. Naturalmente harían ellos sus restauraciones, como se habrán hecho después, y se harán cuando se ofrezca, por la utilidad, e importancia del edificio.

90. Se recogen las aguas de estos Caños en una colina junto a la Villa de Alcalá de Guadaira, dos leguas distante de aquí, y allí se unieron diferentes minerales, barrenando la colina en varias partes, de donde por una bóveda de rosca de una vara de ancho, y dos y media de alto, con lumbreras a trechos, va encañada el agua un largo espacio: camina después por una tajea descubierta, sirviendo en su viaje a seis molinos de pan, y últimamente anivelado el terreno, mediante nada menos que cuatrocientos y diez arcos, que empiezan a elevarse desde la que llaman Cruz del Campo, llega a Sevilla a la puerta de Carmona, donde hay un gran depósito, y arca principal, de la cual se reparte, primeramente al Alcázar, y en una palabra, a las más de las casas de la ciudad, que es uno de los mayores regalos, y conveniencias de que goza. Desde la referida Cruz del Campo va parte de este caudal ala que llaman Huerta del Rey. Ojalá se hubieran conservado así cuatro antiguas calzadas de los Romanos, que cruzaban por Sevilla, una a Oriente, y es la de Carmona, que muy maltratada permanece, y he oído que trataban de componerla: llega hoy hasta Torreblanca, distante una legua, de donde antiguamente seguía por la mano izquierda hasta Carmona: otra la de Guadaira, de más de media legua al Medio día, camino de Cádiz: otra a Poniente, de media legua desde Triana a Castilleja de la Cuesta; y otra a Norte, que es la de San Lázaro, camino de Cantillana.

91. Ninguna cosa hallo más antigua en Sevilla (dígaselo V. a nuestro apasionado anticuario), que el río Guadalquivir, de cuyo nombre *Betis* se originó el de Bética a toda Andalucía. Dícese en algunos libros, que en los tiempos muy remotos entraba un brazo de él por la misma ciudad, y pasaba por la Alameda, plaza de San Francisco, y que por la puerta del Arenal iba a juntarse con el otro brazo. Ha sido siempre un padre amoroso de esta ciudad, llenándola de riquezas cuando su comercio estaba floreciente: verdad es, que también en ocasiones la ha puesto en consternación con sus inundaciones: pero vuelto a su primitiva mansedumbre, experimentan nuevamente

sus beneficios. La regala con exquisita pesca de sábalos, barbos, y sobre todo de sollos, que los italianos llaman *Sturioni*; y dice Navagero, que estos son más grandes, más crasos, y mejores, que los de Italia.

92.   No sé yo si como todas las cosas humanas van en diminución, la habrán también padecido los raudales de este famoso río; pero yo creo que antiguamente sería como ahora; y en cuanto al parecer de algunos de que las naves más gruesas llegarían, como ahora, al sitio llamado *Bonanza,* media legua más arriba de la ciudad de Sanlúcar, distante de Sevilla quince leguas, y a que allí se trasbordarían las mercaderías, como ahora sucede en embarcaciones menores, hasta esta ciudad, parece muy opuesto a lo que se halla en escritores antiguos, que se pueden ver citados con fidelidad en el cuarto tomo de la *Historia literaria de España,* por los Padres Fr. Rafael, y Fr. Pedro Rodríguez Mohedano; pues las naves grandes de carga llegaban hasta Sevilla, y las menores de allí arriba hasta Córdoba, o algo más, como se convence de varios lugares que citan, particularmente del siguiente de Estrabón: *Hispalim usque sursum navigatur grandibus onerariis ad D. ferè stadia: ad superiores autem urbes Ilipam usque, minoribus; inde ad Cordubam usque Scapis fluvialibus compactis nostra aetate; olim autem etiam lintribus.* Strab. lib. 3, pág. 150. Sobre este punto véase dicho tom. 4 de la *Historia literaria*, pág. 279 y las siguientes.

93.   Nace Guadalquivir en el término de la Villa de Quesada, sierra de Segura, y por el territorio de la Villa de este nombre toma su camino atravesando el Reino de Jaén, gran parte del de Córdoba, y del de Sevilla, hasta desembocar en el mar. En la misma Sierra nacen otros, y son Guadalimar, Guadarmena, o Guadalmena, que aumentan con otros las aguas de Guadalquivir. En Guadalimar, y Guadalquivir se echan maderas de construcción para conducir a Sevilla, y al mar. De dicha sierra Segura nace igualmente el río Segura, por donde se conducen también maderas para Murcia, Orihuela, Cartagena, &c. por ser dicha Sierra de las más abundantes de árboles para maderas de construcción, y otras.

94.   La mayor parte de las calles de Sevilla, que están muy mal empedradas, quedaron en el desorden, y angosturas en que las dejó la superstición, o rusticidad morisca, y este han mantenido hasta ahora otras muchas de España, como le dije a V. hablando de Toledo[67]. No se pensó en mejorarlas, antes nuestros Reyes seguían las mismas ideas, y se valían de artífices de aquella nación.

---

[67]   Véase tom. I. Carta I, núm. 20.

95. Si el odio que justamente se concibió a su seda, trajes, y otras prácticas, se hubiera concebido a su modo de fabricar, ya haría siglos que no tendría Sevilla que envidiar a ninguna Ciudad de Europa; pues su situación, la comodidad del caudaloso, y navegable Guadalquivir, la dilatada campiña, la feracidad del territorio, la suavidad del clima, la vecindad de Sierra Morena, la proximidad de los Puertos marítimos, y otras muchas cualidades, son un conjunto de ventajas, que la constituyen en muchas partes superior a las más famosas.

96. Esta mala planta, y deformidad de las ciudades no se remediará jamás, sino haciéndolas de nuevo; y supuesto que cualquiera de ellas naturalmente se renueva en el término de un siglo, ¿por qué tales renovaciones no habían de hacerse sobre un plan excelente, que estuviese en las casas de Cabildo, y Ayuntamientos? Ya creo haberle hablado a V. de esto en otras ocasiones. Siempre que pienso en ello encuentro cada vez por de más importancia esta determinación, y por muy digna de que se mandase poner en práctica desde luego, y este sería el único medio de que todas las ciudades de España mudasen de aspecto, y de que volviesen a ser bellas, como probablemente lo fueron en tiempo de los Romanos.

97. En una de las calles angostas de Sevilla, que si no me engaño llaman *del Candilejo,* me enseñaron un busto de piedra, colocado en una esquina, dentro de un nicho, y se cree generalmente que sea retrato del Rey D. Pedro[68], sobre lo cual se cuenta una historieta, y es: que saliendo solo una noche de las que acostumbraba por la ciudad, dio muerte a un hombre, o por riña, o por casualidad, o por otro motivo, lo que sucedió tan a solas, que le pareció imposible ser conocido por agresor. Habiéndose encontrado el cadáver, y acudido la Justicia a practicar sus diligencias con los vecinos de aquella calle, una anciana, que vivía cerca, dijo, que sin duda habría ejecutado el Rey aquella muerte, porque habiéndose asomado al ruido de las espadas con un candil en la mano, conoció al Rey en el ruido natural que al andar hacían las canillas de sus piernas. Sabidor el Rey de tal deposición, mandó premiar a la mujer, y que se pusiese su cabeza retratada en piedra en el paraje donde cometió el delito. Zúñiga da por cierto este suceso, y lo cuenta como acaecido en el año de 1374 (Véase *Anales de Sevilla,* p. 210.); y añade, que la

---

[68] En la Crónica del Rey D. Pedro últimamente publicada con adiciones, y notas de D. Eugenio Llaguno y Amirola, Oficial mayor de la Secretaría de Estado, se habla de este retrato pág.15, y se manifiesta, que antes fue de barro.

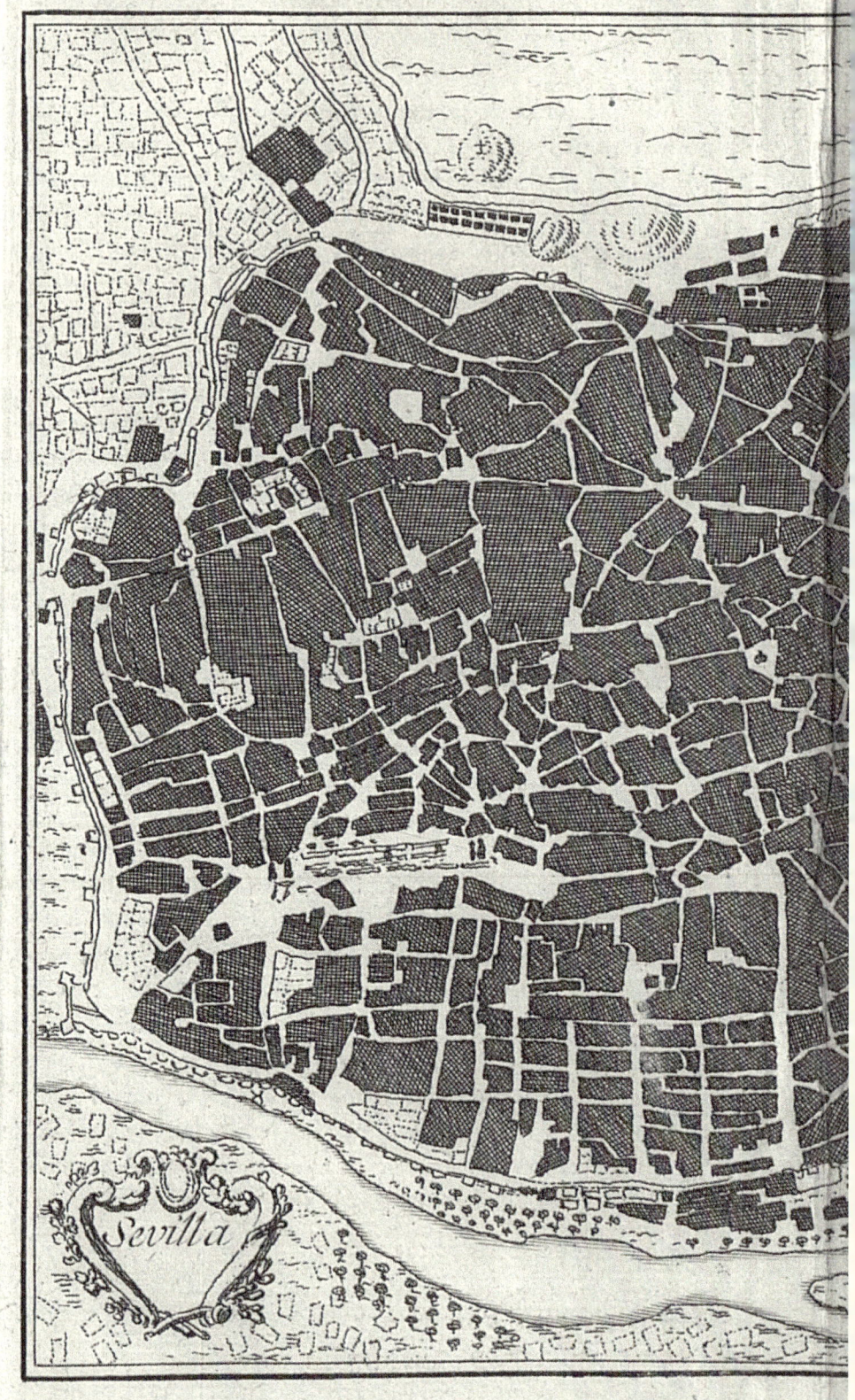

Sevilla

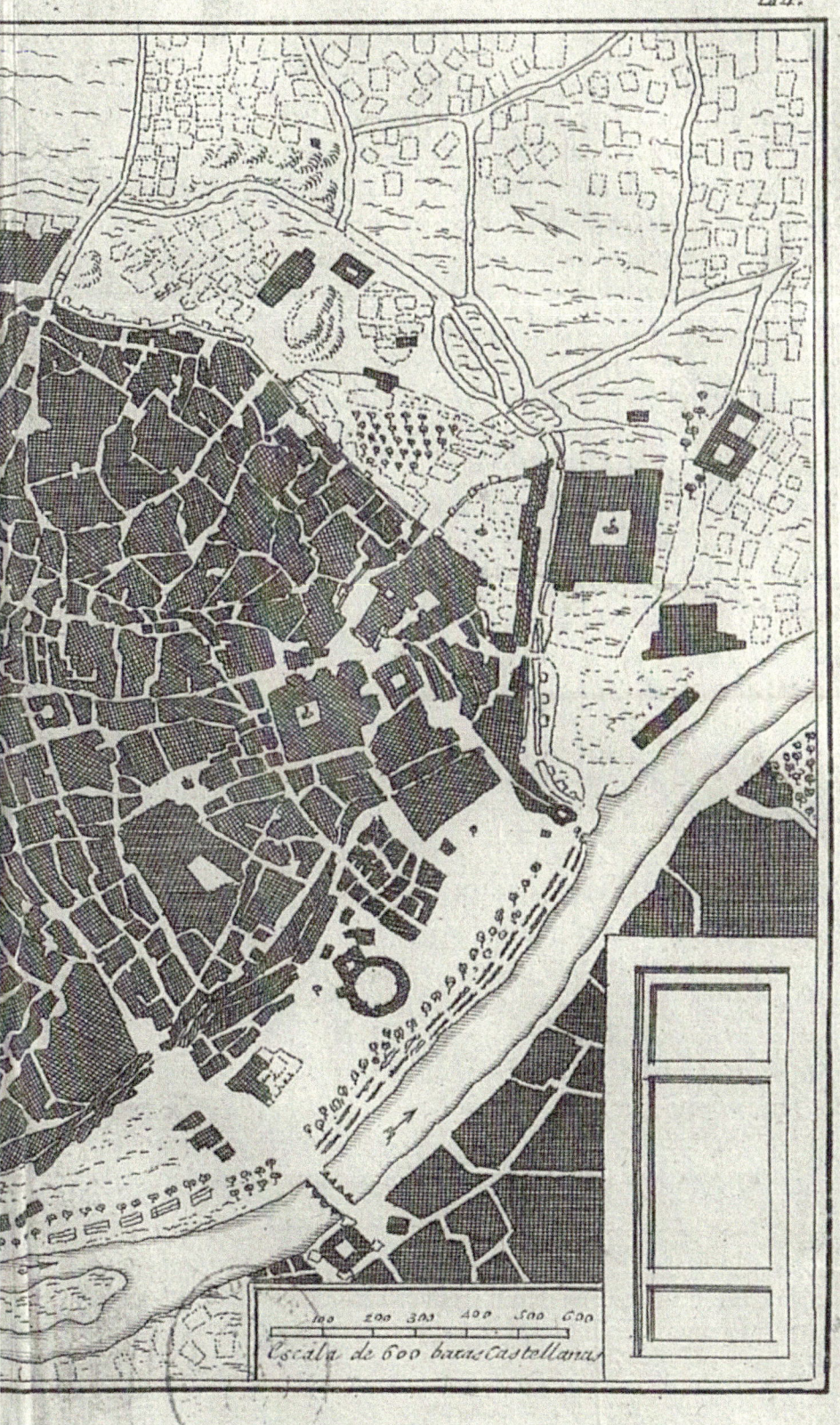

Escala de 600 baras Castellanas

Ciudad la mandó quitar de donde estaba, y poner un bulto decente de dicho Rey en el paraje referido, quedándole a la calle el nombre *del Candilejo*.

98. Amigo, hasta aquí pudo llegar esta Carta. Veré si entre mis apuntamientos salen materiales para escribirle otra antes de salir de Sevilla; y cuando no, le contaré una aventura muy particular, que no dudo se holgará de oírla. A nuestro Camarada de las antigüedades dígale V. que se apiade de mí, y que no me crucifique con sus lápidas. Si mi asunto fuera satisfacer a su inclinación, yo le prometo, que no dejaría de copiarlas todas, aunque fuese diciendo lo que otros han dicho. Conténtese con saber que se mantienen en buen estado, y que los que las poseen las tienen en aprecio. Si yo lo cuento todo ¿qué tendría él que hacer cuando emprenda un viaje como el mío? Dígale V. también, que en esta ciudad hay una Academia de Bellas Letras, que se ha ocupado, y se ocupará en estos asuntos particularmente, según debemos creer de las muestras que han dado ya sus sabios individuos. Salúdele V. de mi parte, y ofrézcame a cuantos muestran tan buenos deseos de mi salud. Sevilla, &c.[69]

Carta VII

1. Es innegable, que no hay libro como el del mundo para quien tiene paciencia de hojearlo, y sabe entenderlo; pues en él se encuentran especies originales a montones, y acaso en las páginas donde nadie lo creyera. Conviene que el hombre salga de su casa, de su ciudad, o de su pueblo para concebir mejor ciertas ideas, y saberlas después reducir a la práctica.

2. Un talento perspicaz, una porfiada lectura, una juiciosa, y continua meditación pueden suplir por todos los conocimientos del que viaja con deseos, disposición, y capacidad de instruirse (pues los que caminan de otro modo se han de reputar como los carruajeros que los llevan, o según decía uno, como

[69] Al fin de este párrafo se echa de menos con la mención de una Academia de Bellas Letras, la de la Regia Sociedad fundada y dotada por Felipe V; que dicha Academia fue establecida por Fernando VI. Y también, haber aquí dos Bibliotecas Públicas, una de la Ciudad, y otra en el convento de San Pablo; establecimientos muy dignos de memoria. (Conde del Águila)

los caballos en que montan); pero estas personas son pocas, y no bastan para esparcir todas las luces que una nación numerosa necesita. Me acuerdo de un pasaje del Eclesiástico, cap. 39, que no viene muy fuera de propósito; pues hablando de las virtudes, y cualidades del sabio, dice: *In terram alienigenarum gentium pertransiet; bona enim, & mala in hominibus tentabit.*

3. Ha de saber V. que poco antes que yo había llegado a esta posada un sujeto, cuya patria, y nombre todavía ignoro: no me lo dijo, ni yo se lo pregunté. Su profesión, si no me engaño, era la de viajar, y vea V. verificado lo de *in codem ordine facti sunt amici.* Ello es, que aunque me quitaba algunos ratos de los que yo acostumbraba emplear en poner tal cual legibles las apuntaciones que voy haciendo en Iglesias, y otras partes, no me pesaba; pues los iba llenando con especies tan originales, y algunas tan de mi genio, que más no puede darse. La energía de sus discursos era muy particular.

4. Si he de decir la verdad, al principio le tuve por algo loco, oyéndole decir ciertas proposiciones a secas; pero mudé luego de dictamen al ver cómo iba probando sus aserciones. «Cierto honor mal entendido, e injustamente dado, es causa de grandísima ruina en la nación, y señaladamente en los Reinos de Andalucía.» Esta era una de sus proposiciones. Otra: «Que la restauración de la Agricultura había de empezar por zarzas, y espinos, con que se debían cercar los campos cuyo terreno lo permitiese; pues estos arbustos, despreciables para quien no lo entiende, son un fondo de grandísima riqueza.» Otra: «Ningún territorio que se pudiese sembrar de trigo, cebada, u otras semillas, destinado a prados, o viñedos, había de ser monte cerrado, y toda España podía, y debía serlo con gran ventaja para dichas semillas; lo que se verificaría con las cercas de los referidos arbustos, y árboles entre ellos.»

5. Decía, «que el dar limosna a mendigos de profesión, y que pueden ocuparse en alguna cosa útil, era lo mismo que tomar las armas contra su patria, y en cierto modo hacerse reos de parricidio, de cuya nota solo podía disculpar la ignorancia, que es una afrentosa disculpa.»

6. Igual, o mayor dolencia de un Estado era en su opinión, el que se hubiese de posponer el mérito personal al de los que habiendo enteramente descuidado este, solo se hacían fuertes con el de sus pasados, o con poderosos empeños para conseguir conveniencias, y empleos. Este solo ramo manejado con la sagacidad debida, lo encontraba sobradísimo para que la virtud, y las letras llegasen brevemente en la Monarquía al sumo grado; y asimismo para que la agricultura floreciese.

7. El honor que se da a los labradores, lo comparaba a los ejércitos de doscientos, o trescientos mil hombres de los Turcos, que sólo se verifican existentes en la Gaceta: así la estimación, y honra que a aquellos se les debe, decía que se halla en los escritos; pero que en la realidad solo encuentran desprecios a montones, aun de la gente más inútil, y soez. «Con una cosa muy fácil, y de ninguna costa (añadía) se lograra dar más honor, e impulso a la Agricultura, que con cuanto se ha escrito hasta ahora».

8. Los méritos que a su parecer se debían alegar, y atender como muy principales para promover Alcaldes mayores, Corregidores, y otros Magistrados de unas partes a otras, debían ser: «Tantos centenares, o millares de árboles quedan plantados en mi tiempo en el término del pueblo que dejo: tal pedazo de camino bien construido: tal puente, o pontón edificado, todo sin opresión del vecindario: la posada decente, y bien provista: los malhechores lejos de aquel territorio, &c. y no el cúmulo de fruslerías, como a veces suele verse en las relaciones de méritos.

9. »Los grandes artífices, y personas de singular mérito en cualquiera línea (decía) han solido venir, y podrán venir a España; pero atrayéndolos con grandes intereses, y haciéndonos creer, que hacen un sacrificio domiciliándose entre nosotros. A un Reino donde haya buenos, y seguros caminos, posadas cómodas, y bien provistas, frondosos, y amenos territorios, como podrían serlo todos los de España; pueblos, y ciudades de buena apariencia, edificios suntuosos, y últimamente abundancia de las cosas necesarias, todo el mundo desea ir a él: acuden los hombres de provecho sin que nadie les llame, y se quedan a gozar de las ventajas que experimentan.

10. »Si la empresa de caminos se hubiese continuado con el debido vigor, e inteligencia desde que se empezó, aplicando para ella otro fondo de caudales del que se aplicó, podían, y debían estar ya casi hechos los principales del Reino. Todo hubiera tenido efecto, si esta empresa hubiera merecido la consideración de ser la mayor que se puede pensar, preferible a la adquisición, y conquista de nuevos Reinos y Provincias, cuánto es preferible el valor de un doblón de a ocho al de un escudo[70].

---

[70] La empresa de la construcción general de caminos se continúa actualmente con empeño, y con el método más adaptable a su pronta ejecución, mediante las órdenes del Excelentísimo Sr. Conde de Floridablanca, a cuyo celo ha fiado últimamente S. M. este cuidado.

11. »La construcción de caminos será un proyecto eterno, si no se efectúa con el método que la necesidad, y el buen orden piden, alineándolos ante todas cosas, procediendo después a la ejecución de puentes, o pontones en los torrentes, y arroyos, donde suelen perecer los caminantes en tiempos lluviosos, continuando inmediatamente a consolidar, y perfeccionar los trozos pantanosos, e intransitables en semejantes tiempos, y siguiendo después con lo demás. Todo esto dirigido por artífices de inteligencia, y de quienes se tengan experiencias. En el primer año, o segundo de esta maniobra podrá contar el pasajero con grandes utilidades, y desde luego con la de no ahogarse, como sucede con frecuencia.

12. »Será también un proyecto imperfecto el de caminos, si no se acompaña de posadas decentes en todos ellos, provistas de mantenimientos a todas horas, de camas limpias, y aseadas, administradas por personas a quien no pueda perjudicar en este punto su ejercicio, como no les perjudica en algunos territorios de España. Todos los caudales que en esto se gastasen, se pondrían a ganancia; pues al instante, veríamos llenos los caminos de naturales, y extranjeros, que viajarían de unas partes a otras con mucho lucro de la nación.

13. »A estas conveniencias sería consiguiente la de sillas, calesas, y coches de posta; y en tal caso ¿quién dejaría, de los que pueden, v. g. en la Corte, y tienen algún gusto, de ver a Cádiz, Barcelona, Sevilla, la Coruña, &c. si supiese que dentro de cuatro, o cinco días podía satisfacer cómodamente su curiosidad? ¿qué estuviese seguro de llegar a Valencia, Zaragoza, Burgos, Córdoba, &c. dentro de un par de días? ¿Y qué persona acomodada de las de aquellas ciudades dejaría de venir a la Corte sabiendo que en igual tiempo lo podía conseguir?

14. »Si los caminos se plantasen de árboles, como es asequible en todos los territorios de España, adaptando a la naturaleza de estos las plantas que fuesen más conducentes, y practicándolo en los caminos reales, y travesías, sería esta una obra incomparable por su belleza, y utilidad; acaso sin ejemplo en el mundo, ni en este, ni en los siglos pasados. Puede efectuarse, y efectuarse a un tiempo en todas partes alineados que sean los caminos, y travesías, y haciendo semilleros.

15. »Pero toda esta grandeza de caminos, posadas, y plantíos, aunque infinitamente útil, y plausible, sería disonante comparada con muchos pueblos que se encuentran en las rutas, y fuera de ellas. No es necesario decir, que tal son a los que han visto, y examinado las dos Castillas, y otras Provincias del

Reino: los más parece que acaban de sufrir un bombardeo por lo arruinado, y hórrido de sus edificios. Las casas en algunos más parecen chozas de fieras, que habitaciones de hombres. No es menester alargarse media jornada de Madrid para ver de estos espectáculos, arrimados algunos a los magníficos caminos de los Sitios Reales. Barro mezclado con paja, o sin ella, y algún tronco de árbol como Dios lo crió, son en algunas Provincias de España la materia de tales edificios. Villas en otro tiempo opulentas, y regulares son hoy un conjunto de corralones, de tapias caídas, casas viejas, arruinadas, o que amenazan ruina.

16. »Las habitaciones comunes en las Serranías, y territorios pedregosos suelen hacerse poniendo una piedra sobre otra, como las encuentran, de suerte, que en rigor no se puede verificar, que están al cubierto aquellos moradores, ni resguardados de las inclemencias. Este es un mal patente en los pueblos de algunas Provincias, y que da tan en ojos al extranjero, y al nacional que haya estado algún tiempo fuera de España, que al instante forma la más triste idea de nuestra situación; y cómo estas ruinas (digámoslo así) están tan solitarias, y desamparadas de árboles, pues entre ellos aún la pobreza de las más humildes chozas queda disimulada, arremeten, como se suele decir, a los que se acercan, y no dan lugar a otra idea, que a la de desampararlas, y alejarse.

17. »Es, pues, disonante la grandeza de caminos con los pueblos por donde han de dirigirse, y con los demás: es necesaria su reedificación, es practicable en breve, y a poca costa, y por fin sería esta la empresa de más gloriosa memoria que ocurrir pudiese a entendimiento humano, la más digna de las bendiciones del cielo, y de los hombres.»

18. Amigo, figúrese V. que había dicho nuestro Viajero, Filósofo, o qué sé yo cómo le llame, casi sin tomar aliento, cuanto queda expresado, y que estaba en camino de ir adelante con sus discursos, cuando yo le hice parar al oír la especie de reedificar todos los pueblos de España brevemente, y a poca costa, más por curiosidad, que por juzgarlo posible; y como sé cuán cierto es lo que decía de su triste aspecto, particularmente en algunas principales Provincias, me entró grandísima gana de saber en qué consistía este proyecto, y logré que me lo dijese, formando un discurso, sobre poco más, o menos, como el que sigue:

19. «El extraordinario amor del Rey a sus vasallos es innegable, y la grandeza de ánimo de S. M. para heroicas, y útiles empresas, cuando se trata de hacer felices a sus pueblos, se da por supuesta. Son testimonio las efectuadas en sus felices Reinados de las dos Sicilias, y de España, que habiéndose

tenido por imposibles siglos enteros, las hemos visto concluidas. Si S. M. supiese que con destinar un millón de pesos cada año podría ver dentro de ocho, o diez renovados todos los pueblos de su Reino ¿le parece a V. si lo haría?» Cómo si lo haría, le respondí: no se encontrará vasallo de S. M. que no le haga la justicia de creer, que cuando no tuviese otro arbitrio, se privaría de cualquier gasto, aun de los más necesarios, por atender a esta dignísima, e inaudita empresa. Ahí es nada la obra: hacer que, como de las cenizas del fénix, renaciese un nuevo Reino, de otro tan mal parado, por lo que respecta a algunas Provincias, y en la parte de que se trata; pero el asunto es, que sea posible con tan poco dinero, y en tan breve tiempo llevar a efecto obra de esta naturaleza, y que el proyecto no se reputase como otros de los que V. sabe que quedan en parola, o solo sirven de desperdiciar millones inútilmente. Oiga Vm. me respondió, y juzgará de él.

20. »Destinado el millón de pesos, o los quince millones de reales, debía hacerse un sorteo de todas las Provincias de la Península, sin que entrasen en él las dos Castillas, porque estas, como las más necesitadas, debían ser preferidas, y atendidas el primer año, y después de dar la vuelta a las demás, entrar en turno con ellas. Se debía tener lista de los lugares de dichas dos Provincias, excluyendo primeramente las ciudades capitales, y después las que legasen a tres mil vecinos: luego todos los pueblos de Señoríos, los de las Órdenes Militares, Comunidades, Cabildos, Prelados, &c. En suma, solo habían de entrar, los que son del Rey. Hecho esto se debía proceder a sortear separadamente los pueblos de cada una de las dos Provincias, hasta el número de ciento en ambas.

21. »En cada uno de ellos se debían fabricar diez casas fuera del recinto de la población, según la norma que se diese, y darlas desde luego gratuitamente a diez vecinos labradores los más necesitados de cada pueblo; pero habían de concurrir en ellos las circunstancias de honradez, aplicación al trabajo, y la inteligencia que fuere dable en su ejercicio, prefiriendo siempre a los casados, y que más familia tuviesen que mantener: a los que no poseyesen tierras propias, o poseyéndolas no pudiesen por falta de medios cultivarlas; y, a los que poseyesen tan pocas, que los frutos no sufragasen al mantenimiento de su casa.

22. »Cada año se harían de esta forma mil casas nuevas en España; y aunque fuesen humildes, como corresponde a labradores, podrían tener su simetría, proporción, y comodidades, y últimamente respecto de las de ahora podrían ser deliciosas. En siete años, en cinco, y acaso en menos

lograrían del beneficio todas las Provincias de la Península: se verían agradables objetos por cada territorio que se caminase; y finalmente en los ocho, o diez años propuestos con la fiel administración, del millón de pesos en cada uno, se tendrían por lo menos ocho, o diez mil casas nuevas sembradas por todas las Provincias del Reino: objeto maravilloso, y mucho más si se acompañase de ciertos adminículos que yo me sé.»

23. A este conjunto de cosas, que nuestro proyectista iba ensartando, le hice hacer alto, manifestándole, que no me disonaba la música; pero también le añadí, que a proporción que iba profiriendo sus pensamientos, me iban ocurriendo también a mí dificultades en la ejecución de la empresa, y que si no lo tenía a mal, se las iría proponiendo para ver cómo se refinaban las cuerdas de esta guitarra.

24. El hombre, que, según los indicios, es amigo de que las cosas se disputen hasta apurarlas, puso muy buen semblante a mis palabras; y aunque él no había acabado de extender todas las particularidades de su proyecto, convino en que yo expusiese cuantos reparos me pareciere a las proposiciones que tenía dichas. Con esta salva empecé a recorrerlas por el mismo orden que habían salido de su boca.

25. La primera fue, que no sería fácil demostrar, que se podrían hacer casas de labradores a mil pesos cada una, a no ser muy angostas, de materias viles, indurables, faltas de comodidad, y de cierta hermosura, aunque humilde, como me había insinuado que debían tener; pues para verificarse todas estas cosas, reputando a cinco personas en cada una de estas casas de labradores, dos caballerías, uno, o dos cerdos, algunas gallinas, troxes, y lo demás, se necesitaba a mi entender más de lo que él concebía, mayormente siendo tan cara, y escasa la madera por nuestra desgracia, y nuestra culpa en la mayor parte del Reyno, y los otros materiales no muy baratos.

26. Paróse un poco, y a breve rato, casi sonriéndose: «Yo le diré a Vm. me respondió, lo que habían de ser dichas casas, que pudiesen construirse por mil pesos cada una, todavía con más comodidades de las que Vm. ha manifestado que debían tener. En una área de cincuenta pies en cuadro, que producen tres mil cuatrocientos y ochenta y un pies cuadrados, debía elegirse la parte de las habitaciones a la fachada que pareciese más conveniente, cuyas paredes se podrían construir de ladrillo con cajones de mampostería, y podrían estos ser en parajes de tierra escogida, que con mezcla de arena es obra solidísima. Los suelos de yeso en las habitaciones bajas, &c. Pero

porque sería largo demostrar con palabras mi pensamiento, mejor será de-linear, este género de casas en un papel, mediante lo cual me entenderá Vm. mejor, y acaso no me propondrá tantas dificultades.»

27. Diciendo, y haciendo, abrió una papelera de camino, y sacó de ella regla, papel, compás, y lápiz. Yo quedé suspenso, y muy curioso de ver en lo que vendría a parar esta escena, o pitipié. Ello es, que dibujó su casilla, con su escala, por la cual me fue sacando la capacidad de las habitaciones, grueso de paredes, y lo demás con sala baja, dos dormitorios, portal, cocina, horno, cuarto para amasar, cuatro ventanas en el cuarto bajo, dos para la sala, y dos para la cocina con la puerta en medio: dos dormitorios en el cuarto principal con cinco ventanas a plomo de las bajas, y de la puerta: lo demás para grane-ros, o producciones del campo: corral bastante espacioso, cuadra con cinco pesebres para bueyes, otra con tres para caballerías, atajadizo donde ence-rrar marranos, y encima gallinero: detrás escalera para el pajar, que ocupa el espacio de las dos cuadras: junto a éstas un cobertizo para una carreta, o para leña. Figuraba alrededor de esta casa treinta y cuatro árboles, distan-tes uno de otros doce pies, y desviados otro tanto de la fábrica. Creo que la sala baja era de trece pies y medio de ancho por veinte y medio de largo: la altura de once y medio, y el total hasta encima de la cornisa de veinte y tres y medio. Todo esto, y otras muchas cosas me fue diciendo, y explicando sobre el papel, como si lo hubiera estudiado muy de antemano para este fin; de suerte, que un cierto respeto que concebí hacia su persona, me cortó en algún modo las dificultades que pensaba oponer a su proyecto: además que él mismo me las iba adivinando, y antes de oírlas me las satisfacía.

28. Suponga V. que me dijo: «El dibujo, o plan que Vm. ha visto se puede variar de infinitas maneras, así en su forma, como en la cualidad de los materiales, según los parajes donde se fabrique, sin alterar el gasto. Es verdad que en las cercanías de Madrid acaso costaría cada casa de estas una cuarta parte más; pero en infinitos parajes costaría de menos, lo que decía tener bien averiguado. Los labradores a quien tocase la suerte habían de tener manos, y naturalmente ayudarían: con ellas, y las de su familia, si la tenían, a la construcción de su casa, de modo, que lo que se ahorrase en esto, se podía invertir en hacérsela más cómoda, y capaz.

29. »Dirá Vm. que con un millón de pesos solo podrían hacerse cada año mil casas, y en diez años, v. g. diez mil, lo que es poca cosa para poderse decir, que España se habría renovado; y yo respondo, que en los diez años

se harían treinta, o cuarenta mil casas, y acaso más. Piensa Vm. que tantos Señores poderosos, viendo hermosear los lugares del Rey, podrían dejar de imitarle a proporción de sus rentas, y de procurar manifestarse benéficos con sus súbditos para participar también ellos de las bendiciones, y aplausos que se daban al Soberano: además no querrían ver, que sus vasallos abandonasen los pueblos de que eran Señores, y que se fuesen a buscar mejor fortuna.

30. »Las Órdenes Militares, los Arzobispos, y Obispos, las Comunidades de Religiosos, que tienen el Señorío de territorios, y pueblos, seguirían el ejemplo del Soberano, y les tendría cuenta seguirlo, siendo este el modo de mantener, y aumentar los vasallos. La emulación es el alma de grandes empresas, y esta emulación era muy natural que naciese entre tantos Señores de pueblos, y lugares; y a poco que cada uno hiciese, saldría mi cuenta, y se podría verificar la renovación de España. Aún hay más.

31. »Las comodidades domésticas, los objetos, y muebles agradables, las delicias de la habitación, no son cosas de que se pica nuestra gente acomodada, y rica de los lugares: les vemos frecuentemente habitar casas de mala forma, y materia, y de ningún modo correspondientes a su fortuna; pero nadie de estos sufriría, que un pobre jornalero, a quien ellos acostumbraban emplear en sus labores, se gloriase de tener más decente habitación que ellos, y pensarían infaliblemente a superarles en esto, como les superaban en las haciendas, tratando desde luego en hacer casas nuevas, espaciosas, y bien formadas, y corriéndose muchos de ellos de haber vivido en pocilgas. Los Italianos, Franceses, e Ingleses ponen infinito más cuidado que nosotros en vivir decentemente; y observando un orden natural, lo primero en que piensan cuando han mejorado de fortuna, es en fabricar una casa en el campo, o en el pueblo de donde son naturales, que los distinga de los demás vecinos».

32. Gran moda sería esta, le dije, si se introdujese, porque sería moda para siglos, siempre cómoda, agradable, honrosa, y celebrada de todos: «Y acaso menos costosa (me respondió), si fuéramos a hacer cuentas de lo que algunas otras modas cuestan al conjunto de la nación, y a veces sólo sirven de hacerla ridícula, y pobre, y por consiguiente más imposibilitada de fabricar buenas habitaciones. ¿No ve Vm., decía, qué continuación de irse a Madrid los Mayorazgos, y gente de conveniencias, dejando abandonados los pueblos de su nacimiento, caer las casas solares de sus pasados, y que muchas haciendas se conviertan en eriales? Pues eso irá siempre en aumento por más providencias que se tomen; y se ve tan claro como al Sol de medio día, que al paso

que sus patrias van en ruina, y desolación, crece el aborrecimiento a ellas, e imitando los unos a los otros, las dejan, trasladándose a Madrid, o a otras Capitales de las Provincias, buscando, según dicen, la sociedad; pero lo que regularmente encuentran es ocasiones de vivir con el fausto que no pueden llevar sus fuerzas, aniquilar, o malvender las haciendas que les quedan, y perderse de todo punto.

33. »¿Qué diría Vm. si en un bosque no encontrase más que árboles viejos, carcomidos, y a medio secar, no viendo en todo él ninguna planta nueva, sino que aquel bosque, o plantel iba a perecer, y a acabarse? Pues así son los lugares de muchos territorios de España, montones de casas (decentes en otro tiempo) a medio caer, o totalmente caídas, porciones de casillas infelices, y tanto, que algunas cuevas de fieras suelen ser más cómodas, y decentes: sobre esto raro edificio nuevo, ni que se renueve, con que precisamente se ha de seguir lo que sucedería en el bosque que hemos nombrado.

34. »Triste situación, capaz sólo de producir tristes ideas, mezquinas, y miserables, de donde nace, que cuanto se concibe ha de llevar el mismo camino, ya sea en el adorno de los cuerpos, o en la compostura de las casas. Un mal paño pardo es lo que desde los pies a la cabeza campea en muchas partes, así en hombres, como en mujeres aun en los días más festivos, de suerte, que la mayor gala no suele llegar al sayal de un Religioso».

35. Es tan cierto lo que V. acaba de decir, le respondí, que hallándome yo años pasados en un lugar de Castilla la Vieja muy cercano a Segovia, y asistiendo a la Misa mayor, y al Sermón, que se predicó aquel día, estuve considerando esto mismo, y saqué en limpio, que el traje más decente, y por ventura más costoso de aquel concurso era el del Predicador, que cabalmente era un Religioso Descalzo, exceptuando el de dos, o tres forasteros que allí había, lo que por cierto nos sirvió de asunto, aunque melancólico, para conversar después; y no se debe decir por esto, que el hábito del Religioso excediese de ningún modo a la pobreza de su instituto. Iguales experiencias tengo respetivamente de varios pueblos donde he estado; y si he de decir la verdad, no lo atribuyo tanto a pobreza, cuanto a que, como V. acaba de insinuar, no pueden nacer ideas amenas, o de cierta galantería, y aseo en personas nacidas, y criadas en aquellas míseras casillas en medio de hórridas campiñas, donde no se ve una planta que recree la vista, fuera de las semillas de primer necesidad, y a quienes falta todo objeto, y estímulo para pensar de otra manera; pero también añado, que he visto los mismos espectáculos con

corta diferencia en varias Provincias fuera de España. «Dolámonos, y conozcamos nuestros males (me respondió): procuremos, aunque solo sea con palabras, el remedio; y los demás, cuando conozcan, y se duelan de los suyos, ellos pensarán cómo remediarlos.

36. »Los Reinos (continuó), las Ciudades, y los Pueblos se envejecen, y por fin se acaban, como las demás cosas humanas. Es necesario para que se conserven renovarlos: de esto tienen gran necesidad infinitos lugares de nuestras Provincias; la empresa es factible, y gloriosa, el modo de conseguirla en breve el que queda dicho. La población nadie ignora cuan incompetente es a la extensión de la Monarquía: puede doblarse, y uno de los medios más fáciles para conseguirlo sería el propuesto; pues viendo el pobre, aplicado, y útil labrador, o jornalero mejorada su suerte sin pensarlo, los que no lo merecen procurarían hacerse dignos de otro tanto mejorando sus costumbres. Uno de los motivos por que los infelices abandonan sus pueblos, es porque no tienen solar en ellos, ni nada que les duela; y el mejor atractivo de los hombres para domiciliarse en cualquier parte es la esperanza de poseer lo que en su patria no pueden esperar.

37. »Nadie de fuera del Reino vendrá espontáneamente, y sin ser solicitado a manejar el arado, o la azada para cultivar nuestras campiñas, y los que vienen regularmente es a ocuparse en cosas de menos importancia, o totalmente inútiles, sin otro objeto que el de su propia fortuna. La generación de estos, si alguna es, imitara el modo de vivir de sus padres, y ellos darán después una progenie acaso más inútil. Por ventura se vería este fenómeno, importantísimo a la nación, sobre cuantos hay, de que los extranjeros honrados acudiesen al cultivo de nuestras tierras, y a domiciliarse en ellas con el arbitrio que yo propongo.

38. »La población, el aumento de los moradores útiles al Estado solo se debe esperar en la agricultura, madre de la industria, del comercio, de la fuerza militar, recinto del candor, de las buenas, y antiguas costumbres, manantial de la riqueza verdadera, que consiste en la abundancia de las cosas necesarias a la vida, y la decente conservación de los mortales. Un Monarca nacido para empresas heroicas, y dispuesto a llevar a efecto sus altos, y benéficos pensamientos es el caso en que nos hallamos.»

39. Amigo (le dije), no se puede negar el celo de V. como tampoco el que su proyecto no presenta los imposibles que otros muy aplaudidos, y abrazados en diferentes tiempos, y países, sin que hayan producido otro fruto, que

perder reputación, y caudales: yo soy de los que estimarían más a uno que nos plantase una docena de olivos, que a otro que nos asombrase con demostrar, que trasplantaría la Giralda cien leguas de aquí. Las casas parece que, según V. dice, se pueden hacer: los árboles alrededor de ellas, que es un punto muy importante, se pueden plantar, y si su conservación fuese el censo del poseedor, sería igualmente bueno. Tampoco se puede dudar, que del número de casas nuevas, que V. se figura, resultaría la renovación del Reino: su buena forma, distribución, y frondosidad adyacente serían circunstancias oportunas para excitar en las personas ideas de buen gusto, y amenidad, que se extendería al ornato de los cuerpos, y de las habitaciones. Nacería sin duda emulación entre los pueblos, y sus moradores, y los ricos que en ellos hay, tratarían de vivir en casas correspondientes a su decencia, y condición.

40. Componiendo el Rey aquellas partes que peculiarmente le pertenecen, se compondrían las demás, y nunca mejor se podría verificar aquello de *Regis ad exemplum*. No hay cosa más cierta, que la grandeza de ánimo de nuestro incomparable Soberano para acciones heroicas. Es innegable que los Prelados Eclesiásticos, los Cabildos, Comunidades, los Grandes, los ricos, y cuantos pudiesen le imitarían, haciéndose partícipes de la empresa, así por el bien, y decoro general de la nación, como por el suyo en particular. Todo esto es así, y el gran pensamiento podría efectuarse; pero todavía tendría yo que decir acerca de él, si V. no lo llevase a mal, lo que se reduciría a algunas preguntas.

41. «Pregunte Vm. lo que quiera (me respondió), y dificulte cuanto le parezca, pues aquí solo se trata de palabras, que no nos han de costar un cuarto.» ¿Por qué no prefiere V. los despoblados, le pregunté, para hacer ese figurado número de caserías, a las poblaciones que ya existen en el Reino? «Los despoblados merecen mucha consideración (me dijo), y más aquellos en donde se sabe que hubo pueblos en otro tiempo; pero si se llevasen la primera, se diría lo mismo que de una persona a quien le ocurriese adornar los desvanes de su casa, dejando sucias, mal compuestas, y abandonadas las salas principales de la misma. Los pueblos ya fundados tienen a su favor una ejecutoria, y consiste en el consentimiento de muchos hombres, que los eligió, o por la fecundidad del terreno, o por lo saludable del aire, por el buen temple, por la excelencia de las aguas, vecindad de los ríos, o fuentes, o por otras razones: son como las rutas, o caminos que la experiencia y el consentimiento general ha establecido: rectificarlas, alinearlas, y perfeccionarlas es

grande empresa; pero apartarse notablemente de ellas es buscar rodeos, dificultades insuperables, y errarlo de medio a medio.

42.   »Se trata principalmente en mi proyecto de dar mejor forma, y hermosear los pueblos existentes: de excitar en ellos la emulación, para que los que pueden contribuyan a lo mismo; y últimamente se trata de levantar, como si dijéramos, una casa caída. Los pueblos del Reino no son en tan corto número como creen algunos. Su trabajo es, que se han ido despoblando, y destruyendo sus edificios. Esto lo demuestra con bastantes razones el Autor del *Viage de España*, que Vm. habrá leído, en donde a vuelta de sus discursos, y relaciones taocante a las nobles Artes, trata este, y otros puntos de no menos utilidad.» He visto esos libros, y conozco al que los ha hecho, le respondí con el mayor disimulo, y me parece que si V. entrase con él en semejantes discursos, no los dejarían en un año.

43.   Con esto volví a mis preguntas, y la primera fue: Siendo algunas Provincias mayores que otras, por consiguiente, de desigual vecindario, y población, ¿cómo se había de hacer para que con igualdad recibiesen el beneficio de este género de restauración? «En lugar de sortear una Provincia (me respondió), sortear dos, o tres, o lo que fuese menester, hasta que se igualase con ellas el vecindario de la más grande, y de este, modo caminaría el turno con más brevedad, y se retardaría menos el que todas experimentasen dicho beneficio.»

42.   En el proyecto de V. (le dije) me parece que los artesanos están excluidos del bien propuesto. «Lo están, me respondió, porque los artesanos regularmente viven en ciudades, o en pueblos de gran vecindario, en los cuales no admite mi proyecto que se hagan casas, como tengo insinuado: los demás artesanos, que viven en pueblos pequeños, regularmente son también labradores: en las casas de algunos de estos se hilan lanas, cáñamos, linos, se tejen lienzos, y paños comunes, se hacen calzados: el Carpintero, el Herrador son comúnmente labradore: las cosas de que carecen, u otras de algún lujo, las encargan a las ciudades, o pueblos grandes.»

43.   El labrador pobre, y jornalero lograría, según el plan de V. tener casa propia; pero faltándoles a estos las demás cosas, v. g. tierras que cultivar, animales con que ayudarse, &c. vendría por fin a morirse de hambre, con la diferencia de ser en un solar más, o menos decente, propio, o ajeno: «A esto, dijo, que ya tenía expresado cuales habían de ser las calidades de los labradores, y jornaleros para ser dignos de la expresada gracia, laboriosos, honrados, de laudable conducta, capaces de adelantar su fortuna mediante el buen

principio, y distinción que se les hacía, lo que desde luego causaría también el buen efecto de que los perezosos, y mal acostumbrados entrasen en razón, viendo que no era camino de mejorar su suerte el que ellos seguían.»

44. ¿Y cómo era posible que en la elección de tales hombres laboriosos no entrase la parcialidad, protección, y compadrazgo, y por último la pasión, que todo lo transforma; lo negro en blanco, lo malo en bueno, y la virtud en vicio? «No se le hubieran puesto más dificultades al proyecto de Dinócrates, que quiso transformar el monte Atos en estatua de Alexandro, me respondió. A cualquiera empresa de consideración se le pueden oponer dificultades a cientos; pero las de esa clase se superan con prudencia, y sagacidad; y cuando esto no alcanzare a superarlas todas, no importa; pues ya se sabe que en las grandes acciones, por rectos que sean sus fines, ha de padecer algunos descuidos la condición humana.

45. »No faltará quien diga, que mi proyecto ocasionaría un gasto insoportable. Ya está dicho el gasto que ocasionaría. Toda la empresa de las diez mil casas no ascendería a tanto su costo, cuanto el de una fábrica como la del Escorial, si se hubiese de hacer ahora, y mucho menos de lo que ha costado la fábrica del Real Palacio Nuevo de Madrid.»

46. Estas son, y otras mil, de que no me acuerdo, las especies del expresado Proyectista, Filósofo, o Viajero. Lo malo fue, que a los cuatro, o seis días de mi arribo a esta ciudad, volviendo una noche a la posada, me encontré sin él, y en lugar de pasarla alegremente con su conversación, la tuve disgustada por no haber indagado antes algunas particularidades acerca de su persona. Aunque le pregunté al posadero, no sabía más que yo, y sólo me dijo, que había montado en un coche de camino con otros sujetos que le fueron a buscar, y que a su entender iban hacia Cádiz. Gran falta me hizo para pasar con él algunos buenos ratos. Acaso daré con él en alguna otra parte; y si sucediese, le prometo á V. que si puedo, no me quedaré con las ganas de saber quién es, ni de incitarle a que hable de otros asuntos; pues a lo que entendí es un almacén de cosas, y sobre todo persona de extraordinario celo, y energía en sus discursos, valgan por lo que valiesen, que esto mejor lo conocerá V. que yo, y para el asunto de divertir el ánimo los encontré bonísimos.

47. Voy a concluir mi Carta con decir a V. brevemente algunas otras cosillas de esta ciudad, y a contentar en algún modo a nuestro amigo N. que tanto suspira por antiguallas. Yo no sé si será él solo quien me pone en estos empeños, o si V. y otros le atizan; pero sea lo que fuere, mejor es dejarlo para

otra Carta, pues no es razón mezclar nada con las especies del desaparecido proyectista. No sé si a V. le gustarán escritas, como sin duda le hubieran gustado oídas de su boca, por lo original de sus gestos, y eficacia de expresiones. Mande V. a su invariable amigo. Sevilla, &c.

Carta VIII

1. Amigo hay aquí un refrán, y es, que *quien no ha visto a Sevilla, no ha visto maravilla.* También es muy común esta cuarteta:

> La mejor tierra de España
> es esta que el Betis baña;
> de lo que el Betis rodea,
> lo que la Giralda otea.

Y esto ya ve V. que se dice de las riberas de Guadalquivir, y de los territorios que desde la Giralda se descubren. Todas las grandes ciudades procuran sublimarse con semejantes dichos, y quieren la primacía sobre las demás. A Sevilla no le faltan motivos para pretender tales elogios. El Navagero le hace muchas alabanzas, diciendo, que semeja más a las Ciudades de Italia, que ninguna otra de España. Celebra sus jardines, los amenísimos sitios de sus contornos, particularmente el de la Cartuja de las Cuevas, el de San Jerónimo de Buenavista, y otros. Habla mucho de sus infinitas huertas de naranjos, limones, y demás fruta de espino, que en el Mayo, y en lo demás del Verano despiden tal suavidad de olor, que no hay cosa más agradable en el mundo (son expresiones suyas): y en otra parte dice, que todo el territorio alrededor de Sevilla es muy bello, y abundantísimo de granos, vino, y aceite, y de todo lo demás. No tengo la menor duda, que el cultivo sería entonces mayor, y mejor que al presente. Sevilla no tiene más de una legua de término; pero posee fuera de él, gran número de Dehesas, y Cortijos, y las dos Islas, mayor, y menor de Guadalquivir, la primera, cinco leguas distantes, y la segunda seis, o siete. El Navagero estuvo en Sevilla en el 1526, y dice estas, y otras alabanzas en su Carta IV. &c. aunque habla de pocas cosas, y con suma brevedad. El Vago Italiano estuvo en el 1756, y casi es tan sucinto como Navagero; pero se detiene más en materia de pinturas, aunque sin otras noticias de sus autores, que las que vio en Palomino.

2. De la fundación de Sevilla, de su antigua, y primitiva Religión, de si es en su territorio, donde quiso significar Homero los bienaventurados Campos Elíseos: si Sevilla, y su tierra es la rica Tarsis mencionada en la Escritura, lo trató Rodrigo Caro con mucha erudición en el libro de las *Antigüedades de Sevilla*, desde el principio hasta el cap. 8: que fuese Convento jurídico en tiempo de los Romanos, se da por sentado; y que fue Colonia llamada Rómula, lo atestiguan muchas lápidas, y sus medallas. En algunas se ve la cabeza de Augusto con corona de rayos, un rayo delante, y encima una estrella con el letrero: PERM. DIVI. AVG. COL. ROMVLA. En el reverso la cabeza de Julia sobre un globo, y encima la media luna con este letrero: IVLIA AVGVSTA GENITRIX ORBIS.

3. Sobre si esta Julia es la mujer de Augusto, o la hija del mismo, lo trata eruditamente el P. Flórez[71], y decide a favor de la mujer de Augusto. Hay también medallas con la cabeza de Tiberio, y en el reverso las de Germánico, y Druso: otras con la de Julia, llamada antes Livia, y la de Druso en el reverso, y la de Tiberio en el anverso, y en todas se lee PERMISV D. AVG. COL. ROM. En otra se halla Germánico solo, y en el reverso un escudo, y corona de laurel alrededor. Prueban asimismo varias lápidas, que se llamó Colonia Rómula. En una que trae Caro, como existente en la torre de la Colegiata del Salvador[72], se lee:

M. CALPVRNIO. M. F. GAL. SENECAE
FABIO TVRPION. SENTINATIANO
PRAEF.CLASSIS. PR.MISEN.PRAEF.CLASSIS.PR.RAVEÑ
PROC. PROVINCIAE. LVSSITAN
ET. VETONIAE. P. P. LEG. Ī.
ADIVTRICIS. ORDO. D. C. R. M.[73]

---

[71] *España Sagrada,* tom. 9, pág. 96.
[72] Caro *Antigüedades,* fol. 19.
[73] Caro entiende por estas iniciales *Coloniae Romulensis magne.*

M. CALPVRNIVS. SENECA. HONORE
VSSVS. IMPENSAM. REMISSIT.

4. En otra inscripción de pedestal, que el mismo Caro dice que vio con estatua de Marco Aurelio, existente en la puerta de la Catedral, que mira al Alcázar, había escrito[74]:

M. AVRELIO. VERO
CAESARIS. TITI. AELII.
ADRIANI. AVG. PII. P. P.
FILIO. ANTONINO. COS. II.
SCAPHARI. QVI. ROMVLAE NEGOTIANTVR.
D.S.P.D.D.

Esta, y otras lápidas, no solo manifiestan que se llamaba Colonia Rómula, sino que desde aquellos tiempos era Ciudad comerciante. También se llamó esta Ciudad *Colonia Hispalensis*, o *Hispalensium, como* puede verse en varias piedras que copia el citado Rodrigo Caro, y yo me contentaré con poner aquí una muy curiosa, remitiéndome para su inteligencia al mismo autor[75]. Dice que está en una esquina de la torre mayor bajo de tierra, y que se descubrió con motivo de reparar las gradas de la Santa Iglesia, y que en aquel tiempo sacó Ambrosio de Morales una copia, pues no se sacó la piedra por estar incorporada en la pared.

SEX. IVL. SEX. F. QVIR. POSSESSORI
PRAEF. COH. $\overline{\text{III}}$. CALLOR. PRAEPOSITO
NVMERI. SYROR. SAGITARIOR.
ITEM. ALAE. PRIMAE. HISPANOR.
CVRATORI. CIVITATIS. ROMVLENSIVM
M. AVRENSIVM. TRIBVNO. XII. L.
FVLMINATR. CVRATORI COLONIAE
ARCENSIVM. ADIECTO. IN DECVRIAS
AB. OPTIMIS. MAXIMISQ. IMP. ANTONINO

---

[74] Caro *Antigüedades*, fol.37.
[75] Id. fol. 38.

ET. VERO. AVG. ADIVTORI
ANTONINI. PRAEF. ANNON. AD OTIVM
. . . . . HISPANVM. RECENSENTVM
ITEM. SOLAMINA. TRANSFERENDA
ITEM. VECTVRAS. NAVICVLARIIS
EXOLVENDAS. PROC. AVGG. AD RIPAM
BAETIS. SCAPHARI. HISPALENSES
OB. INNOCENTIAMQ. EIVS. SINGVLAREM

5. Sin duda tuvo Sevilla, como Colonia tan esclarecida de los Romanos, aquellos cuatro edificios principales, a similitud de Roma, como son teatro, anfiteatro, circo, termas, &c. todo lo cual se esfuerza a probar Rodrigo Caro; y de circo, o anfiteatro dice le parecían ciertas ruinas existentes al entrar de la Borciguenería[76]. De baños, o termas se supone que son unos vestigios en las Parroquias de San Juan de la Palma, y de San Ildefonso; y el citado Caro pretende probar, que hubo Gimnasio en Sevilla por el fragmento de una piedra en la Colegial del Salvador, y es:

L. VIVIO. M. F. . . . .
AVINO . . . . CON
. . . . . . RI . . . .
A . . . VII . . . . . .
T.R.P. IN LVDIS
HISPAL

Las tres letras de la penúltima línea las interpreta: *Titulus requietorii positus*; y añade, que estos Gimnasios, no solo eran para el ejercicio, y lucha de los cuerpos, sino para la enseñanza de las letras. Con este motivo dice, que enseñó en Sevilla el Médico Avicena, y refiere la memoria de una escuela de tiempo de los Árabes por una lápida en esta lengua, que hay en el claustro de la Colegial del Salvador, cuya traducción pone en esta forma: En *el nombre de Dios poderoso. Las alabanzas de Dios sobre Mahomad, y sobre sus discípulos: salud sobre ellos por la salud de Dios, en quien confío, y en Mahornad mi amparo. Este es el estudio del Señor Maruan, que Dios nos dé su gracia, &c.*

----

[76] Caro *Antigüedades*, fol. 27.

6. La que hoy es puerta de la Ciudad, llamada *la Real,* dicen que antiguamente se llamó *de Goles,* corrompido *de Hércules,* y que en el inmediato Colegio de la Merced, llamado *de San Laureano,* que es donde estuvo la casa del célebre Cristóbal Colón, se encuentran ruinas de arcos, y otras bajo de tierra, y acaso serán de Templo de Hércules: que a dos tiros de ballesta de la puerta de Jerez hubo Templo de Marte, y que un arroyo que por allí pasa, llamado *de Aretania,* o de *Iritaña,* tomó el nombre de *Ares,* o *Aras,* con que antiguamente nombraban aquel sitio. Pasado este arroyo está el campo de Tablada, donde se han encontrado antigüedades, y dicen que en otro tiempo estaba lleno de árboles llamados *Alerces,* de excelente madera: dicho campo es tierra fecundísima, y se siembra de dos en dos años, con gran estimación en los arriendos. Basta de este género de antigüedades, y vamos a otras cosas más modernas, y más importantes.

7. La actual población de Sevilla, según a mí me han asegurado, es de diez y ocho a diez y nueve mil vecinos. El Navagero dijo, que por estar Sevilla en el paraje donde está, iban tantos a las Indias, que la Ciudad quedaba poco poblada, y casi en mano de mujeres, en lo que juzgo habrá exageración. Caro, posterior a Navagero[77], dice, que en su tiempo tenía veinte y cuatro mil vecinos, y que de ordinario pasaban de trescientas mil personas las que asistían en la Ciudad: añade, que a nadie le parezca que estaba Sevilla entonces más poblada que antiguamente; pues cuando San Fernando la ganó, salieron de ella cuatrocientos mil Moros, sin los que habían muerto en diez y seis meses de cerco, y los que se quedaron, que ocupaban casi la tercera parte de la ciudad. Cita en confirmación las historias del Santo Rey D. Fernando, y la del Rey D. Alonso, y concluye, que la misma población sospechaba que tuviese en tiempo de Godos, y Romanos[78].

8. Así como el descubrimiento de las Indias pudo causar notable despoblación en Sevilla, la decadencia del comercio en dicha ciudad verosímilmente la ocasionaría también después. He leído especies muy tristes acerca del estado de Sevilla, comparado con su antigua opulencia, en un manifiesto de sus Gremios, dirigido a aquel Cabildo, o Ayuntamiento el año de 1700.

---

[77] Fol. *47 de las Antigüedades de Sevilla.*

[78] La población de Sevilla efectivamente se regula bien de 18 a 19.000 vecinos, y fue lástima no expresar aquí el numero cierto de sus casas, que son el año pasado de 1780, 11.722, uno, y otro con inclusión de Triana, y arrabales. (Conde del Águila)

Da por sentado, que hubo diez y seis mil telares del arte mayor, y menor de la seda (no sé si hoy se los concederá V. a toda España); y que se ocupaban en los ejercicios relativos a esta industria ciento y treinta mil personas de ambos sexos, estando muy poblados los barrios de Sevilla de gente empleada en tales operaciones. Añade, que en Toledo, Córdoba, Granada, Jaén, y otras Ciudades, y lugares de España había solo de esta arte más de ciento y treinta mil telares, consumiendo el comercio de esta Ciudad las más ropas que labraban en aquellas, para las Indias, y otras partes, dejando a la consideración los muchos oficios dependientes del arte de la seda, como Tintoreros, Tiradores de oro, y plata, &c. y el consumo que todos harían de las producciones del campo.

9. A dicho tiempo refiere la fundación de la Aduana, y de la Lonja de los Mercaderes: habla del miserable estado del comercio de paños de España, lienzos, hilos, &c. atribuyendo estas, y otras mil miserias de la nación a la introducción de géneros extranjeros, al establecimiento de los mismos extranjeros en todas las ciudades, donde vendían por menor sus mercaderías, a la protección que se les prestaba, a la exaltación de Cádiz, y a otras mil cosas, que V. podrá leer cuando nos veamos; pues solo para extrañar el contenido de dicha representación sería menester mucho tiempo, y paciencia.

10. D. Jerónimo Ustariz en su tratado de *Teórica, y práctica de Comercio, y Marina, cap. 7,* dio gran fuerza a la opinión de que en Sevilla hubo diez y seis mil telares de seda; pero se debe atender a que allí mismo dice, *según asegura en su representación la misma ciudad*[79], sobre que hace sus cálculos; pero reflexionando que aplica tres personas ocupadas al año en cada telar, y deducido por lo mismo cuarenta y ocho mil operarios en dichos telares: teniendo presente que en las representaciones que cita, se suponen empleados en los mismos telares ciento y treinta mil personas, que vienen a corresponder a poco menos de ocho por telar; se halla desde luego una gran desproporción en estos cálculos. He oído a sujeto inteligente, con quien he tratado de este punto, diferentes especies, que me han hecho dudar haya habido jamás en Sevilla tanto número de telares de seda. Se fundaba en que ya sea por el cálculo de Ustariz, o por el de la representación, era preciso dar a Sevilla para las demás artes, oficios, y resto de la población cerca de medio millón de personas, según Ustariz, y uno, según la representación; en cuyo último

---

[79] La ciudad representó al Sr. Felipe V a tenor de lo que representaron a la misma sus Gremios.

caso hubiera sido la ciudad más poblada de Europa. Consideraba también la maniobra de los diez y seis mil telares de Sevilla, unida a la de ciento y treinta mil de toda España, que el comercio de aquella ciudad consumía, como dice el manifiesto de los Gremios, y no hallaba qué destino dar a la inmensa cantidad de tejidos, que de sola España resultaría; y por fin dudaba que hubiese actualmente en toda Europa los ciento y treinta mil telares de seda, que la representación dijo, hubo en España, dando por sentado, que jamás se ha gastado en el mundo tanta seda como ahora.

11. Es cierto que Rodrigo Caro solo da a Sevilla veinte y cuatro mil vecinos; y el tiempo en que escribió no fue muy lejano de cuando se supone hubo diez y seis mil telares. Ni en dicho autor, ni en Navagero se habla de morales, o moreras en su campiña, como hablan de otras plantas: tampoco mencionan una cosa tan notable, como sin duda debía serlo lo floreciente de las fábricas de seda[80].

12. ¿Cuántas columnas de mármol blanco le parece a V. que habrá en casas, Conventos, Iglesias, y los demás parajes de Sevilla? Pues sepa V. que diciéndole yo a un sevillano, que según mi cuenta, aunque por mayor, no bajarían de treinta mil, me respondió, que acaso me quedaría corto, y creo que tiene razón. Un genovés quiso comprar no ha mucho doscientas columnas con la pretensión de extraerlas francas de derechos, que no logró. Esta es una gran prueba de su antigua opulencia, y riqueza; y de lo contrario lo es el que ahora no se hacen, ni creo que se podrían hacer tales gastos, ni se sueña en semejantes adornos. Soy de dictamen, que todas ellas se sacaron en canteras de Sierra Morena, y cuando yo pasé por Santa Olalla vi allí cerca pedazos de mármol.

13. Se sabe que hay muchas de estas canteras perdidas, o ignoradas. De una, distante nueve, o diez leguas de Sevilla camino del Almadén de la Plata, se tiene comprobado ser los mármoles de las inscripciones de Itálica, o Santiponce, de Alcalá del Río, &c. y ya que se ha hablado de Sierra Morena, de cuyas minas de plata, y oro han dicho tanto los escritores, vaya esta inscripción, que no viene fuera de propósito, y está en un pedestal en casa del Señor Duque de Medinaceli.

---

[80] En el libro de las *Memorias de la Sociedad de Sevilla,* impreso el año pasado de 1779, hay un discurso de su Vicedirector D. Martín de Ulloa sobre las fábricas de seda de Sevilla, y empieza en la pág. 185. Trata la materia con inteligencia, y madurez sobre el aumento, y decadencia de esta manufactura, y asegura, que al presente hay dos mil trescientos diez y ocho telares de todas clases, que no es poco, respecto del infeliz estado a que habría llegado.

T. FLAVIO AVG
LIB. POLYCRYSO
PROC. MONTIS
MARIANI PRAES TANTISSVMO
CONFECTORES AERIS

Este Tito Flavio se conjetura que viviese en Sevilla, donde los Monederos le erigieron memoria de estatua, u otra.

14. Volviendo a las columnas, las más de las casas las tienen alrededor de sus patios, formando galerías altas, y bajas con ellas; pero no han tenido lugar en los altares, o retablos de las Iglesias, habiéndolas pospuesto (cosa bien ridícula) a maderajes dorados, la mayor parte informes. Habitan las personas en dichos patios, y galerías por el Verano, cubriéndolos con toldos al modo de Toledo, y libertándose así del gran calor. Regularmente tienen fuente en medio de dichos patios, de manera, que por esto, y por el aseo, y limpieza de las sevillanas, es una delicia habitar en tales parajes, a lo que se agrega, que en muchas de las mismas casas hay jardines deliciosos. Las expresadas galerías suelen estar adornadas de pinturas, y se conoce que antiguamente era esta una usanza muy común.

15. No se puede negar que los sevillanos eran aficionadísimos a esta arte, y que la ciudad estaba llena de obras famosas. La decadencia de su comercio ocasionó la falta de caudales, y de gente muy acomodada, que sabia emplearlos en dichas obras, y mantener de este modo tantos, y tan dignos artífices, como aquí hubo. Con dicho motivo, no solamente acabaron los famosos profesores, y se redujo el arte a un estado deplorable, sino que se extrajeron infinitas obras, que habían salido de sus manos, particularmente en el tiempo que estuvo aquí la Corte, y solo se puede decir que se libertaron las de los Templos, y estas no todas, o las que poseían pocas personas, que supieron apreciarlas como sus pasados. Hoy se hacen todos los esfuerzos para restituir el esplendor del arte a esta ciudad; pero ha de ser, como debemos esperarlo, volviendo a ella la opulencia, que es con la que el buen gusto se alimenta, y la que tiene poder para que no se oiga aquella recíproca queja de los profesores, y de los que pueden emplearlos, diciendo los unos, que no hay hombres grandes por falta de personas que los empleen; y los otros, que no mandan hacer obras por falta de hombres de mérito.

16. No solamente hubo en Sevilla gran número de insignes profesores de las artes, sino de muchos, y célebres escritores en todas edades, y materias; porque así como la tierra es fecundísima de cuanto puede imaginar la fantasía, si se aprovecharan todas las proporciones que ofrece; del mismo modo sus moradores son ingeniosos, sutiles en extremo, de altos pensamientos, y capaces de llevar al fin grandes empresas; «¿pero en qué consiste el atraso que se experimenta particularmente en nuestro tiempo?» Esta era una de las proposiciones del consabido viajero, hablando generalmente de España.

17. «El atraso, decía, de todas las ciudades, y pueblos en las cosas que ilustran el entendimiento de los hombres, haciéndoles famosos a ellos, y a la patria, que les dio el ser, consiste primeramente en una lastimosa falta de educación, y en un increíble abandono en este ramo tan considerable, cual no hay otro que pueda comparársele: en segundo lugar en que las dotes, y nobleza del espíritu son regularmente pospuestas en la vulgar opinión a las cualidades de un ilustre nacimiento, de un poseedor de riquezas, de un elevado empleo.

18. »En tercer lugar en no considerar bien los poderosos cuanto realce añaden a, su estado, y por cuantos caminos se hacen, y se han hecho memorables los que han alargado la mano a las ciencias, a las artes, a la industria: la diferencia que va en verse rodeados de personas sabias, e ingeniosas, que pueden eternizar su nombre, comunicar luces a su entendimiento, honrar los recintos de su casa o de sujetos faltos de instrucción, y sin otras artes, que las de adular, o disimular, a que regularmente se ven necesitados.

19. » Gran mal es no premiar al sabio, al instruido, dejándolo en los tristes brazos de su miseria; pero infinitamente mayor es elevar con premios, honores, y dignidades al ignorante, al que pasó la vida en ociosidad, sin disposición de dar esplendor a la nación por ningún lado, ni adelantarla con obras, ni palabras. Estos huyen, y a veces insultan al que sabe, se ríen, y mofan de sus desvelos; y no siendo capaces de que en su entendimiento entre la justa crítica, con que las ciencias, y artes adquieren su perfección, adoptan una bárbara, e infame mordacidad, con que agregando gentes del mismo humor a su partido, las aterran, y confunden, lo que les es tanto más fácil, cuanto los que tienen mayor poder que ellos, no entran en el empeño de sublimarlas, ni de sostenerlas».

20. Estas, y otras muchas consideraciones las reducía el expresado sujeto al primer punto de la crianza, y abominaba de que el heredero de grandes

bienes, el que ha de continuar una dilatada serie de ilustres progenitores, el que ha de repartir durante su vida crecidas herencias, y caudales; y últimamente el que por sola la circunstancia de su nacimiento debe ser un padre de la patria, y ocupar en ella puestos sobresalientes, se entregue al cuidado de un ayo, que la casualidad puso delante, de un maestro encontrado sin elección, o admitido por empeños. Es hombre de probidad, es una persona de vida ejemplar. Muy en hora buena: le sugerirá la fundación de una obra pía; pero acaso ignorará, o no pensará que lo es de primera clase la restauración de un pueblo aniquilado, la construcción de un puente para alivio, y seguridad de los vasallos, perdonar con prudencia, y en sazón tributos, distinguir honestas, y laboriosas familias, usar muchas artes para que crezca la población de sus Estados, y nunca se disminuya con su propio daño, familiarizarse con un honrado labrador, sentar a su mesa un insigne literato, o un grande artífice; y por último tratar a cada cual según conviene, sabiendo *quid patriae debeat, & quid amicis.*

21. Los ayos, y maestros de grandes señores es negocio de mucha importancia encontrarlos cuales conviene: son los verdaderos tesoros de las familias, mediante la perfecta educación de los hijos, de donde adquieren la magnanimidad, la beneficencia, la ilustración sólida, la piedad verdadera, y las demás virtudes dignas de un elevado personaje.

22. El hombre, de cualquiera estado que sea, es comparable a un tronco, o una piedra, de materia más, o menos gentil. Para formar una estatua, cuya memoria haya de durar muchos siglos aun después de reducida a polvo, se echa mano de un eminente artífice: del mismo modo el formar un hombre ilustre, que sea digno del clarín de la fama, es obra de un maestro singular; y el creer que con la triste recompensa de cuatrocientos, quinientos, o mil ducados se ha de encontrar, es cosa de risa, y pretender comprar por una miseria lo que no tiene precio.

23. Así como la fortuna de una gran casa es hallar un excelente maestro para la educación de sus hijos, la fortuna de un maestro debe ser el encontrar una gran casa, en donde vea honrado su mérito, y recompensadas generosamente sus fatigas; de suerte, que no tenga más que apetecer, ni probablemente pueda esperar mayor recompensa fuera de ella. Este sería el medio de que muchos pobres de fortuna, y ricos de talento se aplicasen a cultivar aquellas ciencias, y artes más conducentes a una perfecta educación, cual debe ser la de aquellos que probablemente han de ser la muestra de una nación

entera, y sería el camino breve de que esta se llenase de sabios; por una parte de los que competirían en adquirir luces que comunicar, y por otra de los que las recibirían.

24. ¿Quién sería la persona, cuya renta llegase a cuarenta, o cincuenta mil ducados, que no gastase de buena gana cuatro mil al año, por evitar una notable deformidad en los cuerpos de sus hijos, una demencia, u otros defectos naturales, que los hiciesen ridículos, y espantosos a la vista de todos? Pues si estas, que son dolencias del cuerpo, se tendría a gran suerte el evitarlas con aquel dispendio, ¿con cuánto más empeño se deben precaver las del espíritu?

25. Estudiar, meditar, y viajar son tres medios eficaces para adquirir sabiduría, e instruirse, cuando en estas tres cosas, o en cualquiera de ellas se ejercita el hombre con el laudable fin de conseguirla. Los ricos pueden usar del último de los tres medios, que es eficaz, y deleitable, con tal que hayan tenido antes una regular educación. Sería innumerable el catálogo que podría hacerse de los sabios de la antigüedad, que por tal medio consiguieron serlo. Los Filósofos Griegos que esto hicieron, fueron tenidos por los más sabios de entre ellos. Los Romanos caminaban por todas las regiones como por su propia casa, y después de enriquecer la ciudad con los despojos que adquirían, la ilustraron con el conocimiento de las costumbres, ciencias, y leyes de todas las Provincias. Algunas naciones de Europa hacen mucho de esto en nuestro tiempo con adelantamiento conocido de ciencias, artes, comercio, manifacturas, &c.

26. En el siglo décimo quinto, décimo sexto, y aun antes, era tan frecuente a los caballeros españoles el viajar en Italia, Flandes, y otras Provincias de Europa, que el ir, y volver a ellas se consideraba cosa de ninguna incomodidad: verdad es, que el regular motivo de estos viajes solía ser la guerra, que no es el mejor; pero entretanto se glorió España de muchos, y valerosos capitanes, que defendían la patria, y ofendían al enemigo; de excelentes políticos, que desempeñaron importantes comisiones, y gobiernos; de gran número de literatos, y escritores de primer orden, que sublimaron la nación hasta lo sumo: florecieron entonces tanto, o más que en ninguna otra parte de Europa la industria, el comercio, las artes; y en muchas de estas cosas fue España la norma de las demás naciones: hasta las virtudes cristianas se vieron en su auge. Todo cuanto encontraban digno de saberse, lo aprendían, y apenas hubo entonces un hombre de mérito en las bellas Artes, que no saliese de

España con el fin de instruirse; y como ellos, y los que los empleaban habían visto lo bueno, y mejor que hay en Europa, fue fácil hacer entonces las famosas obras que hoy tenemos.

27. Todas las especies referidas haga V. cuenta que salían de la boca del compañero de posada, que perdí presto. Es verdad que algunas veces se destemplaba, al parecer, con el calor de sus expresiones, y prorrumpía en cosas fuertes, que ahora callo, y se las diré a V. cuando nos veamos. Concluyó con que si fuese quien lo había de remediar, presto se verían venir a competencia, y establecerse en nuestro clima las artes, las ciencias, el comercio, y todo lo demás que tenía insinuado.

28. En resumidas cuentas su pensamiento era, que todos los que tienen medios habían de viajar, viendo las cosas más notables de su nación: después las de los países extranjeros: bibliotecas, gabinetes, academias, aprendiendo, según la capacidad de cada uno, y el tiempo que se detuviese, el lenguaje de aquellas naciones, parte esencial de una noble instrucción: les quedarían impresas varias ideas de las tierras que hubiesen andado, de las fábricas que hubiesen visto, de los edificios suntuosos, de los campos, y territorios excelentemente cultivados, y de otras mil cosas. ¿Cómo era posible que después no abominasen de tantos perjuicios como hallarían en su patria? ¿Cómo habían de callar al ver que sus iguales hacían vanidad, particularmente en algunas provincias, de presentarse en la calle sin la decencia correspondiente, afectando trajes indecentes, y ridículos a su estado? Después de haber experimentado el aprecio que en otras partes se hacía de los artífices, y literatos de primer orden ¿cómo podrían dejar de estimar a los hombres de mérito cuando volviesen, ni de conocer cuán injustamente se alaban entre nosotros cosas que en otras partes se miran con desprecio?

29. De este modo, decía, podía esperarse mudasen las cosas de semblante, y que esta nación, naturalmente perspicaz, y sutil, adquiriese en lo general muchos conocimientos prácticos, con que distinguirse entre todas las de Europa. Los criados que fuesen en compañía de los amos, era preciso que más, o menos se instruyesen, y los ayos, que debían ser personas de probidad, de sólida religión, y de claras luces, véase cuáles podrían volver. Estas ventajas estimularían a los demás para emprender semejantes caminatas: sería este el asunto de las conversaciones. Todo el mundo se proporcionaría a desempeñar los empleos que obtuviese, y cuantos gastos hiciesen las familias en este compendioso camino del saber, resultaría

en grandes aumentos de las mismas, y de la nación: a estas ausencias se les debía prescribir, en su dictamen, determinando tiempo, para que no degenerasen en un vicio pernicioso, cual sería el de expatriarse, estableciéndose en otras partes, y consumiendo inútilmente en ellas los caudales que deben circular entre sus nacionales.

30. Amigo, poco tiene que ver este discurso con las antigüedades de Sevilla; pero de unas palabras nacen otras, y como sé que V. gusta de ciertas especies, no tengo reparo de interpolarlas en cualquier asunto que se trate, sea el que fuere. Además se olvidarían muchos encuentros, si no se apuntasen, y yo no tendría la mitad del gusto en acordarme de ellos, si al instante no se los refiriese.

31. Sobre lo que V. me preguntó en su última Carta de la antigua escuela de Pintura, Escultura, y Arquitectura en esta Ciudad, y de lo que puede esperarse de la presente, escribiré desde aquí, si es que no me pongo en viaje antes de poderlo hacer, pues ya voy pensando en ello. En tal caso lo diré desde alguna otra parte, omitiendo muchas cosas que V. ya sabe. Gran complacencia tengo de que el Príncipe nuestro Señor, y el Señor Infante D. Gabriel hagan el aprecio, que V. me refirió en su última Carta, de las obras de las nobles Artes, y que Sus Altezas adquieran tanto número de pinturas como V. me cuenta. No puede apetecerse mayor fortuna para las mismas, ni mejor ejemplo para que los que pueden vayan dejando la usanza de adornar sus habitaciones tan a costa de la razón, y aun del bolsillo, poniendo a la vista en lugar de imágenes, u historias que instruyan, inflamen, y diviertan, muchas telas de seda, sin otra diferencia de la tienda donde se venden, que la de estar arrolladas, o extendidas.

32. Dice V. que crece el número de compradores de cuadros, y de aficionados que los buscan: que se hacen lamentos más que nunca de las célebres pinturas que por lo pasado se han extraído del Reino: que algunos atribuyen a mis Cartas la moción que en esto se va experimentando. De todo me alegro; y si lo último fuese cierto, no me pesaría. Conviene hablar de las cosas para que se hagan. Continúe V. en contarme cuanto haya de nuevo en estos asuntos, y en los demás, pues todo hace al caso en sus ocasiones. Sevilla, &c.

Carta Última

1. Amigo: Las bellas Artes solo se acompañan con la belleza, y la opulencia es quien las sostiene: bien lo sabe V. En los países bellos, y opulentos se ven comparecer sin que nadie lo piense, y del mismo modo desaparecen en faltando aquellas dos circunstancias. Podrán subsistir de otra manera; pero será a gran costa, y jamás echarán raíces. Sevilla era un emporio de los más opulentos de Europa cuando las nobles Artes renacieron, y al momento se vieron en esta ciudad famosos profesores que las ejercitaron, no solamente españoles, sino italianos, y flamencos. Se fundó naturalmente una escuela, que podemos llamar Sevillana: esta creció, y se propagó, hasta que siguiendo la suerte y decadencia de la ciudad, vino a perderse de todo punto. Los españoles fundadores de dicha escuela fueron sin disputa Pedro de Villegas, y el célebre Luis de Vargas, cuyas obras, y las de los famosos Pedro de Campaña, flamenco, y de Torregiani, italiano, la corroboraron, y sirvieron de ejemplo a los que vinieron después[81].

2. Villegas, Vargas, Campaña, y Torregiani estudiaron en Italia en aquel siglo de León X, tan favorable a las bellas Artes, y de allí trajeron el saber, que difundieron en Sevilla. Vinieron poco después Mateo Pérez de Alesio, y otros italianos. El Clérigo Roelas hizo famosas obras, de las cuales, y de las de otros le he hablado a V. en mis Cartas antecedentes. Varela imitó grandemente a Roelas, y Zurbarán se formó en la misma escuela.

---

[81] Las Bellas Artes, desde la época de su restauración, prosperaron también en Sevilla por otra causa, que contribuyó no poco; la cual fue las muchas casas principales, y ricas, de Florencia, y Génova particularmente, que, atraídas de la proporción por el comercio de las Indias, y de las comodidades de esta ciudad, vinieron a establecerse aquí, trayendo consigo el buen gusto floreciente en Italia, con una porción de originales de los grandes hombres de aquel tiempo. No como en estos pasa en Cádiz, donde acuden los extranjeros solo para enriquecer, y volverse a su país. Lo mismo sucedió después aun con mayor número de familias flamencas de distinción; de modo que con las pinturas que traían, y las escuelas de Italia, y Flandes, desde el año 1560 al 1660 poco más o menos que se puede llamar el Siglo de Oro de las tres Nobles Artes en esta ciudad. De él, apenas nos quedan algunos bellos restos en algunas casas particulares, y el sentimiento de que se extrajese casi todo en el presente siglo para Inglaterra, Holanda, y Alemania; juntamente con las producciones mismas de los mejores autores de la «Escuela Sevillana», en especial de Murillo, y Velázquez, &ª. (Conde del Águila)

Polanco, discípulo de Zurbarán, supo hacer cuadros, que se equivocaban con los de su maestro.

3. Aunque el maestro de Pacheco en España solo se sabe que se llamaba Luis Fernández, estuvo él en Italia, y estudió en las obras de Rafael, como lo dice él mismo en su libro *de la Pintura* fol.143. Vino a Sevilla instruido en Buenas Letras, y en las principales máximas del arte, como lo manifiestan algunas de sus obras, y también el libro que escribió; y aunque en aquellas no fuese de gran excelencia por lo tocante a la ejecución, lo fue en la teórica de la Pintura, y contrapesó las partes de un grande hombre con las luces de filosofía, erudición, poesía, de que dejó buen testimonio en dicho libro: y últimamente fue maestro del insigne Diego Velázquez, de Francisco Herrera el viejo, de Alonso Cano, y de otros profesores de fama.

4. Diego Velázquez queda acreditado con solo nombrarle. En Sevilla aprendió a hacer las grandes obras que aplaudió el mundo. Fue erudito, y filósofo, y después de las luces que adquirió en la carrera de las letras, ejercitó filosóficamente la Pintura, habiendo llegado a conocer el natural cual ninguno.

5. Francisco Herrera el viejo fue de raro ingenio, y condición: conservó el honor del arte con sus obras, que las hacía de gran fuerza de claro, y obscuro, y mucha imitación del natural. Sostuvo la reputación de la pintura, como después su hijo Herrera el mozo.

6. Pocos Pintores merecen a mi entender los elogios que el Racionero Cano, excelente discípulo, como los dos antecedentes, del expresado Pacheco, y todos tres superiores al maestro en la práctica de pintar: tanto puede enseñar un hombre docto de claras luces, y que aprendió radicalmente los preceptos del arte, como Pacheco. Fue Cano gran Escultor, y en la pintura puede llamarse el Guido Rheni de España. Hizo en Sevilla sus primeros cuadros. Ya sabe V. lo que hay en esa Corte, y sobre todo el Christo muerto sostenido por un Ángel en el cuarto del Rey, de ese Palacio.

7. A Juan del Castillo le basta para prueba de su habilidad el haber salido de su escuela el célebre Murillo, Cano[82], Pedro de Moya, y otros famosos. Últimamente hasta el fin del siglo pasado se puede decir que estuvo floreciente en Sevilla el arte de la Pintura, y por entonces acabaron sus vidas

---

[82] Alonso Cano estudió también con Juan del Castillo.

Villavicencio, Antolínez, Juan de Valdés, &c. siguiendo por algún tiempo otros, que habían estudiado con los últimos que quedan referidos.

8. Del mismo modo se vio en auge la Escultura en los tiempos de Torregiano, de Jerónimo Hernández, de Alonso Cano, de Juan Martínez Montañés, y de varios discípulos de los referidos hasta Pedro Roldán, y Luisa Roldán su hija, habiéndose eclipsado esta arte, como la de la Pintura, a principios de este siglo, en que llegó a su colmo el disparatar en línea de arquitectura, como sucedió a lo demás de España, aunque ya antes había padecido su ruina el buen modo de construir, y el de adornar los Templos, y altares.

9. De los más de estos profesores, así pintores, como escultores, tiene obras el Conde del Águila, que ha sabido adquirir, y conservar en las pinturas que posee una especie de sucesión de la escuela Sevillana, agregándose las de otros muchos autores españoles, y extranjeros, con que la ha hecho más copiosa, y singular; no siendo inferior la cantidad de dibujos originales de españoles, italianos, y flamencos; la gran porción de libros de estampas de profesores, y grabadores de todas escuelas; el apreciable número de manuscritos raros en su librería; y últimamente la considerable serie de lápidas, y de medallas, particularmente de nuestras Colonias, todo lo cual merecería describirse muy por menor con elogio de quien lo ha adquirido, y conservado para honor de su patria.

10. D. Francisco de Bruna, Decano de la Real Audiencia de esta Ciudad, y Teniente de Alcaide de los Reales Alcázares, ha sido, y es muy celoso de estos monumentos de la antigüedad, y de las artes, de los cuales tiene recogidos muchos en su casa, encontrándose buen número de bustos antiguos, pedestales, y lápidas con inscripciones romanas, algunas árabes, y buena porción de medallas de todas clases, camafeos, y otras piedras grabadas, librería apreciable, con gabinete de historia natural, competente colección de pinturas, y de dibujos originales de los más célebres profesores que han florecido en Sevilla.

11. Y no sólo estos caballeros, sino otros de esta ciudad han conservado las obras de las nobles Artes en medio de su gran decadencia, y extracción, habiendo sido ésta muy considerable en el tiempo que estuvo aquí la Corte. El Marqués de Loreto ha recogido, y recoge las pinturas buenas que se le proporcionan, y poco a poco se irá extendiendo el gusto en los que pueden; pero convendría mucho ocupar al mismo tiempo a los profesores actuales, cuando otra cosa no, ejercitándolos en copiar las mejores obras de Murillo, y de otros que todavía subsisten; siendo cierto, que las buenas copias suplen

por originales, y son en ocasiones más estimables. Este sería un medio de restaurar el buen gusto, y mayormente establecido, y dotado, como ya lo está por S. M. un Estudio de las tres nobles Artes en esta ciudad, mediante las solicitudes del citado Sr. Bruna, a cuyo celo, y cuidado se dignó S. M. ponerle. De esta ventaja carecieron los profesores pasados, aunque en escuelas que siempre se formaron procuraban fatigar, y adelantar, como lo manifiestan sus obras.

12. Hacia el año de 1660 hicieron escritura los pintores de Sevilla para forma, y costear Academia, y lo efectuaron Francisco Herrera, Bartolomé Murillo, Juan de Valdés, Cornelio Scut, Ignacio Iriarte, Pedro de Medina, Pedro de Villavicencio, y otros.

13. Será, pues, utilísimo para que esta enseñanza florezca brevemente, sentada la buena disposición del genio del país, que desde los primeros principios dibujen los discípulos cosas escogidas, y sacadas de los mejores originales, que tengan buenas formas, y mucha corrección, tomando de las estatuas mejores antiguas, del bello natural, y de los cuadros más clásicos, pies, manos, cabezas, y lo demás en que deben ejercitarse los principiantes. En la casa del Excelentísimo Señor Duque de Medinaceli, no obstante lo que se ha transportado a esa Corte, queda lo bastante para sacar estos verdaderos, y sólidos principios del arte; y si el Estudio Sevillano logra, como lo solicita, los yesos de las mejores estatuas griegas, tendrá más a mano las fuentes ciertas, y seguras del saber[83].

14. Sin la anatomía, proporción, y simetría no se puede jamás formar un perfecto pintor, ni escultor. Faltando estos conocimientos, por mucha que sea la práctica, y manejo del profesor, siempre caminará en tinieblas, y cometerá errores de continuo. Cuando no haya a mano otra cosa, deben saber siquiera lo que Palomino, y Juan de Arfe dejaron escrito de Anatomía. Procurar la de Andrés Vesalio, y otras, aprendiendo en este estudio la que podemos llamar parte artística, y dejando las demás especulaciones a los médicos, y cirujanos. Alguna estatua de anatomía se debe procurar, y tenerla siempre delante: las hay de Miguel Ángel, de nuestro Becerra, y otros.

15. La Perspectiva es una parte fundamental, y necesaria a las nobles Artes, principalmente a la Pintura, y sin ella jamás se colocarán, ni

---

[83] La Real Academia de San Fernando ha permitido sacar estos yesos para Sevilla, con el fin de promover en toda España del mismo modo que en la Corte el estudio de las nobles Artes, y ya han sido conducidos a dicha ciudad.

degradarán bien las figuras que se hayan de representar. En Leonardo de Vinci, y en infinitos autores hay importantes documentos de lo que queda dicho; y cuando otra cosa no, desde luego se debe aprender lo que dice el citado Palomino, e ir tomando las luces que se pueda para perfeccionarse después.

16. Para la simetría no hay estudio más seguro, que el de las estatuas griegas, cuyos artífices llegaron en esta, como en las demás partes de las artes, al grado más eminente del saber, como que expresaron lo más bello, y bien proporcionado de la naturaleza en sus obras. Varios autores han tratado de la simetría, y proporción; pero debe preferirse la de los que la sacaron de las más famosas estatuas griegas. Así hizo Gerardo Audran, cuya obra se ha copiado en cuanto a las figuras, y se publicará brevemente con su explicación en castellano[84].

17. Por bien entendido, y dibujado que esté un cuadro, si le falta la belleza del colorido, carecerá de una parte importantísima en la Pintura. La verdadera escuela del colorido se encuentra en la imitación del natural, y para entenderlo facilitará mucho el copiar algunas obras de los más acreditados coloristas. Muchos de nuestros Pintores lograron esta parte con más excelencia que las otras, copiando los cuadros de Ticiano, de Van dik, y de otros que hay en ese palacio de S. M. Los sevillanos tienen un gran maestro en las obras de Murillo; pero éstas solo han de servir de luces para poder encontrar el bello colorido, como él lo encontró en el natural.

18. Tengo observado, que casi todos los pintores de crédito de esta ciudad hicieron en sus principios pinturas de fruteros, flores, países, peces, aves, bodegoncillos, utensilios, y cosas semejantes; lo que parece tuvieron por máxima: y reflexionando sobre ello, creo que hicieron bien, y que es un camino de ejercitar libremente el pincel, y facilitar el conocimiento del natural para cosas mayores. Así como en las estatuas antiguas se ha de buscar la perfección del dibujo, así en el natural se debe buscar la excelencia del colorido.

19. Los pintores deben saber la Arquitectura, particularmente toda la parte del ornato, no del caprichoso, y disparatado, sino solo del que resulta de las cinco órdenes. Rafael, Julio Romano, Ticiano, Pablo Veronés, y cuantos pretendieron llegar a la eminencia del arte, la supieron, y entre ellos hubo grandes arquitectos. Un campo de arquitectura seria, y bien entendida

---

[84] Esta obra se ha dado al público últimamente por D. Jerónimo Antonio Gil, individuo de la Academia de San Fernando, y Grabador principal de la Casa de Moneda de México.

ennoblece indeciblemente una pintura. Se ve en las de Pousin, en las del citado Rafael, de Pablo Veronés, y en las de otros infinitos.

20. Lo que llaman costumbre en la pintura es una parte con que el pintor se manifiesta docto, y sin ella cometerá impropiedades muy ridículas, mezclará lo antiguo con lo moderno, lo que es propio del país con lo forastero. No entenderá los trajes de varias naciones, y edades, e ignorará mil circunstancias accesorias, que hacen más verosímil lo que se representa. Deben huirse las impropiedades, que en esta parte ejecutó el capricho de la escuela Veneciana, y Flamenca; y seguir a Pousin, y a Rafael, y sobre todo, instruyéndose en la historia de los pueblos, y naciones, de sus tiempos, y usos.

21. La invención es la parte más sublime del arte, y el término a que se deben dirigir todos los estudios de los que la profesan: mediante ella se excita la admiración de los que contemplan los objetos pintados; y un conjunto de circunstancias verosímiles, adaptadas al asunto, que sabe imaginar la fantasía de un gran pintor, hace que sus obras se sublimen sobre la naturaleza, no expresando las cosas como realmente fueron, sino como pudieron ser, elevando la acción a lo más selecto, y peregrino que se puede pensar. Para llegar a este grado, que es la Poesía de la pintura, se necesita gran instrucción, y talento singular en el artífice, quien después de haber leído, y estar bien informado del asunto, o historia que haya de representar, debe concebirla nuevamente en su entendimiento, imaginando las particularidades, y circunstancias, que verosímilmente pudieron suceder.

22. No teniendo el pintor competentes luces filosóficas, no poseerá jamás una de las más nobles partes de su arte maravillosa, que es la expresión; pues ni un exacto dibujo, ni un bello colorido, ni las graciosas actitudes, ni lo demás que contribuye a la perfección de una obra, moverán el ánimo de quien la mira, si no se muestran las pasiones del mismo ánimo en las figuras representadas. La placidez, la ira, el miedo, el dolor, la tristeza, la admiración, la estupidez han de expresarse en las figuras según conviene a cada una; de suerte, que su semblante diga lo que sienten, y piensan; y aunque de esto han escrito varios autores, poco se adelantará sin observar continuamente el natural.

23. Pueden servir los preceptos de Leonardo de Vinci, y los ejemplos del gran Rafael en sus más célebres obras, y sobre todo, que el pintor se remonte sobre sí mismo, examinando los efectos, gestos, y mutación que causan las pasiones en los rostros; y este es el camino real, y seguido del mismo Rafael, de Pousin, del Dominiquino, y de otros grandes artífices. Esta parte

es dificultosísima de practicar; pero en ella está comprehendido mucho de lo que se llama Poesía del arte: es la que arrebata, suspende, y mueve de mil maneras el ánimo de quien mira las obras.

24. La disposición de las figuras, y de lo demás que se haya de manifestar en una pintura, tiene hermandad con la invención. Se deben colocar de modo, que conspiren al fin que aquella se propuso. El que mira un cuadro no debe buscar cuál es el héroe principal que en él se representa: el sitio que ocupa, el claro, y obscuro, lo peculiar de las tintas, y colorido deben atraer con cierta violencia los ojos a él. No ha de haber desorden, ni confusión de figuras en la composición, aun cuando hayan de ser muchas, como sucede en un gran concurso, en una batalla, &c. La habilidad está en disponerlas de modo, que no quede sufocada la composición; y es buen ejemplo la célebre batalla de Constantino, y Magencio, que por dibujo de Rafael pintó en el Vaticano Julio Romano, de que hay varias estampas, y copias. Pueden también servir de regla los triunfos de Alexandro por *le Brun*. Ésta, y las demás cosas, que quedan insinuadas, piden muy largos discursos para tratarlas como merecen, y mucho más largo estudio, y meditaciones para saberlas, y practicarlas. El Pintor que aspire a la excelencia de su arte, trabajará en vano si las descuida, y las descuidará ciertamente faltándole la debida instrucción. Debe, pues, procurarla con la lectura de buenos libros, y haciéndose familiares las principales historias, como la Griega, Romana, la de su respectivo país, la Eclesiástica, &c. La lectura de los poetas le inflamará, y elevará la imaginación a cosas sublimes, y le enseñará también el modo de tratarlas.

25. Un Pintor práctico, y que carezca de estos conocimientos, solo podrá gustar a un pueblo rústico, y superficial: el que inflamado del honor aspira a ellos, ya por este solo motivo es digno de la mayor estimación: podrá hacer obras de inmortal fama, y cualquier honra, y remuneración que logre, la tendrá muy merecida.

26. Los Príncipes de nuestra edad en casi todas las Cortes de Europa han dado a conocer, como a competencia, lo persuadidos que están de que el verdadero estímulo, y camino de las tres nobles Artes es el del honor. No sólo han fundado Academias, sino que las han distinguido con privilegios, gracias, y exenciones. Por la pasado fue diversamente, y es por no haber considerado bien la natural excelencia, y sublimidad de las mismas artes, los desvelos, y especulaciones que se necesitan para llegar a ellas, y porque los cuidados de la guerra, y otros no daban entrada a pensar en estas delicadas

producciones del espíritu. Por tanto, sería muy extraño, que el lenguaje de entonces hubiese de valer ahora, porque vendría a ser lo mismo, que sublimar las artes por un camino, y abatirlas por otro.

27. Digo esto, porque en las Ordenanzas de esta ciudad, título de los Pintores fol. 162[85], se trató la pintura al modo de las artes serviles, y muy al contrario de lo que merecía, no habiéndose tenido la consideración de la misma arte, que los Reyes han tenido después, particularmente en la fundación de Academias, eximiéndola, como asimismo a la Escultura, y Arquitectura, de la clase de Gremios, dando a los que las ejercitan en dichas Academias varias prerrogativas en los términos que expresan los estatutos de las Reales Academias de San Fernando, y de San Carlos. En dicho título hay entre otras cosas indecorosas a las nobles Artes este párrafo: «Otrosí ordenamos, é mandamos, que los oficiales Imagineros, que quisieren poner tienda en esta dicha Cibdad, é su tierra, é tomar obra por sí, que no la pueda poner, sin que primero sea exáminado por los Alcaldes Veedores, é otros dos oficiales del dicho oficio, que para ello fueren nombrados. Han de ser examinados dende el principio del aparejo, que las piezas han menester, para provecho de la obra: é asimismo en la obra de la talla, é asimismo del debuxo den buena cuenta: e que estos tales que se ovieren de exáminar sean artizados, é muy buenos debuxadores: y que sepan dar muy buena cuenta, así del debuxo, como del labrar de los colores: y sepa relatar el dicho debuxo, é dar cuenta, que ha menester un hombre desnudo, y el trapo, y pliegues que face la ropa: é labrar los rostros, é cabellos muy bien labrados, de manera, que el que oviere de ser examinado en el dicho oficio ha de saber hacer una imagen perfectamente, é dar buena cuenta, así de la plática, como de la obra, á los dichos Examinadores. Asimismo sea platico el que fuere examinado en la Imaginería de lejos, y verduras, y sepa quebrar un trapo: é si todas las cosas susodichas, é cada una de ellas no supiere facer, que no sea exáminado, y que aprenda fasta que lo sepa, que ser buen oficial no se aprende en poco tiempo. E si alguno usare el dicho oficio de Imaginería sin ser examinado, según que se contiene en dicho capítulo, que por la primera vez pague seiscientos ma-

---

[85] Entiende bajo el nombre de Pintores cuatro oficios, como allí dice, Imagineros, Pintores, Doradores, y Sargueros, cuya mezcla demuestra la poca idea que se tenía de la sublimidad de las nobles Artes, y en lo demás de dicho título se ve claramente, que para extenderle respecto a ellas hubo gran falta de luces, y se trataba de artífices, que tenían tienda pública.

ravedis de pena, é por la segunda mil é doscientos, é por la tercera la dicha pena, y esté nueve dias en la cárcel.»

28. Era imposible, que, si el título de Pintores en las expresadas Ordenanzas hubiera tenido observancia, pudiera gloriarse Sevilla de un Murillo, de un Zurbarán, de un Roelas, de un Vargas, artífices libres, y de grande estimación, como otros de los que florecieron; y así desde luego hubo de conocer Sevilla, que dicho título no hacia al caso, y que hubiera sido extravagancia hacerlo observar. Y si esto es así, ¿por cuánto mayor extravagancia se debe tener el que en nuestro tiempo se haya reproducido, como se reprodujo el año pasado, con las mismas palabras de *oficio, oficiales, Imagineros, multas, cárceles, Alcaldes Veedores,* y otras muy ajenas de la ingenuidad de la pintura?

29. Bueno fuera, que nadie ejercitase el arte que profesa sin ser eminente artífice, y que en las Academias se tomase conocimiento de algunas obras de importancia; pero dar por esto al arte noble, y libre un aire de servil, es cosa muy contraria a su naturaleza, y al modo de pensar del tiempo presente, en que los Soberanos, y señaladamente los nuestros la han sublimado tanto. El examen de las obras, en que el espíritu tiene la principal parte, desde luego lo hace el público, que al fin desecha al ignorante, y eleva al que sabe.

30. Desde luego podemos dar el parabién a las tres nobles Artes, viendo el amor con que S. M. las sublima, procurando a la Academia de S. Fernando los más eficaces auxilios para su verdadero adelantamiento: tal es la gran colección de modelos, y formas hechas por las más célebres estatuas antiguas, que D. Antonio Rafael Mengs, de quien tantas veces se ha hablado en este Viaje, ofreció a S. M. y entregó antes de su fallecimiento[86]; y S. M. mandó conducir desde Roma para la Academia, sin otras que el mismo Mengs tenía en Florencia, de donde se esperan[87]: la determinación de enviar Pensionados a Roma, verificada el año pasado, después de algunos en que se había interrumpido esta práctica: la Carta Circular, dirigida en 23 de Noviembre de 1777 a los Señores Arzobispos, y Obispos, y demás Prelados Eclesiásticos para el acierto de las obras sagradas de Templos, altares, &c. y últimamente otra, con cuya copia concluiré la mía, escrita de orden de S. M.

---

[86] De este insigne profesor, de su raro talento para las nobles Artes, de sus insignes obras, y últimamente de su vida, logrará brevemente el público una cabal noticia en obra particular que se está imprimiendo, con los escritos que dejó tocante a las mismas artes, &c.

[87] Estas estatuas, y moldes de Florencia llegaron felizmente como las de Roma, y todo se halla colocado en la Real Academia de San Fernando.

por el Excelentísimo Señor Conde de Floridablanca, comunicada al Excelentísimo Señor D. Miguel de Múzquiz, y por su medio a los Intendentes, y a otras personas, a quien toca, para impedir la extracción de pinturas acreditadas del Reino, que se experimentaba con exceso, particularmente en Sevilla.

31. Hay otro motivo de parabién a las tres nobles Artes, en especial a la Pintura, y es el gusto, inteligencia, y afición con que el Príncipe nuestro Señor las mira, habiendo hecho S. A. compra de cuadros muy particulares, señaladamente de Murillo, que ha mandado, y manda colocar en su graciosa casa de campo del Escorial, practicando lo mismo en la suya de aquel Real Sitio el Señor Infante D. Gabriel.

32. Con tan clara, y decidida protección del Rey nuestro Señor, y de sus muy amados hijos, y con la que a su ejemplo prestarán otros señores poderosos ¿cómo no han de llegar las nobles Artes al alto grado que la Academia de San Fernando se ha propuesto, promoviendo por otra parte, y fomentando esta de mil maneras a sus discípulos, y viendo llenas sus salas de jóvenes aplicados?

CARTA

Escrita de Orden de S. M. por el Excelentísimo Sr. Conde de Floridablanca, prohibiendo la extracción de Pinturas del Reyno.

33. »A fin de impedir que desde hoy en adelante se saquen del Reyno para los extraños Pinturas de mano de autores que ya no viven, me mandó el Rey escribir al Asistente de Sevilla D. Francisco Antonio Domezain la Carta, cuyo contexto voy á copiar á V. S. Ha llegado á noticia del Rey nuestro Señor, que algunos extrangeros compran en Sevilla todas las Pinturas que pueden adquirir de Bartolomé Murillo, y de otros célebres Pintores, para extraherlas fueradel Reyno descubierta, ó subrepticiamente contra lo mandado por S. M. sobre el particular en vista del inveterado, y pernicioso abuso que se experimentaba de sacar de España los estimables cuadros originales que poseía la nación. El desdoro, y detrimento que de ello resultaba al concepto de instrucción, y buen gusto de la misma, motivaron aquella justa resolución del Rey, que tan próvida, y generosamente promueve las bellas Artes.

»En el dia ha tenido S. M. á bien renovarla, mandando se vele con el mayor cuidado, y rigor en su puntual observancia; y quiere que V. S. indage en Sevilla, y su Reyno quiénes son los sugetos que piensan enagenar los

quadros de Murillo, y de otros autores de crédito con venderlos á extrangeros, ó nacionales para extraherlos, intimándoles se abstengan de ello baxo la
pena de competente multa pecuniaria, y de embargo de las propias Pinturas en qualesquiera mano que se hallen, bien sea de los vendedores, ó bien de
los compradores, y procediendo V. S. á tomar, las convenientes precauciones
para impedir se eluda lo dispuesto por S. M. sobre el asunto, á cuyo efe dio
recurrirá V. S. á todas aquellas medidas mas eficaces, y conducentes, ahora,
y en lo succesivo, al fin propuesto, sin que esta providencia deba entenderse
respecto á los quadros de Pintores, que en actualidad estuviesen vivos.

»Participólo á V. S. de Real orden para su inteligencia, y cumplimiento,
encargándole, que siempre que se diere el caso de que V. S. logré impedir
pasen á manos de los extractores algunos quadros, dé cuenta de ello al Rey
por mi medio, con expresión de los precios á que se intentasen hacer las ven-
tas, y del mérito, asunto, autor, tamaño, estado de conservación, y demas
circunstancias de cada Pintura, á fin de que exáctamente instruido S. M. de-
termine lo que contemple mas acertado.

»Dios guarde á V.S. muchos años, como deseo. S. Ildefonso á 5 de Octubre
de 1779. = El Conde de Floridablanca. = Sr. D. Francisco Antonio Domezain.

»Y como S. M. ha resuelto sea general en todos sus Reynos esta providencia, quiereque V. S. observe puntualmente en la Provincia de que es Intendente el contenido de dicha Carta, cuidando de que no se extraigan para
países extrangeros quadros algunos de mano de Pintores ya no existentes, tomando las precauciones allí indicadas, y las demas que le dicten su zelo, y vi-
gilancia, y dando el correspondiente aviso por mi medio siempre que llegue
á verificarse haber V. S. logrado frustrar la enagenacion de algunas Pinturas
destinadas á extraherse, ó impedir la extracción misma de ellas.

»El Rey confia, que V. S. se esmerará en el exácto cumplimiento de esta
orden, por lo que en ello interesan á un tiempo su servicio, y el justo aprecio, y útil estudio de las nobles Artes, y el crédito de la nación; y yo ruego
á Dios guarde á V. S. muchos años, como deseo. S. Lorenzo del Real á.... de
Octubre de 1779.»

Advertencias del
Tomo X
del
Viaje de España
(1781)

Es debido añadir algunas noticias, y rectificar otras, cuando el asunto lo merece, y cuando hay personas que benignamente las comunican al autor de esta obra, según en ella lo ha suplicado repetidas veces. Las ha habido en Sevilla, muy distinguidas, inteligentes, y honradoras de quien ha tomado este trabajo. En virtud, pues, de las especies que han comunicado, se añade lo siguiente, como en suplemento del tomo IX, que trata de aquella famosa ciudad.

Carta Primera

4. Se puede añadir el ancho, y largo de lo interior de la Santa Iglesia, que es, según refiere D. Pablo de Espinosa en su *Teatro de la misma*, de 414 pies el largo, y el ancho de 271.

En el 31 es digno de notarse el desgraciado gasto de cuarenta mil ducados, que dicen costó la Capilla de San Leandro, muy entrado este siglo, a quien la mandó adornar en la forma que se ve. ¡Lástima que, a tan fervorosa, y magnánima devoción hubiese faltado la razón del arte!

37. La capilla de Nuestra Señora de la Antigua se hizo renovar, y adornar por el Señor arzobispo Don Luis de Salcedo en 1738, eligiéndola para lugar de su entierro, como después se verificó.

43. Sin embargo de que en la capilla que sigue a la gigantesca pintura de San Cristóbal, y en la inmediata, se dijo que no había cosa notable con todo merece alguna consideración en aquella una Nuestra Señora Dolorosa,

obra del escultor Pedro de Mena, y la única de su mano expuesta al público en Sevilla.

46. Se tiene averiguado que el retablo, y escultura de la capilla de San Pablo, o de la Concepción es de Alfonso Martínez. No todos quisieran que se hubiera dicho lo de la traslación de los huesos de algunos conquistadores de Sevilla, desde esta capilla a otra parte, para ceder el lugar a quien dotó el Octavario de la Concepción; pero ello fue así, y algún Apologista merecen aquellas venerables cenizas; sin que por eso se entienda, que el fundador del Octavario (que realmente dicen ser muy célebre) no merezca mucha consideración.

50. La urna de plata, donde está el cuerpo de San Fernando, que se dijo *costeó la piedad del Señor Don Felipe V,* se ha de entender en parte; esto es, destinando seis mil pesos para concluirla, de los cuales hizo S.M. uso, cuando Sevilla le ofreció cien mil ducados para gastos del viaje, que entonces hizo.

56. No solo costeó el Rey nuestro Señor la reja de hierro, y barandas de bronce de la Capilla Real, concediendo la suma de once mil pesos (mucho más de los mil doblones, que en dicho número se dice) sino que fue el primer expediente que decretó a su feliz ingreso en la Monarquía, habiendo quedado en la bolsa del despacho, cuando falleció el Señor Don Fernando VI.

57. Efectivamente estuvo depositado en la Capilla Real el cuerpo de San Leandro, donde han quedado algunas reliquias; pero la cabeza se guarda entre las que posee el Cabildo, en un medio cuerpo de plata.

58. Dando por supuesto que la Santa Iglesia de Sevilla se valió de varios artífices acreditados para su retablo mayor, que manifiesta el estado de las Artes en aquella edad; se añade, que entre ellos acudió también un tal Monleón.

Carta III

6. Pintó Pedro de Villegas una Sacra Familia, figuras de medio cuerpo del natural en una losa de mármol blanco, para el altar de su enterramiento en la Parroquia de San Lorenzo, y esta obra se ha restituido el año pasado de 1780, y colocado en un retablo, que encargó al Profesor de escultura D. Blas

Molner la Hermandad de la Casa de la Misericordia, Patrona de esta, y de otras obras pías, que dejó Villegas. La Imagen del Jesús Nazareno, de que se habló en este número, es efectivamente de Montañés, como en él se insinuó. Francisco Reina, de quien se habla en el número 9, y no menciona Palomino, fue condiscípulo de Zurbarán, y por consiguiente se puede creer que sería discípulo de Roelas.

10. La pintura que se dijo en este número se tenía por de Pedro de Campaña en la Parroquia de Santa Catalina, lo es efectivamente, y está firmada.

11. El cuadro de la Sacristía de Roelas, en San Juan de la Palma, es un asunto alegórico de la Concepción, y entre varios Santos, que adoran a la Virgen, la cabeza del que representa a San Cayetano es retrato del mismo Roelas.

12. El San Elías, a quien conforta un Ángel en el cuerpo de la Iglesia de la Parroquia de San Martín, de cuyo autor se habló con duda, es de Meneses Osorio, discípulo de Murillo, de quien no hace mención Palomino.

19. Se puede añadir, que para la Iglesia que fue Casa Profesa, hizo dibujos Juan de Herrera, según memorias, que en dicha Casa conservaban. Pudo muy bien haberlos dado cuando estuvo en Sevilla, con motivo de la fábrica de la lonja, y pudieron hacer también mutaciones cuando se hizo la obra.

Han sentido algunas personas de buen gusto, se haya privado a Sevilla del famoso Monumento de Semana Santa, que había en esta Casa, cuya idea fue de los célebres Villalpando, y Prado; y se dio el año pasado a la Parroquia de la Villa de Cazalla de la Sierra: Dios sabe los trabajos que habrá padecido en su conducción, y los que podrá padecer en la colocación, &c. No se duda que la Concepción en su altar, el Crucifixo, y San Ignacio en otros son de Montañés.

22. Aunque se destinó el Colegio de la Concepción, o de las Becas, al Tribunal de la Inquisición, no se verificó después. El Colegio, que se concedió interinamente a la Real Sociedad Médica, fue el de los Ingleses, y es donde estuvo, en su retablo principal, un famoso cuadro de San Gregorio, obra de Roelas, que llevaron al de San Albano en Valladolid, de la misma Nación. Para algunos sevillanos fue de mucho disgusto esta pérdida; pero como haya paraje en San Albano para colocarle, y se coloque, a lo menos disfrutarán otros de su vista.

23. Para mayor claridad de este número, se dice que las pinturas de Luis Fernández, en el Colegio de San Basilio son dos grandes de la escalera, donde estaban borradas las firmas; pero las del retablo mayor, y otras de la Iglesia, son efectivamente de Herrera el Viejo, de quien se creía.

24. Añádase, que en la librería del Convento de San Pablo hay un gran lienzo del Esclavo de Murillo, firmado: *Sebastian Gomez lliberitano*, por donde se sabe su patria Granada.

26. En la librería del Colegio de Santo Tomás hay un famoso retrato del Arzobispo Deza, fundador, hecho por Zurbarán, y en un altar a la entrada de la Iglesia de dicho Colegio, un cuadro de Nuestra Señora del Rosario, que se atribuye al primer tiempo de Murillo; y lo mismo el que número 27 se mencionó en el claustro del Colegio de la misma Orden, llamado *Regina Angelorum,* y representa a San Francisco, a Santo Tomás, &c. pero el de Nuestra Señora del Rosario, es opinión que lo pintó el Maestro de Murillo. Además de lo que se dijo de la Iglesia de *Regina Angelorum,* merece alguna consideración la capilla de Nuestra Señora del Rosario, perteneciente a la Maestranza de Caballería, cuyas obras de escultura, bajos relieves, &c. son de Pedro Roldán, a excepción de la Imagen de Nuestra Señora.

43. Eran tenidos por de Villavicencio, en la opinión de algunos conocedores de Sevilla, los seis cuadros del coro bajo de la Iglesia de Carmelitas Calzados; pero creo se debe estar a que son de Esteban Márquez, Profesor de mérito, de quien no se hace mención en Palomino, ni en otro autor, que se sepa.

44. La pintura de la Presentación en un retablo de la Iglesia del Colegio de San Alberto, se dijo con razón que manifestaba el manejo, y modo de pintar de Rubens; pues siendo de Jordaens Flamenco, a quien se atribuye, se sabe que fue émulo del citado artífice, y su mayor imitador. Lo fue del mismo modo Don Juan Niño de Guevara.

46. Los discípulos de Murillo se parecieron en sus estilos. Los lienzos de los ángulos en el claustro de Trinitarios Calzados se atribuyen a Esteban Márquez, y parece que no hay allí obras del Mulato, de Murillo, ni de Simón Gutiérrez.

56. Si hubo obras de Arteaga en la Iglesia de PP. de San Juan de Dios, ya no las hay. La Asunción de la Capilla del Sagrario es de Bernabé de Ayala, y las pinturas, que estuvieron antes en los pilares de la Capilla mayor, las distribuyeron por lo alto de la Iglesia.

Carta IV

2. Después que se escribió el tomo IX. se ha mudado el retablo de San Juan Bautista de un paraje a otro en la Iglesia de San Clemente el Real; cuya estatua se estima por de Pedro Delgado, y por lo único de su mano en dicha Iglesia.

12. No se confunda la arquitectura de la Iglesia de Monjas Jerónimas de Santa Paula, con la de sus retablos; pues habiéndose fundado aquella en tiempo de los Reyes Católicos, como demuestran las Armas de la portada, y consta en el Archivo de la Casa de la Marquesa de Paradas, y la Sauceda, Condesa del Águila, a quien pertenece el Patronato, no podía ser obra del Racionero Cano.

Carta V

4. La arquitectura del retablo mayor de la Iglesia de San Agustín, es de Hernando Simón de Pineda, y los lienzos embebidos en las paredes colaterales, de Juan de Valdés.

Carta VI

12. Concluida la obra, y adorno de los salones del Real Alcázar, que tomó a su cargo el Señor D. Francisco de Bruna, Teniente de Alcaide de dicho Alcázar, para adaptarlos a las Juntas generales del estudio de las bellas Artes, de que está encargado por S. M. ha parecido anticipar alguna noticia sobre este punto. En el primer salón, que pasa de cuarenta y tres varas de largo, y de nueve de ancho, ha colocado aquella porción de pinturas, que

concedió el Rey de las Casas, que fueron de los Jesuitas; y las hay de Pablo de Céspedes, de Herrera el Viejo, de Cano, de Juan, y de Lucas Valdés, y de otros Profesores Españoles, y forasteros: ha decorado la pieza, y sus cuatro ventanas, que miran al jardín, con arañas, y vidrieras de cristal.

En la segunda pieza, o salón, cuyo largo es de cuarenta y tres pies y medio, y de ocho el ancho, ha colocado las estatuas, y otros modelos de yeso, que suministró para aquel estudio de las nobles artes la Real Academia de San Fernando, y costeó la generosidad del Rey nuestro Señor. Entre las estatuas ha puesto varias lápidas antiguas de la Bética, entre las cuales se hallan algunas, que dan razón de municipios inéditos. También esta pieza tiene adorno de arañas, algunos cuadros de los mismos autores, que los del primer salón, el retrato del Rey, y otras cosas, con espaciosos miradores al jardín; y enfrente la puerta del ingreso ha hecho colocar una inscripción latina, imitando el lenguaje de las doce Tablas, donde se prescriben las leyes, que han de observar los que entren a los jardines.

El expresado Señor Bruna ha descubierto en el Alcázar dos oratorios, de que no hacían caso, ni se sabía de ellos, y están en el cuarto llamado *del Príncipe*, que se había dado para alojamiento de los Asistentes. Son del tiempo de los Reyes Católicos. En el uno hay una pintura, que merece consideración, y representa la Visitación de la Virgen a Santa Isabel, a cuyo Misterio se conoce tenía devoción la Reina Católica. En la orla del cuadro hay varios ornatos, y en la parte inferior se representa Jesé, de cuyo pecho sale un árbol de la generación de JesuChristo, que termina en la Virgen con el Niño. Se ven las armas de los Reyes Católicos, y separadamente las flechas, y coyunda, y todo ello está pintado sobre azulejos, con la firma del artífice, que dice: *Niculoso Francisco Italiano me fecit anno de mil CCCCCIIII*

La pintura del otro oratorio representa tres asuntos de Nuestra Señora, y además la Santísima Trinidad coronándola, con los dos San Juanes Bautista, y Evangelista a los lados de debajo. En el frontal se representa un capricho de un monstruo marino, que lleva como robada una Ninfa, y detrás un hombre montado sobre caballo marino, en acto de darle con una quijada, &c. La firma de esta pintura es: *Nicolaso Pisan me fecit anno de* 1504. Este Nicolaso Pisan probablemente es el Niculoso de arriba, y es natural, fuese de Pisa. De todo esto ocurrirá hablar alguna otra vez en paraje oportuno.

62. En los techos del Palacio Arzobispal hay también algunas pinturas de Pedro de Campaña.

81. Al fin de este párrafo se ha de entender, que del Colegio de San Telmo salió el año de 1724 Don Manuel Cedillo, quien de orden del Rey pasó a Cádiz por Director de la Real Academia de Guardias Marinas, quien fue Colegial; y Maestro de Navegación en San Telmo; para el cual fue equivocación decir que se sacaron Maestros del Cuerpo de Guardias Marinas. Luego por los años de 1729 fue también a Cádiz de orden del Rey a servir de Maestro en aquel Real Cuerpo Don Antonio Gabriel Fernández, hijo de este Colegio, discípulo de Cedillo, a quien se siguió otro, hijo asimismo de la casa, y condiscípulo de Fernández, llamado Don Domingo Antonio Pérez, que pasó a Cádiz en 1737 con el mismo objeto.

98. Además de lo que se dijo en este número de la Academia de Bellas Letras de Sevilla, fundada, y dotada por el Señor Felipe V, y establecida después por el Señor Fernando VI, se ha fundado una Real Sociedad Patriótica. Son también establecimientos dignos de memoria las Bibliotecas públicas, una de la ciudad, y otra del Convento de San Pablo.

Carta VIII

7. Se dijo que Sevilla tenía de diez y ocho a diez y nueve mil vecinos; y ahora se añade su número de casas, que el año pasado de 1780 era de once mil ochocientas veinte y dos, con inclusión de Triana, y demás arrabales.

Carta Última

Se puede ampliar lo que se dice en el número primero, añadiendo, que hubo otra causa para prosperar las bellas Artes en Sevilla, además de las que allí se citaron, y fue las muchas casas principales, y ricas, en especial de Florencia, y Génova, que atraídas de la proporción para el comercio de Indias, vinieron a establecerse en dicha ciudad, trayendo el buen gusto de las mismas Artes, ya floreciente en Italia, con porción de obras originales de los Profesores de aquel tiempo: no como en estos pasa en Cádiz, donde solo acuden los Extranjeros con el objeto de enriquecer, y volverse a su país, siendo entretanto una vergüenza como están postradas dichas nobles Artes en aquella Ciudad, donde apenas se puede mantener uno, u otro Profesor, debiendo ser aquel emporio la muestra del buen gusto de la Nación.

Volviendo a Sevilla, lo mismo sucedió después aun con mayor número de familias distinguidas de Flandes: de modo, que con las pinturas que traían, y las que hicieron venir por sus correspondencias, se llenó Sevilla de cuadros excelentes de las Escuelas de Italia y Flandes, desde el año de 1560, hasta el de 1660, que puede llamarse el siglo de las bellas Artes en Sevilla, del cual apenas quedan algunos pocos restos en casas particulares, y el sentimiento de que se haya extraído casi todo en lo que va del presente siglo para Inglaterra, Holanda, Alemania, &c. juntamente con las producciones mismas de los célebres sevillanos, en especial de Murillo, Velázquez &c.

Carta V del

Tomo XVII

del

Viaje de España

(1792)

Carta V

1. Sevilla, ciudad siempre grande y respetable por muchos títulos desde los tiempos más lejanos, es de aquellas cosas exquisitas, que cuanto más se ven más gusto causan. Su situación en la ribera del Guadalquivir: las fecundísimas llanuras que la cercan, su grandeza y extensión, la Catedral, el Alcázar, el gran número de Templos y otros edificios, su abundancia y benigno temple, &c., es un conjunto de cosas difíciles de encontrar en ningún otro Reino. De casi todo esto se halla V. sabedor por las Cartas que años pasados le escribí desde esta ciudad; pero ya que he tenido la suerte de volver a ella, le hablaré con la posible brevedad de algunas cosas que se han hecho desde entonces.

2. Una de las que más me han gustado ha sido el noble y utilísimo destino que se le ha dado al insigne edificio de la Lonja, obra de Juan de Herrera que ya se podía decir dejada en abandono, y condenada a su ruina: vea V. por qué camino ha logrado su reintegración y nuevo esplendor.

3. En consideración a que los papeles antiguos de Indias estaban dispersos y confusos en varios Archivos y Oficinas, resolvió el Rey en 1783 que se estableciese un Archivo general de todos ellos en la Casa Lonja de Sevilla. Don Juan Bautista Muñoz que, como Comisionado por S. M. para escribir la Historia de aquellos dominios, había reconocido dichos papeles, y promovido la idea de atender a su recolección; autorizado con Reales órdenes dispuso la reducción de aquel magnífico edificio a su primitivo ser: luego con arreglo a sus instrucciones dispuso lo demás.

4. Se revocaron o renovaron todas las salas del cuarto principal, y se solaron de varias suertes de mármoles de mezcla. Se labró una estantería general,

que forma un cuerpo de arquitectura dórica, con pilastras: su altura de cinco varas y media, sin el zócalo que es de mármoles de mezcla de Málaga. Toda la obra es de caoba, grandemente trabajada por el benemérito Escultor Don Blas Molner: lo interior de cedro. De la misma materia son puertas, ventanas, mesas y demás muebles, de suerte que en todo hay magnificencia; y de este modo se ven dispuestos tres grandísimos salones, que se extienden por otros tantos lados de la lonja[1].

5. Con igual espíritu se ha mirado lo formal de la obra, y lo que es de mayor importancia. Se ha establecido una Oficina bien dotada , con su Jefe y cuatro Oficiales, Portero, &c., y ahora se añaden un Comisionado de S. M. , tres Oficiales mayores Supernumerarios y un Escribiente, para que unidos tantos brazos ordenen y reduzcan a inventario e índices metódicos la grande colección de papeles que allí se han transferido del Archivo de Simancas, del de la Audiencia (que era de Contratación), del del Supremo Consejo de Indias, sus Secretarías, Escribanía y Contaduría general; y últimamente se ha dado complemento a esta importante obra , con las Reales ordenanzas dispuestas con todo conocimiento, y publicadas en Madrid en 1790. Vea V. por qué camino, y con qué destino tan noble e importante ha resucitado la famosa Lonja de Sevilla.

6. Vamos ahora al Real Alcázar, en el cual mi favorecedor el Señor Don Francisco de Bruna, Decano de esta Real Audiencia con honores y antigüedad del Supremo Consejo de Castilla, ha aumentado sus preciosidades, habiendo ennoblecido cada día más y más el gran salón , mediante su celo y extraordinarias diligencias; de suerte que ya puede ser tenido por un recinto de la mayor instrucción.

7. Primeramente, ha hecho revivir el expresado Caballero la memoria de un célebre y muy ilustre Anticuario, cual fue Don Juan de Córdoba Centurión, Consejero de Indias, hijo de Don Adán Centurión, tercer Marqués de

---

[1] Si bien por estar corridos los tres salones presentan cierta grandiosidad, harto mejor hubiera sido de la división de cinco piezas, que en cada uno de estos tres tramos dispuso el famoso arquitecto, siendo la del medio un salón largo de veinte y cinco varas. Las cinco bóvedas construidas para las cinco piezas, reducidas a una, han hecho desaparecer cierta armonía y variedad arquitectónica: y por consiguiente da en rostro semejante agregación con arcos divisorios. Fuera de que con haber quitado las paredes intermedias, se han perdido otros tantos testeros, y lugar para estantes y papeles, cuya falta es muy notable. La nueva escalera es rica de mármoles; pero no dice con el carácter de la obra antigua.

Estepa, el cual recogió muchos fragmentos de escultura antigua, esparcidos y abandonados por todo el estado de Estepa , y los colocó en una suntuosa Casa de Campo que hizo fabricar en el Lugar de Lora , distante como media legua de Estepa. Prueba del buen ingenio de dicho Don Juan de Córdoba Centurión es el letrero siguiente, que hizo poner sobre la puerta de la casa:

IMMORTALI. DEO. S.

D. JOANNES DE CORDOBA CENTVRION

ADAMI MARCHIONIS OSTIPONENSIS F.

PHILIPPI. M. HISP. REGIS A CONSILIIS

POSTERITATI CONSVLENS

HAEC VETVSTI AEVI LACERA MEMBRA

PER DITIONEM OSTIP. CONTEMTIM SPARSA

QVOAD POTVIT AB INTERITV VINDICATVRVS

SEDVLO COLLEGIT

ET HIC ORDINE DIRIGENDA CVRAVIT

ADDITIS

LOCORVM NOMINIBVS VNDE ERVTA SVNT

. . . . . . VETVSTATIS HONOS. . . . . .

ANNO AERAE CHRIST. CIↃ IↃ CLIX.

El curiosísimo Anticuario colocó en una galería formada entre su casa y el jardín, y en nichos que había dispuesto, primeramente, un Hércules de medio relieve de figura colosal, con piel de león a las espaldas, brazos truncados, &c., y debajo se leía: *Estuvo mucho tiempo en la plaza de Estepa, donde la vio , e hizo mención de ella Ambrosio de Morales.*

8. En el segundo nicho había un bulto entero armado con su morrión de más de vara de alto, los brazos truncados como el anterior, sin poderse determinar a quién representaba: el vulgo le ha llamado el gran Pompeyo; y a la verdad su traje y disposición no desdice de aquel gran Capitán: debajo había escrito: *de Estepa,* y lo mismo debajo del tercero y cuarto nicho. En el tercero había otro bulto con ropaje talar, de más de medio cuerpo; pero no es fácil determinar si es toga o pretexta: tiene los brazos truncados por los hombros.

9. También está sin cabeza ni brazos el bulto del cuarto nicho, aunque los brazos parece que los oculta el ropaje talar; y la figura tiene cosa de una vara de alto. La del quinto nicho es un fragmento, desde la cintura hasta las

rodillas con corta diferencia, y ropaje talar como las anteriores, debajo dice, *de Itálica.* Todos estos fragmentos se hallan actualmente colocados en la galería que da ingreso a los salones del Alcázar.

10. Muy singular es la siguiente inscripción del Municipio *Ilipense,* la cual se ha encontrado a media legua del Lugar de Algaba cerca de Itálica o Santiponce en el cortijo llamado Haza del Villar, y en tierras que descubrieron las inundaciones del año de 1784, con otros rastros de antigüedad. Por ella se puede colegir que aquél fuese el sitio de *Ilipa,* y no Cantillana, Alcalá del Río, o Peñaflor, como creyeron Morales, Flórez y otros escritores; verificándose también mejor, que *Ilipa* estuvo *prope Italicam,* como se halla en Estrabón. La lápida dice lo siguiente:

L. COMINIO. VIPSANIO. SALVTARI
DOMO. ROMA. P. V. A. COGNITIONIBVS
DOMINI. N̄.
IMP.L. SEPTIMII. SEVERI. PERTINACIS
AVGVSTI
PROC. PROV. BAET. PROC. CAPIEND. VECT.
PROC. PROV. SICIL. PROC. ALIMENTOR
PER. APVLIAM. CALABR. LVCANIAM
BRVTIOS. SVBPROC. LVDI. MAGNI
OPTIMO. VIRO. ET. INTEGERRIMO
IRENEVS. AVG. N̄. VERA. DISP. PORTVS
ILIPESIS. PRAEPOSITO
SANCTISSIMO[2].

Por una lápida sepulcral hallada el año de 1787 cerca de la Villa de Arahal, seis leguas distante de Sevilla, se entiende que hubo allí un Pueblo llamado *Basilipo.* Dice así:

---

[2] Las iniciales de la segunda línea V. A. P. se podrán interpretar *publicae vie a,* y las de la antepenúltima AVG. Ñ. VERA. DISP. *Augusti nostri vera,* o *verbali dispensatione.* Lo demás se deja entender bien, esto es, que dicho Lucio Cominio fue Procurador de la Bética y Sicilia, y de las provisiones o alimentos de la Apulia, Calabria, Lucania y Abruzo, Provincias hoy del Reino de Nápoles, &c.

D. M. S.

Q. BRVTVS

BASILIPENSIS

ANN. . . . . . .

HIC. SITVS. EST

S. T. T. L.

En el mismo sitio donde se halla esta piedra se hallaron también medallas, y otros rastros de antigüedades Romanas.

11. Igualmente es inédita la que voy a copiar, y se halló en Santiponce el año de 1781, con motivo de una excavación que se hizo a instancias del citado Señor Don Francisco de Bruna. Está escrita en un pedestal, y dice en esta forma:

AELIAE. Q. F.

LICINIAE

VELERIANAE

SPLENDIDISSIMVS

ORDO. ITALICENSIS

FVNERIS. IMPENSAM

LOCVM. SEPVLTVRAE

STATVAM. PONENDAM

DECREVIT.

AELIVS. PRISCVS. PATER. ET

LABERIVS. FIRMANVS

MARITVS. HONORE. ACCEPTO

D. S. P. POSVERVNT.

También se encontró entonces en un pedestal roto el fragmento de la que se sigue:

. . . .

. . . .

. . IT. GABINVS.

MVCRO. C. R

C. V. ITALICENSI

VM.

Por las dos últimas letras de la segunda línea entiende el señor Bruna *Civis Romanus* , y por las primeras de la tercera *Coloniae Victricis*; y por tanto le parece que Itálica solicitó y obtuvo de Adriano los fueros de Colonia, aunque en las medallas anteriores a dicho Emperador se nombra Municipio.

12. Sin duda que el expresado Lugar de Santiponce, con sus cercanías es un sitio bien fecundo de antigüedades Romanas, y creo que siempre que por allí se hagan excavaciones se ha de encontrar algo de nuevo, en vista de lo que se ha hallado desde la última vez que estuve aquí. Lo más noble y excelente que desde aquel paraje, esto es, desde la misma Itálica o Santiponce se ha hecho trasladar por el señor Bruna, son cuatro fragmentos de la mejor escultura antigua que se puede imaginar hallados el año pasado de 1788. Dos de ellos son los cuerpos de dos estatuas colosales de varones , y de bellísimo mármol, es a saber: una de ellas desde el cuello hasta las rodillas , sin brazos ni cabeza: la otra desde la mitad de la cabeza hasta la mitad del muslo derecho por un lado, y por el otro hasta la mitad de la pierna izquierda; gran lástima, porque todo el cuerpo hasta donde he dicho tiene una perfecta conservación; pero lo singularísimo es la nobleza, grandioso carácter y corrección de las figuras , comparables ciertamente a lo mejor de lo antiguo.

13. No es razón que V. espere que nos veamos para formar algún concepto, a lo menos de sus acritudes; y así le envío ese apuntamiento de las colosales, y de las menores, que sin embargo son algo mayores que el natural, y representan al parecer una Amazona de bellísima gracia y excelentes paños: la otra de su tamaño creo que puede ser algún soldado o gladiator, y tal vez querrá representar lo mismo la de las colosales que todavía conserva la mitad de la cabeza. La otra quien sabe si sería algún Apolo u algún César en aspecto de deidad, como solía representarles la adulación. Le digo a V. que dos piezas de la escultura Griega, como las estatuas colosales (y lo mismo se puede decir de las menores) no las hay en España , y tenga V. por cierto que en el célebre Museo Capitalino de Roma harían un gran papel. ¡Qué incentivo este para continuar las excavaciones de Santiponce! Acaso se encontrarían donde se hallaron estas estatuas las partes que les faltan, y otras muchas cosas. Debían entretanto sacarse moldes, y multiplicar tan excelentes modelos.

14. También ha venido recientemente a esta colección una estatua de mujer *Alticincta;* cosa excelente, pero asimismo sin cabeza ni brazos. Los paños con que está cubierta no impiden para conocer su desnudo excelente:

es de siete palmos, y se ha encontrado a cinco varas de profundidad en Alcalá del Río, dos leguas, distante, de Sevilla.

15. Años pasados se desenterró en la Villa de las Cabezas de San Juan, en los esteros de Guadalquivir, un trozo de mármol, que hoy se halla en esta colección: representa en pequeño una figura arrimada a un tronco en acción de sostener un globo, la pierna derecha arrodillada, y la otra levantada como para ponerse en pie: tiene la cabeza con barbas, y agobiada del peso del globo. En un liso debajo de ella se lee bien, aunque letras pequeñas, la inscripción siguiente:

TI. CLAVDIO. CAESARI. AVG. GER
MANICO. PONT. MAX. TR. POT. $\overline{\text{VIII}}$
IMP. $\overline{\text{XVI}}$ COS. $\overline{\text{IIII}}$. PP. CENSORI
TERPVLIA. SAVNI. F. EX. TESTAMENTO
ALBANI. SVNAE. F. VIRI. SVI

Por este letrero se puede colegir que Terpulia, que mandó hacer la obra, o más presto Albano, que la ordenó en su testamento, sería devoto de Hércules, o Atlante, a uno de los cuales representa la figura, según las señas ; bien que si atendemos a la citada inscripción , pudiera representar al Emperador Tiberio Claudio en aspecto de Hércules , o Atlante , y como agobiado con los cuidados del Gobierno , que acaso significa el globo de sobre la cabeza. Las dos últimas líneas se podrán acaso leer: *Tertulia Sauni filia ex testamento Albani Sunae fratris viri sui*. También pueden significar el *Sauni* y *Sunae* un mismo apellido, y estar mal escrito. Vea V. como yo también hago mis pinitos de Anticuario. Bien dice el proverbio: *acompáñate a buenos, &c.*

16. Sepa V. que, en esta sala, sobre los fragmentos de la mejor escultura que se han hallado en Santiponce y otras partes, y los que se trajeron de Estepa, se han recogido en pocos años hasta cincuenta lápidas, con inscripciones, unas enteras y otras rotas, a más de las copias que remito a V. No puedo detenerme, ni copiar ahora el gran número de otras que tengo recogidas pertenecientes a Sevilla, y son algunas docenas: dígaselo V. al amigo, añadiéndole que más vale una de las que envío ahora que muchas de las otras, por no estar publicadas.

17. Con las especies que corrieron de que SS. MM. pensaban hacer viaje a esta ciudad, se habilitaron y dispusieron todas las habitaciones de este gran

edificio del Alcázar y sus jardines; todo lo cual estuvo a cargo del expresado Señor D. Francisco de Bruna. El copioso gabinete de medallas, piezas grabadas, armas, instrumentos antiguos y otras mil curiosidades, que posee dicho Caballero, ha tomado notable aumento desde la otra vez que lo vi, y todo prueba su fino gusto e inteligencia en estas materias[3].

18. Ya que estamos tan cerca de la Catedral, voy a decir dos palabras de algunas cosas nuevas que me he encontrado en este tránsito. Una de ellas es el órgano situado encima la sillería del Coro al lado de la Epístola, construido y dispuesto en la parte armónica por Don Jorge Bosch, natural de Palma en Mallorca, y Organero de S. M. Con razón encomian ahora esta obra a todos los forasteros que llegan a Sevilla, como me la encomiaron a mí, y logré ver su disposición con particular gusto. Tengo por cierto lo que me han asegurado, que excede en magnitud y variedad de voces a cuantos hay por este término dentro y fuera de España.

19. Reúne esta célebre máquina por una nueva teórica, al parecer contraria a la razón, teniendo tres ventillas en cada tecla, la valentía de la voz, con una pulsación muy suave; circunstancia acaso no conseguida hasta ahora, y que siempre ha sido el escollo de todos los órganos grandes. Consta el nuestro de ciento y diez y nueve registros, relativos a cuatro teclados y a las contras. Su total de cañones sonantes es de cinco mil trescientos veinte y seis. Su colocación está en diversos pisos o elevaciones, ascendiendo la tercera, que es de las contras, a quince varas sobre los teclados, y el segundo de ecos, a diez varas, con la particularidad de tener la caja tres varas de largo, dos y media de alto , y una y cuarta de ancho , con doce puertas para el fuerte y piano, que el Organista las puede abrir, y cerrar comodísimamente con los pies.

20. En lo restante se observa no pequeño conocimiento del Artífice en la combinación y circunstancias de la máquina, habiendo facilitado el afinar cualquier cañón sin desmontarlo, y remediar por medio de tornillos las alteraciones que la humedad, o sequedad del ambiente ocasionan en todos los órganos. Otras muchas particularidades interiores de este famoso órgano son más para vistas y examinadas con buenas luces y conocimientos, que para escritas. Es muy digna de observarse la máquina del aire, sin más fuerza ni trabajo que el pasearse una persona por encima de los fuelles.

[3] Lo demás perteneciente al Real Alcázar véase en el Tomo IX. de este Viaje.

21. Esta obra extraordinaria que por su término poco se parece a cuantas se han visto hasta ahora , ni tampoco a otras trabajadas por el mismo Artífice en los órganos de la Catedral de Granada bajo la dirección de su Maestro Don Leonardo Fernández , y después en su patria Palma, Capital de la Isla de Mallorca , donde hizo los de Santo Domingo y San Francisco, aún mayores que los de Granada, y de tres teclados: esta obra , digo , tan digna de alabanzas por dentro ¿creerá V. que es la más fea y despreciable que se puede imaginar por defuera? Como si los pobres ojos no tuvieran derecho para ver objetos arreglados, al modo que las orejas para percibirlos, y como si no fuera cierto aquello de que, *segnius irritant animos dimissa per aures, quam quae sunt oculis subjecta fidelibus.*

22. Lo cierto es que la fachada del órgano es una aparente señal de incluir dentro una máquina de algarabía y desconcierto, y no el artificio armónico que encierra. Soy de parecer que este supera de mucho al celebradísimo órgano de Harlem en Holanda, del cual le hablé a V. en mis Cartas de fuera de España; y aunque la decoración exterior de este no la hallé muy digna de alabanzas, sin embargo, es un portento del arte en la materia y en la forma, comparada con el descabellamiento del maderaje de Sevilla.

23. Algún remedio pueden tener las cosas, si no añadiendo perfecciones, quitando a lo menos monstruosidades. Además que habiéndose gastado sobre treinta mil ducados en la referida máquina armónica, en la cual se han empleado diez años de trabajo , con diez o doce operarios continuos, ¿cómo se ha de creer que dicha Santa Iglesia repare en gastar en mejorar la arquitectónica , o bien condenando a la lumbre aquel disparatado maderaje, y el que tiene en frente , o dándole algo de mejor forma si es posible?

24. El famoso órgano de la Real Capilla de S. M. en esa Corte también es obra de Don Jorge Bosch, para cuya construcción fue llamado de Mallorca después de haber acabado los de Santo Domingo y San Francisco que se ha dicho. Otra obra se ha hecho también para esta Santa Iglesia, que ha merecido grandes alabanzas de los inteligentes, y es el reloj de la Giralda: máquina de mucho mérito llevada a efecto por un Religioso de la Orden de San Francisco, llamado Fray José Cordero, bajo cuya mano se han ordenado y hecho todas las piezas que la componen.

25. No había yo visto armado el célebre monumento de esta Santa Iglesia como ahora lo he visto, por la casualidad de haberme encontrado en Sevilla el día de Jueves Santo, y sólo le hablé a V. la otra vez, por lo que concebí de

la estampa del mismo, y de algo que me dijeron; pero ahora que lo he visto en uso, e iluminado, me ha parecido grandemente, al modo del del Escorial, bajo su cúpula en Semana Santa. El de esta ciudad se coloca en el espacioso sitio que hay entre la portada principal de la Iglesia y el trascoro. Todos los años se reconoce para dorar y componer las partes que lo necesiten, y por tanto siempre parece nuevo[4].

26.   No puedo decirle a V. el gran sentimiento que me ha causado saber el desacierto cometido en la ejecución de una nueva Custodia de oro, cuyo proyecto era ya muy antiguo en esta Iglesia, como escribí a V. de esta ciudad en mis Cartas del año de 1786, anunciándole de paso las esperanzas que había de que se hiciese una obra digna, según las medidas que se iban tomando[5].

27.   Efectivamente se le encargó hacer para ella un modelo de madera en esa Corte al Arquitecto Director de la Academia de San Fernando Don Miguel Fernández, que fue muy aplaudido de cuantos inteligentes le vieron, y V. fue uno de los primeros en alabar la acertada determinación de este ilustrísimo Cabildo. ¿Pero qué sucedió? se hizo el modelo, vino a Sevilla, y el éxito fue el que suelen tener varios negocios en las deliberaciones capitulares, que muchos de los individuos, por ahorrar de disputas y contradicciones, se suelen dejar llevar del que con más empeño esfuerza su dictamen, sin pararse en si tiene los conocimientos debidos para ser seguido.

28.   El caso es que, en lugar de haber hecho una excelente Custodia por aquel modelo de Fernández, han gastado el oro en una ridícula fealdad, según las noticias que me han comunicado varios amigos inteligentes que tengo en esta ciudad, la cual nueva Custodia salió a lucirlo el día de la procesión del *Corpus* de este mismo año. Lea V. esa copia de una de las Cartas que hablan de ella.

29.   «La Custodia que estrenó este ilustrísimo Cabildo el día del Señor es pésima. Hará como quince años que vi un dibujo que para ella había hecho un Don Jerónimo Barbas, con bastante regularidad. Sobre este dibujo se empezó a hacer la Custodia, pero habiéndolo corrompido hasta no más. Este fue el primer paso, añadiendo disparates sobre disparates.

30.   »Cosa de unos doce años fue llamado un profesor inteligente que declaró ser cosa pésima cuanto iba hecho, y los comisionados de entonces,

---

[4] La descripción de este monumento se puede ver en el Tomo IX. de este Viaje, Carta II. núm. 27 hasta 29.

[5] Véase con cuidado la citada Carta II. del Tomo IX. núm. 26.

conociendo ser así, se alegraron de la ingenuidad. Se hicieron después diferentes dibujos y modelos para enmendarla, pero ninguno tuvo efecto. Vino después Don Miguel Fernández a esta ciudad, enviado por el Señor Arzobispo Patriarca para reconocer la Capilla del Sagrario: se le encargaron nuevos dibujos, y después el excelente modelo que V. vería en esa Corte; pero aquí no hubo de gustar, sin duda porque era bueno y arreglado a la sencilla y más correcta arquitectura. El caso fue que se estimó en más la Custodia vieja ya casi concluida (sin embargo, de ser tan ridícula) que la de Fernández; y no supe más hasta que la hemos visto por las calles en la última procesión del *Corpus*.

31. »Lo que puedo asegurar a V. es el sentimiento que me causó a mí y al Señor Don N., cuyo gusto e inteligencia en la arquitectura no le es á V. desconocido, al ver aquel enorme peso de oro empleado en el peor artefacto que se puede ver y explicar, ¡Es posible, exclamó a voces el insinuado amigo, que en Sevilla se vea esto! ¡no haber siquiera una moldura en toda la máquina que pueda reconocer por legítima ninguna de las cinco órdenes! ¡Qué desgracia! ¡qué desgracia! Todos lo estuvieron oyendo en la calle de Génova, en donde estábamos, y el eco fue cundiendo por esta y por las demás calles, por donde pasó la procesión; de suerte que la obra queda declarada por monstruosa en razón del Arte para mientras dure, y así el único remedio para que no se oigan todos los años semejantes improbaciones, sería no sacarla más y deshacer o refundir el material para hacer otra , o no hacer ninguna; pues en materia de nobles Artes, más vale carecer de las cosas, que tener mamarrachos, y más con destino a un objeto tan sublime de nuestra redención. Conozco que le habré dado a V. muy mal rato; pero también aquí lo hemos tenido. Solo hay de bueno que el mismo ilustrísimo Cabildo ha conocido el desacierto en la desgraciada idea y ejecución de esta obra, y que siendo notorio a toda la nación su espíritu magnánimo, tomará providencias eficaces sobre un asunto de tanta consideración.

32. »Para prueba de esto tenemos muy presente aquella célebre acta capitular que V. publicó en su Tomo IX, hablando de esta Santa Iglesia cuando el Cabildo trataba de hacer el suntuosísimo edificio que vemos y admiramos, y fue: *hagamos una Iglesia tal y tan buena, que no haya otra igual,* o como dijo uno de los Prebendados, según refiere Don Diego Ortiz de Zúñiga: *hagamos una Iglesia tan grande, que los que la vieren acabada nos tengan por locos*; esto es por tan generosos y acertados en las medidas, que ya llegase a rayar en el extremo de entusiasmo. Lo cierto es que lo lograron en el todo,

y en sus partes, según lo que entonces se sabía en la Europa, y que mientras dure el magnífico edificio será un objeto de admiración.

33. »Es cuanto me ha parecido decir a V. para que vea en lo que ha venido a parar el arreglado pensamiento y modelo de D. Miguel Fernández, &c. &c.».

34. Me ha parecido incluir a V. esta copia, que recibí después de mi último tránsito por Sevilla (en cuya ocasión ni me han hablado de la nueva Custodia, ni me la han enseñado), por ser persona de verdad y de inteligencia el que me ha escrito. Se la envío a V., pues, por si quiere publicarla, en la inteligencia de que nadie tendrá justa razón de ofenderse, y también podrá convenir a otros fines. Hubo sobrado tiempo desde la primera exhortación de S. M. sobre obras de esta consideración despachada en 1777, para que los planes de la referida Custodia hubieran venido al examen de la Real Academia de San Fernando, cuando no hubieran querido hacer la de Fernández, y ahora nadie tendría que murmurar.

35. Otra novedad he encontrado en las puertas de esta Santa Iglesia, y es el haber dado de color al óleo a los celebrados medios relieves de barro cocido, puestos sobre ellas, y así habían permanecido un par de siglos desde que salieron de mano del artífice, con mucha alabanza de los inteligentes, no solamente por el mérito y expresión de las figuras, y la composición, sino por la dificultad de que, siendo de aquel tamaño, puedan salir del horno con tanta integridad. Si faltaba alguna cabeza, o algún otro extremo en las figuras, era negocio para fiarlo a un buen escultor, y no a un cantero que, si no me ha informado mal, tuvo el encargo de esta operación. En la forma que antes estaban parecieron bien en los dos siglos referidos. No está todavía el décimo octavo en que vivimos para apostárselas en materia de bellas Artes al decimosexto, en que se hizo esta obra. De aquí adelante ya se dudará de que materia son dichos relieves si no lo dicen. Ya que se hizo la novedad, se podían haber copiado exactamente en mármol, cuando no se hubieran inventado nuevos por artífice diestro[6].

36. La obra de la nueva sillería de la Real Capilla de San Isidro costeada a devoción de S. M., que también empezó *malis avibus,* se ha puesto después en ejecución por buenos dibujos, de cuya cualidad carecían los primeros que el Señor Asistente Don José Dávalos remitió al examen de la Academia de

---

[6] Véase sobre estas portadas Tom. IX. Carta I, pág. 5.

San Fernando , y admitió los que hizo el Académico de mérito Don Antonio Fernández, con aprobación de la misma Academia.

37. Sobre la antigua obra de las Atarazanas ya dije a V. la otra vez lo poco que quedaba, y los usos que entonces tenía: después se ha fabricado un nuevo y grande edificio para armas, pertrechos de guerra y otros usos. También se construye un nuevo Cuartel de Caballería al otro lado de la Ciudad bajo la dirección del Mariscal de Campo Don Antonio Hurtado, con todas las comodidades necesarias, cuya obra se está concluyendo.

38. Si el edificio del Seminario de San Telmo hubiera tenido la suerte en lo exterior, particularmente en la costosa y extravagante portada, que ha tenido interiormente en cuanto a su gobierno relativo a la instrucción de los jóvenes, en el pilotaje, arte de navegar, y lo demás que allí se les enseña, también yo tendría el gusto de decir a V. que por todos términos era obra cumplida: pero la tal portada se está tan ridícula como estaba antes.

39. Para los progresos de la enseñanza y gobierno de este óptimo establecimiento se publicaron unas Ordenanzas Reales, despachadas por el Marqués de la Sonora el año de 1786, en que se han establecido nuevos ramos de enseñanza para la perfecta inteligencia de las maniobras marítimas, con Cátedras de Matemática y Facultades Náuticas, Maestros de comercio, de dibujo, de las lenguas inglesa y francesa. Asimismo, se han establecido ejercicios públicos, exámenes, premios, grados de Pilotos y Pilotines, Juez Conservador, con todo lo demás perteneciente a la asistencia y comodidad de todos los individuos, gobierno económico, &c. El número de los Colegiales se ha aumentado de ciento y cincuenta hasta doscientos, y por consiguiente el de los Maestros y sirvientes á proporción[7].

40. Voy a añadir cuatro palabras tocante a la Cartuja de las Cuevas, sobre lo que ya le conté a V. la otra vez, empezando por lo más importante y relativo al bien general de la nación, que es el plantío y aumento de los árboles en los términos que posee dicho Monasterio. En primer lugar estuvo sentenciada a muerte porción de millares de plantones de encinas, moreras, álamos blancos y negros, con el objeto de, aumentar tierras de labor; pero principalmente por no tener que entender con la marina.

---

[7] Tocante al Colegio de San Telmo véase tom. IX. De este Viaje, segunda edición, Carta VI, pág. 201. núm. 7 y siguientes.

41. Se trataba asimismo de desmontar una dehesa de más de mil fanegas, toda ella de acebuches y matorral, del que se proveían los hornos de Sevilla, &c., y sin embargo de varias oposiciones, y con previa licencia del Consejo de Guerra se consigue, y logrará convertir aquel terreno en buenos olivares. Ha puesto también dicho Monasterio la mira en aumento de pinares, y llevan sembradas trescientas y cincuenta fanegas de piñones de cinco años a esta parte; piensa aumentar la siembra de estos árboles, pues tienen ventajosas proporciones para ello: lo que importa es cuidarlos, y continuar en el aumento de un ramo de la mayor necesidad en la nación. Tengo entendido estar estas cosas a cargo de un Religioso del Monasterio llamado Fray Francisco de Baeza, muy inteligente, y aficionado a las plantaciones de árboles, como a los otros ramos de la agricultura.

42. No tengo presente si hablé entonces de la portadita o división entre el Coro de los Religiosos y de los Legos, y de las imágenes de Nuestra Señora y de San Juan en los retablitos colaterales, tenidas por de Juan Martínez Montañés. En la Capilla del Santo Christo se han aumentado un cuadro de Cano y otro de Zurbarán, y también hay algunos otros de mediano mérito, y de varios autores colocados en otras partes.

43. La Alameda desde la torre del Oro hasta la última fuente, que casi se extenderá un cuarto de legua, me ha gustado mucho más que la otra vez, por estar los árboles más crecidos, y por otras razones. Hacia el medio salen dos ramales, el uno tira al río, y el otro a la campiña. Es un excelente paseo, con la recreación de la vista de ambas márgenes, del extendido barrio de Triana, y de los bastimentos que fondean en Guadalquivir. Por tanto, no tienen los señores sevillanos que envidiar el famoso Prado de Madrid y más si en adelante aumentan el ornato de su paseo con algunos objetos de escultura: sirven también de recreo los pueblos que se descubren al lado opuesto de la ribera, como son San Juan de Alfarache, Castilleja de la Cuesta, y La Puebla de Coria.

44. Todavía es malo por lo general el empedrado de la ciudad, como la primera vez que estuve en ella; pero he visto indicios de que se ha de mejorar, por una o dos calles que nuevamente se han empedrado, con sus anditos de losas a los lados. Sevilla podía ser una de las mejores ciudades del mundo, si a sus proporciones naturales se juntasen las de la industria y las del Arte. Un río navegable, la inmediata y templadísima Sierra Morena, las extendidísimas y fecundas llanuras por todos lados, la abundancia de buenas aguas, de víveres y comestibles, vinos, licores, y toda suerte de regalos, pocos pueblos los tienen, nacidos como aquí en el propio terreno, o en los inmediatos.

45. No dirá V. que, para ser de tránsito me he quedado corto en contarle las cosas que he observado recientemente en esta ciudad, y que no he cumplido con el particular encargo que V. me hizo sobre esto. Lo que siento es tener que marchar tan presto de ella, pues si he de decir la verdad, la dejo con disgusto.

Adiciones y correcciones de D. Justino Matute

al tomo IX del Viaje de España
de Antonio Ponz,
en el que trata de la ciudad de Sevilla

Carta I [1]

1. Mi estimado amigo: en efecto, Vm. no se ha equivocado en creer que deseo complacerle, y por tanto que me tomaría la molestia de remitirle las apuntaciones, que años antes formé sobre las omisiones y equivocaciones del Viajero Ponz, cuando habla de Sevilla. Es cierto que en el año de 1793, queriendo el impresor Bodoni publicar en Parma el *Viaje de Ponz* añadido y correcto, interesó para ello, por lo que respecta a Sevilla, a mi difunto amigo D. Rodrigo de Sierra y Llanes, Arcediano titular de esta Iglesia, para que buscase quien pudiera desempeñarlo; y este, por efecto de su amistad, me creyó capaz de su encargo, parte del cual lo evacué en las tres Cartas que ahora remito apuntadas: mas las críticas circunstancias en que nos puso la guerra, no solo suspendió la correspondencia con Italia, sino que yo creo que Bodoni varió de proyecto, lo que en parte ha suplido el nuevo *Diccionario* de Pintores &c. de D. Juan Ceán Bermúdez. Sin embargo, estas Cartas presentan reunidos y metódicamente los asuntos de que trata Ponz, con otras materias que no entraron en el plan del Diccionario y son dignas de acordarse.

2. Para mayor claridad he querido que cada Carta mía corresponda a una de Ponz en su tomo IX, siguiendo sus mismos números marginales, y de este modo logro más comodidad en mis ilustraciones. Quisiera a la verdad (y esto debe creérseme) contentar el deseo de todo el que tenga la molestia de

---

[1] Fue dada a la estampa esta *Carta* en el *Correo de Sevilla*. Proponiéndonos publicar las cuatro *Cartas* inéditas que siguen a esta, hemos creído conveniente empezar por la primera, pues de este modo se completa el interesante trabajo del Sr. Matute.

leerlas, pero esto es mucho pedir, y así me doy por satisfecho con que Vm. lo quede. Pasemos, pues, a examinar la Carta I.

3. *Josepho Abu Jacob*. Rey de España por los Árabes, vino a ella el año de la Hégira 566, con motivo de las disensiones del reino, y como sucesor en el Pontificado de Abdelmumen Ben Alí, y habiendo estado en Sevilla, dio principio a su antiguo templo, del que se han hecho varias y eruditas descripciones, que pueden verse en nuestros autores sevillanos. Entre el citado año de la Hégira, que corresponde al de Cristo de 1171, y el de 580 en que murió[2] que según el P. Flórez, es el de Cristo de 1185; debe colocarse al principio de la gran mezquita de Sevilla[3], la que por su antigüedad, y varios terremotos, que padeció, pedía costosos y continuos reparos, por lo que el Cabildo determinó reedificar el templo, y junto con su Deán el viernes 8 de Julio de 1401, (y no 8 de Marzo como dice Espinosa, a quien copió Ponz) formó el acuerdo que por tradición escrita se ha conservado, no encontrándose en el archivo el documento que lo contenía: dice pues así: «Vacante la Iglesia por el Arzobispo D. Gonzalo, los Beneficiados de la Iglesia de Sevilla, juntos en su Cabildo, que es en el corral de los Olmos, como lo han de uso y costumbre, llamados de antedía por su pertiguero para tratar lo que aquí se dirá: estando presentes el Deán, Canónigos, Dignidades, Racioneros y compañeros dijeron: que por cuanto la Iglesia de Sevilla amenazaba cada día ruina por los terremotos que ha habido, y esta para caer por muchas partes: que se labre otra Iglesia tal e tan buena que no haya otra su igual: y que se considere y atienda a la grandeza y autoridad de Sevilla y de su Iglesia

---

[2] Casir. Bibliot. Arab. Hisp. Escurial. Tom. 2 fol. 220: dice que Josepho murió en Beja de una herida, al fin del mes Rabí segundo, en la Hégira citada.

[3] Según Conde tuvo lugar la construcción de la *magnífica aljama con su alminar muy alto* después de la memorable batalla de Alarcos por Jacobo Abu Juceph Almanzor en miércoles 9 de Xaaban del año 591 (1195). El mismo historiador al hablar de la horrible tala llevada a cabo por este caudillo en los territorios castellanos refiriéndose al año 1197 dice «Dio luego prisa para acabar la aljama y su alto alminar y mandó hacer la grande y hermosa manzana, cuya grandeza es tal que no tiene semejante, su diámetro tal que para entrarle por la puerta del Almuedan fue preciso quitar la piedra del dintel y el peso de la gran barra de hierro en que está puesta es de cuarenta arrobas: fue el que la hizo llevó y colocó en lo alto del alminar Abu-Alait el Sikeli, y se apreció la manzana en 100.000 dinares de oro».

El historiador granadino Ibu Abd—l Halim dice que el Amir El Mumenín Jusep-Abu-Jacob mandó levantar la fábrica de la grande aljama llamada Djema Mukyarrim que se terminó en 1172 en cuyo año dijo la primera plática el docto Catib Abu-l-Casin-ben-Gafir (José Gestoso).

como manda la razón: y que si para ello no bastase la renta de la obra, dijeron todos que se tome de sus rentas de cada uno lo que bastaba, que ellos lo darán en servicio de Dios; e mandáronlo firmar de dos Canónigos». Con efecto se empezó la obra en 1403, y siguió a expensas del Cabildo y sin ayuda de ningún príncipe ni poderoso[4], hasta poner la última piedra en el cimborrio a 10 de diciembre de 1506, el que se desplomó en 28 de diciembre de 1511[5], llegando a igualar en altura a las campanas de la torre. Era entonces Arzobispo de nuestra Iglesia el famoso D. Diego Deza, del Orden de Predicadores, quien concedió varias indulgencias a cuantos acudieron a sacar los escombros del templo; y en el corto espacio de 24 horas se limpió de toda la ruina. El Padre Aranda en la *Vida del Venerable Fernando de Contreras* fol. 127, perpetuó los nombres de los famosos Capitulares que emprendieron tan magnífica obra, cuya memoria durará más que el mismo templo, y de los que era Deán el ilustre D. Pedro Manuel, más conocido por su largueza de ánimo, que por lo esclarecido de su sangre[6]. Esperamos ver la descripción de este magnífico templo, en las observaciones que sobre la Arquitectura española escribió el Excmo. Sr. D. Eugenio Llaguno, que con copiosas y apreciabilísimas notas prepara para la imprenta el Sr. Ceán Bermúdez.

De las vidrieras y otras obras exteriores de la catedral

6. El mérito de las vidrieras varía según el de los autores que las pintaron. Ponz sólo habla de *de Arnao de Flandes*; pero la primera que se puso fue obra de *Micer Cristóbal Alemán* en 1504, por la que se le mandó pagar 10.030 mrs. por setenta palmos de imaginería; a éste siguieron un cierto *Juan* hijo de Jacobo, flamenco, *Juan Jaques, Juan Bernal, Juan Vivan* y *Bernardino de*

[4] No contribuyó poco a la erección de la magnífica fábrica el estímulo que produjo en los fieles la concesión de indulgencias que se publicaron en el Reino por Bula del Pontífice Sixto IV dada en Roma en Santa María la Mayor año de 1493, a los que ayudaren a ella y también algunos valiosos legados entre ellos el de la egregia dama Dª. Guiomar Manuel «que murió en 1426, habiendo dejado mucha parte de su hacienda, dice Loaysa, para la obra de la Catedral» (José Gestoso).

[5] Núm. 12, como escribe Ponz en el núm. 5 ni por ningún terremoto como se halla escrito en otra parte.

[6] En las Adiciones y Notas al tomo 3 de la nueva edición de Zúñiga fol. 420 se copia la nómina del P. Aranda.

Gelandia; pero el más famoso fue el citado *Arnao*[7], quien con su hermano *Vergara* pintó muchas hasta el año de 1557, que murió. *Carlos Bruxes* y

---

[7] Arnao de Flandes hubo de venir a trabajar en las vidrieras de la Catedral en 1525, pues por auto capitular de Miércoles 7 de Septiembre de dicho año se mandó «que el maestro *que agora es benido nuebamente* que sabe faser bedrieras faga una muestra dellas e la traiga al Cabildo».

En 6 de octubre se dispone de nuevo lo que en el auto anterior.

En lunes 9 del mismo mes se dispuso que Arnao de Flandes maestro de bedrieras faga dos para las dos bentanas que están sin ellas en el zimborrio a los lados de la bedriera de la salutación de Ntra. Sra. e las faga a su costa e si contentase al Cabildo que se las pagaran lo que fuese justo por ellas e que no pida dineros algunos a la iglesia por ellas mientras las fisiese fasta que del todo sean fenescidas e vistas e igualadas que contentándose dellas lo recibirá en adelante para que faga las otras que faltaren en la dicha santa iglesia.

Miércoles 18 de abril de 1526. Este día sus mercedes cometieron a los señores diputados de las bedrieras para que igualmente las bedrieras que están fechas para el zimborrio e para el crusero del medio con maestros que dello sepan juramentados e las fagan medir e poner en sus lugares.

En 28 del mismo mes y año se mandaron pagar las dichas vidrieras.

Lunes 4 de junio se mandó quel maestro de las bedrieras acabe las que son menester para la Capilla Mayor, que para las demás que se han de faser faga de muestras conforme a las condiciones que le darán los señores diputados y no faga cosa fasta que se celebre el contrato.

En miércoles 7 de dicho mes y año se mandó quel maestro de las bedrieras faga de muestras de bedrieras de mejor color gordor e imagines que las otras que fizo para el zimborrio e que sean de buen tamaño para las otras bedrieras que faltan en el dicho zimborrio para que vistas se vea lo que se debe hazer.

Viernes 8 del mismo mes y año «sus mercedes mandaron que pedro ferrandez [¿De Guadalupe?] pintor faga de muestras de vidrieras para una ventana del lado de la ventana grande de la capilla del medio del cimborrio e que las faga a su costa para ber que tales son e sin convenía recibillas».

Por auto capitular de miércoles 19 de junio de 1532 se mandaron dar a ¿Juan? Sabo-yano dos ducados de oro por las vidrieras que se pusieron en la custodia.

En lunes 17 de noviembre de 1533 se mandaron reparar las vidrieras para que no vengan a menos.

Viernes 27 noviembre de 1534 se mandó ver la vidriera «questá hecha e puesta en vna bentana que ay sobre el coro... la qual hizo arnao de vergara y con maestros sabydores dello vean lo que merece... e lo igualen con el maestro e lo que asy montare que vale se lo hagan e manden pagar».

Miércoles 2 de diciembre del mismo año. Este día los dichos señores platicando en las bedrieras que quedan por hazer en esta santa eglesia e abida relación del señor arcediano de nyebla como arnao de vergara maestro de las dichas bedrieras hará el palmo de la bedriera a precio de tres reales y medió e botando en ello berbalmente los dichos señores botaron e mandaron e cometyeron a los señores arcediano de nyebla, don baltasar del río obispo de scalas luys de peñalosa mayordomo de la fábrica canónigos desta santa iglesia que

Vicente Menandro pintaron otras hasta el año de 1569, pudiendo verse en el *Diccionario de Pintores* las obras, que cada uno hizo; pero muchas o la mayor parte perecerían en los dos incendios que padecieron unos almacenes y molinos de pólvora, del primero de los cuales hace memoria Morgado, quien dice: que el lunes 18 de mayo de 1579, a la hora de medio día, los molinos de pólvora; situados en Triana, casa rente a la torre del Oro, se volaron, juntamente con 30 pares de casas; se estremeció toda la Ciudad, aun con estar el río de por medio, de modo, que el mismo Morgado, que estaba comiendo en su casa en la collación de San Bartolomé, la vio temblar toda, y se le llenó la mesa de tierra. *Se rompieron muchas vidrieras de la Catedral*, y fue tal la violencia, que arrojó de esta banda del río pedazos de cuerpos de hombres y mujeres; pues perecieron más de 150 personas. Zúñiga en el año de 1613, con motivo de otro incendio, que en 14 de noviembre hubo de los tales almacenes y molinos, igualmente dice que padecieron mucho el Alcázar Real y las *vidrieras de la Catedral.*

7. Las esculturas de barro de las puertas de nuestra Catedral son de varios autores, así como las más de las obras grandes y dilatadas; por esto, cada uno que las ha examinado en particular las ha atribuido a aquel a quien más se asemejaban. Zúñiga las atribuyó a Hernández, y no es difícil que algunas

---

concierten con el dicho maestro arnao de vergara las dichas bedrieras e lo concluyan e asienten con el por el precio e a los plasos que a ellos les paresciere e bien visto les fuere e sobre ello fagan las condiciones que menester sean con parecer de personas sabidoras dello e hagan e celebren todas las escripturas e contratos con el dicho arnao de vergara que menester fueren sobre las dichas bedrieras e asymismo manden hazer las redes de yerro para cada bentana donde se an de poner las dichas bedrieras para guarda y amparo dellas.

Lunes 13 de setiembre 1535 se encarga al canónigo Peñalosa obligue a cierto mercader de flandes en contía de 5390 mrs. por arnao de vergara maestro de faser las bedrieras por ciertos vicios que tiene detenidos.

Viernes 29 de octubre del mismo año se mandaron librar 400 ducados a más de los 200.000 mrs. que se dan cada mes al señor mayordomo para pagar al maestro de las bedrieras. Arch. de la Catedral.

De todas estas magníficas vidrieras sólo hay dos firmadas la de la capilla de las Doncellas y la de San Sebastián sobre la puerta de los Palos. En el pedestal de la columna de la derecha que forma el decorado de la primera citada aparecen las iniciales A. V. (Arnao de Vergara) y esta misma firma parece que quiere espresar el monograma compuesto de una A y V que está al pie de la mencionada de San Sebastián (José Gestoso).

Para las fechas en que se hicieron puede consultarse mi Guía Artística de Sevilla. 2ª. Edición 1886.

sean suyas. Lope *Marín* trabajaba otras en el año de 1548, y aun algunas se asemejan a la manera de Juan *Millán*[8]. Todas ellas estaban bien deterioradas, por lo que el año de 1792 se les restableció, poniéndoles las piezas que habían perdido y pintándolas con un baño de ocre, (aunque sin aceite, como escribió Ponz en su tom. 17, Cart. 5) más los remiendos no se equivocaran desde lejos a los que algo entiendan la materia[9].

10. Mucho más han padecido las que están en la puerta del perdón, en la fachada septentrional del templo, que son San Pedro y San Pablo, de estatura colosal ejecutadas en 1519, por el maestro Miguel Florentín; la historia que representa de Jesu Christo arrojando los mercaderes del templo, en la misma puerta, hecha por el mismo en 1522, y otras que allí se hallan, en especial la Anunciación de Nuestra Señora, a todas las cuales se les dio un baño de ocre con aceite, en el mes de diciembre de dicho año de 92, circunstancia, que faltó a las demás, para que fuese igual el sacrificio. La arquitectura de esta puerta debe referirse al tiempo del Rey D. Alonso el XI, y no al de su hijo D. Pedro, como pretende Ponz, pues volviendo aquél a Sevilla, rico con el botín ganado en la batalla del Salado en 1340, fabricó y adornó suntuosamente dicha puerta, sobre la que se ven, aun todavía las armas de Castilla y León. Sin embargo, los primorosos adornos de ella los trabajó en yeso 1552, el escultor *Bartolomé* López con tanta igualdad y aseo, que parecen de piedra[10].

---

[8]   En algunas he descubierto después su firma.

[9]   Matute con otros historiadores sevillanos han incurrido en error al atribuir a Juan Millán hijo de Pedro las admirables esculturas de las portadas del Baptisterio y Nacimiento de nuestra catedral. Ocioso es decir que ni Hernández ni Marín trabajaron las de estas portadas sino las del muro opuesto de la Entrada de Jerusalén y Adoración de los Reyes, en las que se ostenta ya claramente la influencia italiana. No de Juan, sino de su padre Pedro Millán, son las que adornan las primeras puertas citadas, leyéndose claramente el nombre y apellido de éste en las filacterias que sostienen en sus manos dos figuras que aparecen sentadas sobre las marquesinas próximas a los arranques de las ojivas en las portadas a que nos venimos refiriendo. Para más noticias véase nuestro libro *Pedro Millán* (José Gestoso Pérez).

[10]   El Sr. D. José Amador de los Ríos en su *Sevilla pintoresca* dice que la Puerta del Perdón fue construida en 1340 por disposición de D. Alonso XI cuando volvió victorioso de la batalla del Salado. Ignoramos el fundamento que tendrá esta noticia, pues a nuestro juicio dicha puerta fue una de las de la antigua aljama y formó parte del plan general de aquel monumento. Extraño es que el adicionador a Ponz no parase mientes en el magnífico revestimiento de casetones hexagonales de bronce y metal sobrepuesto a las hojas de

En esta misma fachada se hallaba la pintura al fresco de Luis de Vargas, que representaba a Cristo con la Cruz, en la calle de la amargura, pero por los años de 1777, un recio huracán rompió las vidrieras que lo resguardaban, por lo que desconchada la pared, pereció la imagen; sin embargo D. Juan de Espinal, buen pintor de esta Ciudad, procuró conservar la idea de Vargas, copiando en un lienzo lo que pudo y suplido lo que faltaba, el que está

---

madera de dicha puerta que puede considerarse como una de las más excelentes producciones de la industria artística mudéjar (José Gestoso).

«Por lo tocante a la fachada primorosa de dicha puerta que describe el autor del Teatro [Espinosa de los Monteros *Teatro de la Santa Iglesia de Sevilla*] hoy nombrada del Perdón por un altar y soberana efigie de Nuestro Señor que con dicho título se venera y está inmediato a ella que hallándose con la injuria de los temporales algo maltratarlas las estatuas y desfiguradas las primorosas y costosas labores y pinturas que comprende se ha deliberado en éste presente año de 1743 renovar esta hermosísima fachada como se ha estado haciendo y concluido. Con todos los aumentos que el arte y los materiales pueden dar de sí estofando y colocando de nuevo las estatuas, blanqueando y limpiando las prolijas y menudas labores que incluye la misma pared, pintando lo que estaba desfigurado y otros sitios y dorando y plateando algunas piezas pequeñas y perfiles. De forma que ha quedado dicha fachada con la nueva renovación en este presente mes de noviembre concluida que es primor; robando las atenciones de cuantos la miran [¡Cuántos daños se harían con esta encomiada restauración!]. Incluye asimismo dicha portada en lo alto y dos lados de ella, cuatro pinturas medianas dos a un lado y dos a otro, las dos del lado derecho son figuras que representan según sus atributos y letreros el celo y la fortaleza y el otro la Victoria y el Vigor también con sus atributos y en medio de la fachada está el nicho que comprende lo que previene el autor del Teatro [Refiérese al relieve que representa a Jesús arrojando a los mercaderes del Templo] el cual lo circunda y sirve de orla un letrero cavado en la misma piedra que leído dice así

AVFERTE.IS
ta. Hinc et nolite
fasere Domum.
Patris mei Do
mum negociacio
nis. 10.2. C».

Sirve de corona de esta portada una preciosa techumbre a modo de gotera que vulgarmente se dice guardapolvo. El cual está de primorosas maderas revestido y adornado ahora de pintura y por sima con canales blancas y azules que hacen vistoso lucimiento para resguardo en parte de las aguas y temporales aunque no puede ser en el todo por razón de la elevación en que se alza.

Tiene otro arco inmediato cuya principal fachada se mira adornada por la parte de adentro con sobresalientes pinturas de elegante pincel en cuyo centro y superior altura está pintada la imagen de Nuestro Señor al modo y semejanza que se pinta a Nuestro Padre y Dios

colocado en el mismo sitio que el antiguo. En las mismas fachadas y cerca de la que llaman *esquina del diamante* se conserva aún, en un género de tribuna, un Señor amarrado a la columna, obra de D. Juan de Valdés Leal, la que por estar al fresco, como la de Vargas, está expuesta a sufrir las mismas inclemencias y estragos del tiempo, sin embargo que todavía está bien conservada.

Capilla del Sagrario

14. Si las cosas se hubieran de estimar por lo que cuestan, en el desatinado retablo mayor del Sagrario se gastaron 1.227.390 rls. Vn., mas *Gerónimo Balbás* su artífice hacía bien poco caso de la fama póstuma. D. Pedro Cornejo hizo las estatuas, que no obstante ser las mejores que trabajó, no desdicen del maderaje en que están colocadas. Son también suyas la imagen del Padre Eterno del arco toral, y las de la Señora del Rosario, el Cristo y la Magdalena que están en los colaterales, los que no por ser de mármoles bien bruñidos, tuvieron mejor suerte que el mayor[11].

16. Las voces de la ruina que amenazaba la Capilla del Sagrario de esta Catedral, aunque suscitadas en nuestros días, vienen desde fines del siglo de 600, por lo que no quiero omitir lo que acerca de ello y otras particularidades dejó escrito el Canónigo D. Juan de Loaysa en la *Colección* que formó de los Epitafios de esta Iglesia, quien a continuación del Arzobispo Tapia, dice así: «En 20 de octubre de 1692 se comenzó el último y total reparo de todo

---

Eterno con varios y primorosos estofados, y multitud de ángeles que adornan los lados y en las dos pilastras está también de pintura el propio misterio de la Anunciación, estando la Virgen postrada de rodillas en oración en el lado derecho y el Ángel San Gabriel en el siniestro y dos Tarjas formadas de la propia pintura una a cada lado que en la de la Virgen dice *Ave María gratia plena dominus tecum* y en la otra dice (en el original sigue un espacio de cinco renglones tachados y a continuación se lee) esto lo mando pintar el Rey Don Alonso y se renovó año de 1724» *Teatro de la Santa Iglesia Catedral de Sevilla por D. Pablo Espinosa de los Monteros seguido de las más importantes noticias contenidas en las Adiciones que a dicha obra dejó escritas D. José de Sandier y Peña cuyo M. S. se conserva en la Biblioteca Colombina publicado por José Gestoso y Pérez -1884- Sevilla. En la oficina de D. Carlos Santigosa. —1 vol. 8º.*

[11] En lugar de este desatinado y costoso retablo de Balbás, luce hoy uno más sencillo y de mayor mérito procedente de la capilla de los Vizcaínos del Convento de San Francisco de esta ciudad en cuyo nicho central se venera el enterramiento de Cristo con figuras talladas en madera de tamaño natural ejecutadas por Pedro Roldán.

el templo del Sagrario, que por muchas partes, desde sus principios había descubierto grandes rayas y quiebras, causadas todas de su asiento; pero que causaban tal fealdad a la vista, que muchas personas juzgaban, y aún lo decían que el Sagrario se hundía, y había quien por estas voces no quería entrar en él, cuya mala opinión, deseando el Cabildo quitar de un templo tan suntuoso, lo mandó reparar, trayendo los más peritos maestros arquitectos para reconocerlo, cuyo parecer de todos fue, que todo el templo estaba firmísimo, y que solo aquellas rayas era lo reparable que tenía; como lo dicen los dichos pareceres que se guardan en el Archivo; y comenzada la obra en dicho día, se acabó con todo acierto y gran satisfacción de cuantos la vieron y ven, en 20 de febrero de 1694. Costó toda la obra 9000 ducados a costa de la fábrica, y la hizo Lorenzo Fernández de Iglesias, maestro de obras de cantería con 15 rls. de jornal cada día; pero la Iglesia costeó todos los materiales. Es digna de conservarse la memoria de los Sres. Tapia y Urbina, ambos Arzobispos de esta Iglesia, quienes dieron para la construcción de esta Capilla 2000 ducados cada uno, con cuya ayuda se acabó felizmente tan apreciable fábrica. Posteriormente se desmontó la cúpula de los adornos que contenía y de una estatua de piedra que representaba la Fe, y en su lugar se puso otra de madera, que al fin también vino a quitarse en 1781, y en su lugar se puso una cruz de bronce que permanece[12].

Mas antes que salgamos del Sagrario, merece que se haga memoria de la sala de Cabildo de la hermandad del Santísimo Sacramento, situada en el patio de los Naranjos, por el bellísimo lienzo, que adorna su testera principal, de Francisco Herrera el mozo, que representa a los Doctores de la Iglesia, adorando al Sacramento y a nuestra Señora en el misterio de su Concepción, del que gravó una estampa Matías de Arteaga. A este lienzo siguen otros, no de tanto mérito y de escuela extranjera, con los cuales está cubierta toda la pieza, que es un cuadrilongo de bastante extensión. El autor

---

[12] Poco antes de concluirse la construcción del Sagrario comenzóse a decir que amenazaba desplomarse y examinadas por peritos, aseguraron que no había peligro. Repitióse esta alarma en 1691-92 que tampoco tuvo las consecuencias que se esperaban, haciéndose grandes reparos que llevó a cabo Alonso Moreno arquitecto del Duque de Arcos [Mems. Sevillanas fol. 313 M. S. Bib. Colomb.]. Todavía en 1776 corrieron nuevas voces de peligro encargándose al arquitecto D. Miguel Fernández que examinara la fábrica, y en virtud de su parecer se descargó la media naranja de los pesados adornos exteriores y en lugar de la estatua de la Fe de piedra se puso la de que habla Matute.

del *Compendio histórico de Sevilla* describe menudamente estos lienzos, te-
niéndolos por del mismo Herrera; más es fácil conocer la diferencia de los
estilos, y que no estaría tan olvidada semejante colección, ni de los Sevillanos, ni de los escritores que han tratado de las pinturas célebres del reino.
Posee asimismo esta hermandad un muy hermoso Niño Dios, de Juan Martínez Montañés, que lo acostumbra sacar procesionalmente en sus festividades, cuya obra es la primera que aquí se conoce de tal autor, pues está firmada
en la peana de plata en 1607. Así en las bóvedas, como en las paredes, baran-
dales y Sacristía del Sagrario, hay varios adornos trabajados en yeso, no mal
entendidos, aunque de un gusto glotón, ejecutados por Pedro de Borja y su
hermano Miguel, a quienes Zúñiga hace un gran elogio[13], el que del todo
no desmerecen; pero la pesadez de sus follajes caprichosos, y abundancia de
frutas y viandas, embutidas en todas partes, dan a conocer el mal gusto de la
edad en que florecieron[14].

---

[13]   Año de 1662 N. 3.

[14]   Para Ponz y Matute han pasado inadvertidas las dos joyas artístico-arqueológicas que se conservan a dicha en el Sagrario. Me refiero al interesantísimo grupo escultural de barro cocido y estofado que representa a la Virgen del Madroño con el Niño Jesús en
brazos a quien ofrece un ángel arrodillado a sus pies un cestillo con aquellas frutas. Vené-
rase en la segunda de las capillas del lado del Evangelio esta curiosa producción del Siglo XV
que procede a nuestro juicio del Sagrario o Catedral primitiva y debe estimarse como precioso dato para el estudio de la escultura sevillana. En la cripta panteón de Arzobispos del
mismo Sagrario, olvidado en el único altar del citado Panteón una hermosísima obra cerá-
mica, digna por todos conceptos de ser trasladada al Tesoro mismo de la Santa Iglesia, pues
por su mérito artístico supera en mucho a las más valiosas joyas de ricos metales que en él se
conservan, no obstante, la pobre materia de que está formada. «Sobre un plano cuadrado
que mide de alto un metro 0,55 y de ancho otro 0,40, cuya parte superior termina en un seg-
mento de círculo que estriba en dos bellísimas pilastras ornadas de frutas y flores polícromas
resaltan sobre fondo azul cobalto varias figuras de Santos en torno de la efigie de Nuestra
Señora de la Granada, sentada con el Niño Dios en brazos y cuya altura es de un metro.
Todas las estatuas están vidriadas de blanco y por su correcto dibujo y peregrina traza sor-
prenden y admiran. Entre ellas nótase a la derecha un San Sebastián en el acto de su martirio que por sí solo sería bastante para calificar a su autor de señaladísimo artista. Remata esta
soberbia placa con tres pequeñas figuras de bajo relieve ejecutadas hasta las rodillas que representan al Señor en el centro y a los lados la Virgen María y San Juan Evangelista». *Pedro
Millán*. Ensayo biográfico critico por José Gestoso y Pérez. Sevilla 1884.

¿Fue este relieve ejecutado en Sevilla por algún artista italiano procedente de la famosa
Escuela de los Robbia o importado directamente de Italia? Por mi parte no me atrevo a con-
testar; sólo diré que encuentro notable semejanza entre esta obra y el medallón central que
está en la clave de la archivolta de la portada del monasterio de Santa Paula en esta ciudad.

Nave del evangelio de la Catedral

18. No carecen de mérito, según lo reconoció Ponz, las tablas pequeñas del primer altar a la derecha, conforme entramos por la puerta de junto a la torre, dedicado a la Magdalena, y especialmente por el tiempo en que las pintó Gonzalo Díaz, alrededor de los años de 1499, el cual es el tercer pintor en antigüedad que conocemos en Sevilla. El que le acompaña al otro lado de la puerta que es el de la Asunción de Nuestra Señora, con otras figuras, así en el altar como en las enjutas, tiene pinturas de Alonso Vázquez, bien conocido en Sevilla por sus famosos lienzos de la Merced, y otros de no inferior mérito.

Como quiera que Ponz hizo su viaje con el fin principal de ver los monumentos sobresalientes de las bellas artes, omitió algunas noticias históricas relativas a otros objetos, que no deben mirar con indiferencia los patricios, principalmente cuando le acuerdan sus antiguallas gloriosas. De esta especie es la Capilla de Nuestra Señora del Pilar, (cuya imagen es obra del mismo Joan Millán[15], de quien Ponz habla en sus Núms. 21 y 34) pues los Aragoneses que se establecieron en Sevilla después de la conquista, fundaron esta Cofradía para dar culto a Nuestra Señora con aquella advocación, el que se fue extendiendo hasta que en 1317 volvió a su primitivo esplendor, con motivo de acudir peregrinos de todas partes a visitar la Capilla. Esto movió a la Cofradía a que labrase un Hospital para recoger aquellos piadosos vagantes, los que no hay duda se aumentan a proporción de la buena acogida que encuentran en los santuarios. No sería mala la de Sevilla; pero al fin se enfrió la devoción de los Cofrades, y los Reyes

---

¿Se deberían ambas obras al excelente artista Miguel Florentín, conocedor ya del nuevo procedimiento del vidriado que aquí introdujo Francisco Niculoso Pisano?

Esta inestimable pieza estuvo hasta 1654 en la primitiva capilla de la Granada sita «en la otra nave del Sagrario antiguo» o sea en el lugar en que hoy están las oficinas de la parroquia del Sagrario, casas de los Señores Curas y almacén del Cabildo. Véanse Vida del V. P. Fernando de Contreras por el P. Gabriel de Aranda y también mis Curiosidades Antiguas Sevillanas. Sevilla 1885.

[15] De esta bellísima imagen prototipo de la escultura cristiana en Sevilla puede repetirse lo que dejo asentado al tratar de las esculturas de las portadas del Baptisterio y Nacimiento; en el plinto de la efigie del Pilar se lee claramente PEDRO MILLÁN escrito así: PO MILLA. Ignoro qué se haría de la primitiva efigie de esta Señora, con cuya advocación fundóse la cofradía de que habla Matute. (José Gestoso).

Católicos tomaron para sí el dicho hospital en 1500, el que hasta nuestros días permaneció en la plaza de la Lonja, con el nombre del *hospital del Rey*, quien nombraba por su Consejo de Castilla un administrador, constituido en dignidad eclesiástica, y trece soldados inválidos, que hubieran padecido mutilación de algún miembro en la guerra; más aún esto tuvo fin por los años de 1793, habiéndose vendido el sitio y edificio a un particular, quien ha labrado en él una magnífica casa[16].

Ponz no se atrevió a afirmar que el Ecce-Homo de la capilla del Pilar fuese de Murillo, sólo dice que estaba hecho sobre su gusto, más no hay duda en que es del mismo Murillo[17], así como otro que hay en la Iglesia de Capuchinos de Cádiz sobre la puerta de la Sacristía, del mismo tamaño y forma, y aún en la capilla mayor de la casa del Carmen de Sevilla se le atribuye otro. Es lo cierto, que Murillo pintó bien pocos asuntos de la pasión del Señor, y fuera de los apuntados sólo hemos visto un borroncito pequeño del Señor caído con la Cruz y Nuestra Señora, que posee, entre otras buenas pinturas, el Sr. D. Tomás González Carvajal, Intendente de las nuevas poblaciones de Sierra Morena.

Junto a la capilla del Pilar está la puerta que llaman del Lagarto, por la que se sale a la nave que en el antiguo templo se llamó de San Jorge, en la que está la capilla de la Granada, frente de la cual hay un cuadro, quizá el mejor que se conoce de Francisco Pacheco, que representa a Nuestra Señora en el misterio de su Concepción, y a los pies el retrato de Miguel Cid[18] natural y vecino de Sevilla, y autor de las conocidas coplas de Concepción, que sirve de glosa a la redondilla *Todo el mundo en general* compuesta por el Venerable Siervo de Dios Fr. Francisco de Santiago, del Orden de San Francisco.

19.   En la capilla de las Doncellas, sin embargo que no hay cosa que interese la curiosidad artística, antes si la cólera por su monstruoso retablo, rico

---

[16]   Para más noticias véase la interesante obra intitulada Memorias históricas de los Establecimientos de caridad de Sevilla &ª. por D. Francisco Collantes de Terán. Sevilla 1884 1 vol. 4º.

[17]   Regaló el Cabildo este cuadro a Luis Felipe de Francia, donando dicho monarca a su vez a la Corporación Eclesiástica el retrato de Cristóbal Colón, pintado por Emilio Lassalle, que se conserva en la Biblioteca Colombina; varias obras lujosamente impresas e ilustradas que pueden verse en dicha librería y una medalla de oro con los bustos de aquel Rey y otros miembros de su familia.

[18]   Hállase hoy en la sacristía de los Cálices.

de oro y delirios[19], no debe olvidarse el instituto de su Cofradía, aprobada por León X en 1517, que es dotar doncellas pobres y honestas para su colocación, en que anualmente se consumen gruesas cantidades, para lo que su fundador Micer García de Gibraleón, Protonotario apostólico y natural de Sevilla, aplicó todo su caudal.

Los dos altaritos de que Ponz habla en este número, contiene el primero un buen lienzo de la Asunción de Nuestra Señora muy bien empastado y dispuesto, del estilo de Carlos Marati, y el compañero es donde se venera la imagen de Cano, cuya historia la escribe el citado Loaysa en sus *Memorias sepulcrales* fol. 341 hablando de la del Racionero tenor Don Andrés Cascante; dice pues, que entre las cosas que su albacea dispuso por su muerte, fue traer al Cabildo una pintura de Nuestra Señora de Belén, de mano del Racionero de Granada Alonso Cano, y habiéndola visto el Cabildo, y tenido noticia de que Cascante la había antes mandado al Arzobispo D. Jaime de Palafox, se la envió a su ilustrísima, el que la volvió al Cabildo, agradeciendo su expresión, con cuyo motivo el Canónigo D. Juan de Loaysa, siendo Mayordomo de fábrica, mandó hacer un altar, que lo ideó e hizo por su mano Jerónimo Franco, peón de la Santa Iglesia, y se colocó en él la imagen, en la que era ante-capilla de San Hermenegildo, cuya pintura la vio hacer en Málaga a Cano, y a ruegos de Cascante, que entonces era Racionero de aquella Catedral, el maestro dorador Miguel Parrilla, de todo lo cual hay razón escrita a la espalda de dicho retablo.

Continúa la nave del evangelio

20. En la capilla de San Francisco, cuyo lienzo se colocó en junio de 1657 tiene su asiento la Veintena, y en ella cumplen sus memorias y dotaciones,

---

[19] Si hay por fortuna en dicha capilla cosa que interesa a la curiosidad artística; en los huecos que deja libres el desatinado retablo de que habla el adicionador. Existen, varias tablas salvadas del primitivo retablo ejecutadas en los principios del siglo XVI bastante interesantes, entre ellas la del nicho central que representa el acto de entregar las dotes a las Doncellas, viéndose también en el ángulo de la izquierda el retrato del fundador Micer García de Gibraleón en actitud orante y su escudo a los pies. Desgraciadamente todas estas pinturas están mal restauradas, pero Conservan datos bastantes para llamar la atención. La verja es también una de las más notables del templo trabajada al estilo del Renacimiento y el zócalo de azulejos de cuenca que orna el muro de la tribuna sobre que está el altar, digno de mención. (José Gestoso).

para lo cual la han rodeado de una seria sillería de caoba, y frente del principal altar se ha colocado un lienzo de nuestra Señora de Belén, o como quieren otros, del Rosario, con muy bello marco, de Juan Simón Gutiérrez, la que antes estaba en la capilla de San José, con bien poca luz, pero que jamás ha tenido altar[20].

29. Efectivamente, el cuadro de San Lorenzo de la capilla de Santiago, es de Juan de Valdés, cuyo estilo sólo conoció Ponz. Aquí existe el sepulcro de nuestro Arzobispo Don Alonso de Toledo y Vargas del Orden de San Agustín, el que murió en 26 de diciembre de 1366 y no 27, como escribió Zúñiga, lo que consta de la Inscripción, que en la losa de mármol embutida en la pared, está junto a la tumba, la que dice así:

AQUÍ YACE D. FRAY ALFONSO POR LA GRA-
CIA DE DIOS ARZOBISPO DE LA SANTA EGLE-
SIA DE LA MUY NOBLE CIBDAD DE SEVI-
LLA ET MAESTRO EN LA SANTA TEOLO-
GIA É FINÓ XXVI DIAS DE DECIEMBRE
ERA DE MILL É CCCC É IIII ANNOS[21].

Las estatuas de Santa Justa y Rufina, colocadas en un altar de esta capilla, son de Manuel García de Santiago, escultor de nuestros días[22].

---

[20] En esta capilla se disponía y preparaba la Tarasca que iba en la procesión del Corpus y por eso la parte superior de la reja está arreglada de modo fácil para poderse abrir y dejar paso al citado armatoste. He adquirido esta noticia de antiguos servidores de la Catedral (José Gestoso).

[21] Por las palabras de Matute parece que en sus días existía el sepulcro de D. Fr. Alonso de 'Toledo a quien Loaysa llama D. Fr. Alonso de Vargas; que al presente ha desaparecido. Cuando se trasladó a la Cartuja de esta Ciudad el de su fundador D. Gonzalo de Mena en marzo de 1594 dispuso el Cabildo que al lugar que ocupó este se trasladase el del Sr. Vargas: en 1836 con motivo de la exclaustración rescató la catedral esta presea arqueológica (que no es mirada con el aprecio que merece) y entonces seria tal vez el momento de perderse el antiguo mausoleo del citado Señor Arzobispo Vargas. Hemos podido averiguar que era de mármol blanco, liso, encima el bulto del Arzobispo vestido de pontifical y a sus pies un león y en la pared el epitafio en letra gótica que aún subsiste. (José Gestoso).

Fallecido Matute seis años antes de haberse devuelto el sepulcro del Señor Mena a la Sta. Iglesia no es extraño deje de mencionarlo en este lugar.

[22] Dicho altar de Santas Justa y Rufina no existe hoy.

22. En la capilla de las Escalas se hizo en 1794 una gran obra, habiendo quitado la voluminosa tribuna y cornisamiento donde estaba el órgano, dejándola muy diáfana, y con bastante luz por la que le franquea una gran ventana, que de nuevo se abrió, la que está cubierta con vidriera de colores, que juega con las demás del templo[23]. En ella se representa el descenso del Espíritu Santo sobre el Colegio apostólico, la que se ejecutó por diseño de D. José de Huelva, pintor de esta Ciudad, habiendo costado, hasta ponerla en su sitio, 12000 rls. vn.

Frente del altar se ha colocado, en una decente moldura, la pintura de Nuestra Señora del Pópulo, que antes se hallaba en el centro de la tribuna, la que tiene este letrero. *Sacada en Roma del natural de la que está en Santa María la mayor, que pintó S. Lucas, año de 1508*[24].

22. Como cuando D. Baltasar del Río costeó su sepulcro fue con intento de enterrarse en la capilla que había adornado, mandó poner la inscripción con el *Aquí yace* acostumbrado; pero en este se cumplió aquello que comúnmente se dice con aire de apotegma, de que el hombre sabe dónde nace, pero no donde muere. El Obispo de Escalas después de haber gobernado a Roma falleció en ella en 1540 y fue enterrado en Santiago de los Españoles, según dice Fernando Ughello en su Italia sacra, (tom. 7 fol. 466 y 67 N. 20), quien pone el epitafio con que notó su sepultura, dice pues así. *Balthasar del Río, Hispanus. possessionem Scalensis Episcopatus adeptus est 22 Octobris 1515 quo Praesule Scala peste laborabit. Sub Clemente VII anno 1530. Urbis fuit Gubernator, et postcuam in hac Ecclesia sedisset annis 24. Rome vita cum morte conmutavit 1540. Sepultus in Ecclessia Sancti Jacobi Hispanorum coden in tumulo. ubi Francisc. ejus germanus frater funeratus fuerat, conditus est. In eoque legitur haec semiesa inscriptio.*

BALTHASAR EPISCOPUS SCALAN.
ARCHIDIAC. ET CANONIC.

---

[23] Faltó decir que es una de las peores.

[24] Ocioso me parece refutar la peregrina noticia del letrero al decir que la Virgen está copiada *de la que pintó S. Lucas*. Mr. Bayet en su interesante libro *L'Art Bizantin* consigna que «muchas de las imágenes de la Virgen atribuidas a S. Lucas que existen en las iglesias de Oriente y Occidente no remontan su antigüedad a más del siglo XIII». La imagen original de que esta hubo de copiarse debe ser de estilo bizantino y por sus caracteres hubo de ser ejecutada en los siglos XIV-XV a juzgar por la copia hecha en 1508 a que se refiere Matute.

IN ECCLESIA HISPALENSI
FR. GENNINO GERMANO
B. M. P. MOEREUS.

Qui ut cum illo simul in lucen venerant
in una cum eo.......

Bien se echa de ver, que Baltasar del Río puso el epitafio a su hermano gemelo, y que las dos últimas líneas fueron añadidas por los que cuidaron de sepultarlo en él, para que los que juntos nacieron reposaran unidos. El P. Aranda en la vida del Venerable Fernando de Contreras (fol. 822) dice, *que poco después de llegado a Roma falleció... cuyo testamento se abrió en Sevilla en 26 de Enero de 1341.*

Esta capilla está servida de número de Capellanes, que con decente renta cumplen las memorias y cargas del fundador, y para su uso tienen una pequeña sacristía, en la que hay una nuestra Señora con pobres a sus pies del estilo de Campaña, y un San Lázaro, y varios retratos de no pequeño mérito.

25. Para conocer el grado de estimación, que Murillo gozaba en su tiempo, basta saber el precio a que le pagaban sus obras. Por el lienzo de San Antonio, colocado en su capilla en 21 de noviembre de 1656, le pagó el Cabildo 10.000 rls. bien que los inteligentes convienen en que es este uno de los mejores de su mano. Frontero del retablo de San Antonio hay un muy bello lienzo de Zurbarán, que representa al Bautista predicando en el desierto, el cual se ha compuesto estos días pasados, por estar roto y descuidado.

Trascoro de la Catedral

27. De las equivocaciones de Ponz, hablando de Pedro Villegas, me haré cargo cuando en la Carta IIIª. N. 6 trate de la Iglesia Parroquial de San Lorenzo, donde está su epitafio.

30. No fue menor la que tuvo cuando hablando de San Jerónimo del altar de la Visitación de nuestra Señora, dijo que parecía de Torrigiano, aunque aquí es tenido por de Jerónimo Hernández; efectivamente, el mejor elogio de nuestro sevillano es equivocarse sus obras con las de aquel gran maestro.

Más allá de la capilla de San Leandro hay una pequeña con una hermosa imagen de Consolación o Consuelo, que tiene al niño Dios en sus brazos, y a los lados San Francisco y Santiago. A los pies de la Señora está arrodillado un personaje en hábito clerical, y junto se lee la firma de *D. Alonso Miguel de Tobar, familiar del Santo Oficio. Fec. a. 1720.* Aunque Tobar se distinguió tanto por sus exactas y graciosas copias de Murillo, con quien casi se equivocaba, no merecía menos por sus obras originales, siendo esta la única suya que se conoce en Sevilla, y el mejor cuadro de su tiempo. Conocido su mérito por el Rey Felipe V cuando estuvo en Sevilla lo nombró su pintor de Cámara, en cuyo empleo murió en Madrid en 1758.

Al otro lado de la puerta grande, en altar correspondiente al del Consuelo, se ha colocado la estatua de San José de Pedro Roldán, la que estaba en el altar que este Santo tenía en la antecapilla de San Hermenegildo[25]. Ha dos años que se ha traído de Valencia una estatua del Patriarca, ejecutada por D. José Esteve, para la que en dicha capilla se está haciendo un retablo de piedra.

Nave de la epistola

34. La primera capilla del lienzo del medio día es la de San Laureano, en la que yace nuestro Arzobispo don Alonso de Egea, su dotador. En su ángulo se puso la primera piedra del templo, en el año de 1403, y concluido sustituyó mucho tiempo de capilla mayor. Posteriormente el Canónigo D. Valentín Lampérez y Blázquez la eligió para su enterramiento, de lo que da noticia y de su adorno el citado Loaysa en su *Colección* de epitafios, en cuyo fin, poniendo el *Óbito* de dicho Lampérez que fue en 12 de abril de 1709 dice: «El referido Capitular se enterró en la capilla de S. Laureano de su Catedral, la que había antes adornado con retablo, reja, solería de jaspe blanco y negro, y a trechos cuadros grandes, de mano de *Matías de Arteaga,* y toda la capilla dorada y estofada de mano de D. *Lucas de Valdés,* en lo que gastó más

---

[25] Luce hoy en este altar un sobresaliente lienzo de Murillo representando al Ángel de la Guarda procedente del extinguido convento de Capuchinos de esta ciudad. En un m. s. que posee un señor eclesiástico, antiguo servidor de la Santa Iglesia, al hablar del altar de la Pasión que así se llamaba este dícese «Este altar se desbarató en 1818 para colocar el lienzo del ángel de la Guarda de Murillo que dieron los capuchinos».

de 20.000 ducados». Por lo que se ve el engaño de algunos, que atribuyen estos lienzos a Pedro de Uceda[26].

En esta capilla está situada una Cátedra de moral y casos de conciencia, a cargo del Presidente de la Sala de Examinadores Sinodales, quien por lo común encarga su lectura a algún otro Eclesiástico, consistiendo la renta de su dotación en más de mil ducados anuales. «Algunos han pensado, dice el Abad Gordillo, que la dotación de esta cátedra tuvo origen del *Subsidio catedrático* que pagaba anualmente el Clero de Sevilla a su Arzobispo, al que se llamaba *Martiniega* por cobrarse el día de San Martín; mas esto carece de fundamento, ya por ser la fundación de la cátedra posterior al tiempo en que se dejó de pagar esta contribución, ya porque se destinaba a la manutención del Prelado, la que cesó por el aumento, que la renta tomó con el discurso del tiempo»; sobre lo que puede verse el *Memorial de la historia Eclesiástica de Sevilla f. XV* en donde añade, que uno de los grandes hombres que leyeron esta cátedra fue el Dr. Jofre de Loaysa, por

---

[26] Las tristes consecuencias que frecuentemente se siguen del inmoderado afán de llevar a cabo innovaciones, se dejaron sentir de manera funesta en esta capilla. A más del altar primitivo dedicado a S. Laureano que probablemente sería una curiosa antigualla hemos adquirido noticias de otro altar en la misma contenido que se decía del Jesús de la Piedad en tiempos de Loaysa y que a nuestro juicio debe ser el interesantísimo grupo escultural de barro cocido, firmado PO MILLA IMAG, que posee actualmente nuestro buen amigo el Sr. D. Jacobo López Cepero [PEDRO MILLÁN Ensayo biográfico crítico. Sevilla 1884.]. De este mismo habla Ceán Bermúdez a la pág. 153 del tomo III de su Diccionario (artículo Juan Millán). Añade dicho autor que además había la estatua del Señor resucitado con ángeles a los lados también de barro cocido y todas *del estilo gótico*. Las atribuye Ceán a Juan, hijo de Pedro Millán, pero la firma del padre que arriba dejamos copiada no permite ya dudas acerca de su autor. Había en la citada composición artística del asunto de la Resurrección otro dato que de existir hoy seria valiosísimo; la imagen en barro del Racionero Antonio Imperial que en 1477 «estaba al pie del Jesús que se trasladó a Santa Marta en 1818 desde la capilla de S. Laureano». Esta noticia que he hallado en un legajo de varios papeles [Tabla Iª. Estante 85. Bib. Colomb.] me hace suponer que formaría parte de la composición citada por haber acaso sido dicho Racionero el donante del altar que en su virtud se mandaría colocar en actitud orante según en los pasados siglos se acostumbró. La particularidad de haber sido ejecutada en barro como las otras y estar al pie del Jesús aumentan mis sospechas de que formó parte del asunto y fue trabajada por el esclarecido escultor ya mencionado.

¡Cuánto más interés ofrecería para todos la capilla según estuvo que como se ve al presente con un desatinado retablo, malos cuadros y pésima verja en vez de aquellas verdaderas preseas del arte cristiano! (José Gestoso).

nombramiento del Cardenal Guevara, en el cual se hizo perpetua, atendida la bondad de su doctrina[27].

35. Sigue a esta capilla la de Santa Ana, cuyo retablo (que es el que en la Iglesia antigua era de San Bartolomé) está en una especie de tribuna, a la que se sube por algunas gradas. La Santa ocupa el centro del sotabanco en un lienzo apaisado, y no mal ejecutado, y a los lados se lee esta inscripción: *Este retablo mandó facer el reverendo S. D. Diego Hernández Marmolejo. Arcediano de Écija. Canónigo de esta Santa Iglesia. =E él onrado Caballero Rui Barba Marmolejo. Acabóse en el mes de Septiembre año de 1504.* El resto del retablo es de la manera gótica, y semejante al del Colegio mayor de Santa María de Jesús. En el centro está San Bartolomé, pintado en tabla, y en varios compartimientos de los lados algunos Santos y entre ellos San Miguel y Santa Marta, por lo que a este retablo le llaman el de los *tres diablos,* por el que pintan a cada uno de los Santos nombrados; en el basamento hay cinco asuntos de la Pasión, todo hecho con bastante gusto y prolijidad, y en la parte principal y superior del retablo una Nuestra Señora de escultura de igual antigüedad que las tablas[28].

En esta capilla se ha colocado el primer altar de estuco de esta Iglesia, en el que se ha puesto una pintura antigua de Cristo crucificado, llamado de Maracaibo, quizás por haber sido traída de aquella provincia. Hizo el retablo Don José González, introductor en Sevilla del estuco, y del que en la carta III volveré a hablar. Aquí se ha colocado modernamente un muy gracioso Nacimiento en forma apaisada, creído de Antolínez.

Entre esta capilla y la que se prepara para San José hay un pequeño callejón, que dirige a la obra nueva que llaman del muro, en donde han dispuesto muy cómodas oficinas; aquí está el Archivo, en el que se ven algunas

---

[27] Según parece por la *Ordenación* de esta Santa Iglesia al principio de sus *Estatutos*; esta cobraba de todas las Fábricas del Arzobispado una veintena parte de sus rentas, cuyo derecho se llamaba *catedrático* por ser en razón de su cátedra o silla patriarcal. Este derecho en cambio de otros, le cedió la Iglesia al Arzobispo D. Remondo, y los sucesores de este lo aplicaron para renta de la cátedra de moral, que nombra el Arzobispo.

[28] Ignórase hasta ahora el nombre del autor que pintó estas excelentes tablas, debiendo consignar que son de grandísimo interés para la historia de la pintura sevillana por ofrecer rasgos característicos del estilo de transición del arte ojival al del Renacimiento. Los datos de indumentaria que contienen las figuras de las tablas son importantes, así como las esculturas que decoran dicho retablo, exceptuando las dos que se hallan en las columnillas últimas a ambos lados, que son más modernas.

pinturas, y entre ellas una Concepción del estilo de Varela, unos Desposorios, en lienzo apaisado, de Francisco Meneses, y una buena copia de Guido Rheni, que representa a Nuestra Señora que tiene en su falda al Niño, y al lado el Patriarca, también apaisada. Es digno de todo elogio el buen orden, propiedad y cuidado con que aquí se guardan los papeles, y el copioso índice que los clasifica; lo que en mucha parte es debido a la inteligencia y amor con que sirve al Cabildo su archivista D. Antonio Sanmartín Presbítero. La Diputación de negocios pertenece a este departamento, y en ella se conserva un cuadrito pequeño, que antes parece estaba en la Contaduría de Fábrica, que representa a Cristo difunto en los brazos de la Virgen, a quien acompaña San Miguel y San Vicente Mártir, con un Capitular arrodillado en primer término. El Sr. Ceán Bermúdez, hablando en su *Diccionario* de Pintores &c. de Juan Núñez su autor, dice que «es imponderable la hermosura y brillantez del colorido, pues parece que está acabada de pintar; lo es también la delicadeza y detención con que figuró la capa pluvial, bordada de imaginería que tiene el Arcángel, y el rico brocado de la dalmática del Santo Levita». Vivía Núñez en 1507, y fue discípulo de Juan Sánchez de Castro, después de cuyo tiempo es más admirable la conservación y frescura de esta tabla[29].

Queda dicha la colocación que se ha dado a la estatua de San José de Roldán, y a la pintura de Nuestra Señora con el Niño, de Simón Gutiérrez, de los que habla Ponz en este número. La estatua de San Hermenegildo es de Bartolomé García de Santiago, con la fortuna de estar colocada en un retablo de moda, de su hijo Manuel, que se sustituyó a otro, semejante al que actualmente tiene la Iglesia de San Francisco por mayor, según el Br. Peraza (Historia manuscrita de Sevilla, Decad. 2. cap. 5), quien añade, que en la misma capilla acostumbran celebrar órdenes los Sres. Arzobispos en honrosa memoria del benemérito Prelado que allí yace; esto es, el Cardenal Cervantes, cuyo sepulcro es el monumento más antiguo que Sevilla posee de moderna escultura[30].

---

[29] Hemos tratado de este cuadro en la Sacristía de los Cálices.

[30] El diligente Loaysa dice «que en la ante capilla ai quatro altares, uno de Santa Lucía, otro de la Pasión, otro de San Miguel y otro de San Blas están dotados capellanías por lo qual anexó a la fábrica ciertos préstamos en 1442» (José Gestoso).

Capilla de la Antigua

36. La devota imagen de Nuestra Señora de la Antigua estuvo oculta, durante la cautividad agarena, en el mismo templo por medio de un tabique, que milagrosamente se desplomó cuando la restauración de la Ciudad: esta circunstancia la hace más digna de estimación; como también, que estando pintada en un costado del muro y sobre él mismo, este se ha mudado alternativamente sin que jamás haya padecido la imagen, habiéndose conservado aquel lienzo de pared cuando se derribó el antiguo templo, el cual se trasladó a la fachada, y después en 8 de noviembre de 1578, se volvió a mudar a causa de la mayor extensión que se dio a la capilla[31], para cuya obra había dado nuestro Arzobispo D. Diego Hurtado de Mendoza, en *22* de febrero de 1502 a la Fábrica de la Iglesia, el Donadío de Palenzuela, término de Carmona, del que los Reyes le habían hecho merced, confiscándolo a ciertos judaizantes, y habiendo el Arzobispo, muerto en Tendilla el mismo año, fue trasladado su cuerpo a el sepulcro en que aquí yace en 1524, para cuya dirección y colocación concurrió el célebre arquitecto D. Juan Fernández de Iglesias, quien igualmente intervino en las obras de arquitectura de esta capilla y su retablo, según advierte D. Alonso Carrillo y Aguilar en la *Noticia del origen de la milagrosa imagen de Nuestra Señora de la Antigua*[32].

40. Ponz habla de las dos bellas columnas de verde antiguo, que adornan la puerta del costado, (que antes era la principal) de la capilla de la

---

[31] No extrañamos ciertamente que el discreto y erudito Matute haya incurrido en el error de bulto en que cayeron los antiguos historiadores sevillanos al decir que *la imagen de la Virgen de la Antigua que hoy contemplamos* fue la misma que veneraron los mozárabes durante la dominación agarena. Aún se repite este concepto por muchas personas ilustradas así que no nos sorprende ver al adicionador a Ponz repitiendo este mismo juicio. Creemos que al presente no existe ninguna pintura mural de Virgen ejecutada por los visigodos y de existir, seguramente que no ofrecería los caracteres artístico-arqueológicos de la imagen de Nuestra Señora de la Antigua. A juzgar por estos no podemos remontar su origen más que hasta el siglo XIV. Entiéndase que no negamos que los cristianos mozárabes hubieran venerado una Virgen pintada en el muro en que se ostenta la actual y es más, no nos opondremos a creer que bajo la imagen existente estuvo la visigoda, esto interesa poco; lo que si afirmaremos es que la pintura mural que se ofrece *ahora* a la devoción no es producto del arte visigodo.

[32] Imp. en Sevilla por D. Florencio de Blas en 1736 en cuarto: fol. 46.

Antigua, las cuales, según el Sr. Peraza, sirvieron de columnas a los pulpitos que se quitaron, cuando se pusieron los actuales, y añade, que en
su tiempo el Emperador Carlos V envió los bultos del serenísimo Príncipe su hijo, y de los demás Infantes en señal de devoción a este lugar
sagrado[33]. Además, está decorada esta puerta con varias estatuas de piedra, que en 1568 comenzó el escultor Juan López, quien habiendo fallecido en 1571 dispuso el Cabildo que las concluyese su hijo y su yerno. El
citado Carrillo y Aguilar dice que, en el medio del banco del altar de la Sacristía, donde está colocada la hermosa pintura de Murillo, hay un nicho
en forma de cruz, y en él una apreciable hechura de un crucifijo de marfil,
original de lo más estudioso del célebre Cortezo. En el oratorio de esta Sacristía, añade, se hallan dos célebres pinturas, como dedos varas de alto,
la una ríe San José, con el Niño en los brazos, original de Juan Simón Gutiérrez, y la otra de San Joaquín de no menor mérito[34]. Últimamente se
han colocado en la dicha Sacristía dos cabezas de San Pedro y San Pablo,
de Zurbarán, y por de Vandick se tiene un San Pedro de medio cuerpo.
Junto a la puerta hay una Virgen pequeña por el gusto de Murillo, y de
Lucas Valdés hay otro lienzo apaisado del Obispo de Marsella Lázaro con
sus hermanas Marta y María.

43. El San Cristóbal de (pie aquí se trata se pintó en 1584 de altura de
treinta y cuatro tercias, y no treinta como dice Ponz, por cuya pintura se le
dieron a Pérez de Alesio su autor 3000 rls. sobre todo lo cual merece verse el
artículo de este pintor en el *Diccionario* del Sr. Ceán Bermúdez, en donde se
impugnan algunas especies, que Ponz copió de Palomino, en la nota a este
lugar. A los pies de la referida imagen se hallan unos excelentes versos latinos
del Canónigo de esta Catedral Francisco Pacheco, los que copió Ponz, y después algo desfigurados, en la puntuación, el editor de los *Anales de Sevilla*.
Zúñiga dice, que prefirió a otras traducciones más elegantes la que de ellos
hizo D. Pablo de Espinosa; pero no hay duda que en ella no están expresados
ciertos rasgos del original, que caracterizaban el talento poético del citado
Pacheco. Creemos, pues, que podían trasladarse así:

---

[33] Valflora *Compend. Histor. de Sev.* fol. 11 del *Apéndix*.
[34] *Noticia* &c. citada. Part. 2 párrafo VIII.

CONSAGRADO A DIOS

Fuerte Coloso, tu, que a Cristo llevas,
Esclareces al ciego caminante
Con fe rica de obras, la que vence
Acechanzas ocultas del infierno,
Y afianzada en Dios, burla animosa
Los peligros del mar que nos rodea.
Por tal te conocemos, o el más grande
Capitán, y de ejemplo al pueblo pio
A la entrada del templo te ponemos,
Ofreciendo en tu altar debidas honras.

En un muro del templo antiguo había otro San Cristóbal, cuya cabeza aún la vimos en nuestros días sobre una puerta que llamaban de la campanilla, frontera a la puerta del Alcázar, que nombran de las banderas; pero últimamente se derribó el dicho muro entre otros edificios que rodeaban el templo por la banda oriental, de lo que resultó una espaciosa plaza que unida con la de la Lonja, deja franca toda la vista del templo, habiendo tenido el Cabildo la curiosidad de mandar poner una faja de losas, para señalar la parte de terreno, que antes ocupaban los edificios derribados, entre los que se contaron, la sala de Rentas, el Consistorio y la puerta que llamaban de los Palos.

Sacristía de los cálices, y otras capillas

En la capilla donde está la Doloroso de Pedro de Mena, hay una Sacristía que llaman de los Cálices destinada al servicio ordinario de la Iglesia, y en ella se hallan algunas buenas pinturas, mereciendo notarse la adoración de los Reyes, en su altar principal, obra antigua y delicada por el estilo de Durero[35]. Es bueno también un lienzo de San Pedro de la manera de

[35] Refiérese el autor según parece a la interesante tabla de Alejo Fernández que está hoy en la Sacristía Mayor, una de las más notables que se conservan en Sevilla de aquel ilustre artista. Esta pintura se quitó del sitio que dice el adicionador para colocar el admirable crucifijo de tamaño natural obra de Juan Martínez Montañés procedente de la Cartuja de las Cuevas de esta ciudad.

Zurbarán, y no lo es menos el de la Magdalena, cuyas ropas están plegadas con bastante inteligencia, y del estilo de Morales son una Doloroso y Ecce-homo. A los pies de la Sacristía hay un Señor amarrado a la columna, y San Pedro arrodillado, cuyo pensamiento según Ponz[36], parece del mismo Morales, del que había encontrado muchas copias, de las cuales hay varias en esta Ciudad[37]. Hay memoria de que Luis de Vargas había retratado al Venerable Padre Fernando de Contreras, y a la Madre Francisca Dorotea, de los que se dice que Murillo sacó las copias de medio cuerpo, que se conservan en esta Sacristía; mas hay sobrados fundamentos para creer no ser de Murillo la que aquí existe del Venerable Contreras. Hay otro lienzo que representa al dicho Padre Contreras acariciando unos niños cautivos, que pintó en Roma D. Francisco Preciado, el cual debió este Cabildo a la memoria de su Prelado el Excmo. Sr. Llanos, que lo poseía.

Además hay de la escuela de Zurbarán, quizá de los Polancos, dos muy bellas pinturas, que representan a las Santas Justa y Rufina, con unos barros en las manos, y otra Santa, igualmente de cuerpo entero, y algunas copias de Marati.

Pero superior a todas es el lienzo del Salvador del célebre Roelas, colocado a muy mala luz y mucha distancia sobre el altar principal de esta Sacristía, que debió el Cabildo a la generosidad de su Prebendado Contrabajo Don José Moreno. También no ha mucho tiempo, que el Cabildo adquirió por compra, otro lienzo del mismo autor, que representa al Señor en la Cruz, acompañado de la Virgen, San Juan y la Magdalena arrodillada, el que parece se destina para colocarlo en arreglado retablo en la capilla exterior.

Ponz siguiendo a Palomino nombra constantemente al clérigo Roelas *Pablo,* sin poderse alcanzar de donde procedió este error, siendo así que Francisco Pacheco en su *Arte de la Pintura* le llama *el Lic. Juan de las Roelas*, lo que igualmente se comprueba con los muchos papeles e instrumentos, que para deshacer estas y otras equivocaciones de Palomino, examinó el Sr. Ceán, como puede verse en su *Diccionario* al artículo correspondiente.

En la capilla de San Andrés se ha colocado modernamente en altar arreglado una copia del cuadro, que de dicho Santo hay en la capilla de los

---

[36] Viag. de España Tom. 3 fol. 34.

[37] Este lienzo atribuido por algunos a Alonso Cano bien merece por su mérito relevante los elogios que el adicionador ha omitido (José Gestoso).

Flamencos de Santo Tomás, del clérigo Roelas. Es certísimo, que es más apreciable una copia bien ejecutada, que un original malo; pero sin disputa en España pueden pintarse aún todavía, algunos originales, que excusarán las copias de esta clase, principalmente estando tan cerca de su original. Con motivo de la obra que se hizo en esta capilla, a la que se dio alguna luz por una claraboya, se quitaron del medio los sepulcros que la ocupaban, y se colocaron en los alrededores[38].

44. En la capilla del Mariscal D. Diego Caballero (y no D. Pedro como escribe Ponz), está la contaduría mayor del Cabildo en pieza separada, la que ahora se ha adornado con una muy decente y arreglada estantería de caoba de orden jónico, para custodia de sus libros y papeles, y se ha losado de buenos mármoles. En sus paredes se han colocado algunas pinturas, entre ellas un San Fernando de cuerpo entero de Murillo[39], una Nuestra Señora de su escuela, un lienzo de las Santas Justa y Rufina, del tamaño del natural, de Pablo de Céspedes, y del mismo el sacrificio de Isaac.

46. Gonzalo Núñez de Sepúlveda, Caballero del Orden de Santiago, y Veinticuatro de Sevilla, dotó en 1655, una solemnísima octava a la Concepción de nuestra Señora, por lo que el Cabildo le cedió esta capilla, trasladando los huesos y armas de los caballeros conquistadores, que allí yacían, a una bóveda en la Sacristía de los Cálices, por lo que casi se ha obscurecido la memoria de tan generosos caudillos, los que tenían la siguiente inscripción,

---

[38] Los mausoleos pertenecientes a los señores del linaje de los Pérez de Guzmán a que se refiere Matute son los monumentos sepulcrales más importantes en el concepto arqueológico que conserva nuestra Catedral. Difícil es determinar los sujetos de aquella familia que representan sus estatuas yacentes asegurando el Sr. Carderera que son D. Alvar Pérez de Guzmán y Dª. Elvira de Ayala, nombre este último que juzgamos equivocado, pues según Espinosa de los Monteros llamóse la mujer del Almirante Dª. María. De las cuatro estatuas hay tres de varón una de estas por cierto interesantísima de un doncel de edad de 14 a 16 años y las restantes de mujer. A nuestro juicio las que están adosadas al muro frontero de la capilla son de D. Alvar y Dª. María, y las otras dos pueden ser los hijos de estos magnates. En las *Curiosidades antiguas sevillanas* hemos descrito minuciosamente estos monumentos.

«Las pinturas y adornos propios de su altar, según el decir de un antiguo escritor [Fiestas de la Santa Iglesia de Sevilla al nuevo culto de S. Fernando por Torres Farfán.] son de los que en esta Santa Iglesia conservan aún su primitiva antigüedad». Este retablo, como podrá ver el lector, fue sustituido en malhora por el insignificante que hoy tiene con la copia del Martirio de S. Andrés de Roelas (José Gestoso Pérez).

[39] Respecto al lienzo de San Fernando no están conformes los entendidos en que sea de Murillo, si bien todos lo consideran de sobresaliente mérito (José Gestoso Pérez).

que copiamos de Zúñiga, quien la trae al fol. 440 de sus *Anales,* aunque con algunas equivocaciones, que ahora y en la reimpresión de aquellos, hemos corregido[40].

D. M. D.

EQUITUM, QUI STRENUE IN ESPUGNA-
TIONE HUJUS ALMAE URBIS SUB REGE
FERDINANDO MILITARUNT, CAPITULUM
ECCLESIAE, VISCERIBUS CHARITATIS
AFECTUM, IN MEMORIAM GLORIOSI
TRIUMPHI OSSA RECOLECTA SUB LAPI-
DE MARMOREO CONDITA POSUIT ANNO
DOMINI CICICXX
JACENT HIC PROCERES NOBILITATIS NOSTRAE
PATRES:
¿QUIS SUB LAPIDE CONDIDIT? CAPITULUM
PIETATE SOLITA
¿QUAE MOERITA? FIDES MAGNA, VIRTUS
INGENS, MORS BEATA
¿QUIS SCIT? CIRCUMSPICE. TESTATUR URBS.

Dedicado al gran Dios

«Habiendo el Cabildo de esta Iglesia recogido los huesos de los Caudillos, que valerosamente militaron en la conquista de esta gran Ciudad bajo las banderas del Rey Fernando, los puso, movido de su amor y en memoria de tan glorioso triunfo, bajo este mármol el año del Señor de 1520».

---

[40] La tabla central de este retablo, que representa una de las más excelentes producciones del esclarecido Pedro de Kempeneer (Campana) fue restaurada por D. Manuel Lucena, durante el mes de agosto de 1550, bajo la dirección de los Sres. Boutelou, Cano y Wssel. Hallábase en el más deplorable estado, pues las conchas de pintura en su mayor parte, estaban separadas de la tabla, indicando hallarse próximas a desprenderse. El Sr. Lucena llevó a cabo este difícil y arriesgado trabajo con gran inteligencia a él se debe que tan admirable pintura se haya salvado.

AQUÍ YACEN LOS HÉROES, PADRES DE NUESTRA
NOBLEZA.

¿Quién lo puso bajo esta losa? El Cabildo con su
acostumbrada piedad.
¿Por qué méritos? Por su heroica fe, grande valor y
dichosa muerte.
¿Quién lo atestigua? Mira por cualquier parte, pues toda
la Ciudad lo depone[41].

El retablo de esta capilla lo ejecutó Francisco de Ribas, quien, en compañía de Alfonso Martínez, tomaba a su cargo todas las obras de escultura que le salían, quedando a este la ejecución de las estatuas, y Ribas tomaba la de los adornos, en los que se distinguió. Por esto Alfonso Martínez, discípulo que había sido, y no hijo como algunos creyeron, de Martínez Montañés, hizo las estatuas del retablo de esta capilla, incluso el crucifijo de estatura gigantesca, el que Palomino atribuyó a la famosa Doña Luisa Roldán, y a Ponz le pareció del Racionero Cano. En 1802, se forró y resanó el Nacimiento de nuestra Señora de Murillo, que iba a perecer por sus muchas grietas y desconchados, el que se ha colocado en el muro, espaldas del altar mayor, frontero a la capilla Real con buena luz y altura proporcionada[42].

Capilla Real

49. En Ortiz de Zúñiga se lee que la capilla Real se concluyó en 1575, aunque la traslación de la imagen de Nuestra Señora de los Reyes, y cuerpos reales no fue hasta el de 1579. Quizá aquella fecha esté equivocada, la que no

---

[41] Un nuevo mausoleo ha venido a adornar esta capilla colocado en el muro frontero a la pomposa lápida de D. Gonzalo Núñez; yacen en él las cenizas del Cardenal Cienfuegos, Arzobispo de esta ciudad, fue trazado por el arquitecto Sr. D. Manuel Portillo y esculpido en los talleres del marmolista Sr. Barrado.

A nuestro juicio carece de importancia tanto en su traza como en su ejecución al estilo ojival, no sabemos de qué periodo. Fue colocado en el sitio en que hoy se ve el año de 1881 (José Gestoso Pérez).

[42] No tengo noticia que exista al presente este cuadro (José Gestoso Pérez).

he tenido proporción de comprobar; pues aunque es notoria la exactitud de nuestro Analista, también lo es, que éste no pudo asistir a la corrección de su obra en la imprenta, de lo que nacieron comprobadas equivocaciones, pudiendo ser una de ellas la notada. El viajero Ponz, cita un documento de esta Iglesia, por el que consta que se acabó en 4 de abril de 1551, pero después de este año, y antes del de 1539[43] en el que él mismo dice que empezó la obra, encontramos datos que nos hacen sospechar de ambas fechas. Aún parece que se disputaba de la traza de la capilla en 1542, según lo que dejó escrito D. Luis Germán, Capellán mayor en ella, en el *Compendio y Aparato* que formó para la historia de su capilla, en el que dice, que «esta traza y medida envió a manos de la Majestad del referido Sr. Emperador el Asistente de esta ciudad, y vista en el Consejo de la Cámara, se despachó Real Cédula, su data en Valladolid a 28 de junio de 1542 dirigida al expresado Asistente, o Juez de residencia, para que hiciesen que Alonso de Covarrubias, maestro cantero, viese la expresada traza, que se remitió señalada de Elías de Saavedra, Secretario de Cámara, y estando buena *se acabase la obra* de la mencionada Real

---

[43] A 7 de marzo de 1534 se recibió la siguiente Cédula del Emperador =El Rey= Benerables Deán y Cabildo de la Iglesia de Sevilla por parte del Thess°. y Capellanes y otros oficiales de la Capilla de los Reyes de esa iglesia me ha sido fecha relación que después que se deshizo la capilla real que en ella auia que ha más de cien años para la traza e fundamento de esa iglesia los Cuerpos del Rey San Fernando que ganó esa zibdad y de los otros reyes que en ella estaban e están depositados en zierto lugar de esa iglesia que no es dezente para ello y por el grande calor que allí reziben están muy gastados y consumidos y cada día se gastan y consumen más Y que vosotros sois obligados a labrar y hazer la dicha capilla Real assí porque deshizisteis la otra como porque diz que el Católico Rey Don Fernando mi agüelo y Señor que santa gloria haya cuando se cayó el zimborrio de esa iglesia os hizo merced de diez mil ducados para la reedificación del con tanto que luego labrásedes la dicha capilla Real y como quiera que los recibisteis y a mucho tiempo que la tenéis comenzada no le habéis querido ni queréis acabar ni se labra en ella e me suplico e pidió por merced vos mandase que hiziésedes la dicha capilla y en la labor de ella se diese toda prissa como sois obligados a hazer la dicha capilla Real no es justo que aya tanta delación en ello. Yo vos encargo que si así es probeais que la labor della se continúe y acabe con la más brevedad que ser pueda y que la labor sea tal y tan buena que convenga a las personas reales que en ella han de estar sepultados que demás de hazer en ello lo que debéis y sois obligados yo reciviré mucho placer y seruicio. De Toledo a 7 días del mes de março de 1534 =Yo el Rey= por mandado de su magestad Juan Vázquez[*Insinuación apologética de la Capilla Real* por Muñiz. M. S. en 8°. Biblioteca Colombina (José Gestoso Pérez)].

capilla» [44]. Este Covarrubias fue maestro mayor de la fábrica de la Catedral y Alcázar Real de Toledo, padre del presidente del Consejo, Obispo de Segovia D. Diego de Covarrubias[45]. Se ve, pues, que en la citada fecha estaba la obra en disposición de poderse variar, y que se trataba de que se acabase. Lo que no admite duda es, que todo se hizo a costa del Cabildo, quién en 1432, acudió al Rey D. Juan el II[46], para que le permitiese derribar la capilla a causa de la obra del templo, lo que le fue concedido con la obligación de reedificarla, colocando en el ínterin la imagen de Nuestra Señora y cuerpos Reales en parte decente, lo que se ejecutó pasándolos a la pieza que ahora sirve de Librería.

Muchos fueron los artífices que se ejercitaron en la obra; más no de todos ha quedado memoria. La hay del escultor Jorge Fernández Alemán, quien en 1510, ejecutó tres coros de ángeles para el andén de la capilla de los Reyes, fecha anterior a la en que pone Ponz el principio de la capilla; este es, 1539, según anteriormente dejamos notado. Astiaso, discípulo de Micer Dominico trabajó en la escultura, y en 1548 consta que se ejercitaban en lo mismo Juan Picardo, Garabito, y un discípulo del maestro Moya, nombrado Carón. En 1552 el Maese Pedro de Campaña dibujaba con carbón las figuras de los Reyes, para hacer por ellas las estatuas de esta capilla, pagándole el Cabildo por cada una un ducado, las que en 1554, ejecutaron los escultores Lorenzo del Vao, y Campos, y se colocaron en el arco de la reja, y aún duraba el

---

[44] Manusc. original en la Biblioteca de la Catedral, tomo 24 de *Papeles varios* en 4 hoja 10.

[45] Arfe Villafañ. *Varia Conmensurecion* Lib. 4 *Tit. I.*

[46] «Don Juan por la gracia de dios rey de castiella de leon, de toledo de galicia de sevilla de cordova de murcia de jaen del algarve de algecira y señor de vizcaya y de molina. Por quanto por parte de vos el dean y cabildo de la Iglesia de sevilla me fue fecha relacion diciendo que vosotros por servicio de dios e mio entendedes de fazer ziertas labores y obras y gasto en la iglesia mayor desa dicha cibdat en que sera para se mejor obrar e fazer necesario derribar una capilla mia que dizen de los Reyes e alzarse e fazerse mayor por ende me pediades por merced de vos la dar e por este mi zedula vos la do la dicha licencia e vos ruego e mando que assi lo fagades e cumplades e desto vos mande dar esta mi zelada firmada de mi nombre e sellada con mi sello. Dada en la villa de Madrid diez días de febrero año del nazimiento de nuestro señor Jesuxpo. de mil e quatrocientos e treinta e tres años =Yo el Rey= e yo diego romero la fize escrivir por mandado de nro. señor el Rey» [Insinuación apologética por Murube]. Matute, siguiendo a Zúñiga, dice que el permiso del Rey para derribar la capilla fue otorgado en 1432, éste no tuvo efecto hasta el año siguiente según prueba este documento (José Gestoso Pérez).

adorno en 1571, en que el Cabildo mandó pagar a Diego de Pesquera la estatua de una Virgen, que ejecutó en piedra de Portugal para la capilla de Nuestra Señora de los Reyes. De las estatuas del arco habla Ponz en el N. 57.

En las claves de los arcos colaterales, bajo uno de los cuales está el coro, se ven dos cabezas, cuya representación la declara el Licenciado Juan Ponce de León, hablando de los hermanos Vargas, en esta forma. En la capilla que está en la Iglesia mayor de Sevilla, del Santo Rey D. Fernando, que es la advocación de Nuestra Señora de los Reyes, a donde no pueden estar pintados, ni de medio relieve sino santos y ángeles, o reyes y emperadores dores, están estos dos invencibles caballeros y buenos hermanos; y no pintados, sino sus medios cuerpos, cada uno de medio relieve, puestos en óvalo sin saber por qué los pusieron, ni haberlos visto ni mirado hasta que se acabó la capilla y muerto el maestro mayor, y aderezando la capilla y altares los vieron, y avisando al Rey D. Felipe II de este nombre, que mandaba que se hiciese, mandó que los dejasen del modo que estaban; que aquello lo había mandado poner y permitido el Santo Rey; y así está el uno en el arco de la mano izquierda, Garci Pérez de Vargas con la cofia en la mano, por el hecho que hizo, cuando fue con el caballero gallego a guardar la torre de los Herberos, estando en el cerco de Sevilla, y Diego Pérez de Vargas con el tronco atravesado en el campo colorado (*sic*), aunque la figura lo tiene por medio del pecho[47].

50. Luis Ortiz, de quien habla Ponz en este número, no sólo hizo el retablo de Nuestra Señora de los Reyes, sino también las estatuas de Santa Ana, San Joaquín y San José que contiene, las que son de bastante mérito, y fueron concluidas en 1647, y aunque en algo están quebrantadas las reglas del arte, que se empezaba a descuidar en aquellos tiempos[48], nunca

[47] *Historias diversas de Sevilla y su Reinado*: manuscrito original en 4 fol. 199 que se conserva en el Depósito del Colegio de Santo Tomás de esta Ciudad.

[48] De manera harto benévola trata Matute al escultor Luis Ortiz por la obra del retablo en que se venera la Virgen de los Reyes, pues si bien es cierto que en su tiempo dominaba por desgracia el mal gusto artístico y él no hizo más que seguir las corrientes, la traza y ejecución de esta obra no merecen siquiera fijarse en ella. Incalculables fueron los daños causados en esta capilla con motivo del nuevo arreglo llevado a cabo cuando la canonización de San Fernando, desapareciendo entonces los inapreciables monumentos del arte cristiano que la avaloraban para sustituirlas por pobres y menguados adornos. Con verdadera pesadumbre leemos hoy la breve descripción que nos dejó Hernán Pérez de Guzmán de los tres simulacros de San Fernando, D. Alonso el Sabio y Dª. Beatriz que por ser muy conocida de todos omito en este lugar pero que pueden ampliarse por lo consignado en el *Libro de visita*

lo es tanto como en la urna del Santo Rey, de la que Zúñiga dice: que habiendo de construirse una para trasladar su incorrupto cadáver se hicieron

---

de esta capilla del año de 1533 al fol. 13 vuelto, tratando del Tabernáculo de Nuestra Señora de los Reyes se dice lo siguiente: «Primeramente se visitó el Tabernáculo mayor donde está la imagen de Nuestra Señora gloriosa Santa María que está en el altar mayor el cual dicho Tabernáculo es de madera guarnecido todo de plata por dentro y de fuera tallado de castillos y leones y por dentro guarnecido de muchas piedras repartidas que eran de diversos colores e no finas que eran dobletes que son a la puerta de mano derecha 360 piedras y a la otra puerta de mano izquierda 306 piedras y en el dicho Tabernáculo a las espaldas de la dicha imagen están 69 piedras y así va prosiguiendo su partida (*sic*). E está el dicho Tabernáculo sobre cuatro pilares así mismo de plata y la silla guarnecida de joyas de plata y otro chapitel de madera guarnecido de plata que viene sobre la imagen e otras puertas de madera pintadas de castillos y leones que cierran el dicho Tabernáculo con sus llaves.

Y en el libro de visita que se hizo en 1563 al fol. 87 habiendo en la forma referida visitado el Tabernáculo e inventariado sus castillos y leones de plata y piedras prosigue así: y en la parte de fuera del dicho chapitel a la mano derecha había 36 castillos y leones con piezas pequeñas y en la frontera del dicho chapitel 38 piezas de castillos y leones y tiene cuatro torres y cada torre cuatro pilares de plata y cuatro florones y otro chapitel encima por remate con cuatro torreones y cuatro barras de plata sobre que está armado el dicho chapitel y tres claraboyas redondas, una en la frontera y dos en cada lado el suyo y en la puerta de mano derecha por remate están cinco remates y un florón y en la mano izquierda siete y un florón y la dicha puerta de mano izquierda tiene por fuera 475 piezas de castillos y leones y tiene más tres barretas con sus gonces que sustentan el dicho Tabernáculo tiene 59 figuras de S. Leandro y S. Isidro y el Santo Rey y ángeles y la peana de abaxo va guarnecida con un follaje zinzelado de labor.

Iten ay una silla guarnezida de plata en que esta la dicha Imagen de Nuestra Señora y quatro manzanas redondas plateadas y esta la silla guarnecida sobre dicha plata y unos castillos y leones. Iten están en las dichas puertas entre piedra y piedra unas figuras chiquititas de imagen. Muñiz *insinuación apologética,* fol. 60 y 61.

Hállase también en la repisa que ofrecen los sellos antiguos zifrada y epilogada su real capilla [Dos improntas de los sellos de la Capilla Real a que el Sr. Muñiz se refiere tengo a la vista. El primero, más antiguo, mide de diámetro 6 centímetros y presenta tres espacios divididos verticalmente el central ancho de tres centímetros se halla compuesto de dos pilares que rematan unos chapiteles o gabletes de cuyas bases arranca un arco ojivo poco apuntado con tres lóbulos al interior y exteriormente adornado de frondas. Este espacio está separado en sentido horizontal por una faja que sirve de sostén a la figura de la Virgen de los Reyes sentada en un ancho escaño y bajo la mencionada faja aparecen tres huecos o compartimientos a manera de hornacinas, cuyos vacíos terminan en verdaderos ángulos, dentro de las cuales se muestran tres figurillas sentadas que por su pequeñez no pueden apreciarse bien. En los segmentos de círculo que quedan a ambos lados de los pilares antes referidos se ven un castillo a la derecha y un león a la izquierda. La leyenda en caracteres monacales está muy borrosa y con las reservas consiguientes diré que a mi juicio y fundándome en lo que más

varios diseños y trazas, dispuestas por el Capitán Francisco de Ruesta, Piloto mayor de la casa de la Contratación, a quien como matemático consumado, adornaba con eminencia el conocimiento de la arquitectura[49]. Esto era el año de 1671.

56. Varios son los pareceres acerca del origen de la imagen de Nuestra Señora de los Reyes, y algunos, según Quintana Dueñas[50], opinan que fue don de San Luis, Rey de Francia, a su primo el de Castilla, fundándose en unas Lises de los zapatos de la Señora; más los que juzgan que fue formada por misterio de los ángeles, no advirtieron, sin duda, que estos la hubieran hecho perfectísima, y sin dejarla expuesta a las injurias del tiempo: el que

---

inteligiblemente se lee en el otro sello que debió copiarse de este ha de leerse SIGILLVM CAPELLE REGVM HISPALEN. El carácter general que presenta dicho sello y particularmente las proporciones de la imagen de la Virgen y las letras de la leyenda son datos que facilitan la clasificación, pero atendido lo borroso de la impronta sólo diremos que es anterior al siglo XV. Si respecto a éste quedan algunas dudas para comprobar su fecha no ocurre lo mismo en cuanto al otro que es más pequeño, pues su diámetro es sólo de 5 centímetros. De igual manera que en el primero están dispuestas las figuras con la diferencia que el arco ojival de aquel que cobija a la Virgen es en este conopial y los caracteres romanos de la leyenda demuestran que fue hecho en el siglo XVI.

Muy importante; son ambos, pues por ellos se ve la disposición en que estaban los cuatro tabernáculos, más elevado el de la Virgen y a sus pies los tres de D. Alonso X a la derecha, San Fernando en el centro y Doña Beatriz a la izquierda. Toda la inmensa riqueza artística y arqueológica de los cuatro tabernáculos ha desaparecido quedando solo como muestra de su lujoso decorado algunas chapas de plata con castillos y leones repujados que ornan el interior del doselete que cobija la imagen de Nuestra Señora de los Reyes (José Gestoso Pérez)] con los dos Tabernáculos sobre dichos y en ellos con sus coronas e insignias… los retratos de sus reales personas *que debieran siendo como fueron de tan grande veneracion no averse perdido* ni la silla de Nuestra Señora que según demuestra la de la Señora de Marfil (la de las Batallas) de que se hará mencion era de cadera como queda visto.

«La vayna de la espada que el Santo Rey tenía en la mano izquierda segun el referido libro de visita del año 1563 era de plata dorada con doce piezas y las dos de ellas sin el sobrepuesto y con quarenta y seis piedras finas y unas esmeraldas y con treinta e dos perlas finas y con nueve escudos de las armas Reales de Cristal estaban más dos piesas y otras dos mas pequeñas y otras quince piececillas».

Según el mismo libro de visita D. Alonso el Sabio tenia lo siguiente: «Iten un pomo de plata labrado con una cruz el qual pesó seis onzas e un real de plata. Iten un cetro de plata con un águila pequeña de plata dorada que pesó dos marcos e medio con el palo que esta dentro». Sigue el libro de visita describiendo la imagen de la Reina Dª. Beatriz con sus joyas y vestidos. *Insinuación apologética* (José Gestoso Pérez).

[49] Anales año citado, N. 5.
[50] Santos de Sevilla, fol. 195.

no ha perdonado su rostro, en el que se observan varios desconchados. Es lo cierto, que es un simulacro devotísimo, por lo que representa, y por lo que acuerda[51], el que desde la conquista tuvo culto en el sitio que ahora ocupa

---

[51]   No obstante el interés grandísimo con que los sevillanos de todos tiempos han mirado esta curiosísima imagen, ninguno conocemos que la haya estudiado en el concepto artístico ni descrito minuciosamente. La devoción de los unos y la falta de crítica de los más han sido causa de que hasta nuestros días no se tenga exacta noticia de esta producción escultórica del siglo XIII. Sin pretender mostrar a los lectores del *Archivo Hispalense* un completo estudio de tan venerada efigie, copiaré en este lugar lo ya manifestado por mí en las *Curiosidades antiguas sevillanas.* Es toda de madera y de tamaño algo mayor que el natural; el rostro carece de modelado y basta solo fijarse atentamente en el para considerarla como producción del estilo románico en sus postrimeras; la nariz es de poco relieve y pequeña, los labios ligeramente marcados y los ojos están pintados y con poco movimiento de líneas. Adviértese gran analogía entre la ejecución de la cabeza de la Virgen de los Reyes y las esculturas de la Madre de Dios y Sta. Ana que se veneran en la parroquial del mismo nombre en Triana, cuya procedencia creemos que corresponde a la misma XIII.ª centuria. Curiosa en extremo es la disposición del cabello, pues no está tallado en el mismo trozo de madera de que consta la cabeza sino que lo forman menudos cordoncillos, que si en su origen fueron de oro, al presente sólo ha quedado la seda de un color indefinible; cada uno de estos delgadísimos cordones se halla sujeto al cráneo por medio de sutiles puntas de acero y tan abundantes son los imitados cabellos, que en la parte de la nuca y bajo la toca que a manera de monjil le rodea el rostro, se advierte una muy gruesa madeja.

La encarnación del rostro ha saltado por varias partes, dejando ver perfectamente las múltiples capas de pintura y barnices con que se ha tratado de embellecerla. La fisonomía en general revela nobleza y reposo y no obstante su imperfección artística agrada en extremo.

Hasta el arranque del cuello y a la mitad del antebrazo y cerca del tobillo está cubierta con una tela de seda roja perfectamente adherida a los extremos de los referidos miembros, de suerte que, como antes dijimos, es imposible estudiarla en conjunto ni en pormenores.

Las manos son muy entrelargas y los dedos faltos de modelado, revelan el estilo ojival ya dominante. En cuanto a los pies los tiene cubiertos con unos enormes zapatos de raso bordados de oro, modernos, mucho más grandes que los pies, que oprimiéndolos exteriormente hemos notado que en efecto son puntiagudos y no muy estrechos.

De tiempo inmemorial no se desnuda nunca, y así tiene varias telas de seda lisas que no ofrecen caracteres ningunos para poder clasificar la época a que corresponden.

Las diversas telas de que hemos hecho mención, permiten ver algunos lienzos blancos que están inmediatamente puestos en la imagen, pero tampoco ofrecen carácter alguno. Toda ella se halla articulada de manera perfecta con el mismo mecanismo de que se sirven los pintores en sus maniquíes y... es susceptible de todos los movimientos principales del cuerpo humano... En cuanto a la cabeza del Niño Dios es bastante más moderna o a lo menos ha sufrido considerable restauración que le ha hecho perder su antiguo carácter.

la capilla, la que fue y es servida de capellanes, a quienes el Rey D. Sancho el IV, concedió varios privilegios, los que confirmó su hijo el Rey D. Fernando el IV, siendo este último quien dio forma a su gobierno, haciendo de entre los capellanes dos mayores con títulos de Mayoral y Tesorero, los que en 1594 se redujeron a uno con título de Mayor. Últimamente concedió el difunto Carlos III una pensión de mil doblones sobre este Arzobispado para distribuirse, parte de ella, entre algunos capellanes de coro, la que empezó a disfrutarse en la vacante del Excelentísimo Sr. Llanes nuestro Prelado, y el Sr. D. Carlos IV que actualmente reina dispuso por el año de 1795 que dos de las capellanías se diesen por oposición de Cánones y Teología, una con título de Doctoral y la otra de Magistral, las que en las primeras vacantes se pusieron en uso.

La estatua del Santo Rey a caballo sobre la reja, y demás que le acompañan, son de un tal Jerónimo Hernández, por las que se le dieron 43.000 reales vellón. Son de madera forradas en chapa de hierro, pero de mezquino mérito, las que se colocaron en 1773. Consta por la historia, que el Santo Conquistador entró en Sevilla en una religiosa procesión, en la que presidían las imágenes de la Virgen madre, con los títulos de los Reyes, de las Aguas y de la Sede, a las que a pie convoyaba el Santo con sus adalides y caudillos. Empero olvidado el escultor de todo ello, y de la obligación de seguir la fama, dispuso la escena muy de otro modo, y no el más decoroso. En esta reja se malgastó mucho dinero, quedando por padrón de la moderna impericia.

Conclusión de las capillas

57. En la capilla de San Pedro, al lado del Evangelio, se ha colocado un lienzo en 1784, que representa al Santo Apóstol caminando sobre las aguas, a la llamada de Cristo, de D. José de Huelva, cuya idea está tomada de una estampa bien conocida.

Es bien notorio el mérito de las pinturas de este retablo, como también el descuido que hubo en dejar desaparecer el lienzo del remate, que representaba al Padre Eterno, de Zurbarán, por el cual se sustituyó otro bien miserable. La reja de esta capilla tiene bastante mérito, y la hizo Fr. José Cordero, Religioso lego de San Francisco, quien en esta pieza y otras, que posee esta

Santa Iglesia, acreditó su destreza en esta clase de obras[52]. En el poste frontero a esta capilla se ha colocado en plancha de bronce la inscripción,

---

[52] Bajo un arco abierto en el espesor del muro que está al lado del evangelio se encuentra hoy el mausoleo del ilustre arzobispo D. Fr. Diego Deza cuya estatua yacente bien ejecutada al estilo de transición ojival renacimiento es cuanto queda del primitivo, pues la urna fue destruida durante la invasión francesa en la capilla del colegio de Santo Tomás; fundación de aquel prelado. Convertido el edificio en cuartel, el señor don Francisco de Borja Palomo, salvó de la destrucción el monumento todo, consiguiendo que fuera trasladado al lugar que hoy ocupa; en memoria de lo cual se colocó la siguiente inscripción:

NO8DO
VIRTUTI ET SCIENTIAE SACRVM

REV. ADMODVM FR. DIDACVS DE DEZA
ARCHIEPISCOPVS HISPALENSIS VERVSQUE PATRIAE PATER
DOMINICANAE FAMILIAE PRAECLARISSIMVM DECVS
CATHOLICORVM REGVM FERDINANDI ET ELISABETH POENITENTIARIVS
EORVMQUE FILII PRINCIPIS DOM. JOANNIS PRECEPTOR
CHRISTOPHORII COLOMBI GENEROSVS FIDVSQUE PATRONVS
CORPORE SOLVTVS DIE IX JVNII M D XXIII, VIVIT IN AETERNUM

HVIVS PVLCHERRIMAM STATVAM PRORSVS DIRVTAM
SEPVLCRVMQVE IN COLLEGIO S. THOMAE TEMERE VIOLATVM
IRRVENTE OMNIAQUE EVERTENTE GALLIARVM EXERCITV
ALVMNI EIVSDEM COLLEGII REFICERE CVRARVNT ANNMDCCCXIV

POSTEA VERO ECCLESIAE S. THOMAE AD VSVS PROFANOS DAMNATA
SACRVM MONVMENTVM HYC TRASFEDERENDVM STVDVIT
ANTIQVVS PIVSQUE ILLIVS NOBILISSIMI COLLEGII DISCIPVLVS
DE LICENTIA EXMII CAPITVLI HVIVS SANTAE ECCLESIAE
HISPALENSIVM SPLENDIDISSIMVS ORDO IMPENSAM REMISSIT
KAL IVNIIS AN. D. MDCCCLXXXIII

Que traducida al castellano dice:

NO8DO
CONSAGRADO A LA VIRTUD Y A LA CIENCIA

El muy Reverendo Fr. Diego de Deza, Arzobispo de Sevilla, verdadero padre de la patria, honra esclarecidísima de la familia dominicana, confesor de los Reyes Católicos Fernando e Isabel y Preceptor del Príncipe D. Juan, hijo de éstos, protector generoso y fiel de Cristóbal Colón; desligado del cuerpo en el día 9 de Junio de 1523 vive en la eternidad.

que en el pavimento tenía la ilustre matrona Doña Guiomar Manuel, cuya memoria siempre durará en su patria Sevilla. Dice, pues, así:

D. O. M.
GUIOMARAE. MANUELAE. NO-
BILISSIMAE. AC. PIENTISSIMAE
FOEMINAE DE. PARENTIBUS. OPTU-
MIS. QUOS. EODEN. SEPULCHRO
SECUM. CONDITOS. VOLUIT. ET
DE. PATRIA. OPTIME. MOERITAE.
CUM. POST. AEGREGIAM. IN. S. P. Q. H.
SALIS. MUNIFICENTIAM SALIEN-
TIVM QUE. IN CARCERIS. USUM ET
STERNENDI VIARVM. COMMODI-
TATEM. BONAM. ITEM. FACULTA-
TUM. PARTEM. AD. HUIUS. TEMPLI.
SARTA. TECTA. D. O. M. DICASSET.
ECCLESIAE. PATRES. PARIS. PIE-
TATIS. ERGO. CUM. ELOGIO. FACI-
ENDUM. CURARUNT.
R. I. P.

A DIOS ÓPTIMO, MÁXIMO

A Guiomar Manuel, nobilísima y piadosísima Matrona muy benemérita de su Patria, y de sus esclarecidos padres, que quiso se depositaran con ella en el mismo sepulcro. Habiendo cedido al Senado y Público de Sevilla con egregia liberalidad la sal, dada agua a las Cárceles y empedrado cómodamente

---

Esta preciosísima estatua destruida casi por completo y el sepulcro violado temerariamente en el Colegio de Santo Tomás por el ejército invasor de las Galias que todo lo destruyó, los alumnos de este mismo colegio cuidaron restaurar en el año 1814.

Pero después destinada la iglesia de Santo Tomás a usos profanos, un antiguo y piadoso alumno [El citado Sr. Palomo] de aquel famosísimo Colegio, procuró que este sagrado monumento fuese trasladado aquí con licencia del Excmo. Cabildo de esta Santa Iglesia, y a expensas del esplendidísimo Municipio sevillano. El día 1º. De junio de 1883.

las calles; y habiendo consagrado gran parte de su caudal a Dios, Óptimo Máximo en la Fábrica de este templo, el Cabildo de la Iglesia, con igual piedad, mandó ponerle este monumento y elogio: Descanse en paz.

Es sabido que esta Señora era descendiente de San Fernando, y parienta cercana de la Reina Doña Juana Manuel, esposa del Rey D. Enrique II. Sus bienes los repartió con igual discreción que caridad, señalando limosnas a los templos, a las comunidades, a los pobres, a los encarcelados, y haciendo obras en favor de todo el pueblo. Todavía en algunas calles se ven restos del enladrillado de canto, para cuya obra contribuyó con grandes cantidades, y además dejó a la Ciudad dos salinas que poseía, una en Utrera y otra en Sanlúcar de Barrameda. Reedificó el edificio de la Cárcel pública, construyendo fuentes y dándolas agua. A los conventos de Santa María la Real, de San Leandro y de las Dueñas, señaló limosna anual con obligación, de que cierto número de ellas fuesen en determinado día a orar sobre su sepultura. Estableció rentas para que el día de los difuntos se diesen vestidos a doce pobres. A los Prebendados cada año 2600 mrs. de la moneda vieja para que los repartiesen entre sus amas y criadas. Últimamente, a la Fábrica de la Catedral, cuya obra seguía entonces con gran ardor, el resto de su hacienda, habiendo muerto con universal sentimiento, el mes de noviembre de 1426, todo lo cual puede verse con más extensión en los *Hijos ilustres de Sevilla,* de Arana Valflora[53].

---

[53] Este pobre monumento que perpetúa la esclarecida memoria de Dª. Guiomar Manuel, no fue ciertamente el primero que el Cabildo dedicó a honra de tan ilustre matrona, perdido al presente, desapareció con él una de las más notabilísimas joyas artístico-arqueológicas de la Catedral, sustituyendo tal presea por la mezquina inscripción de que habla Matute. Loaysa en su cuaderno M. S. en 4.º que está al frente de sus *Memorias sepulcrales,* hablando de las sepulturas inmediatas a la Capilla Real, se expresa así: «delante de la Capilla Real dice una *gran lápida* de bronce en la orla: *Aquí yacen los señores Manuel Saunin y Juana Gonzalez su mujer y Guiomar Manuel su fija: la cual dexo grandes dotes a esta Santa Iglesia y muchos bienes a esta ciudad falleció por el mes de Noviembre de 1426».*

A mediados del siglo pasado en 1743 existía este monumento, pues de él habla Sandier y Peña en sus *Adiciones al Teatro de la Santa Iglesia de Sevilla* por Espinosa de los Monteros: al fol. 499 consigna estas importantes noticias, «ni la *célebre y memorable* (refiérase a las lápidas sepulcrales de la Catedral) de bronce que se halla entre la Capilla de los Reyes y la de San Pedro. La piadosa matrona Guiomar Manuel que murió en el año de 1426, hauiendo dejado mucha parte de su hacienda para la obra de la Catedral señalóse entierro en ella como lo tenían sus padres, y fue enterrada en dicho sitio *y el Deán y Cabildo pusieron la honrosa lápida de bronce referida con elegante inscripción y en ella debajo relieve se ven los bultos*

Retablo mayor

58. Ponz, unas veces por sí, y otras siguiendo a Espinosa, padeció en la historia del retablo mayor mil equivocaciones, que pueden deshacerse leyendo, en el *Diccionario* del Sr. Ceán Bermúdez, el artículo de Dancart, en quien tuvo principio esta obra por los años de 1482. Desde este año hasta el de 1497, siguió trabajando en él con sus discípulos, y por su falta, en dicho año, siguió la traza su discípulo Marco, ayudado de Bernardo Ortega, discípulo que había sido de Nufro Sánchez los que en el año de 1505, habían llegado hasta lo que llaman la *Viga*. En 1508 vino a Sevilla Jorge Fernández Alemán, discípulo también de Nufro, quien entre otras obras para el retablo mayor, hizo dos apóstoles para la viga, por los que le dieron 200 reales y consta que en 1525, hizo la imagen de Nuestra Señora, que tiene a su hijo muerto en los brazos, ocupando el centro de la misma viga o dosel. Por este tiempo trabajaba allí Micier (Domingo) discípulo de Dancart, del que hay memoria en 1510. En el de 1526, se concluyó la fachada y dosel del retablo, y posteriormente resolvió el Cabildo, que se continuasen los lados, bajo la misma disposición que lo principal. Roque Balduque, Pedro Becerril y Juan de Villalva trabajaban en 1551; el primero trabajó hasta el año 1561, en que dejó empezada la huida a Egipto, que después concluyó Juan Bautista Vázquez; y el segundo hasta el de 1554, conociéndose por de su mano la estatua del Santo Rey David. Diego Vázquez, hermano de Juan, hizo los góticos en 1552 y en 1553, trabajó Pedro Bernal. En 1554 trabajaron Juan López, y Andrés López del Castillo con sus hijos; pero en el siguiente de 1555 fue la mayor concurrencia de profesores. Nufro y Bernardino Ortega, hermanos, Juan de Palencia, que hizo la historia del Lavatorio: Pedro de Heredia, que trabajó el misterio de la Transfiguración, por el que le pagaron 145 ducados, y después ejecutó la historia de panes y peces con

---

suio y de sus padres aunque ya gastados del transcurso del tiempo sobre cuya sepultura asistían a orar las monjas de Santa María la Real antes que estuviesen obligadas a guardar clausura todos los años en el día de los difuntos &ª.

Después de esta descripción bastante para poder formar aproximado juicio del inapreciable mérito del monumento a que nos referimos, huelgan todo género de consideraciones, y no queda más recurso sino deplorar su desaparición. Tendría este lugar, tal vez, con motivo del solado nuevo de la Iglesia, a consecuencia del cual se perdieron otras insignes memorias, teniendo más en cuenta la uniformidad del pavimento que el mérito de estas venerables reliquias (José Gestoso Pérez).

otras estatuas, durando su memoria hasta 1562. Finalmente, Juan Flautista Vázquez hizo tres historias, que representan la creación del mundo, la transgresión de nuestros primeros padres y su expulsión del paraíso, con figuras del tamaño del natural, en los años de 1563 y 1564, en que se concluyó el retablo en la manera que hoy día lo vemos.

Ponz afirma que todo el retablo consta de 44 nichos; pero es lo cierto, que sólo son 36 y 13 en la viga, sobre lo cual, lo que contienen, y la descripción del todo puede verse el citado artículo de Dancart.

Continúa la capilla Mayor

60. Francisco de Alfaro, platero, residía en Sevilla en 1596, en el cual ejecutó el tabernáculo que está sobre la mesa del altar mayor, y juntamente los dos atriles de plata que suelen usarse en él, cuyas obras son perfectas en su clase, y acreditan el mérito de su autor.

63. Desde el año 1518, en que vino a Sevilla, llamado del Cabildo, Fr. Francisco Salamanca (y no Salamea como le llama Ponz), hasta el de 533, parece duró la reja principal de la capilla mayor y pulpitos, en cuyas obras ayudaba a Fray Francisco su compañero Fray Juan; pero entretanto se trabajaban las rejas laterales en 1518 y 19, por Sancho Muñoz, Juan de Yepes, y el maestro Esteban, más en 522, consta que trabajaba en ellas Diego Idrobo, al que se dieron 200 ducados por la demasía que hizo en la del lado de la Epístola. Con este motivo se adiestraron muchos rejeros en Sevilla, y aprendieron otros, entre los cuales, Antonio de Palencia, discípulo del Padre Salamanca, se distinguió en la escalera del púlpito del Evangelio, con medallas y adornos de buen gusto en 1537. Puede verse la descripción de estas obras en el artículo de Fray Francisco de *Salamanca,* del Diccionario de Pintores etc. como en el de Sancho *Muñoz*, la de la reja del coro, quien la dio concluida y dorada en 1520.

Todas estas rejas y púlpitos se volvieron a dorar a costa del Emmo. Cardenal Delgado, nuestro Arzobispo, quien, no contento con estas y otras mercedes que hizo a su Iglesia, quiso aumentarla con la hermosa solería del coro, en el que se mandó sepultar, para lo cual dispuso una lápida que aún existe a su entrada sin inscripción, pues aún todavía no se ha trasladado el cadáver de tan benemérito Prelado. A consecuencia de esta obra, emprendió el Cabildo el losado de la crujía, con el que se suscitaron las ideas de el de todo el templo. Este se concluyó en 26 de enero de 1793 en el cual se gastaron cerca de 300.000 pesos, habiendo dado 50.000 el Excmo. Sr. Llanes, nuestro Arzobispo, y 6.000 el Deán que fue de esta Iglesia don Ignacio Ceballos, por su testamento. Con este motivo se hicieron algunos panteones en las capillas para los cadáveres, que deben tener sepultura dentro del templo. El losado se compone de piedras blancas y azules, de a vara en cuadro, cuyos costados están interrumpidos por ángulos entrantes, alternando los dichos colores, el cual tuvo principio en febrero de 1789. Mas no por tan costosa obra ha dejado el Cabildo de emprender y concluir otras, entre las cuales merece contarse el reloj, que para el gobierno interior de la Iglesia se colocó en la tribuna de la puerta de San Cristóbal. Este está incluso en una fachadita jónica con su correspondiente cornisamento, al que corona un agraciado ático; todo este cuerpo es de caoba y está adornado con resaltes de bronce en sus miembros, de cuya materia son los capiteles, basas y tercio inferior de las columnas, y en el centro está colocado el cuadrante.

64. Las estatuas del respaldo y costados de la capilla mayor, aunque de diversos artífices, y participar de la manera gótica[54], sus actitudes son sencillas, sus paños bien plegados, y bastante corrección en el dibujo. Consta que empezó a trabajar en ellas y continuó en los años de 1523, 24 y 25, el maestro Miguel Florentín, Juan López en 1554, y Juan Marín en 1564 y 65; y en los años siguientes de 1572 y 1575, recibió el Cabildo a Diego de Pesquera, y a Juan de Cabrera, para que ayudasen al citado Marín a esta obra, por ser ambos muy buenos escultores y discípulos de su padre Lope Marín.

Coro de la Catedral

65. Los miniaturistas que más se distinguieron en los libros de coro de esta Catedral fueron Luis Sánchez, que pintaba en 1516 y en 1540; Bernardo de Orta, padre y maestro de Diego, quien con sus hermanos iluminó

---

[54] No son ciertamente estas estatuas ejecutadas a la manera gótica como terminantemente dice el adicionador, si bien conservan muchas de ellas recuerdos de aquel estilo, hay otras, tal vez la mayoría; que manifiestan de manera harto clara la influencia del Renacimiento; las que a Matute han parecido ojivales son de transición, pues no hay ninguna pura de aquel estilo (José Gestoso Pérez).

varios libros, desde 1555 hasta 1575; últimamente hay memoria de Melchor Riquel que trabajaba en lo mismo en 1603[55].

66. A mediados del siglo XVI, florecía en Sevilla Bartolomé Morel, escultor en bronce, y entre las grandes obras que hizo para la Catedral, fue una el facistol, cuya descripción puede verse en su artículo en el *Diccionario* del Sr. Ceán Bermúdez. Juan Bautista Vázquez, en 565, le ayudó con seis estatuas pequeñas, que se colocaron en el mismo facistol, y el embutido que contiene.

68. Entre los famosos discípulos que Lorenzo de Mercadante dejó en Sevilla fue uno Nufro Sánchez, quien en 1464, trabajaba ya en el coro de esta Catedral, y habiéndose desistido de la plaza que gozaba en ella de maestro de escultura, fue nombrado en su lugar el maestro Dancart, quien lo continuó, y anteriormente a su nombramiento, en 1480, había ya trabajado en él, pues en el de 1478 consta que concluyó la silla del Prelado, la que mandó el Cabildo que se colocase en el cabo del coro con las dos de los asistentes; pero ni uno, ni otro lo dejaron concluido, por lo que en el año de 1512. Juan Alemán trabajó algunas sillas, y en el de 1513, se le dieron seis ducados por los atriles del propio coro que entalló. En este último año señaló el Cabildo salario al escultor Gómez Orozco por reparar y hacer la imaginería que faltaba,

---

[55] Merecen los libros de coro de esta catedral un estudio muy detenido por su número, importancia, diversas maneras artísticas que en ellos aparecen y sobresaliente mérito que se manifiesta en la mayor parte de ellos. Juzgando de la época en que fueron pintados por los caracteres que ostentan, diremos que no hay ninguno anterior al siglo XV. En los que se ejecutaron durante esta centuria, manifiéstanse claramente las influencias neerlandesas e italianas unidas, según demuestran los señalados con los números 44, 45, 52, 58, 66, 72, 77, y otros más. En varios se notan las diversas maneras de dos artistas, uno extranjero y nacional otro, tales son los números 48 y 69. El arte sevillano tiene también notables ejemplares en los números 40, 60, 63, 70 y 75, recordando mucho las pinturas murales del monasterio de San Isidoro del Campo (Santiponce). Finalmente el estilo, eyckiano que tanto influyó en nuestra pintura hállase representado en los números 18, 63 y 89. Tienen marcado carácter de Renacimiento los números 36, 37, 38, 41, 59, 61 y 64, advirtiendo que en muchos de estos volúmenes se encuentran algunas fiestas de Santos que manifiestan la intervención de distintos artistas y también que no hubieron de pintarse en la misma época. Desgraciadamente la cuchilla de ciertos encuadernadores, que no queremos calificar, ha producido daños irreparables en gran parte de los ejemplares de tan riquísima colección.

Los Sres. D. Claudio Boutelou y D. Adolfo Fernández Casanova sabemos que han donado al Excmo. Cabildo Catedral un interesante manuscrito que deberá conservarse en el Archivo de la Santa Iglesia y que no hemos tenido el gusto de ver, con un estudio muy detenido acerca de los mencionados libros (José Gestoso Pérez).

en cuya primera ocupación lo hallamos en el año de 1511. Estos son los artífices de que ha quedado memoria, digna por cierto de que no perezca.

Sobre las puertas del testero del coro hay colocados dos lienzos de Diego Vidal el viejo, Racionero de esta Iglesia, que representan a Cristo desnudo y sentado, y una Virgen con el Niño en sus brazos, del tamaño del natural.

69. Morgado en su *Historia de Sevilla* (folio 205), dice, que el órgano de la Catedral lo hizo un flamenco llamado maestro Jorge, y costó 24.000 ducados; más sin duda hablaba de la máquina interior. El promontorio de adornos, que por una y otra banda se ve en el día en ambos, es parto monstruoso de Luis Vilches, en quien quedó el asiento de ejecutarlos, con la condición que las estatuas y medallas las había de hacer D. Pedro Duque Cornejo, compañero el más apropósito que se pudiera desear para completar tan ruin obra[56]. Así se verificó, habiendo llegado el costo del de la banda del Evangelio a 169.808 reales, y Fray Domingo de Aguirre, religioso de S. Francisco, construyó la máquina interior cuya obra se empezó en 1724. Acabada que fue, los mismos artífices ejecutaron el del lado de la Epístola, a costa del Arzobispo D. Luis de Salcedo; más en el lugar de éste, construyó un famoso órgano en 1794 D. Jorge Bosch, organista de S. M., con la desgracia de estar tan mal embutido, y del cual habla Ponz en su tom. 17[57] formando de él, el mismo juicio favorable que los más instruidos profesores[58].

---

[56] Los gustos artísticos dominantes en ciertas épocas han llevado a nuestros escritores a incurrir en exageraciones, casi siempre injustas, como sucede a Matute en este caso al calificar la talla de los órganos de *ruin obra*. El exclusivismo greco romano de principios de este siglo impidió al discreto y erudito adicionador ver las bellezas y magistral ejecución de estos adornos que si bien interpretados según el disparatado estilo barroco no por esto carecen de mérito e interés (José Gestoso Pérez).

[57] Cát. V. N. 18.

[58] Dos escritores contemporáneos que han tratado de estos instrumentos consignan que el órgano del lado de la epístola fue obra de don Jorge Bosch y el del Evangelio de D. Valentín Verdalonga. Este segundo, a nuestro juicio, vino a sustituir el que construyó D. José Casas y acerca del cual corren dos papeles impresos que se intitulan «*Carta escrita a un amigo por D. Joseph Casas, Organero del Real Monasterio de San Lorenzo en que le da parte de los varios sucesos que tuvo en la ciudad de Sevilla, así en su salud como en la obra del órgano que dejó construido en aquella santa metropolitana Iglesia*».
Carta satisfactoria que escribió el P. Fr. Antonio Soler al Ilmo. señor Dean y Cabildo de la Santa metropolitana Iglesia de la ciudad de Sevilla contra los reparos puestos por los Sres. Jueces a la obra del órgano nuevo construido por D. Joseph Casas (José Gestoso Pérez).

71. Nicolás de León, discípulo de Jorge Fernández Alemán trabajaba en 1531, el adorno de alabastro de las portadas y capillas de San Gregorio y nuestra Señora de la Estrella, en el recinto del coro por la parte del Norte, y sus estatuas; a excepción de la de San Gregorio, también en alabastro, que en 1554, ejecutó su hijo Martín de León, la que está colocada en la puerta de su capilla, al lado del Evangelio. La estatua del Santo, colocada en su retablo, es de Manuel García de Santiago, escultor de nuestros días. Pésima es la traza, idea, o qué sé yo como la llame del retablo de nuestra Señora de la Estrella[59].

---

[59] A la bondadosa finura del Excmo. Cabildo Ecco. debemos poder consignar en este momento algunas noticias inéditas referentes a la construcción de las bellísimas capillas, llamadas vulgarmente *de los alabastros* que nos ha permitido copiar de los libros de Actas Capitulares. =Miércoles 2 de junio de 1529. «En este día los Sres... votaron e mandaron que en cuanto a las capillas que están al lado del coro, las cuales están començadas a faser de alabastro que se acaben de alabastro commo están començadas e que el alabastro de donde se traiga se esté e siga el parecer de Riaño maestro mayor e en quanto a las otras capillas que se han de fazer se fagan de marmol e enbien el modelo e traça dellas a genova e cometieron a los señores pedro pinelo licenciado diego de Ribera mayordomo de la fábrica canónigos que sobrello contraten e concierten con mercadores e fagan el modelo e sepan lo que pueden costar e lo refieran en Cabildo».

Lunes 7 de junio de 1529.= En este día sus mercedes cometieron al Sr. Obispo de Scalas que juntamente con el señor licenciado Ribera mayordomo de la fábrica entienda en el alabastro que se ha de traer para las capillas del coro según e commo está mandado e prometido al dicho señor licenciado Ribera».

Miércoles 28 de junio 1531.= Este día mandaron sus mercedes que el señor canónigo Marco Cañas mayordomo de la fábrica que enbie el aparejador de la fábrica [Martín Gainza] a la villa de Rota para que vea donde se perdió la nao que traya el alabastro e vea si se podrá cobrar alguno dello e la costa que se hará en ello y sy le pareciere al dicho señor mayordomo lo haga sacar lo que asy le pareciere que se podrá sacar a poca costa».

Viernes 30 de Junio de 1531.= Este día mandaron sus mercedes que los sdeñores depositarios den al mayordomo de la fábrica veynte y quatro ducados de oro para dar al maestro que haze las imagines de alabastro para las capillas del coro que es el tercio primero de lo que se ha de dar por las dichas imagines e que sean demás del ordinario.

Miércoles 30 de Agosto de 1531.= Consta por auto de este día que el barco en que venían los alabastros y se perdió en Rota, los trasportaba desde Tortosa.

Sábado 9 de Marzo de 1532.= En este día cometióse al señor arcediano de Reyna y al mayordomo de la fabrica para que vean que imagines se harán de alabastro para poner en las capillas de alabastro en los asientos que allí quedan y les manden hazer al maestro e que le sean librados por los señores los maravedises &ª.

Miércoles 25 de Junio de 1533.= Este día el señor doctor de herrera canonigo pidio a los dichos señores que le den una capilla de las dos de alabastro que agora se ficieron questa

La imagen de la Virgen de los Remedios, que se venera en el trascoro, era del templo antiguo, de cuya pintura se ignora la fecha; pero en 1548 Antón Pérez, juntamente con un hijo, profesor de grande habilidad, repararon dicha imagen que se conserva en nuestros días con señas de permanecer muchos más según su buen estado.

Otros objetos relativos al servicio de la Iglesia

No debe pasarse en silencio el crecido número de los individuos del coro de nuestra Catedral, en el que después del Arzobispo, ocupan el primer lugar las Dignidades que son once, todos los cuales usan mitra en algunas festividades por concesión de Alejandro IV en 8 de julio de 1255, cuya gracia fue hecha en honor de la sepultura de San Fernando, y a ruegos del Rey D. Alonso su hijo, la que no fue puesta en uso hasta el año siguiente.

A estos siguen los Canónigos que son 40; pero dos canonicatos carecen de personalidad a causa de estar uno anexo al Tribunal de la Inquisición, y otro partido en Raciones para los músicos. A el Cabildo de aquellos *in sacris* toca en sede vacante el gobierno del Arzobispado, y gozan la simultánea con el Rey en la provisión de Prebendas vacantes.

Hay también 21 Racioneros, dos de cuyas rentas se invierten en los seises y su maestro. Estos son unos niños que sirven al coro y altar, y en ciertos días cantan divinas alabanzas, alternando con la música, la que aprenden con su respectivo maestro.

Los medios Racioneros son 18, los cuales, así como los antecedentes se llaman Capas de coro y tienen, como los enteros, voto en los Cabildos generales.

Hay además, 20 Beneficios, que gozan otros tantos cantollanistas para el salmeo, capellanes de coro nocturnos y diurnos, apuntadores, colegiales, capilla de música, en la que algunos individuos, gozan capa de coro, y otros muchos, que forman un coro tan numeroso como serio[60].

---

por dar y ofrescio de dar a la fabrica cinco mill maravedis de renta en una buena posesion perpetuos y se obliga a fazer retablo y rexa y ornamentos para el y dotara una capellanía en ella y oydo por los dichos... (No dice más este auto).

[60]   Con arreglo al último Concordato las dignidades de la Santa Iglesia de Sevilla han quedado reducidos a 6 que son: Arcipreste, Arcediano, Chantre, Maestrescuela, Tesorero y Capellán Mayor de S. Fernando. En cuanto a los Sres. Capitulares son al presente 28 incluso

A propósito de Colegiales debo decir a Vmd. como este Cabildo mantiene en un Colegio, frente de la Catedral, una porción de jóvenes, los que después de servir la Iglesia, aprenden con sus correspondientes maestros, gramática latina, filosofía y canto llano, y en éstos regularmente recaen las capellanías de provisión del Cabildo, y otros empleos de su jurisdicción. Con ellos habitan los niños Seises, llamados así por su número, a todos los cuales mantiene el Cabildo y viste con becas y mantos de paño, y en el servicio de la Iglesia con sobrepelliz, y están gobernados por un eclesiástico con título de Rector, el que depende inmediatamente de un Visitador Capitular que nombra el Cabildo, con cuya educación han salido algunos hombres de provecho, que dan honor a su comunidad, y al ilustre cuerpo de quien dependen. También se les concede tiempo para que vayan a estudiar a facultades mayores, bien a la Real Universidad, bien al inmediato Colegio de Santo Tomás, orden de Predicadores.

Amigo; yo he ido escribiendo con bastante precipitación, y ni me acuerdo de lo que me puede quedar que decir. Al fin, las notas son de grande alivio, y si después ocurriere algo a ellas me acogeré. Cuando más, podrá acontecer lo que en el borrador de esta carta, que las notas ocuparon más que el texto de la primitiva, que escribí; más ahora las he incluido en sus respectivos lugares, y de este modo queda libre el campo, para las demás que sean necesarias. Continuaré con la segunda Epístola, cuando despache algunos asuntillos que han ocurrido, y libre de ellos, volveré con el gusto que siempre a ocuparme en su servicio[61].

---

las Dignidades y Señor Deán. Los Sres. Beneficiados que han venido a sustituir a los Racioneros son 22 contándose entre estos los llamados de oficio en cuanto a los medios racioneros según tenemos entendido no existen hoy dichos cargos.

Los 20 Beneficios de que habla Matute conocidos por la Veintena se han suprimido y sólo quedan algunos capellanes cantores. La escasez de las rentas del Cabildo no permite sostener hoy en su primitiva grandeza el ostentoso culto de otros días, sin embargo, en las grandes solemnidades se esfuerza en recordar su antiguo esplendor asociando al culto el número de cantores y músicos que le permiten sus fondos.

También ha decaído mucho el primitivo colegio de San Miguel y sólo se da a los colegiales y seises la instrucción elemental por un maestro de escuela que tiene establecida su clase en el mismo local.

[61] Las inscripciones sepulcrales de los Sres. Arzobispos Fr. Diego Deza y Cienfuegos fueron escritas respectivamente por los Sres. D. Francisco Mateos Gago y D. Bernardo González Coronado.

Carta II[62]

Amigo mío: creer que con solo permanecer en una ciudad tan populosa y antigua como Sevilla un par de semanas, recorrer sus obras públicas en tan estrecho tiempo, y fiar de ajena diligencia sus singularidades, creer con esto, repito, conocerla y describirla, es un imposible que solo conocerán los que de intento se dediquen con más lentitud y proporciones a tales investigaciones. El Viajero Ponz, como anegado en lo vasto de su intento, fio, en mucha parte, en la diligencia de sus amigos y favorecedores, quienes, no siempre gozaban de la ilustración que debería esperarse de sus obligaciones. De aquí es, que omitió algunas noticias interesantes, equivocó otras, y algunas fueron tratadas con menos crítica que se apeteciera. Lugar suficiente nos queda para demostrar estas verdades; por ejemplo, en el....

2. En el que debe advertirse como las medallas que están sobre las puertas de la pequeña pieza de paso a la antesala capitular son cuatro, en las que están repartidos los objetos que apunta Ponz, y no en dos como equivocadamente afirma.

La antesala Capitular es un cuadrilongo, cuyos bajos relieves están ejecutados en piedra sipia, siendo solo de mármol las figuras alegóricas de las Virtudes colocadas en los entrepaños.

De la misma sipia son los bajos relieves de los intercolumnios de la sala Capitular y se deben juzgar del mismo autor que los antecedentes por haberse ejecutado en igual tiempo. Es decir, por los años de 1561, en el que se concluyó por Martín de Gainza, según los modelos y trazas del Mro. Diego Riaño que habiendo muerto en 1533 no tuvo la satisfacción de ver empezada su obra, la que tuvo principio en 1535 con aprobación de Fernán Ruíz, arquitecto de la Catedral de Córdoba y Francisco Cumplido de la de Cádiz[63].

---

[62] Es esta la primera inédita de las tres autógrafas de D. Justino Matute que se encuentran en un tomo de P. P. W. en 4.º existente en la biblioteca de los hijos del Sr. Dr. D. Francisco de Borja Palomo.

[63] Creemos que nuestros lectores leerán con gusto los siguientes autos capitulares referentes a la obra de esta suntuosa dependencia de la Catedral que íntegros ven ahora por vez primera la luz pública tomados de los mismos originales.

Lunes 15 de Noviembre de 1529. En este dia los dichos señores cometieron á los señores arcediano de Xerez, arcediano de Reyna, don xptoual tello, prior alonso de molina, licenciado diego de Ribera doctor sancho de Carranca, Canónigos francisco de orvaneja racionero o a la mayor parte del los que vean la traça que tiene fecha Riaño sobre la sacristía mayor que se ha de fazer e si para ello fuere menester llamar otros maestros los llamen e platiquen dello e si menester fuere faser modelo o modelos los fagan e manden fazer e tomen e se la formen la orden que ha de licuar la dicha sacristía e cabildo e dello fagan relación asimesmo cometieron a los señores que los canteros e oficiales fagan.... e trabajen en sus oficinas con apercibimiento que fasiendolo de otra manera los despidan. »

Miércoles 17 Noviembre 1529.-En este dia los dichos señores cometieron a los señores arcediano de Xerez, arzediano de Reyna, prior alonso de molina e licenciado diego de Ribera, doctor sancho de Carança Canónigos francisco de orvaneja racionero o la mayor parte que en la comisión dada por sus mercedes para ver la traça de la sacristía e cabildo que enello puedan faser todo lo que les paresciere que cumple fazerse en la obra de la santa iglesia con acuerdo e parecer de maestros e aquello fagan e manden faser.»

Miércoles 19 de Enero de 1530.-Sus mercedes mandaron llamar para entenderen las tragas de la sacristía e cabildo e sacristía de los calices desta santa iglesia para el sabado venidero 22 de Enero.»

Sabado 22 de Enero de I530.-En este día los dichos señores llamados ante diem en forma para ver las traças questan fechas sobre la sacristía e cabildo e sacristía de los calices que se ha de fazer en esta santa iglesia e proueer enello lo que fuere menester e vistas por los dichos señores las traças la vna que fizo el maestro mayor desta santa iglesia diego de Riaño e otra que ficieron Sebastian rodríguez e diego rodríguez e francisco de limpias e Sebastian rodrigues.... maestros albañies e carpinteros las quales dichas traças estaban firmadas de estos maestros e platicando enello por espacio de tiempo c viniendo a votos verbales los dichos conformándose con la mayor parte votaron e determinaron e mandaron que se faga la sacristía e cabildo e sacristía de los cálices juntamente según e conmo esta en la traga que fizo el dicho maestro mayor diego de Riaño ¿en tanto? que de luses para fazer escalera en el patio que da al Cabildo para que los dichos señores puedan e manden fazer si les paresciere otro cabildo alto en ¿amor? deste dicho cabildo e asi mesmo quel dicho maestro mayor diego de Riaño tenga licencia e facultad e pueda e lo haga.... que si la dicha sacristía mayor e cabildo e sacristía de los cálices conmo los patios e camaras e entradas e otras cosas que den a las dichas sacristía mayor e cabildo c sacristía de los cálices segun e conmo a el le paresciere e bien visto fuere que convenga por el ornato e ¿decencias? de las dichas sacristía e cabildo e sacristía de los cálices e vieren que conviene e conforma con la obra e grandeza desta santa iglesia.»

Miércoles 30 de Diciembre de 1534.-En este dia los dichos señores mandaron a martyn de gainça aparejador desta santa iglesia que conforme a la traça que dexo diego de a Riaño (sic)maestro mayor desta santa iglesia difunto que dios aya de la sacristía e cabildo e capilla de los calices faga un modelo de yeso de las dichas pieças.»

Miércoles 7 de Abril de 1535- Se cometio a varios señores que hablen con Siloe maestro de canteria que remide en la cibdad de Granada e bino a esta ciudad por mandado de los señores para que vea la obra traça e modelos questan fechos sobre la sacristía e cabildo e otras obras desta santa iglesia.... &. ª—J. G. P.

Se sabe que el escultor Gómez Orozco trabajó la silla del Arzobispo para la sala Capitular, más esto fue en 1528, en el que ya se trataba de la fábrica de esta pieza con cuyo destino se mandaría construir.

Las pinturas alegóricas de Pablo de Céspedes tuvieron la fortuna de ser retocadas por Murillo, y con esto se dice que nada perdieron de su primitivo mérito. De la Contaduría que habla Ponz en su N. 8 dejo hablado en la Carta 1ª. N. 44.

9. He cotejado la inscripción de Honorato con su original por el que se ve estar equivocada la fecha de la Era que copia Ponz: dice pues así: ERA DCLXXVIIII y no 78 como se lee en el *Viaje de España*.

Esta piedra se descubrió en tiempo de Arias Montano, por cuya muerte pasó a poder del Dr. Juan de Torres, quien la llevó a su casa y la colocó entre el tesoro que había juntado de antigüedades, y finalmente fue trasladada al sitio que ahora ocupa[64].

Por la época y el juego de la voz *in honore vixit* se colige que esta inscripción se puso a *Honorato*. Sucesor inmediato en la silla de Sevilla de San Isidoro, lo que consta del catálogo Emilianense, y del Concilio VI de Toledo, celebrado en 638 en el que firmó las Actas después de otros tres Obispos más antiguos. Su Pontificado no pasó de cinco años y medio pues falleció en 12 de Noviembre del año de 641.

D. Pablo de Espinosa, hablando de Honorato pone[65] la inscripción tomada de Marco Máximo, la que está tan viciada como el Cronicón que la contenía; y no menos la que trasladó Gil González Dávila en el *Teatro* de nuestra Iglesia la que queremos copiar en prueba del fatal delirio que produce la fiebre anticuaria.

---

[64] *Caro* sobre *Máximo* fol. 233, y *Antigüedades de Sevilla* fol. 22 y Don Pab. Espinos. *Historia de Sevilla*. Part. I. f. 106 [Esta inscripción estuvo hasta el 2 de Agosto de 1668 en la esquina frontera a la torre de San Acacio, según dice el papel intitulado: «Antigüedad, jurisdicción ó distrito y excelencias del antiguo y moderno Real Alcázar» que forma parte del tomo de P.P. V.V. que se halla en el estante 85 —tabla 3.ª— Bib. Colomb. cuyo tomo comienza con un M. S. que lleva el siguiente epígrafe: «Tratado geográfico y otros puntos de antigüedad de diferentes autores sevillanos que en ellos se anotan reunidos por don Justino Matute y Gaviria.

Es interesante este monumento epigráfico, no solo por su leyenda, sino por los sencillos adornos de estilo latino bizantino que lo decoran compuesto; de círculos que se van cortando y forman flores cuadrifolias, funículos y otros elementos decorativos de aquel cuyos restos son tan escasos en esta ciudad. —J. G. P.]

[65] Historia de Sevilla. Part. I. fol. 105 vta.

PRAESUB HONORATUS SUCESEBERAT HIC ISIDORO
SPAILIS ILLIUS OSSA BEATA TENET.
JAMQUE NOMEN LUSTRIS GAUDENS DUM VITA MANERET.
SPIRITUS ASTRA TENET: CORPUS IN URNA JACET.
VITA FUIT MELIOR LINGUA SED LINGUA MODESTA
NUNC OVAT HOSTILES, NEC TIMET ILLE MINAS.
OBIJT PRID. 13 NOVEMB. ÆRA 678. IN HONORE VIXIT
ANNIS QUINQUE, MENSIBUS SEX.

Este monumento es tanto más apreciable, cuanto por el se convence de fábula la sucesión que algunos dan a San Isidoro de un tal Theodiselo: Prelado que no ha conocido otra silla que la que le han querido dar en su glándula pineal los historiadores.

10. La religión no menos que las artes, posee sus ricos gabinetes, y entre éstos, merece consideración el que venera esta Santa Iglesia. Ésta en su Sacristía mayor, guarda un sin número de reliquias, siendo las más notables el Santo Lignum Crucis que dejó nuestro Arzobispo Don Alonso de Fonseca; una Espina de la Corona del Redentor, dádiva de nuestro Prelado Don Rodrigo de Castro; parte de las vestiduras de la Santísima Virgen, y otras que omito por su gran número; pero no debo callar una muela de San Cristóbal, la que según el Analista Zúñiga (fol. 439) *manifiesta su corpulencia*. Es digna de notarse esta especie, no solo por lo que se ha escrito acerca de los gigantes, sino por el origen que algunos críticos han querido dar a la costumbre de pintar a dicho Santo en forma gigantesca[66].

---

[66] Con respecto al *Lignum Crucis* que dice el autor, fue regalo del Arzobispo Fonseca, es de extrañar que reliquia de tanto valor hubiera sido omitida por Loaysa en sus *Memorias sepulcrales* al tratar de las alhajas que dicho Señor regaló y son las siguientes: «la reliquia que tiene de San Lorenzo.

Dio mas una cruz de esmeralda engastada en plata.

Dio mas un salterio en pergamino de letra antigua con historias de letras doradas.

Dio mas un libro pequeño de pergamino para las Estaciones de las capillas por las tardes.

Dio mas un ordinario de Pontífice romano en pergamino de letra antigua para todo lo que el Pontífice celebra alaja muy tica y de grande estimación: tiene sus armas.

Dio mas un terno que donde cita el margen se refiere (sic).

Dio mas una campanilla de plata que tiene sus armas que son cinco estrellas.

Dio mas una casulla y almáticas ricas de brocado carmesí.»

Las puertas, así como la cajonería de esta sacristía son de mano del maestro Guillén escultor, habiéndole ayudado en tan prolija obra su discípulo Pedro García. El Cabildo de esta Santa Iglesia mandó al primero en 1548 que formase un modelo para las puertas y aprobado empezó la obra, cuya descripción puede verse en el *Diccionario* de Ceán Bermúdez en el artículo de su autor[67].

¿Cómo pudo olvidar el diligentísimo Loaysa el donativo del Lignum Crucis si este tuvo efecto por el Sr. Fonseca? Sandier y Peña en sus *Adiciones al Teatro de Espinosa* al tratar de la Cruz del Campo dice que se erigió dicho monumento por haber salido el Cabildo hasta este sitio a recibir la mencionada reliquia, pero tal noticia estimo que debe acogerse con discreta reserva. Una curiosa tradición corre acerca de ella que refiere Rodrigo Caro de esta suerte. «Dudando (D. Alonso Fonseca) si era reliquia del precioso madero donde se obró nuestra Redención, con las protestaciones Christianas, que tal caso pedía, hecho un teatro enmedio de los dos coros, lo echó en un brasero que estava enmedio del encendido, la preciosa astilla se convirtió en una brasa, arrojando de sí tan suave, y divino olor, que truxo á sí mucha gente, que estava fuera de la iglesia, siendo assi que la que estava dentro no participava desta fragancia. Assi estuvo lo que duró celebrarse una Missa solemne, y acabada se sacó con unas tenacillas de plata con gran devoción la cruz, que estava sobre las brasas: la cual despidió luego de sí el fuego; y cobrando el antiguo ser y color bolvió á estar como primero eslava y se conserva en una gran custodia de plata.» —J. G. P.

[67] A Juzgar por las puertas de que trata Matute y por los fragmentos que se conservan de la antigua estantería, aprovechados en la existente, debió aquélla ser magnífica y ejecutada por mano peritísima, cualidades que no le valieron para ser destruida en 1820 año en el cual se construyó la que hoy vemos por el maestro Albiu que tuvo a bien aprovechar en su obra algunos restos con primorosas figuras talladas en alto relieve que son las que adornan los tableros de las puertas y frisos, bastantes a comprobar el mérito de la antigua estantería. Qué se hizo de las partes restantes, lo ignoramos, y bien merecían ciertamente haberse conservado con el mayor esmero posible, recordando la descripción que de ella hace Ceán Bermúdez. Dice así el inteligente crítico. «Ocupan éstos, (los cajones de la estantería) el ancho de los arcos del crucero y son uniformes en la arquitectura. En el medio de cada uno hay un cuerpo con columnas, con los cuatro evangelistas, en el del lado del evangelio y con los cuatro Doctores en el de la epístola, todos de relieve y en los extremos de cada cajón estatuas de profetas, colocadas entre columnas. Es admirable el adorno de estos grandes muebles, según el buen gusto de los grotescos, con figuritas desnudas, niños, bichas y otras mil cosas ejecutadas con mucha inteligencia de la anatomía y concluidas con suma prolijidad. Todo esto que calificó Ceán de *admirable* se ha sustituido con una sencillísima estantería sin más mérito que el del valor de la madera y los fragmentos aprovechados de la primitiva. Al mismo tiempo que aquel magnífico guardarropa pereció también *«por la ignorancia del Mayordomo D. Manuel Campos en 1818,* un precioso bajo relieve de mano del afamado Guillén, que estaba en el medio punto del arco de entrada siendo después entregado a las llamas. No trataremos nosotros en este lugar de hacer un cargo al Cabildo por haber consentido en esta profanación, pero sí le aconsejaremos que para evitar en adelante la justa censura de los

13. Con razón ha dudado Ponz que Juan de Herrera haya sido el autor de esta Sacristía. Consta que Diego Riaño Mro. mayor de esta Iglesia hizo la traza y diseño de esta obra juntamente con la de la sala capitular y sacristía que llaman de los cálices, las que fueron aprobadas por cabildo, Sábado 2 de Enero de 1530[68] pero en 1534, muerto Riaño, se le mandó a Martín de Gainza, aparejador de dicha Iglesia, que conforme a las antedichas trazas, formase un modelo de yeso, el que ejecutó en 1535 y empezó las obras, habiéndose concluido la Sacristía en 1543, y no 1534 como escribió Ponz. No obstante, parece que después de esta fecha, se siguió trabajando en los adornos, pues consta que en 1548, el escultor Danver, discípulo del Maestro Domingo, trabajó en piedra con otros profesores las medallas y adornos de dicha Sacristía, según consta de este Archivo.

14. He dicho ya el autor de la cajonería, y solo debo añadir a este número que las dos pinturas de Murillo que representan a los dos Santos Arzobispos Leandro e Isidoro son retratos, el primero del Licenciado Alonso de Herrera, apuntador de Coro, y el segundo del Licenciado Juan López Talaban, cuyas pinturas las ejecutó en 1655 por encargo de Don Juan Federigui, Arcediano de Carmona.

15. En 16 de Julio de 1698 adquirió el Cabildo una de las llaves de que habla Zúñiga en sus Anales ([69] fol. 17. N. 24) la que mandó que se uniese a

inteligentes, imite la conducta de sus antepasados, y no de intervención alguna en asuntos artísticos, a personas cuyos conocimientos no estén generalmente reconocidos. Esta incuria ha atraído algunas veces la indignación de los extraños y no pocas ha escitado la de los naturales» [Amador de los Ríos *Sevilla pintoresca* pág. 143].

En el tablero de medio punto de esta puerta estaba representada la muerte de Abel, pero fue quitado en 1818 por ignorancia del Mayordomo de fábrica y entregado a las llamas, privando a la Catedral de este digno adorno. González de León. Noticia de los monumentos sevillanos, tom. I, pág. 89. —J. G. P.

[68] Pueden aumentarse estas noticias con los siguientes autos capitulares que he copiado de los originales.—Viernes 28 de Junio 1529-—En este dia los dichos señores administradores de fábrica mandaron al señor licenciado diego de ribera mayordomo de fábrica que fagan fazer e edificar la sacristía desta santa iglesia conforme a la traça que esta fecha por los maestros. «A este auto sigue el que antes hemos publicado, lunes 15 de Noviembre de 1529 al tratar de la Sala capitular.

La fecha que cita Matute en que se aprobaron las trazas no fue la del 2 de Enero sino la del 22 del mismo mes y del citado año, cuyo auto capitular asimismo he trascrito». —J G. P.

[69] Tomo I. fol. 43.

la que poseía entre sus Reliquias, con fama de haber sido ambas presentadas al Santo Rey Don Fernando en la entrada triunfante de Sevilla como en efecto se guardan juntas con veneración[70]. Ponz solamente habla de una, a la verdad, la principal, y sigue la opinión que acerca de ella manifestó nuestro Analista, quien afirma, que habiendo sido examinada por varios eruditos, convinieron en que era la que el rey moro entregó con la Ciudad a San Fernando, para cuya solemne ceremonia había sido hecha. Torre Farfán[71] trata extensamente de ella y después de refutar otras opiniones sobre su origen conviene en que es la misma que los moros hicieron con el expresado objeto, sentencia que por algún tiempo siguió Argote de Molina, pero después, examinada mejor la materia, escribía que *el día que el Santo Rey Don Fernando entró en Sevilla lo salieron á recibir.... el Aljamia de los judíos que en ella moraban, y así como los moros entregaron al Rei las llaves de la Ciudad, asi ellos entregaron la llave de la Judería, la cual hasta hoi se ha guardado en la Sacristía, mayor de la Santa Iglesia.* Esto puede confirmarse por la inscripción hebrea que contiene, la que según el mismo Argote fue declarada por el Dr. D. Diego de Palma, natural de Écija, teólogo grande, y muy versado en las lenguas hebrea, griega y latina. Verdaderamente no es muy verosímil, que aunque mediase tiempo suficiente entre rendirse la Ciudad y entregarse, estuviesen los moros en ánimo de primorear y pulir el instrumento de su eterna ignominia. La política prudente del Santo Rey era bien conocida de los judíos, los que desde luego quisieron lisonjearlo presentándole una llave que en tono profético señalase tan gloriosa conquista, y aún el mismo Torre Farfán se ve obligado a conceder que aquella inscripción o mote fue puesto por los Judíos[72].

---

[70]   Anales de Sevilla. Tomo V - fol. 452.

[71]   Fiestas de la Iglesia de Sevilla al nuevo culto de San Fernando fol. 534.

[72]   Tiempo hace que estas preciosas llaves vienen llamando la atención de nuestros escritores, habiéndose discutido mucho su verdadero origen por unos, e interpretándose de vario modo sus leyendas orientales por otros. Si seguimos la tradición a partir del siglo XVI encontraremos que los cronistas sevillanos, copiándose unos a otros afirman la mayor parte que fueron entregadas a San Fernando por los musulmanes como señal de vasallaje cuando conquistó esta ciudad. Trasmitido este concepto de unos en otros, ha llegado hasta el presente como autorizado y de entero crédito, pero dentro de las exigencias de la moderna crítica, no pueden sustentarse tales opiniones faltando fehacientes pruebas que las robustezcan. Desconozco por completo documento alguno civil o religioso que acredite y robustezca la tradición, que como antes dije no empieza hasta el siglo XVI, y en su virtud ni la acepto ni la niego, debiendo tenerse en cuenta al tratar de ambas alhajas que no ha faltado

16. Entre las alhajas que aquí se guardan hay una cruz de Cristal de Roca trabajada por el platero Diego de Vozmediano, quien concluyó la antigua custodia de plata que tenía esta Iglesia y que se desbarató para que Juan de Arfe hiciese la que hoy existe. También se conserva una estatua de San Fernando hecha por Pedro Roldán con motivo del nuevo culto concedido en 1671, la que estafó *una hija de Juan de Valdés, eminente en esta parte de la pintura,* de los que habla con digno elogio Zúñiga en dicho año de sus Anales[73]. Ponz acuerda las pinturas que hay en los altares de las Reliquias, las que atribuyó a

---

quien consigne que fueron enviadas a Alonso el Sabio por los Electores del imperio de Alemania [Collado—Historia de Sevilla M. S. en fol. Bib. Colomb.] mientras el diligente D. Joseph Maldonado Dávila, dice que una de ellas fue remitida por el Pontífice Inocencio IV a San Femando por conducto de su sobrino Micer liberto [*Discurso histórico de la Capilla Real* contenido en el tomo de MEMORIAS QUE TOCAN A LA SANTA IGLESIA. Bib. Colomb. B 4.ª—449—28.]. ¿En qué se han fundado estos escritores para asentar tal noticia? Tampoco he llegado a averiguarlo. El docto académico Sr. D. José Amador de los Ríos, es de parecer que la de hierro fue obra de artífices mahometanos como parecen demostrarlo sus caracteres artísticos al estilo mauritano, conteniendo en sus guardas las leyendas «*Concédanos Alláh [el beneficio] de la conservación de la ciudad*» y también esta otra «*De Alláh [es] todo el imperio y poderío*». La de plata trabajada al estilo mudéjar ofrece en el borde del anillo de que pende el cordón esculpida en caracteres hebraicos rabínicos sin mociones las siguientes frases: «Rey *de Reyes abrirá: rey de toda la tierra entrará»:* En la guarda, calada delicadamente, con caracteres monacales estas otras: «*Dios abrirá Rey entrará*». El ilustre escritor arriba citado estima que pudo esta o bien ser entregada por los judíos moradores de esta ciudad u ofrenda del comercio marítimo al Santo Conquistador. No se han custodiado ambas en el Tesoro de la Santa Iglesia como lo comprueba el Analista Zúñiga, diciendo: «Otra llaue también notable aunque muy desemejante en la materia, que solamente es hierro, pero muy parecida en la traza y fábrica y caladas las guardas de caracteres Arábigos, que algunos entendidos en este idioma han interpretado del mismo sentido que la otra tiene oy y en su poder en nuestra ciudad D. Antonio López de Mesa Veintiquatro della; que la heredó de su padre y se entiende auer en lo antiguo estado en el Archivo de la ciudad con la mesma estimación «pie la otra en el de la Iglesia y ser también de las que los moros ofrecieron á San Fernando que ni puedo afirmar ni negar aunque es mucho crédito de sus dueños.»

Consta pues de manera evidente que el Cab.º Ecco. poseía solo la de plata, y andando el tiempo obtuvo la de hierro por donativo que de ella le hicieron, Si fueron o no algún día símbolo de la conquista de Sevilla no nos parece fácil probarlo con irrefutables testimonios, empero los estilos artísticos que distinguen ambas se compadecen perfectamente con los que dominaron durante el siglo XIII.—J. G. P.

[73] Folio 807, y en la nueva Edición tomo 5- fol. 243.

Ceán en su *Diccionario* habla de Doña Marta Valdés, hija de Juan y monja de San Clemente que murió en 1730 pero no señala ninguna obra suya. Véase sobre esta estatua el artículo *Roldán,* (doña Luisa).

Diego Vidal el *viejo,* debiendo leerse el *mozo,* y además de los asuntos que señala debe añadirse que en el zócalo del lado del Evangelio hay unas Santa Catalina y Santa Inés, debajo del Calvario: y en el de la Epístola, donde está San Miguel que es copia de original del Rafael que poseía el Rey de Francia, están San Juan Bautista y San Pedro apóstol, pinturas todas de excelente colorido y dibujo. El Racionero Vidal de Liendo aprendió la pintura en Roma y se enterró en su Iglesia de Sevilla en 10 de Agosto de 1648.

17. Habla Ponz del Tenebrario, cuyo triángulo a cabeza y sus adornos son de madera; pero que de tal modo imita al bronce, que es disculpable la equivocación de nuestro viajero en juzgarlo todo del referido metal. Además que sería de enorme peso, el que no podría sostener la columna a pesar de su robustez. Consta que ayudaron a Morel otros buenos artistas, entre los cuales Pedro Delgado hizo algunas estatuas, y en 1562 Juan Bautista Vázquez hizo nueve estatuas de madera, y dos Juan Giralte de las quince que tiene en el triángulo[74].

25. A mediados del siglo XVII encargó el Cabildo al platero Juan de Segura una estatua de plata que figurase a Nuestra Señora en el misterio de su Concepción Inmaculada para colocarla en la custodia de Juan de Arfe en lugar de otra de la Fe, que estaba sentada en el primer cuerpo, la que concluyó en 1668. También de su orden, trabajó otra de la Fe en pie con un lábaro en la mano, que se puso en el lugar de una cruz conque remataba la custodia; doce ángeles mancebos para el cornisamento del primer cuerpo, quitando otros tantos niños de Arfe, y finalmente añadió un sotabanco de la misma materia a la custodia, lo que ejecutó en 1669. Los inteligentes (dice

---

[74] Tiene esta preciosa alhaja, según Ceán, ocho varas y media de alto y la cabeza triangular tres de ancho, y añade que agradó tanto al Cabildo, que mandó dar al artífice Morel 250 ducados de gratificación.

Nuestro amigo y consocio D. José Gestoso y Pérez, en la 2.ª edición de su bien escrita *Guía Artística de Sevilla,* citando los *Extractos de algunos Autos Capitulares por Loaysa,* de los papeles del Conde del Águila, hoy del Archivo Municipal, dice que en 30 de Marzo de 1554 se acordó hacer un tenebrario y un *velum templi,* que no llegarían a tener efecto, pues en 1559 se dispuso por otro auto, hacer un modelo galano y bueno para el monumento de Semana Santa y otro para un tenebrario. También de la citada obra tomamos la noticia de que la construcción del tenebrario dio origen a un pleito entre Alonso Delgado y Bartolomé Morel, que debió haber terminado en 1568, pues en 18 de Setiembre de dicho año, se mandó «dar 600 ducados de gratificación & Morel por lo que había perdido de caudal en la hechura de la Giralda y Tenebrario». —J. H.

Ceán Bermúdez) que conocen la diferencia que hay entre estas obras y las de
Arfe, sienten los perjuicios que se han seguido a la mejor alhaja que tiene esta
Santa Iglesia[75].

26. Se guardaba así mismo en esta Sacristía la Custodia de oro, de la que
Ponz habla en este número, y en el tomo 17, carta 5, número 26. A esto sólo
podré añadir, que era de altura de 7 cuartas y pesaba 3512 y media onzas que
es decir 74.903 pesos y 5 reales vellón, habiendo costado su hechura 24000
pesos. En el día del Corpus de 1791, tuvo su estreno; pero el cabildo, poco
satisfecho de su obra, determinó que no volviese a salir, quedando sólo para
la procesión intra claustra del día octavo, y últimamente en las urgencias del
real erario, que se han padecido con motivo de la última guerra con Inglaterra, dispuso socorrerlo en la forma que pudiese, y hallándose sin dineros,
mandó su custodia de oro a la casa de la moneda, en la que tuvo fin y en ella
los disparates de sus artífices, acción que no sólo acreditó la lealtad y generosidad de este ilustre cuerpo, cuanto su buen gusto en materia de artes.

28. El monumento del que algo más satisfecho, vuelve a hablar Ponz en
su tomo 17, carta 5, número 25, empieza a armarse a mediados de Cuaresma,
y no al principio. Tiene de alto 111 pies geométricos y su plan 14 varas de
diámetro. El P. Aranda, en la vida del venerable Contreras folio 949; habla
de él en la forma siguiente:

> desde 1542 suena el monumento de Sevilla con el nombre de *grande,* el que
> lo trazó y empezó un *Micer Antonio* que por lo que de él refieren los anti-
> guos, sin duda fué artífice de nombre. Faltando Antonio, se le encargó la
> obra por el cabildo á *Bartolomé Morel,* el que formó primero un modelo
> que lo ejecutó *Juan de Banares* en 1560, y conocido su mérito, se empezó

---

[75] De los citados extractos de los Autos Capitulares, consta que el Cabildo mandó
en 11 de noviembre de 1579 llamar personas eminentes para hacer la custodia y que cada
uno diese su diseño, y habiéndose presentado dos, uno de Merino y otro de Arfe, decidióse
el Cabildo por el del segundo, mandando entregar a Merino 1.000 reales por su trabajo.
Acerca de su peso varían mucho los que de esta alhaja han escrito. Según una nota
puesta al margen del párrafo que anotamos, en el ejemplar que poseo del Ponz, que perteneció a un entendido sevillano, de su puño y letra, se lee a continuación del peso señalado
por Ponz: *Miente: pesa la Custodia 41 arrobas y 3 libras. Consta en el inventario de la fábrica.*
Este peso es de la plata, pues con pernos pesa más de 80 arrobas. Copiamos esta nota por curiosidad, sin olvidar no obstante que la condición de su autor, le permitía saber de ciencia
cierta estos datos. —J, H.

á trabajar en grande, adornándole con nueve estátuas gigantescas en el primer cuerpo: otras nueve en el segundo, y el último una grande imágen de la Fé: las unas á mano de *N. Chacón,* otras de *Saucedo* y otras de *Gregorio Vázquez,* insignes escultores, cuyas estátuas las pintó y doró *Maese Pedro* y *un hijo suyo,* todo lo cual se estrenó en 1562.

Quizá en esto hay algunas equivocaciones: pero como se lee en el *Diccionario* de Ceán Bermúdez hasta el año de 1545, no preguntó el cabildo a Micer Antonio *Florentín* qué costo tendría este monumento, cuya historia y descripción puede verse en su artículo. También parecen dos años poco tiempo para tan gran máquina, y aun menos si hacemos cuenta que en 23 de Abril de 1561 se le encargó por el cabildo a *Morel* que hiciese el modelo, según un auto capitular que refiere Ceán en el artículo de *Morel.* Pero es de creer hubiese otros artífices que ayudasen, y consta que al beneficiado Pedro Franco, discípulo de Florentín, encargó el cabildo en 1545, hiciese rostros y manos para las figuras del monumento, y en 1554 y 1557 trabajó algunas estatuas y cuatro ángeles para el mismo; y en 1561 trabajó Gregorio Vázquez algunas otras estatuas. Pero aún todavía hubo que añadirse en la renovación que se hizo en 1594. En éste, Marcos de Cabrera, discípulo de Jerónimo Hernández, hizo la estatua colosal de Abraham; y sus condiscípulos Alonso de Mora y Melchor de los Reyes hicieron otras: también trabajó algunas Andrés Morín. El señor Gálvez, prebendado de esta Santa Iglesia en una nota de su mano que he visto, tuvo esta renovación por estreno, y así dice:

En el año de 1594 fue la primera vez que se puso el monumento en esta Santa Iglesia de Sevilla siendo mayordomo de la fábrica el Sr. Canónigo Dr. Isidro de Cuevas. Anteriormente se disponía con varios adornos que tenía la Iglesia ya delante de la capilla de San Pedro, ya cerca de la puerta de los Naranjos, y varios autos capitulares antiguos nos dicen se mandó poner delante de la puerta del perdón nueva, que es la grande, en donde se mandó colocar el nuevo.

Posteriormente se le han hecho otras reparaciones hasta el estado en que lo vemos, y se alumbra con 722 luces, entre las que se cuentan 160 en otras tantas lámparas de plata que penden de diferentes arbotantes, importando la cera 3.282 libras.

31. El remate antiguo, de que habla Ponz, con las cuatro manzanas, se arruinó por un fuerte terremoto en 24 de Agosto de 1396; habiéndose empezado el que ahora tiene la Giralda en 1560 y concluido en 1568 por el maestro mayor Fernando Ruiz, natural de Córdoba, en cuyo tiempo se hermoseó la torre por la fachada del norte con algunas pinturas al fresco del famoso Luis de Vargas, las que, aunque muy deterioradas, existen, y son: una Anunciación de Nuestra Señora, San Isidoro y San Leandro y las Santas Justa y Rufina, en las que usó del ocre que se halla en la Cuesta de Castilleja. Costó lo añadido 50.000 ducados, todo lo cual consta de la descripción que de la citada obra hizo el pintor Francisco Pacheco, de cuyo tío el canónigo es la inscripción, que tan equivocadamente copió Ponz[76]:

AETERNIT.   SACRUM.
MAGNAE. MATRI. VIRGINI. SOSPITAE. SANCTIS. PON
TIFICIBUS. ISIDORO. ET LEANDRO. EMERGILDO. PRIN
CIPI PIO. FOELICI. INLIBATAE. CASTIMONIAE ET.
VIRILIS. CONSTANTIAE. VIRGINIB. IUSTAE. ET.
RVFFINAE. DIVEIS. TVTELARIB. TVR RIM. POENICAE.
STRVCTVRAE. MOLISQVE. ADMIRANDAE. ADQVE.
IN. CCL. PED. OLIM. EDITAE. IN AVGVSTIOREM.
FACIEM. OPERE. AC. CVLTV. SPLENDIDIORE. EDVCTO
IN SVPER. C. PEDVM. OPEROSISSIMO. FASTIGIO.
AVSPICIIS. FERNANDI. VALDE SII. ANTISTITIS. PIEN
TISS. HISPALEN. ECCLESIAE. PATRES. INGENTI

---

[76] Dice Matute en el párrafo copiado, que el remate antiguo se arruinó de un fuerte terremoto en 24 de Agosto de 1396 y que el actual se empezó a construir en 1560. Ahora bien, en el espacio que media entre estas dos fechas, ¿cuál fue el remate de la torre? Hace muy pocas semanas que una casualidad vino a darnos luz en este asunto. Es indudable que sobre la torre y a la altura a que ahora se levantan los arcos de las campanas, pero más reducido y en el centro, se levantaba un cuerpo, que bien puede ser el que en la actualidad contiene el reloj y en cuyo remate estaba colocada una campana. Así se encuentra representada la torre en el precioso escudo de una de las campanas existentes en ella, que tal vez fuese la que el dibujo representa. Algo más pudiera decir acerca de estas curiosas noticias, pero callo ante la promesa de mi respetable y querido maestro el doctor D. Francisco Mateos Gago, de describir la citada campana y otras notabilísimas de la misma torre, trabajo interesantísimo de que gozarán nuestros lectores tan luego lo permita la quebrantada salud de aquel ilustre escritor. —J. H.

SVMTV. INSTAVRANDAM. CVRARVNT. CVI. OB.
PIETATIS. RES EGREGIE. COMPOSITAS. CAPITE DI
MINVTIS. ADQVE. SVBLATIS. ECCLESIAE. ROMANAE.
PERDVELIB. VICTRICIS. FIDEI. COLOSSVM. AD.
VNIVERSA. COELI. TEMPLA. CAPTANDAE. TEMPESTATIS.
ERGO. VERSATILEM. IMPONVNDVM. IVSSERE

===================================

ABSOLVTO. OPERE. A. INSTAVRATAE. SALVTIS.
CIC. IↃ. LX. IIX. PIO. *QVINCTO. PONTI OPTIM.*
MAX. ET. PHILIPPO. II. AVG. CATHOL. PIO. FOELI.
VICT. PAT. PATRIAE. RERVM. DOMINIS.

32. Es cosa bien rara que hasta ahora no se halle una copia exacta de dicha inscripción, habiéndose impreso en multitud de libros, los que, confrontados entre sí, manifiestan lo bastante el descuido que han tenido los editores en trasladar su original. Ponz, no menos defectuoso que los que le habían precedido, y aun de los que le sucedieron, la copió por algunos de ellos, y aun dejó muchas dicciones y líneas en la piedra. Baste para carear su copia con la que presentamos, y se notarán sus defectos.

Ya Ponz, en el número 17, dijo, que Bartolomé Morel había hecho la estatua de bronce llamada el Giraldillo; pero olvidó hablar del reloj de esta torre, obra de Fr. José Cordero, religioso lego de San Francisco, bien celebrado de los extranjeros por su exactitud, ejecución de sus piezas y adornos de buen gusto que contiene, el que empezó a servir en 7 de Diciembre de 1765, habiendo gastado en la obra nueve años. Zúñiga habla del antiguo reloj de esta torre, y el primero de campana, que se puso en España, a cuya colocación, en 1400, asistió el rey D. Enrique III, siendo Arzobispo de Sevilla, D. Gonzalo de Mena, en cuya hora de improviso, según el P. Mariana, se levantó una terrible borrasca de truenos, relámpagos y rayos que llenó de asombro la corte, y dio motivo a présagos juicios de futuros males, el que estuvo sirviendo hasta la colocación del actual.

35. En la nave del *Lagarto,* donde está la puerta de la Biblioteca, están hoy varios tribunales y oficinas repartidas en las que eran capillas de la nave de San Jorge del templo antiguo, sobre cuyas puertas aún existen escudos de armas de las familias a que pertenecían. D. Pablo de Espinosa, en el *Teatro de la Iglesia de Sevilla,* folio 73, dice hablando de las *insignes pinturas* de Luis de Vargas:

A un lado de la puerta de la capilla de San Cristóbal está Cristo Señor Nuestro muerto en la Cruz sin lanzada. Es imagen de gran devoción y milagrosa. Dentro de esta capilla está la imagen de Nuestra Señora de la Granada, de muy rica pinturas.

Sin duda es esta imagen de la que habla Francisco Pacheco en su *Arte de la Pintura,* folio 35 en estos términos:

Hoy vimos la imagen de Nuestra Señora de la Granada, original y antigua, pintada en la pared en el Sagrario antiguo aventajadamente trasladada, a la que pintó al óleo en tabla Juan Bautista Vázquez, insigne escultor y pintor.

Más nada de esto ha quedado, y aunque en la referida nave hay capilla dedicada a la Virgen Santísima con el título de la Granada, es su Imagen de escultura, y situada fuera de lo que se reconoce por ser sagrario antiguo.

Junto a esta capilla a dos varas y media del suelo y empotrada en la pared, hay una lápida en caracteres de los que llaman góticos, cuya traducción es la siguiente:

Aquí yace Pedro de la Cera, soldado catalán castellano del excelentísimo señor
Rey Alfonso, cuya alma descanse en paz. Murió á 12 de las Calendas de Febrero en
el año del Señor 1265. Finó jueves 21 dias andados del mes de Enero en Era de 1304 años.

Ponemos la copia exacta de dicha inscripción, que equivocadamente trasladó Zúñiga, para muestra del carácter mayúsculo del siglo XIII, debiéndose notar estar errado el año, pues la Era de 1304 corresponde al año de Cristo 1266, en el que efectivamente fue jueves el 21 de Enero, por lo que deberá leerse: *finó ano domini M. C C. LX. VI.* Este Pedro de la Cera parece fue uno de los conquistadores de Sevilla, el que, así como los demás caballeros tuvieron entierro en dicha nave de San Jorge, en la que, mirando al Patio de los naranjos, hay un púlpito de piedra, en el que han predicado San Vicente Ferrer, San Francisco de Borja, el V. P. Juan de Ávila, el P. Fernando de Contreras, el prebendado Porras, y en nuestros tiempos el P. Fr. Diego de Cádiz y otros varones apostólicos, por lo que se mira con particular veneración.

Biblioteca [77]

Acerca de la Biblioteca Colombina ocurre mucho que decir, y a la verdad no quisiera dilatarme.

Esta tuvo principio en el Archivo de la Catedral[78], en el que, a principios del siglo XV, había ya una buena colección de manuscritos[79]; y en el

---

[77] Al tratar Matute de esta insigne Biblioteca, confunde, como suelen hacerlo los escritores de nuestro tiempo, las dos antiguas *Librerías* que la constituyen: la primitiva, o sea la Capitular, formada exclusivamente por el Excmo. Cabildo Eclesiástico de Sevilla, y la llamada *Colombina,* que en tiempos posteriores a la creación de la primera, se incorporó a la misma, hallándose con ella confundida, hasta que han sido separadas y colocadas ordenadamente en locales distintos, operación felizmente terminada hace pocos días. En la actualidad ocupa la *Capitular* tres extensos salones y la *Colombina* un elegante gabinete, costeado con esplendidez por la regia munificencia y algunos estantes más de uno de los salones pertenecientes a la Biblioteca Capitular.

Algo se ha escrito, y no poco sigue escribiéndose de este doble establecimiento, justo orgullo de los sevillanos amantes de sus verdaderas glorias; pero, a nuestro humilde juicio, ni los antiguos, ni los modernos se han expresado con verdadera exactitud histórica. Aquellos, porque tomaron por datos seguros tradiciones mejor o peor fundadas: éstos, porque, dejándose arrastrar de preocupaciones apasionadas unas veces, y fiados otras en aquellas tradiciones inseguras, ninguno hasta el día se ha dedicado seriamente a desentrañar de los empolvados documentos antiguos la realidad de su fundación y las vicisitudes de su existencia secular, para escribir con copia de datos seguros y con crítica imparcial y severa una historia completa de la Biblioteca, que le agradecerían sin duda las personas consagradas a los estudios bibliográficos.

No cabe en las proporciones y objeto de esta nota publicar un trabajo acabado, ni presumimos tampoco de facultades para tan vasta empresa. Lo que únicamente nos proponemos es, reunir algunos datos que sirvan de aclaración a esta carta de don Justino Matute, a fin de que los lectores de buen juicio y desapasionados puedan disipar falsos conceptos y errores muy difundidos en nuestros días.

[78] A ningún hombre, conocedor de la suntuosidad del arte cristiano, podrá ocurrir la idea de averiguar en los archivos, cuándo tuvo principio la primitiva *Librería* de la Catedral de Sevilla. Al nacer la arquitectura de las grandes Basílicas, la Biblioteca forma parte de sus claustros exteriores y esto mismo es lo que, estudiando la historia de nuestro primer Templo, se desprende de las averiguaciones, no muchos años después de haber arrojado el Santo Rey don Fernando á la morisma de la mezquita sevillana y de haber sido ésta consagrada al culto católico en honor y bajo la advocación de *Santa María.* =José Vázquez Ruiz

[79] Consérvanse en poder de esta Biblioteca Capitular Códices tan preciados y de tan remota antigüedad, que bien pudiera referirse el principio de su librería a fines del siglo XIII o principios del XIV.

En un inventario de las alhajas de la *Fábrica,* formado en el año de 1596 a su folio 51, se hace relación de 80 cuerpos de libros, trasladados posteriormente, en 1608, de la Sacristía a la Biblioteca, y en él se lee lo siguiente: «*Una Biblia de dos cuerpos escripta de mano en pergamino, con sus viñetas al rededor iluminada en cada plana. Son ambos cubiertos de hoja de plata con armas de castillos y leones y tiene cada tabla un aspa de San Andrés de plata clavada en cinco bollones de plata y cada una con dos texillos con dos manetas de plata para cerrar. Están aforrados en un Riço más viejo: faltan algunos pedazuelos de plata de la guarnición*».

Según el entendido archivero que fue de esta Santa Iglesia, D. Antonio Sanmartín y Castillo, la Biblia aludida es la misma que se conserva en la Biblioteca, conocida por la de *Pedro de Pamplona,* a causa de estar suscrita con el nombre de tan notable artista. El expresado Archivero Capitular, en carta inédita, dirigida al Sr. D. Antonio Espinosa y Cárcel, cuyo original existe en la Bib. Colomb., se expresa de este modo: estas señales coinciden con las de una de las Biblias que, procedentes de San Luis, rey de Francia, dejó el rey D. Alonso el Sabio a su hijo y heredero D. Sancho en el testamento otorgado ante Juan Andrés en 22 de Enero, era 1322, que dice así: «*E mandamos otro si que las dos biblias, e tres libros de letra gruesa cubiertos de plata, e la otra en tres libros estoriada que nos dio el rey Luis de Francia.... que lo haya todo aquel que en derecho por nos heredare el nuestro señorio mayor de Castilla e León*».

No ignoramos que algunos modernos, han llegado a poner en duda la procedencia de esta Biblia. Nosotros, al contrario, consideramos racional el rendir tributo de asentimiento a la cláusula citada de aquel solemne documento, anteponiéndola a las inspiraciones de una opinión particular.

La Biblia de Pedro de Pamplona, guardada actualmente en los estantes de la Biblioteca, compónese en efecto de dos tomos en finísima membrana con adornos y viñetas de oro y colores, cuyo dibujo y tosca pintura anuncian el arte románico en toda su sencillez con airosas reminiscencias del simbolismo gentílico oriental; y aunque por el trascurso de muchos siglos, ya en el XVII había perdido las guarniciones exteriores de plata, todavía en sus cubiertas de madera y becerro se descubren marcadas las señales de las aspas que estuvieron clavadas con cabecillas de alambre del mismo metal, cuyos restos aún pueden verse hoy, así como también los agujeros de los cinco bollones con que las aspas estuvieron sujetas.

Aun cuando lo que acabamos de exponer no sea una prueba directa de la antigüedad de la Biblioteca, podemos no obstante suponer con grandes visos de probabilidad, que la Biblia de Pedro de Pamplona fue donada a este Cabildo por el Rey D. Sancho IV, por existir ya la *Librería* y conservarse coleccionados algunos códices en los claustros exteriores de la antigua *Mezquita.*

No faltan tampoco datos de su existencia en el siglo XIV. El Arzobispo D. Pedro Barroso en 21 de Junio de 1351, hizo donación de todos sus libros a la Fábrica de la Catedral ante Pedro Estevan, Beneficiado de Santa María y Santiago de Medina Sidonia, Notario Apostólico, como escribe el Dr. D. Ambrosio de la Cuesta en su ms. en folio, que existe en esta Biblioteca.

No queremos ocuparnos de otros códices notabilísimos que atesora la Biblioteca, correspondientes a la décima cuarta centuria, por no prolongar esta nota. El magnífico *Pontifical Hispalense,* gran *in folio,* en pergamino finísimo, con sorprendentes viñetas, figuras y adornos del arte ojival, que mandó hacer en 1390 el Obispo Juan de Calahorra y de la

año de 1454, es decir, antes de la muerte de Colón 85 años, había competente número de impresos, de todo lo cual hizo un índice en 1522 el Archidiácono, o Arcediano de Reina D. Luis de Puerta[80].

Calzada; el inapreciable manuscrito, también en folio, titulado el *Tesoro* de Brunetto Latino, traducido al romance, y otros muchos pertenecientes a la Santa Iglesia, nos ofrecerían ocasión para mayores investigaciones.

Sabido es también que con el fin de proveer a la más eficaz conservación de su *Librería,* el Cabildo eclesiástico consiguió en 9 de Julio de 1459 bula de Nicolao V con excomunión mayor reservada al Sumo Pontífice, menos *in articulo mortis,* contra los que tuvieran o sacaran libros, *etiam de consensu Capituli,* aunque fueran Reyes, Cardenales, Arzobispos o cualquiera otra dignidad: y que, posteriormente, en 7 de Agosto de 1460, a petición del mismo Cuerpo Capitular, el Pontífice Pío V expidió otra bula, permitiendo sacar libros *cum consensu Capituli,* pero dejando subsistentes las anteriores censuras.

[80] Consérvase en la Biblioteca el antiguo inventario de los libros, a que se refiere D. Justino, formado en 1522, diez y siete años antes del fallecimiento de D. Fernando Colón, y treinta anteriores al en que se trasladaron desde el convento de San Pablo a los claustros exteriores de la Catedral y se incorporaron a la librería del Cabildo los famosos libros del hijo del Almirante. Dicho inventario se extendió ante Juan Suarez, Notario Apostólico, dándose el cargo de *Estacionario* de la librería, a Alfonso de Ordiales con cualidad de depositario, y con la obligación de sujetarse en persona y bienes a responder de los libros en caso de hurto o desaparición.

Hízose constar en esta escritura, que la librería se encontraba entonces situada en el Claustro de la Iglesia, y esto nos induce a precisar el lugar de su instalación, que ha pasado generalmente desapercibido por los modernos escritores de la Biblioteca.

Mandóse por el emperador Carlos V y el rey D. Felipe II que los cuerpos de San Fernando y demás personas reales, depositados en la antigua Capilla Real, fuesen trasladados *al sitio donde estaba la Librería de la Catedral, que es el que ahora tiene el Sagrario nuevo y que se decía la Librería, libre y desocupada* (son las mismas palabras de la Real Cédula, dada en Valladolid). En su cumplimiento los Capellanes Reales *costearon el traspaso de los libros, los gastos de reparación del local y los que importó la traslación de los Reales Cuerpos,* como aparece del acta Capitular de 3 de Marzo de 1543, que mencionan Muñiz, en su *Insinuación apologética,* ms. en 4.º, autógrafo, que se conserva en esta Biblioteca, Quintana Dueñas, página 204 de su *Vida del Santo Rey* y Morgado, lib. 4.º, cap. 7.

En este año de 1543, fue trasladada la *Librería capitular* de su antigua local situado en donde se halla hoy construido el Sagrario, como afirmó el mismo Muñiz, *del Claustro de los cavalleros, que era junto á gradas, en el sitio donde está ahora el Sagrario nuebo* a la nave de enfrente, en el Patio de los naranjos, donde se conserva en la actualidad.

Esta traslación debió influir desfavorablemente en la suerte y conservación de los libros, pues el Cabildo no tuvo tiempo, por el pronto, de construir un local a propósito para darles conveniente alojamiento, llevándolo a efecto más adelante, como se desprende de lo que acaeció en los años siguientes.

Había fallecido D. Fernando Colón el día 12 de julio de 1539 dejando dispuesto en su testamento que su *Librería,* pase a su sobrino Don Luis con rentas suficientes para poder invertir en el aumento y conservación de los libros 100.000 maravedises anuales, y que en el caso de no aceptar D. Luis el legado bajo las condiciones expresadas en la cláusula, la Fábrica de la Iglesia Mayor recibiera la citada Librería con las mismas rentas: y que si, por último, no aceptase el Cabildo Eclesiástico, los Religiosos del Real Convento de San Pablo de esta ciudad, se harían cargo del legado con sus beneficios y gravámenes o cargas.

Al efecto dejó D. Fernando *sus casas principales con todo su muelle y una huerta,* ordenando que por su muerte se enajenasen dichas propiedades y con su producto se comprase renta suficiente a producir los cinco mil maravedises.

Ausente el heredero D. Luis en las islas recientemente descubiertas por su abuelo D. Cristóbal, nada se dispuso con respecto a la *Librería* en los cinco años posteriores al fallecimiento de D. Fernando. En 7 de Abril de 1544 la Sra. D.ª María de Toledo, madre del menor D. Luis, otorgó escritura pública en nombre de su hijo con los Religiosos del monasterio de San Pablo, y mediante ciertas cláusulas, depositó la *Librería* en aquel convento, contrariando así la voluntad del testador, que había designado en segundo lugar a la Fábrica de la Iglesia Mayor, para el caso previsto de que no se hiciera cargo el heredero D. Luis. Acaso D.ª María de Toledo y los religiosos de San Pablo, creyeron erróneamente llegado el caso de la segunda sustitución en el legado, por encontrarse el Cabildo eclesiástico sin local preparado para la *Librería* en dicho año, a causa de la traslación de los Reales Cuerpos.

La Corporación Capitular, preferida por D. Fernando Colón entre todas las demás para poseer la *Librería,* sin duda porque el sabio testador reconoció en ella superior cultura y amor a los libros, promovió, como era consiguiente, pleito al Convento de Dominicos, que falló definitivamente la Chancillería de Granada en 19 de Marzo de 1552, mandando que los reverendos padres entregasen la *Librería* a la Catedral, previa prestación, por parte del Cabildo, de una fianza de 10.000 escudos de oro, cuya condición se cumplió enseguida por medio de escritura pública, como aparece de la copia que se conserva en el archivo Capitular y corre impresa en algunas publicaciones.

Reclamó el Cabildo las rentas que había dejado el testador para atender al aumento y conservación de la *Librería,* y repitió en este sentido sin resultado varias gestiones, durante algunos años, como consta de diversos acuerdos capitulares. Al conocido escritor norteamericano Mr. Harrisse, en su folleto intitulado *D. Fernando Colón historiador de su padre* se deben minuciosas noticias, de las cuales se deduce que el Cabildo eclesiástico de Sevilla ha venido en todo tiempo atendiendo, según sus facultades a los gastos de conservación de la *Librería Fernandina;* sin haber nunca recibido las rentas cuantiosas, dejadas con este objeto por su fundador.

En efecto, aunque el analista Zúñiga, se refiere al año de 1602, consta que fue en 14 de Marzo de 1594 cuando, por medio de escritura pública, otorgada ante Juan de Tordesillas, Escribano público de esta ciudad, se compraron en venta judicial *las casas que fueron del Almirante y otras a ellas anejas* por Fr. Francisco Beaumont, quien con Fr. Alonso Henríquez de Toledo fundó después el colegio de San Laureano de Mercenarios calzados fuera de la puerta de Goles, (hoy Real) *en casas y almacenes en que D. Fernando Colón pensaba poner su Librería y Academia.*

En la oficina de Hacienda de esta provincia, de donde se han tomado los anteriores datos, consta además que *dicha casa y otras, en virtud de cédula de S. M. se vendieron* por

Muerto Colón, se agregaron los libros que había a su riquísima donación, de los que se formó nuevo índice por el Canónigo D. Juan de Loaysa en 1584, que se conserva, como asimismo, parte del que dejó Colón con sus libros: el de éste está repartido en nueve volúmenes en 4.º; pero no bastando ninguno de éstos para el manejo de la Biblioteca, que al paso que han faltado muchos, se ha enriquecido con otros, se ha hecho uno en 1783, por Don Rafael Tabares, empleado en ella[81], el que se compone de tres tomos foliados, siendo el 1º de manuscritos, el 2º de impresos y el 3º de materias. El dicho Tabares ha hecho una prefación al tomo primero, en la que se contiene la historia de esta Biblioteca, de donde he extractado lo que llevo dicho.

Consta en el día de más de nueve mil volúmenes[82] y entre ellos infinitos raros y preciosos. De ediciones del siglo XV se pueden numerar más de 300, no siendo de menos estimación los códices que posee. Entre estos los

---

bienes de Pedro Juan Leardo, banquero de nación genovés. Este las heredaría probablemente de su padre Francisco Leardo, acreedor de D. Fernando por la cantidad de 231.831 maravedises. Hasta aquí Mr. Harrisse.

Debieron, pues, adjudicarse en pago las casas al acreedor de la testamentaría, después de trasmitida su propiedad al heredero D. Luis; lo cual parece comprobar la denominación de *casas del Almirante,* dignidad que no recibió D. Fernando; y por tanto, no pudieron enajenarse nunca ni convertirse en las rentas destinadas para el aumento y conservación de los libros *Fernandinos.*

Acerca de la huerta se sabe únicamente que siendo de la propiedad de los religiosos del convento llamado del *Pópulo,* cuando se dieron las leyes desamortizadoras y desvinculadoras, fue vendido a un particular. =José Vázquez Ruiz.

[81] Por muerte de algunos capitulares, acaecida después de escrita esta carta, han entrado muchos libros, por lo que en el día quizá pasen de 12.000 volúmenes, habiendo sido forzoso formar un largo suplemento a dicho índice.

[82] Mucho se ha discutido y se discute aún en nuestros días, acerca del número de libros que llegó a reunir D. Fernando Colón en su famosa *Librería,* mientras estuvo situada fuera de la puerta *de Goles.*

Unos, como el Bachiller Juan Pérez, los calculan en 12.000, otros con Gomara en 13.000; quienes, (y son los más por haberse copiado mutuamente) en 20.000: así, Pero Mexía, Espinosa, Loaysa, Tabares &. Tampoco faltan otros que llegan a computarlos en 25.000, como Alfonso García Matamoros, que en su tratado *De Academiis et Doctis viris Hispaniae,* aunque contemporáneo de Colón, habla en tiempo pasado, diciendo que la *Fernandina (habuisse)* había constado de 25.000 libros, de donde deducimos que en tiempo del mismo D. Fernando el número de sus libros venía en descenso. Ceán Bermúdez y González de León, dedujeron también de los escritos de Loaysa que no pasaron de 10.000 *tomos.* La opinión seguida hoy parece fijarse en el número de 15.370 libros, según vemos en la *Colección de documentos inéditos de la historia de España,* tomo 16. —De estos escritores unos cuentan por *volúmenes,* otros por *libros,* quien por *cuerpos de libros* y quien por *tomos,* sin dignarse de explicar lo que cada uno entiende por esas palabras.

Opinamos con fundamento que no tiene ya razón de ser tanta divergencia, toda vez que se conoce en la *Colombina* el índice alfabético de todos los libros reunidos y colocados por D. Fernando en su *Librería* situada fuera de la *Puerta Real.* Contiene dicho índice los nombres de los autores y títulos de las obras, y al lado de cada asiento preséntase subrayado el número respectivo del *Registro,* en el que D. Fernando anotaba los libros por el orden con que los adquiría. Y debe advertirse, que no solamente se encuentran incluidos en el índice alfabético los asientos por el orden de los nombres de los autores y títulos de los libros, sino también frecuentemente se han repetido los números respectivos a una misma obra, poniéndolos segunda vez por las primeras palabras del texto de cada una; lo cual hace al índice más extenso y voluminoso.

Por nuestras aficiones bibliográficas hemos repasado los números del índice varias veces, y no hemos encontrado otro más alto al de 15.161 que es el correspondiente al libro cuyas primeras palabras del texto son: *En el nombre de Adonai &.*

Con el mismo índice a la vista hemos podido cerciorarnos de que Colón solía poner el número respectivo del *Registro* no sólo a cada obra, como sin fundamento alguno se ha asegurado por algún escritor, sino a cada tomo también de una misma obra. En prueba de ello existen los diversos tomos de la *Vita Christi del Cartuxano,* señalados cada uno con un número correlativo del Registro, y otras obras que igualmente pudiéramos mencionar. Obsérvase asimismo que D, Fernando solía sustituir, para mejorar su librería, unas ediciones con otras, sin haberse cuidado a veces de hacer constar después en el índice la sustitución: de modo que los asientos no responden en estos casos a las ediciones realmente existentes en la *Librería,* en cuanto a las indicaciones del lugar, y fecha de impresión.

Hecha la confrontación del *Índice* con el *Registro,* corresponde ordinariamente la numeración, no a cada *volumen,* sino a lo que hoy se denomina *obra,* aunque ésta sea un pequeño folleto de dos hojas nada más, y a veces a cada tomo de una misma obra, compuesta de varios. Así es, que un solo volumen comprende muchos números del registro, tantos, cuantos folletos o libros se hallan encuadernados bajo una misma cubierta. De lo que se infiere claramente que los miles de libros que calculan aquellos escritores significan millares de obras, con folletos, o libros más abultados y de ningún modo volúmenes, los cuales pueden contener muchos libros,

Así contaba también su *Librería* el mismo D. Fernando Colón, según podemos juzgar examinando las notas autógrafas con que dejó señalados sus libros. *Este libro* (declara siempre en sus notas) *costó tal precio en tal ciudad á tal fecha:* y a continuación le asignaba el número del registro; con cuya denominación de libros dejaba computados en el registro, así un diminuto folleto de algunas hojas, como una obra didáctica de gran tamaño. Nosotros hemos examinado en la *Colombina* algún volumen comprensivo de sesenta folletos u obras distintas, cada cual en su respectivo número del *Registro.*

De todo lo cual resulta, cuánto se engañan los que cuentan los volúmenes existentes en la actualidad en la Colombina, para averiguar las faltas ocurridas, y echan de menos por muchos millares los ejemplares que se dice contuvo la *Librería* de D. Fernando. En tiempos del prebendado Loaysa se reencuadernaron más de dos mil libros de Colón, formándose

hay de mucho mérito, y sin embargo que la mayor parte son litúrgicos y Padres, pero siempre le cabe una buena porción a los demás ramos de literatura. Uno de los más antiguos, y que pertenece al siglo XII: es el *Romance de Bruto,* escrito en Lemosín por un tal *Wase,* en un tomo en *4.⁰* vitela, al fin del cual se halla el nombre de su autor y año en que lo hizo: dice así:

Puis que Deus encarnaciun
Prist pur nre. redemptiun
Mil et cent, en cinquante et cinc añz
Fist Maistre Wacce cevt romanz.

Hay algún otro códice de este siglo, pero son más en número los del siguiente y XIV. Del siglo XIII es un códice que contiene la versión castellana de los seis primeros libros de las Decretales, el que carece de principio y fin; y de este tiempo es una *suma moral* de Juan de Dios, canónigo de Lisboa en vitela, la que está firmada en 1247. Esta juzgo que fue una de las primeras sumas morales que salieron en España después que dio la norma San Raimundo de Peñafort con su *suma de casos de conciencia.*

En el siglo XIV hay muchas que contar. Del *Dante* se encuentran varias obras en códices separados; el más antiguo es del año de 1393, el que contiene las Comedias del *Infierno* y *Purgatorio;* existe con una exposición latina de incierto y la del *Paraíso,* que la tiene italiana, por un Fray Guiddon dal Carmino. De este siglo es también un diccionario poético lemosino, en un volumen folio, con la data de 1371, hecho por mandato del Rey de Aragón don Pedro, el que se intitula *Libre de concordances de rims é concordans apellat diccionari,* compuesto por Jacobo March, quizá progenitor de nuestros poetas valencianos Pedro y Ausias March, en cuya familia parece estaba vinculada la erudición poética.

De este tiempo es otro códice en folio intitulado *tractatus de memoria,* el que, aunque no tiene fecha, se viene en conocimiento por su contexto, ser del

---

colecciones de *diversos ó varios* bajo una misma cubierta, con arreglo a la división más importante de las diversas materias. Así es que en dos o tres mil volúmenes pueden estar contenidos seis o nueve mil libros, por razón de esas encuadernaciones, o por las que se hicieron en tiempo de D. Fernando, muchas de las cuales consérvanse aún con sus pastas primitivas. —José Vázquez Ruiz.

tiempo de Clemente XI, cuya memoria fue tan vasta, que jamás olvidó cosa que leyese, según el Petrarca, y esto quizá dio motivo al presente tratado.

Valerio Máximo, traducido al castellano por Fray Antonio Canales o Fanales del orden de predicadores; cuyo códice tiene al principio una dedicatoria con fecha de 1395 dirigida al cardenal de Santa Sabina, don Jacobo, administrador de la Iglesia de Valencia, cuya traducción es más antigua que la que hizo en 1467 mosen Hugo de Urries y de la que no tuvo noticia Pellicer en su *Biblioteca de Traductores.*

Hay otro códice en folio vitela muy bien tratado, que contiene los libros de Consolación de Severino Boecio con el aparato de Fray Nicolás Trebeth. Este debe colocarse entre los manuscritos del siglo XIV, por su carácter y estado de la vitela; y aunque estas conjeturas son tan falibles, debemos estar a ellas, ínterin no haya nada en contra. En la última hoja tiene una nota de mano de Colón, que dice: *Este libro costó 68 maravedís en Valladolid á 5 de Diciembre de 1531.* Me parece que debe consultarse según lo correcto y su antigüedad.

Por fin, dar noticia de todo lo que hay, fuera difícil y así pasaremos al siglo XV, del que hay un códice, que contiene la versión castellana de Boecio, hecha en contraposición de la de un tal maestro Nicolás, el que según una carta que se ve al principio fue demasiado oscuro, y por esto se dice en ella: *e como quier que yo he leído este libro romanzado por el famoso maestro Nicolás.... no es de mí entendido.* Por esto pide a su amigo le ilustre con su inteligencia y saber, y este le responde con la obra trabajada y una advertencia en la que le llama *virtuoso caballero;* pero quiénes sean unos y otros ignoramos y sólo podré decir cómo el dicho códice tiene al margen varias notas; y aunque toda la traducción es prosa, sin embargo al fin vierte en malos versos un metro del libro quinto y algún otro hacia el medio. La uniformidad de caracteres, así en las notas como en el prefacio, cartas y obra dan a conocer ser esta copia, pero siempre digna de aprecio por lo desconocido de la obra.

De ese tiempo hay otra versión catalana toda en prosa, la que tiene al principio un prólogo y resumen de los argumentos y libros, como también de las prosas y metros. Este códice está muy bien tratado, sin embargo que le falta al fin una hoja. Yo juzgára ser esta traducción una de las más antiguas que hay de este filósofo en España, y quizás la que se dedicó al Infante de Mallorca; pero el no poder hacer el cotejo me hace suspender el juicio, como saber que estas conjeturas bibliográficas están demasiado expuestas a error, y así pocas veces podemos fiar de ellas.

Otro códice posee esta biblioteca, igualmente del siglo XV, que contiene varias obras del Petrarca, y entre estas los *Triunfos.* De este tiempo son otros dos, el primero en vitela, que contiene las *Epístolas de Ovidio,* y el otro en papel con los *Metamorfoseos,* ambos en castellano.

Algunos códices constan de distintas obras y autores, y entre éstos hay uno en italiano con las relaciones del mundo de Marco Polo del año de 1469, y otra relación de la India mayor y menor por Miser Polo de Terranova de igual antigüedad.

La *glosa* del sevillano *Diego Fernandez a* las siete partidas en 1420. Este se estima como el primer glosador de nuestro código español, y de quien copió Montalvo la mayor parte de las doctrinas con que enriquece su obra. La limpieza y buena disposición de este códice hace dudar si es o no original; lo cierto sólo es, que es coetáneo al autor, del que no se hace mención en los *Hijos ilustres de Sevilla.*

La historia de Venecia en verso italiano de Juan Bernardino Amadeo, que trata de varias cosas sucedidas en Roma en su tiempo. Otro, que es una carta de Juan Comissio, escrita al Rey de Aragón sobre la ciencia gaya, ordenada por Bartolomé Servent, y finalmente otros muchos del siglo XV, de los que se pueden sacar abundantes noticias útiles a la historia literaria.

Pero el que más interesa a nuestra nación es la traducción de los seis primeros libros de la Eneida de Virgilio hecha por el Marqués de Villena, cuyo códice en papel es coetáneo al traductor que fue en 1428. Este es un volumen folio dividido en capítulos y que por estar falto de algunas hojas al principio empieza: *Los vientos sepas que gente a mi enemiga el mar tirreno* que corresponde al verso.

Gens inimeca mihi tirrenum navigat aequor.

y acaba con esta nota: *Aquí se acaba el sexto libro de la Eneida de Virgilio ó de la primera parte.* Pellicer no tuvo noticia de este códice, cuando dijo en su biblioteca que la mayor porción, que acaso se conservaba, era la de los tres primeros libros, por lo que ya el nombrado Tabares, empleado en esta biblioteca, tiene escrito un prólogo a una copia moderna de este códice en el que se hará cargo de la historia de esta traducción. Yo no lo he visto, porque su autor hace misterios de su trabajo, y soy enemigo de semejantes estancos literarios; sólo podré decir, que si lo formal de la obra corresponde a lo material de la copia no hay duda será buena. En ésta, se ha cuidado de suplir las páginas que le faltan por el códice que posee la Biblioteca Real, y esta ha recibido un tanto de lo que el nuestro contiene más que aquel[83].

Del siglo XVI son más abundantes los códices: entre otros está la *Historia natural de Indias* de Gonzalo de Oviedo: una carta de Lombardo Aserico al Petrarca con un diálogo de *dispositione vitas suae, y* la respuesta de este algunas obras de Colón, cuales son; 4 tomos folio intitulados *Varia eruditae anotnationes,* los cuales contienen apuntaciones y notas relativas a ciencias y artes, fruto de su inmensa lección y el 3.^{0} de éstos está casi en blanco; pero lo poco que tiene escrito y el rótulo moderno, da a entender que se hizo con designio de formar un itinerario, el que no se continuó, pero sí un tomo en 4.^{0} grueso, que aun existe el que tiene en su cabeza esta nota: *Jueves 3 de Agosto de 1517 comenzó este itinerario.* El que está completo y bien inteligible, todo de letra del mismo Colón.

Yo he conjeturado que los cuatro tomos en folio arriba dichos, son de los que hace mención su lápida, y aunque están bastante destruidos, aun todavía se pueden leer con gusto y admiración. Al menos, si éstos no son, convienen en su materia y títulos con que nos refieren los autores y en especial nuestro Zúñiga a quien sigue Ponz.

Además de esto hay un grueso tomo en 4.º que es un índice y descripción de las pinturas y estampas que Colón adquirió durante su vida, en donde se refiere lo mucho que tuvo de esta especie, y lo aficionado que era al dibujo. Hay también los nueve volúmenes arriba dichos en 4.º grueso, que son índices y abecedarios de su biblioteca, todo lo que acuerda su riqueza y gusto, como también el descuido en conservar tales preciosidades.

Acerca de las particularidades de la vida de este grande hombre, no tengo que añadir a lo que otros han escrito, sino que en la Puerta de Goles, hoy llamada Real, compró una casa, la que adornó con primoroso jardín, y la que dedicaba para museo y formar en ella una academia literaria; pero su temprana muerte le impidió sus laudables deseos. En esta casa es donde en el

---

[83] No llegó la noticia de este códice a la del eruditísimo Mayans, pues solo habla del de la Biblioteca de la Iglesia de Toledo y hace ver cuán útil sería su publicación para enriquecer la lengua castellana. Asigna el tiempo en que el marqués de Villegas hizo esta traducción con autoridad del Marqués de Valdeflores, cuyas palabras copia, siendo digno de leerse los números 157, 58 y 59 de la Vida de Virgilio que precede a la edición que de sus obras traducidas al castellano se hizo en Valencia en 1778, en 5 tomos 8.º de la que cuidó el citado Mayans.

año de 1601, se empezó a labrar el colegio de San Laureano, según nuestro Zúñiga en el citado año, número 4; mas sigamos las noticias bibliográficas, dejando a otros el gustoso empleo de desenterrar del olvido las memorias de tan grande hombre.

He dejado para este lugar tratar de los códices sagrados y eclesiásticos de esta biblioteca. Los muchos misales evangélicos y ceremoniales que posee, todos en vitela, hacen que uno dude por donde empezar. Cual más, cual menos, todos están adornados con bellos follajes y primorosas miniaturas, en especial uno que se enseña de tiempo desconocido, pero que se puede referir al siglo XIV. Otro anterior al año de 1311, al que le sigue uno anterior al de 1380; varios del año de 1393, entre los que hay uno con nota al fin: *Jueves de 27 dias de Febrero, año del Señor 1393 años fué escripto este collectario, é fizolo escrevir el Prior de la Villa Diego Martinez. Yo frai Ilican lo escreví.*

En cuanto a biblias las hay en vitela del siglo XIV en folio, otra en dos tomos foliados también en vitela quizá más antiguas, lo iluminó Pamplona (Pedro) véase a Ceán; otra en 8º del siglo XIV; existe otra del siglo XVI *metro lemosino disposita,* la que después imprimió Romero de Sabrugera, del orden de predicadores, y alguna otra semejante a las dichas. Esto, en lo que yo he visto y apuntado en las varias visitas que he hecho a la biblioteca, y no dudo que aun habría más, pero que a mi inteligencia se ha escapado. Pero a V. le ocurrirá la misma duda que yo tuve al principio, que es la escasez de códices griegos, arábigos y mozárabes, habiendo sido esta ciudad el Atenas de los árabes, y en donde florecieron tantos literatos de aquella nación. Más si atendemos a las varias manos que se han interesado en las preciosidades de esta biblioteca, más extrañaremos lo que hay, que lo que falta. No quiero olvidar, que entre los manuscritos se hallan muchos pertenecientes a las ciencias naturales, y entre éstos la mayor parte astronómicos, pero ni unos ni otros pueden servir en el día más que para saciar nuestra curiosidad, y tal vez para ilustrar la historia literaria en esta parte. Pasemos, pues, a los impresos, entre los que hay una porción considerable de edición, del siglo XV, y algunas españolas dignas de ponerse junto a las más erguidas extranjeras de su tiempo. Para no confundir las especies haré lo que con los manuscritos, esto es, separaré por siglos las ediciones y después colocaré aquellas obras que no deben olvidarse, o por su escasez, o por su mérito.

En el siglo XV, merece el primer lugar el *Jenofonte,* y aunque no sé si este libro es el más antiguo que hay en esta biblioteca, se puede afirmar no habrá muchos ni en ésta, ni en otras de superior antigüedad. Es un volumen foliado con varios opúsculos que están unidos al *Tyrio Máximo,* edición de Milán 1467. Esta fecha no es la de la impresión, sino la en que se revisó la obra; pero toda la obra la hay en griego edición de Florent, 1527.

Lactancios hay varios, pero los más dignos de consideración son, el impreso en Roma en 1471 y el de Venecia 1478. Hay de los años 71, 72, 78 y 90.

Hay una obrita de San Jerónimo en 1473, intitulada *de consolatione infirmorum, y* un Cayo Plinio *Historia natural,* impreso en Roma en dos volúmenes foliados; también hay otras dos ediciones de la misma obra, y que pertenecen a este siglo, la primera en Palma 1480 y la segunda en Venecia 1489.

Un *Esopo* con la interpretación de Rinucio en Milán año 1474 y del mismo tiempo son las sentencias de Pitágoras con el comento de Hierocles, edición patavina.

Las epístolas de Plinio, Napol. 1476 y de Roma 1490.

Reportorium de utiliorum doctorum dictis por Alfonso Díaz Montalvo, impreso en Sevilla en 1477, cuya edición es la más antigua sevillana, que parece haber en esta biblioteca[84].

Del año de 1478, hay las Comedias de Dante, impresas en Milán, y una exposición a la Ética de Aristóteles por Donato Aciolo, edición de Florencia.

De Juan Bocacio hay muchas obras, entre las que se hallan *La Nimphale,* edición de Venet, 1479 y la *Caida de Príncipes,* en castellano: esta obra fue traducida la mayor parte por D. Pedro López Ayala, y continuada por el Deán de Santiago el Dr. Alonso García en 1422, y se imprimió en Sevilla en un volumen foliado en 1495. Es una bella edición no sólo por la limpieza y tamaño del carácter, sino por el papel, y fuera de desear que en el día los impresores de esta ciudad procurasen adelantar el arte tipográfico, el que yace con un atraso considerable, a pesar del juicio halagüeño de Mr. d' Essars, en su carta publicada por Sempere en la Bibliot. Españ. tom. 6.° pág. 65.

Strabón, edición de 1480, y Euclides de 482, con los comentarios de Campana, en un volumen foliado, edición de Venet, en donde está impreso el Paulo Orosio, 1483; de este último año y edición de Augusta son las *tablas*

---

[84] Al fin de este tomo se halla una nota que dice: *Si petis artifices primos quos ispalis olim vidit, et ingenio pprio mostrante peritos. Tres fuerunt hominis martini Antoni atq de portu Alphons segura et Bartholomeus MCCCCLXXVII.*

astronómicas de D. Alfonso X con los cánones de Juan de Sajonia, que es un tomo en 4.⁰ de mal papel y peor carácter.

La obra apócrifa de Hipócrates, intitulada *Astrologia medicorum,* se halla aquí impresa en Augusta 1485, y del año de 1486 la *Farsalia* de Lucano con los comentos de Omnibón Vicentini edición de Venet. La obrita de Quintiliano *De compositionis ratione,* comentada por Sulpicio e impresa en Roma en 1487; pero llegamos a Homero, del que pudiéramos hablar mucho por las muchas ediciones que tiene, y aquí existen ya griegas, ya latinas, o ya con comentarios y notas. Entre las primeras se halla la edición de Florencia de 1488, en un volumen foliado, lo que me dio bastante en que entender, por saber que la había en Florencia de la misma edición en la biblioteca del subdecano Riccardi en dos volúmenes; pero al fin conjeturé que podía muy bien haberse dividido, dejando en un tomo la Ilíada, y en otro la Odisea y demás obras atribuidas a este poeta, a lo que contribuye no tener foliación por no ser común en aquel tiempo y de aquí la variedad de volúmenes.

De Aristóteles hay varias ediciones; la más antigua es la Veneciana de 1489 con los comentos de Averroes en dos volúmenes foliados y en 1492 está impresa en Zaragoza su ética interpretada, por Leonardo Aretino; pero hay todas sus obras en griego *ex recognitione Erasmi,* impresas en Basilea en 1531. También la *Ciudad de Dios* de San Agustín está impresa en 1489 en Venet, con los comentos de Tomás de Wallois, y de Nicolás Thribet del orden de predicadores.

Salustio, edición de Roma de 1490 y del mismo año es la de *Plauto* en un volumen foliado: Milán. Del 1491, se halla un Juan Alberto, edición de Bolonia que trata de *Ingeniis augendae memoriae* y del 1492 a *Silio Itálico* con comento de Pedro Marsi en un volumen foliado.

Los comentarios de César y el Q. Curcio, ambas ediciones de Venecia de 1494, y del 1497 es el Boecio *de consolatione filosofica,* el que al principio tiene los tratados de aritmética, música y geometría del dicho filósofo, asimismo edición veneciana, pero en 1499. De la misma y en 1499 son un *Laercio y* un *C. Celso,* y de este año es la traducción que tenemos de Livio hecha por Pedro López de Ayala, e impresa en Salamanca; pero es de advertir que el dicho empieza por el libro 3.⁰ de la 4.ª *Decada* hasta concluir la 5.ª. De esta obra parece no tuvo noticia Pellicer, ni de las demás traducciones que Ayala hizo, y sólo se sabe por don Nicolás Antonio que había traducido toda la obra de Livio, retardándose la publicación de la presente por haberse descubierto lo que faltaba de aquella historia; todo lo cual lo confirma el traductor en la prefación al libro de que hablaremos. Ya por esta edición se puede venir en conocimiento de los adelantamientos que el arte de la imprenta había adquirido en España, y que no fue esta nación la que menos contribuyó a sus progresos.

Esto se verá bien claro si se examina la *Tipografía Española* que ha dado a luz el R. P. Fr. Francisco Méndez, erudito agustiniano, en cuyo tomo segundo, si llega a publicarse, se publican muchas adiciones apreciables y raras del siglo XVI que se conservan en esta biblioteca, muchas de las cuales he omitido en favor de la brevedad; pero que ninguna omití, cuando para satisfacer su amistad, le consigné la noticia de cuantas aquí se hallaban, principalmente de la imprenta de Sevilla.

Posee también esta biblioteca IX *Comedias de Aristophanes,* Grece, comentadas por un anónimo, e impresas en Venecia en 1498. Otro hay asimismo en griego que contiene 11 comedias, edición de Basilea, 1 vol. 4.⁰ 1532. El *Suydas* igualmente en griego, Milán 1499, y de este año es la edición de *Columela* en Regio, con los tratados de Catón, Varrón y Rutilio *de re rustica.* Concluyamos este siglo con el *Terencio,* impreso en Venecia en 1500, con los comentarios de *Donato y Calphvrnio.*

Aunque las ediciones del siglo XVI no son tan apreciables, sin embargo por algunas circunstancias merecen recordarse: tales son *Euripides grece,* edición de Venecia 1503. *Virgilio carmine theutonico.* Strasburg, 1515 y de este mismo año el *Teocrito grece* edición de Florencia; y los anales de *Tacito* impresos en Roma. Pero lo más notable son los comentarios políticos de Juan Alfonso Lancina al libro 1.º de este historiador en castellano, impresos en Madrid en 1687, del que tampoco hace mención Pellicer en su biblioteca de Traductor.

El *Pausanias, grece* Venet 1516 y del siguiente año de 1517; las oraciones de *Aristides* igualmente en griego, impresas en Florencia por Juntas. De este último año es, el *Cuciano, Grece,* también edición de Florencia, en donde están impresas las *Tragedias de Sophocles, Grece,* 1522.

Del *Petrarca* hay varias obras; pero la que más nos interesa es la de *Remedios contra próspera y adversa fortuna,* la que tradujo al castellano Francisco de Madrid, *Arcediano de Alcor y canónigo de Palencia,* de quien no se acordó Pellicer y en un volumen foliado impreso en Sevilla en 1524, cuya traducción está dedicada al gran capitán Don Gonzalo Fernández de Córdoba.

Todas las demás ediciones griegas de que he hablado están hechas con bastante hermosura de carácter; pero ninguna llega al *Pindario* impreso en Basilea en 1526. Hay también el *Polibio grece* con interpretación latina de Nicolás Peroto, Hagaonoe 1530. Las oraciones de *Demósthenes, grece,* París 1532. También las hay unidas a las de *Eschines. Isócrates* con su vida, *grece, Platón grece,* Basilea 1534, y otra multitud de griegos y latinos, que sería tocar en la prolijidad, acordarlos todos; pero no quiero omitir el poema de los *Argonautas* de Apolonio, *grece, cuyo* texto está impreso con caracteres unciales o mayúsculos, y el comento con los comunes igualmente en griego. Este es un tomo en 4.º sin lugar ni año de impresión, pero que debe reputarse del siglo XV. Semejantes ediciones son muy escasas y yo no tengo noticia de otras que de la *Antología* griega de Lascarif y el *Calimaco* del mismo. Concluyamos pues con el *Suetonio Tranquilo,* el que merece nuestra memoria por la particularidad de tener un índice copiosísimo trabado y escrito por el mismo Colón, el que está a continuación de la obra, impresa en Venecia 1506. Si por dicho índice, y por su itinerario, que dejamos apuntado, podemos poner a Colón en el número de nuestros escritores, pueden otros determinarlo. Es lo cierto que los escritores de concordancias y de índices, si están bien ejecutados, merecen mucho aprecio y ahorran el tiempo que pueden aprovecharse en trabajos más útiles; y en este aspecto es superior el mérito del que formó las primeras *concordancias* de la Biblia, al que contrajeron los pecados raciocinadores y discursistas, que sobre su trabajo han querido lucir de inteligentes y versados escriturarios; mas no obstante sus nombres lucen en los catálogos de escritores, al tiempo que están olvidados los de aquéllos, más beneméritos de nuestra memoria y agradecimiento.

Acerca de Biblias hay poco que decir. La Vulgata edición de Nápoles, 1476: otra de Venecia, 1498. La Políglota del Cardenal Ximénez. La Hebrea de Vatablo y la griega de Lonicerio en dos tomos 8.º, éstas son las de mayor estimación.

El pie sobre que está actualmente esta Biblioteca no es el mejor, pues no teniendo asignada ninguna renta, los pocos libros modernos que posee son efecto ya de particulares donaciones, ya de haberse vendido algunos duplicados, y con su producto comprado los más necesarios. El Cabildo paga un segundo Bibliotecario, pues el primero es un Capitular, y un portero para el aseo de ella y alcanzar los libros. Es pública: pero por lo deteriorados que están algunos códices, pocos los pueden disfrutar, y así sería de desear que el Cabildo asalariase algunos copistas para renovarlos, pues de otro modo es segura la pérdida. No quiero olvidar, antes de salir de esta Biblioteca, cómo en ella se manifiesta la espada del Conde Fernán González, la que antes había servido a Garci Pérez de Vargas, héroe de primera clase en la conquista de Sevilla. Cada pueblo tiene sus antiguallas apreciables y esta ciudad se lisonjea con ésta entre otras muchas. También quiero añadir cómo en la serie de retratos que hay en esta Biblioteca de todos nuestros arzobispos, se encuentran tres de Murillo, que pudo copiar de otros más antiguos: estos son, el de los Cardenales D. Diego de Mendoza y D. Juan de Zúñiga, que murieron en 1502 y 1504, y el de D. Diego Deza en el año de 1523, pero de este no falta quien opina ser sólo la cabeza de dicho profesor.

37. En lugar más oportuno hablaremos de las famosas alamedas plantadas a orillas del Guadalquivir, las que en otro tiempo, a costa de Colón, se hermosearon como advierte Ponz en este número. En el folio 233 de esta carta he dicho mis sospechas acerca de los cuatro libros a que redujo Colón los conocimientos que había adquirido en sus viajes, de los cuales hace mención su lápida sepulcral: no obstante, Ponz, siguiendo a Zúñiga, se queja de su pérdida, y éste, quizá por la tradición, tendría noticias más evidenciables de dichos cuatro libros. Es lo cierto que los que actualmente existen, convienen en un todo con las señas que tenemos de ellos, y cuando menos son sus borradores.

38. D. Juan de Loaysa, Canónigo de esta iglesia, nos dejó una curiosa colección de todos los epitafios que había en ella, en un tomo en folio que conserva en su poder el Sr. Gálvez, Prebendado de la misma, el que anteriormente estaba en su archivo. Años pasados, con motivo del nuevo losado del templo, se quitaron todas las lápidas sepulcrales de su pavimento y entre ellas se han hallado algunos bajos relieves muy bien ejecutados, que miraban a la tierra y por la espalda tenían inscripciones relativas a diferentes sujetos de los que figuraban los relieves, Sin duda quisieron servirse de estas antiguas losas para perpetuar la memoria de algunos, cuyos nombres apenas conocemos sin que por esto hayamos olvidado los que pretendieron oscurecer. Entre éstas se halló una en que estaban esculpidos tres personajes de vestimentas extrañas, y que se juzgan son los padres de D.ª María Padilla, mujer del Rey D. Pedro; losa que estuvo antes en Santa Marina en la que dichos

tuvieron su antigua casa; es de mármol negro y enorme tamaño, la que aún está depositada en el compás del colegio de San Miguel. Otra se encontró de fines del siglo XV con la estatua de relieve bastante abultado de D. Íñigo de Mendoza, capellán de los Reyes Católicos y dignidad de Tesorero de esta Iglesia, sobrino carnal de nuestro Arzobispo, D. Diego Hurtado de Mendoza obra muy bien entendida y ejecutada, la que se ha colocado empotrada en un descanso de la escalera de la Biblioteca, y alrededor de la estatua, en buenos caracteres romanos, se lee esta inscripción:

ENECUS MENDOZA, PATRICIUS ERUDITUS,
SACERDOS, ET VIR PROBUS JACET HIC, VIXIT
MORITURUS ET SEMPER VICTURUS, OBIIT
TERTIO NONAS SEPTEMBRIS ANNO DOMI
M. CCCC. XC. VII. A. E. R. IN. P.

Sólo quedaron en sus lugares las inscripciones del trascoro y las de la capilla de la Antigua; pues las de los Deanes, que pertenecen a la crujía, se copiaron de nuevo y colocaron en orden en sus bandas. Las demás, con bien poca justicia, se han quitado de la vista, en lo que algunas han ganado, pues siendo de tan diversas manos y tiempos, no eran todas dignas de los votos públicos. Bien es verdad, que el Cabildo cuidó de que todas se copiaran, señalando los lugares a que pertenecían, y aún parecía regular que se publicasen por medio de la imprenta, para no defraudar la intención de los que creyeron que durarían sus nombres, lo que las piedras a quienes los confiaron. Aún de semejantes monumentos pueden sacarse algunas noticias útiles para la historia y por ellos se conoce el gusto de la edad con que se hicieron; mas creo que nuestro siglo, especialmente de cuarenta años a esta parte, ganaría muy poco en ello; pero al fin esto era cumplir en el modo posible con las últimas voluntades, que deberán respetar todos los que se interesen en que tengan algún día efecto las suyas. Mas no apuremos tanto la paciencia de V., principalmente cuando la necesitamos para la siguiente carta; entretanto sepa V. que me ocupo en complacerle.

Carta III

1. Ya más desocupado, es razón que continúe en mis excursiones artísticas, las que, por molestas que sean, jamás son tan fastidiosas como el escribirlas. A la verdad es cosa muy dulce el pensar, el combinar, el producir; mas muy amargo el tomar la pluma para ordenar los pensamientos, y mis borradores son tales, que sólo yo los puedo copiar; este es mi mayor trabajo, el que se me alivia por ser en obsequio de V.; de otro modo mis borrones quedarán sin otra luz que la del fuego, y plegue a Dios no sirvieran para usos peores. Empecemos, pues, por las Iglesias parroquiales, para seguir al viajero que ilustramos.

2. El Cabildo de la Colegial del Salvador se compone de nueve canonjías, una de las cuales se denomina Prioral, y al que la obtiene *Prior,* quien preside en todos los actos, y es elegido de entre el Cabildo por él mismo. Hay además una Abadía, que está hecha laical, la que, así como las canonjías, son de provisión real en los meses apostólicos, obteniendo el Arzobispo la simultánea. Hay otra canonjía aneja al Santo Oficio, y número competente de clero inferior y ministros para el servicio del Coro y altares.

Poco se encuentra en este templo que interese nuestra curiosidad, efecto de su renovación. Sin embargo han quedado algunas cosas antiguas que deben recomendarse. Al lado del Evangelio, junto a una puerta que dirige a la Sacristía alta, se venera en correspondiente altar una tabla de San Jerónimo de conocido mérito[85], del que no carecen dos lienzos apaisados que representan el Nacimiento y el milagro de pan y peces colocados sobre la referida puerta y sobre la que da salida al *patio de los naranjos.* En una Capilla, inclusa en el arco inmediato a la Capilla del Santísimo, se encuentran dos altares, junto a uno de los cuales hay algunas pinturas por el estilo de Pedro de Villegas que representan la Resurrección del Señor y en el basamento el depósito de su sagrado cuerpo en los brazos de la Virgen. En el trascoro, en correspondientes retablos se hallan dos tablas de alto relieve y de cosa de dos varas de alto que representan la Resurrección y Nacimiento del Señor, las cuales eran del templo antiguo, y estaban arrinconadas; mas ahora

[85] Existe en la Sacristía alta.

se pintarrajearon infelizmente, desfigurando su mérito y antigüedad. En medio han colocado otro relieve casi entero que representa una *Anunciación* muy bien ejecutada, para la que han empezado un retablo de piedra. En esta Iglesia se venera una Santa Ana de escultura, obra recomendable del Sevillano José Montes de Oca y unas Santas Justa y Rufina de Pedro Duque Cornejo. De aquel es el San Fernando que se venera en su altar; y de D. Blas Molner los dos santos reyes mártires que le acompañan, uno de los cuales es San Hermenegildo. En el altar de Nuestra Señora de las Aguas hay un San Leandro y un San Isidoro del acreditado D. Felipe de Castro, las únicas obras que hay en Sevilla de este escultor. Ponz dice algo de los disparatados retablos mayor y del Santísimo, pero no todo lo que se puede decir de malo; sólo hay bueno en aquel la pintura de la bóveda hecha por D. Juan de Espinosa, y en la Capilla del Santísimo dos lienzos de Andrés Nicolás Rubira que representan la peste de Milán, y el triunfo de Nuestra Señora en su misterio de la Concepción, en los que se encuentra travesura e inteligencia, y del mismo son las demás pinturas al temple que hay en dicha Capilla[86].

3. En la parroquia de San Isidoro, a los pies de la iglesia hay un altar de ánimas con un buen purgatorio del famoso Esteban Márquez, natural de Extremadura, el que se acercó mucho al estilo de Murillo y florecía en Sevilla por los años de 1710[87].

---

[86] Por consecuencias del último concordato celebrado con la Santa Sede, no es esta Iglesia en la actualidad Colegial, habiendo, por tanto, desaparecido el cabildo de que nos habla Matute.

El coro de cuya colocación en el centro de la Iglesia se lamenta Ponz, se ha llevado a la capilla mayor y de su pesado retablo se separó el actual altar poniéndolo en dicha Capilla.

Las tablas de alto relieve que estaban en el trascoro se hallan en la actualidad a los lados de la puerta principal y el relieve con la Anunciación se ha llevado a una de las capillas.

Hace pocos años, al ser derribada la parroquia de San Miguel, se trasladó a esta Iglesia la imagen de Nuestro Padre Jesús de la Pasión, acabada obra de arte de Juan Martínez Montañés.

En el ángulo de las gradas de la fachada de esta parroquia se encuentra una capilla con la imagen de Nuestra Señora del Carmen, que hasta 1820 estuvo colocada en la calle de las Sierpes, esquina a la callejuela de las Mozas y habiéndose quitado con motivo de una obra en el año citado, oponiéndose el Municipio a su colocación se trasladó al lugar que hoy ocupa (Joaquín Hazañas y la Rua).

[87] Don Juan Colom y Colom en su *Sevilla artística* atribuye a Lucas Valdés el lienzo que está encima del arco de la capilla del Sagrario.

Son de notar en esta Parroquia algunos lienzos de Pedro Tortolero, entre los que sobresale uno que representa a San Gregorio.

4. En la parroquia de San Pedro hay además de lo que dice Ponz una bella pintura del Purgatorio al lado de la Epístola, la que se tiene por de Juan

---

Como esculturas, en la capilla inmediata al altar mayor en el lado del Evangelio, llamada generalmente de los *Maestres* por ser de patronato de la familia sevillana de este apellido, se venera una imagen del Crucificado, de estilo románico, citada por el Abad Gordillo y que es a nuestro entender una joya digna de estudio, en la que hasta ahora muy pocos han fijado la atención.

La imagen del Señor de las Tres Caídas, ha sido atribuida por algunos a Roldan, juzgándola la mayoría de los inteligentes que la han examinado por más antigua. El Cirineo que le acompaña es tenida por la mejor obra del sevillano Bernardo de Gijón.

En el altar de Santa Bárbara, se encuentra una Santa Catalina, escultura de algún mérito.

Recientemente ha sido restaurada y pintada esta Parroquia dirigiéndose las obras con buen gusto y un criterio que desearíamos presidiera en todas las restauraciones de templos.

En la ya mencionada capilla de Nuestro Padre Jesús de las Tres Caídas está enterrado Don Gonzalo Herrera de Olivares, natural de esta ciudad, Arcediano de Treviño, dignidad de la iglesia de Valladolid, Obispo de Laodicea y Gobernador eclesiástico de la iglesia de Burgos, en tiempos de su primer Arzobispo D. Francisco de Pacheco y Toledo. Así consta en la lápida colocada al pie del sepulcro de dicho Ilmo. Señor, oculto bajo del altar de San Bernardo de esta capilla.

Mide la losa 1 metro, 03 centímetros de ancho por 0,72 de altura, y está colocada rozando con el pavimento de la capilla. Sobre esta lápida se levanta una sencilla urna que termina con la estatua yacente del Obispo de Laodicea. A la izquierda y bastante mutilado como todo el sepulcro hay colocado un escudo de armas. La piedra de toda esta obra es caliza a excepción de la lápida que es de mármol y a la letra dice así:

†

DONO GONSALVO HERRERAE OLIVARIO HISPALEN: ILLVSTRIBVS
PARENTIB. ORTO, VIRO PROBO, DOCTO Q. QVI. QWM POST EMERITA
HILOSOPHICI MAGISTERII ORNAMENTA, ET THEOLOGI DOCTO-
RIS ELOGIA, ARCHIDIACONVS TRIVINIEN. ET CANONICVS ERV
DITIONIS ERGO IN BVRGENSEM ECCLESIAM ADLECTVS ESSET,
AC DEINDE MAGNA PONTIFICIS MAXIMI GRATIA OB PRAECLA
RUM INCULPATAE VITAE EXEMPLVM LAODICENVS EPISCOPVS AN
TE ANNOS CREATVS, BVRGENSEM DIOCESIM ILVSTRISS1MI CAR
DINAI.IS PACIECI VICE NOM SINE LAVDE GVBERNASSET; PIE IN DO
MINO OBDORMIVIT PINTIAE XII KAL. OCTOB ANNO AETER
NAE SALVTIS CIC IC LXXIX:
IOANNES OLIVARIVS FRATRI CARISSIMO PIENTISIMOQ. EIVS
OSSIBVS IN GENTILITIVM SACELLVM TRANSLATIS, ET PRO DIGNITA
TE RITE CONDITIS, SVO SVMTV FACIENDVM CVRAVIT
RIP

[Debemos esta fiel copia a la bondad de nuestro buen amigo cuanto distinguido amante de estas antigüedades D. José María de Valdenebro y Cisneros.]

Simón Gutiérrez; su buena composición y colorido, y especialmente un ángel mancebo que saca un alma del fuego, hace que este lienzo se aprecie como una de sus mejores obras. En el mismo lado y frente del altar del Pilar

---

Como expresa esta inscripción, la traslación de los restos del Obispo de Laodicea se hizo por su hermano D. Juan, patrono que fue de la capilla según dice la reja de la misma:

ESTA REXA Y LO DEMAS DESTA CAPILLA MANDO HAZER
JVAN DOLIVARES SVCESOR DEL FUNDADOR DELLA.

Por este tiempo no estaba en esta Iglesia la Hermandad de las Tres Caídas, sino en la de San Roque, y después en la de Santiago, no habiéndose trasladado a esta Iglesia hasta 1668 y no habiendo tomado capilla en ella hasta el año de 1670.

Esta capilla ha sufrido variaciones en su forma por consecuencia de las obras que en ella se han llevado a cabo, siendo la de más importancia la de 1761, en cuyo año permutó la hermandad cierta finca por la sacristía de la Hermandad Sacramental para dar más extensión a la capilla. No sabemos en qué época se cubriría el sepulcro con el altar que lo oculta en la actualidad, pero creemos que sería en el mencionado año por los datos que tenemos reunidos para la historia de esta capilla y su hermandad.

Entonces debió colocarse para que no se perdiese toda memoria de este monumento la lapida de 0,62 metros de altura por 0,48 de ancho que se ve a la entrada de la capilla y que dice:

†
EN esta CAPILLA YACE
EL. YLL.MO D.N GONZALO
DE HERRERA OLIVARES
SEVILLANO,
OBISPO DE LAODIDEAO,
Y GOBERNADOR DE LA
YGLESIA DE BURGOS.
MURIO EN VALLADOLID
A 20 DE
SEPTIEMBRE
DE 1579.

Don Félix González de León en el tomo I de su *Noticia Artística &* pág. 77, copia esta lápida, atribuyendo su colación a perdida de la anterior que publica traducida sin expresar de dónde la copió.

Réstanos sólo decir para terminar que nos consta que la Hermandad trata de la restauración de este sepulcro y de su colocación en lugar más apropósito para lo que ha nombrado una comisión que en unión del entendido arquitecto Don Adolfo Fernández Casanova, debe determinarlo (Joaquín Hazañas y la Rua).

se halla colocado un cuadro de cosa de una vara de estilo flamenco que representa a Cristo moribundo, a quien uno de los piadosos varones deposita en los brazos de su madre, acompañada del Evangelista, cuyas expresiones están bien caracterizadas. Es muy bueno también un gran cuadro de la Cena[88].

6. La Concepción de que habla Ponz en la parroquia de San Lorenzo sin decir su autor, es aquí tenida por del escultor Juan Martínez Montañés, que se halla escondida en una capilla al lado del Evangelio, la que es tránsito para la Sacristía. Frente de esta capilla, al lado de la Epístola hay otra en la que está el lienzo de Pacheco que representa la Asunción de Nuestra Señora y no la Concepción, como escribe nuestro viajero, el que equivocadamente afirma haber en la Sacristía otra imagen de dicho misterio de Luis de Vargas. Pero en ésta se encuentra un gran cuadro del Nacimiento firmado de Juan Leandro de la Fuente en Granada 1639, cuyo mérito se destruyó en gran parte por haberlo limpiado años pasados, en cuya operación perdió las medias tintas, por lo cual parece algo duro. Entre los muchos artistas que olvidó Palomino, fue éste uno, pero Ceán Bermúdez hace memoria de él, y da noticia de otras pinturas suyas.

A los pies de la Iglesia, en la nave del Evangelio se halla otra pintura de Villegas, que representa a la Virgen con el niño, San Juanito y San José, de lo mejor que hizo la que está firmada *Petrus Villegas pinxit,* y aunque algo retocada, no se ha destruido su mérito. Es de vara y media en cuadro y está colocada en un pequeño retablo arreglado, que consta de dos pilastras corintias, y su correspondiente ático, cuyos perfiles y capiteles están dorados, imitando lo demás jaspes variegados de celeste. A los pies de este retablo está la sepultura de Villegas, por la que se ve la equivocación de Ponz en su carta 1.ª núm. 27, quien copiando su epitafio dice que murió de 87 años, cuando en él sólo se lee LXXVII, equivocación que siguió a ciegas el autor de los *Hijos ilustres de Sevilla,* impreso en esta ciudad en 1791, cuando habla de este sevillano. Aún todos ellos, incluso Ceán Bermúdez olvidaron poner un *S.* esto

---

[88] El altar de que habla Ponz, que contiene pinturas de Pedro der Campaña, está hoy colocado a los pies de la nave del Evangelio. Compañero de este en la opuesta nave hay otro altar con cinco preciosas tablas de escuela italiana.

El Sr. Gestoso, en su *Guía artística etc.,* llama la atención acerca del notable techo de alfarje de este templo y de una lápida sepulcral con figura yacente en bajo relieve que está en la capilla del Sagrario (Joaquín Hazañas y la Rua).

es: *Sacrum* después del *Dioviventium.* He querido decir esto aquí por parecerme su oportuno lugar y V. lo pondrá donde guste[89].

7. El cuadro del altar mayor de la parroquia de Santiago representa la batalla que en el año de 834 ganó a los moros el Rey D. Ramiro de León, que llaman de Clavijo, como declara Argote de Molina en su Nobleza de Andalucía (lib. 1º., fol. 118). En una capilla al lado del Evangelio hay un buen altar, que consta de dos cuerpos corintios compartidos por columnas de su orden y coronado de un agraciado frontispicio: en él hay algunas pinturas del estilo de Pacheco, como son la Anunciación, San Joaquín y San José. En la capilla del Bautismo se halla una tabla que representa el de Cristo por San Juan y varios otros personajes en distintos términos, que aluden en sus acciones a este Sacramento, pintura de muy rara composición y anterior a Durero, pero su colorido es bellísimo, y siempre digna de observarse, aunque no su dibujo que es incorrectísimo[90].

[89] Es muy digna de mención, al hablar de esta Iglesia, la antigua pintura mural de Nuestra Señora de Rocamador, cuya tradición no puede negarse de buena fe (Joaquín Hazañas y la Rúa).

[90] En la puerta del lado de la Epístola consérvase la capa que usó en su coronación el Cesar Carlos V, interesantísima obra de arte de aquella época, que honra a los estados españoles de Flandes, en cuyos talleres se fabricó indudablemente.

Gonzalo Argote de Molina, patrono que fue de la capilla mayor de esta Parroquia, yace enterrado en ella, expresándolo así una lápida existente en el presbiterio.

El cuadro de Mateo Pérez de Alesio, ha sufrido desde que fue pintado, algunas restauraciones que pueden apreciarse a simple vista. De una de ellas hemos encontrado la siguiente curiosa noticia, en las cuentas de 1725 a 1728, fechadas en 30 de junio de 1730, tomadas al Mayordomo de fábrica D. Bernardo José Domínguez:

«Item doscientos y setenta rreales pagados a Juan Ruiz Soriano, Maestro pintor por componer el quadro de la imagen de Señor Santiago del altar maior de esta Iglesia assi de Lienzo nuebo que se le Hecho como de Tachuelas pintura y enbarnizado consta de recibo del susodicho con fecha en 17 de Octubre de 1726 que se rubrico y abonan-270 rs.».

En la Capilla que menciona Matute al lado del Evangelio, de antiguo patronato de los caballeros *Navarro,* de quienes tomó nombre la muralla que por aquella parte cerraba la ciudad, hay una bonita escultura de la Concepción. Este altar está revestido de azulejos con escudos de los patronos, que conceptuamos obra del siglo XVII, ocultos hasta hoy por una pesada frontalera, pero que han quedado al descubierto al terminarse la renovación hecha recientemente en este templo.

En otro altar inmediato a esta capilla hay una Sagrada Familia de marfil, cuyas figuras, de unos treinta centímetros de altura, hábilmente ejecutadas, creemos no carecen de mérito, lo que no afirmamos por no haberlas podido examinar detenidamente (Joaquín Hazañas y la Rúa).

En la parroquial de San Andrés se ha colocado últimamente alrededor de los pilares un apostolado de regular mérito, que algunos lo reputan como copias de la escuela de Zurbarán. Las pinturas de la Capilla de pintores están demasiado descuidadas; pero los muchos desconchados que tienen las paredes han producido el bien de destruir las chafarrinadas con que los cofrades quisieron hermosearla. Parece que hay pleito sobre el patronato, y de esto ha nacido el abandono en que se tiene[91].

La capilla de la Concepción en la nave del Evangelio parece que también está en litigio, según lo descuidada que se halla. Sus pinturas, aunque de la misma mano, no tienen igual mérito, y me parece que Villegas, de cuyo estilo las supone Ponz, es más correcto en el dibujo y más airoso en la forma[92].

---

[91]   En el remate del altar mayor hay una estatua de la Concepción de Cano. Lo que hay de Murillo es el Salvador de medio cuerpo de la capilla de los Pintores.—(Nota de Matute).

[92]   Algunas obras de arte, además de las que enumeran Ponz y Matute, existen en esta Iglesia, como son la tabla de la capilla del Bautismo y la Imagen de Nuestra Señora del Rosario en la del Sagrario, obra esta última de Hita del Castillo.

En los dos últimos años, y a lo que creo a expensas de los fieles, se ha reparado este templo con verdadero acierto, descubriendo las molduras y adornos de la construcción primitiva muy curiosos, que yacían ocultos bajo espesas capas de yeso, cal y pintura.

Los pilares presentan ahora toda su esbeltez, no sólo por el revestimiento de los zócalos con azulejos de relieve, sino también porque los cuadros del apostolado que los cubrían se han puesto en la capilla mayor, donde se llevó el coro, dejando expedita la puerta principal antes obstruida. En el centro del presbiterio se ha colocado un tabernáculo de no mal gusto y la Imagen de la Concepción que estaba en el último cuerpo del retablo, ha venido al primero, llevando al otro la del titular de la Iglesia.

La antigua capilla del Sagrario ha desaparecido, trasladándose éste a la que tuvo la esclavitud de la Santísima Trinidad, cuya Congregación muy prepotente durante el reinado de Fernando VII se considera extinguida, lo que permitió regularizar las naves laterales; y si bien en estas obras han podido lastimarse los derechos de las Hermandades, especialmente de la Sacramental, el pensamiento ha sido bueno y mejor el resultado, pues con las reformas realizadas, esta parroquia, una de las más céntricas de la Ciudad y donde se tributan constantemente solemnes cultos, ha quedado convertida en una rica joya, restaurándose las pinturas por mano perita y con gran esmero.

Si es exacta la teoría de que los resultados justifican los medios, puede tener disculpa lo que aquí se ha ejecutado de prescindir del derecho de las hermandades, no sólo porque éstas no hicieron en tiempo oportuno las debidas reclamaciones, sino también porque el pensamiento que presidió a la reforma estaba guiado por una intención recta, que reconocemos en el Párroco D. José María Camacho y Torres Pbro., quien sometió la resolución de todos los puntos relacionados con el arte a personas competentes y de ilustración notoria.

8. El retablo mayor de la parroquia de San Esteban es uno de los más arreglados de Sevilla, en el que hay varios lienzos excelentes de los Polancos, discípulos de Zurbarán; son el martirio del Santo titular, el nacimiento del Señor y San Hermenegildo y San Fernando, algunos de los cuales, a vista de su mérito, creyó Ponz ser del mismo Zurbarán; mas es lo cierto, que de este sólo es el San Pedro y San Pablo. A los pies de la Iglesia, en el lado del Evangelio, hay un lienzo de Nuestra Señora que tiene el niño en sus brazos, y otros varios personajes que la acompañan, de muy buena mano y parecido a lo que pintaba Herrera el Mozo. En el otro lado está la Capilla del bautismo y en ella una matrona, pintura de la manera de Rubens[93].

9. En la Iglesia Omnium Sanctorum, reedificada por el Rey don Pedro, y anteriormente dotada por don Dionís de Portugal, nieto del Rey don Alonso el Sabio (por lo que aún se conservan sus armas en el arco toral), se construyó el año pasado de 1793 el primer altar de estuco que se ha visto en Sevilla, obra de don José González, tallista de esta ciudad, quien después de varios ensayos consiguió al fin perfeccionarlos como se verificó en otro altar que hizo para la Catedral, el que se ha colocado en la capilla de Santa Ana.

Aquel, pues, que es el mayor, consta de dos cuerpos, el primero de orden corintio, con columnas y el camarín de Nuestra Señora en el centro. En los intercolumnios se han colocado las estatuas de San Pedro y San Pablo, imitando mármol blanco. El segundo es de orden compuesto con dos columnas, en medio de las cuales está el trono para el Sacramento y a los extremos otras dos estatuas de San Agustín y Santo Domingo, semejantes a las de los Apóstoles. Este precioso retablo, cuyo diseño fue aprobado por la Real Academia de San Fernando, tuvo la desgracia de ser el primero de su especie, y los ojos acostumbrados a relumbrones, no pueden acomodarse tan presto a

---

Como resultado de estos buenos propósitos, que merecen imitarse por los que intervienen en la reparación de edificios públicos, el conjunto que presenta el templo parroquial de San Andrés llama la atención verdaderamente. La pintura de los muros hecha imitando las construcciones de sillería tiene bien trazados los despiezos o unión de una piedra sobre otra, y en los espacios que resultan vacíos entre los altares se han colocado con estudio todos los cuadros que poseía la Iglesia, y algunos otros adquiridos por el Sr. Camacho, entre los que se cuenta una muy buena copia de la Sacra familia que pintó Murillo para el Marqués del Pedroso (Francisco Collantes de Terán).

[93] En 1868 se cerró al culto esta Iglesia y fue vendida por el Estado. A consecuencia de reclamaciones de la Real Academia de San Fernando se declaró monumento nacional, anulándose la venta, y en 1877 se restableció el culto (Joaquín Hazañas y la Rua).

la sencillez y seriedad de un retablo por este gusto. Pero aún ha sido peor que en este año de 1801 haya habido necesidad de retocarlo, en cuya operación se han gastado algunos pesos, y con esto los enemigos del estuco han encontrado motivo para hacer apologías de los maderajes dorados.

El San Pedro y San Pablo de Reina que estaban en el altar de Ánimas, habiéndose quemado uno por el descuido de una vela, fue necesario quitarlos para componerlos, y casi se deshicieron, por lo que D. Vicente Alanís, pintor de esta ciudad, tuvo que pintar otros que ocupasen aquellos huecos. El cuadro principal de este altar es un Purgatorio de Bernabé de Ayala, discípulo de Zurbarán, de quien no hace memoria Palomino, y aún más extraño que Ponz no la haga de este lienzo, más apreciable que los dos de Reina que menciona. Tampoco Ceán Bermúdez lo puso entre las obras de Ayala, cuando habla de este profesor en su *Diccionario*.

En esta Iglesia había un buen lienzo de San José firmado por *Francisco Varela, fecit 1643* el que lo conocí puesto en venta para con su producto costear algunos adornos, que no podían dejar de ser de gusto, cuando era a costa de dar en 25 doblones un original de mérito, cuyo autor, sin embargo de no ser de la primera nota, tenía más derecho de ser conservado por sus obras, que no el pretendido adorno que proyectaban. Se conserva en esta Iglesia un San Cristóbal gigantesco de Cristóbal López y del mismo una *Cena* a espaldas de la Iglesia, mirando a lo que llaman *Pescadería,* obra de bastante manejo e inteligencia. En la sala de juntas de la hermandad del Santísimo hay otro cuadro del dicho Varela con pintura alusiva al Sacramento, que se conserva con aprecio[94].

---

[94] A principios de este siglo se conservaban sobre una de las puertas de este templo las armas reales de Portugal, en testimonio de gratitud por las cuantiosas limosnas que este templo recibiera del Infante D. Dionís que cita Matute.

La reedificación llevada a cabo por D. Pedro I ha sido atribuida por unos a devoción del Monarca y por otros a cumplimiento de una penitencia; Zúñiga dice que a ruegos del Arzobispo Don Nuño (único de este nombre en la sede hispalense) reedificó D. Pedro este templo.

En 1840 se derribó un arco que de las dos tribunas de las naves laterales comunicaba a vecina casa de los Marqueses de la Algaba patronos de la capilla mayor desde 1593.

La última capilla del lado del Evangelio sobre la que se levanta la torre, que es la capilla de que habla Ponz, fue fundada por Gonzalo Gómez de Cervantes y Doña Beatriz López Bocanegra su mujer, padres del

Cardenal arzobispo de esta Ciudad Don Juan de Cervantes. En esta capilla se conservaba, es de creer que como trofeo de alguna victoria ganada a los moros, un pendón verde

10. La pintura de Campaña, de que habla Ponz en la parroquial de Santa Catalina está al lado del Evangelio, y en el de la Epístola hay una Asunción de Nuestra Señora de la manera de Pacheco, como asimismo las demás pinturas de este retablo[95].

11. En el ridículo maderaje que sirve de retablo mayor en la parroquia de San Juan de la Palma hay una estatua del Bautista de Juan Martínez Montañés, y otra del Evangelista en uno de los colaterales ejecutada por Alonso Cano. De éste hay en el Baptisterio un lienzo de una vara de alto que representa el bautismo de Cristo por San Juan, colocado modernamente, como asimismo otros lienzos en el cuerpo de la Iglesia de diferentes méritos; es conocido el que entre los demás tiene un lienzo de la Magdalena, en la nave de dicha epístola, con muy bella expresión. Frente, es decir, en la nave del Evangelio, hay dos bellos originales de Esteban Márquez, que algunos han tenido por de los primeros tiempos de Murillo, y en ambos están representados con diversas actitudes Jesús, María y José, siendo superior el que los representa en la forma de Trinidad humana. Hacia los pies de la Iglesia, hay un San Jerónimo y un San Pedro muy bien ejecutados y superior a éstos, otro San Pedro y un sacrificio de Isaac,

que sirvió de enseña a los amotinados de esta Ciudad el año de 1652 en la sublevación popular llamada vulgarmente de la *Feria y Pendón verde*. En 1844 se renovó esta capilla colocándose en ella la pila bautismal.

Sobre la puerta principal se encuentra una preciosa ventana con adornos alicatados de los más hermosos de Sevilla. La torre presenta también caprichosas labores arábigas ejecutadas en ladrillo. Sobre la puerta de la calle del Garfio hay tres pequeñas pinturas de las que no puede gozarse la vista por el mucho polvo que las cubre. El ábside está coronado de almenas dentelladas.

La pieza que sirve de Juzgado a la plaza de abastos contigua a este templo y que construyó la Ciudad con este objeto, quita hermosura a la torre y al templo todo, siendo de desear que por el Excmo. Ayuntamiento se ordenase su demolición.

La imagen de la titular de esta parroquia que se venera en el altar mayor, es obra del escultor Gaspar Núñez Delgado (Joaquín Hazañas y la Rúa).

[95] El cuadro de Pedro de Campaña, estuvo colocado en una pequeña capilla que hay dentro de la mayor al lado de la Epístola y de allí se llevó a la capilla del Santísimo.

La imagen de Santa Catalina del altar mayor y la de Nuestra Señora del Rosario de una de las capillas laterales son de Bernardo de Gijón.

En 1868 fue cerrado este templo, abriéndose de nuevo al culto en 1869. El año de 1881 volvió a cerrarse por consecuencia de la obra que en él se llevó a cabo, pero se abrió aquel mismo año. En esta obra se colocó de distinta manera el altar mayor y se restauró infelizmente la torre que perdió entonces la esbeltez de sus preciosos adornos.

El techo de esta Iglesia es de ricos artesonados de los mejores que se encuentran en Sevilla (Joaquín Hazañas y la Rúa).

copia excelente de la escuela flamenca. Es muy bueno el Purgatorio del altar de Ánimas, parecido a lo que pintaba Andrés Pérez, y mejor que esto la tabla que representa a San Jorge a caballo a los pies de la Iglesia. Por toda ella hay algunas estatuas de barro cocido de Don Cristóbal Ramos, escultor afamado de esta ciudad, en donde murió en agosto de 1799.

El gran cuadro de Roelas del que habla Ponz en la Sacristía, se ha colocado en la Iglesia sobre la puerta de la Capilla del Santísimo, en el que está retratado su autor, arrodillado ante la Santísima Trinidad y la Virgen que se aparece en trono de gloria.

En esta Iglesia tiene asiento de tiempo inmemorial la Universidad de Beneficiados propios de Sevilla, a los que antiguamente se llamaban clérigos parroquiales, de la que habla Zúñiga en el año de 1261, números 7 y 8, en el cual y en el de 1506 de sus *Anales,* podrá V. ver lo que le acomode acerca de las Iglesias parroquiales de esta ciudad, tanto en lo antiguo como moderno[96].

12. La pintura que se dice de Antolínez en la parroquial de San Martín, que representa a Elías y al ángel que lo conforta, es de Francisco Meneses Osorio, y no de aquel, como escribe Ponz. Meneses fue discípulo de Murillo, el que murió en esta ciudad, entrado el siglo XVIII. Quizás sea de Juan García, condiscípulo del primero y muy amigos, otra pintura igual a la que

---

[96] En el año de 1868 se cerró esta Iglesia a virtud de orden de la Junta Revolucionaria, sirviendo por algún tiempo para las reuniones populares.

Al abrirse nuevamente al culto en 1869, como no existía el altar mayor a la romana, con que se reemplazó después de 1820 el que Matute describe, se trajo el de la parroquia de San Miguel que nunca fue bueno y que ahora resulta deforme por haberse reducido sus proporciones, para acomodarlo en un espacio de menor altura.

Nuestro Padre Jesús del Silencio y María Santísima de la Amargura son imágenes de Roldán a las que se da culto en la última capilla de la nave del Evangelio. El San Juan Bautista que acompaña a la Virgen, es una notable escultura de Benito Hita del Castillo.

La lápida con una leyenda árabe que estuvo junto a la puerta lateral de este templo, juntamente con otra losa que contenía su interpretación al castellano, se llevaron al Museo provincial en 1868. La primera ha sido traducida por Don Rodrigo de los Ríos, en su libro titulado «Inscripciones árabes de Sevilla».

Hoy no existen algunas de las pinturas mencionadas por Matute, como son los dos cuadros de la Sacra Familia y el bautismo de Jesucristo atribuido a Cano, en cambio hay otras de poco mérito.

La tabla de Pedro Campaña con el Calvario, se ha colocado en la nave del lado de la Epístola hace muy pocos meses, pues desde la Revolución de Septiembre existía en una sala. También se ha renovado el pavimento de toda la Iglesia (Joaquín Hazañas y la Rúa).

antecede y frente de ella que figura la Presentación de Nuestra Señora con muy bello colorido y un buen golpe de arquitectura al fondo. Es lástima que en los lienzos de pared que forman ángulos con los que contienen dichas pinturas, hayan colocado dos retablos que ocultan partes de aquellas, aunque el del lado del Evangelio no carece de mérito por su arquitectura.

El retablo mayor de esta Iglesia es de dos cuerpos de orden corintio con frontispicio en el remate, y aunque no exento de superfluidades, se conoce que su autor estaba poco satisfecho de la escuela churrigeriana. Al lado del Evangelio se halla un San José de Luisa Roldán, hija de Pedro, cuya buena escultura se oculta con vestidos sobrepuestos, efecto de la liberalidad de alguna buena alma devota y caritativa.

Efectivamente son de Alonso Cano las pinturas de la Capilla del *Descendimiento,* inclusas las de la Resurrección, Ascensión, San Esteban, y San Lorenzo. Enfrente, en el lado del Evangelio, se halla el lienzo de que habla Ponz, del estilo de Perugino, pero demasiado descuidado y algo roto; me dijeron que iban a quitarlo para pintar la pared de resultas de una obra que se hacía en la capilla del Comulgatorio. Como mi autoridad es ninguna, espero que serviría de poco el panegírico que hice del citado lienzo, por conseguir su conservación; pero al fin se suspendió la dicha obra por otras causas, y la pintura quedó en su lugar.

A los pies de la nave de la Epístola hay una capilla en la que se venera una pintura de Cristo con la cruz a cuesta muy bien ejecutada, y mejor la que hay en la Sacristía, de Cristo crucificado, que algunos, no sin fundamento, la tuvieron por de Zurbarán; en lo que no cabe duda es, en que es de su manera, y quizá de los Polancos, sus mejores discípulos. En esta Iglesia y a los pies de Nuestra Señora de la Esperanza está enterrado nuestro Analista Zúñiga, el que murió en 1680.

13. Todo el mundo sabe la Real orden con que vino a esta ciudad el pintor D. Francisco Agustini, quien falleció sin haber empezado su obra, en el mismo año de la fiebre epidémica que afligía a estas Andalucías. Cuando Sevilla supo que el Rey quería se copiase la tabla del *Descendimiento* de la parroquia de Santa Cruz, obra de Pedro de Campaña, no pudo menos que quejarse del despojo que se meditaba, en lo que tomó parte este ilustre Ayuntamiento, quien representó al Rey, con el mayor respeto y entereza, lo doloroso que era para esta su fiel ciudad el verse privada de este monumento de su gloria, juntamente con los demás lienzos que se pedían de Bartolomé

Murillo, existentes en la Iglesia del Hospital de la Caridad. Esta Hermandad representó igualmente, pero nada ha bastado: murió Agustini, y ha pasado su comisión a otro, quien de un día a otro se espera con órdenes muy precisas, por lo que Sevilla verá con dolor arrebatarle unas pinturas que la singularizaba entre las demás capitales del reino.

15. Acerca de Murillo quiero copiar la partida que se halla al folio 12 del libro 2.º de entierros de dicha Iglesia, que dice así: «En 4 de Abril de 1682 se enterró en esta Iglesia de Santa Cruz de Sevilla el cuerpo de Bartolomé de Murillo, insigne maestro del arte de pintura, viudo que fue de Dª. Beatriz de Cabrera Sotomayor; otorgó su testamento por ante Juan Antonio Guerrero, Escribano público de Sevilla, y dijo la misa de cuerpo presente el Licenciado Francisco González de Porras». En la misma Iglesia se conserva en la Capilla del Bautismo un buen altar, aunque del estilo plateresco, con un buen lienzo que representa la última *Cena,* que algunos lo han tenido por de Murillo, y a la verdad algo se encuentra de su primitivo estilo; mas cotejado con las pinturas que se conocen de su discípulo el Mulato, puede creerse de éste, así como otra *Cena* de la parroquial de Santa María la Blanca, de la que hablaremos; a los lados del referido altar hay unas tablas que contienen pinturas del mismo pincel y representan a San Antonio, San Blas y otras dos Santas. Esta Capilla, que antes fue del Santísimo, se conoce que se adornó en tiempo que se apreciaban las artes, por lo que contiene algunas otras pinturas difíciles de gozar por su escasa luz. La Capilla que ahora tiene la Hermandad está adornada con varios lienzos y entre ellos son buenos los de Santa Justa y Rufina de medio cuerpo, y en el remate del altar un Padre eterno del estilo de Luis de Vargas. De éste es un gran cuadro de la *Presentación de Nuestra Señora* en el templo, de figuras al natural, el que se ha colocado en un retablo, en la nave de la Epístola.

17. En la nave del Evangelio de la Iglesia de Santa María la Blanca hay un buen lienzo de la *Cena,* del que habla Ponz, como existente en la nave de la Epístola y lo cuenta entre las pinturas de Murillo, acerca de lo cual no ha faltado quien dude a pesar de la autoridad del referido viajero. Ceán Bermúdez, hablando de aquel pintor, no se atrevió a decidir, y sólo dice, que algunos se lo atribuyen; mas conviniendo todos que en dicho lienzo se encuentran rasgos de Murillo, pero que no son bastantes para caracterizarlo, y siendo cierto igualmente que nadie de sus discípulos supo imitarlo mejor que el Mulato, no sería difícil convenir en que esta Cena es de igual manera

a la que se encuentra en la Iglesia de Santa Cruz, y una y otra conforme al estilo que siguió Sebastián, quien por lo común pintó, según la primer manera de su maestro. Dentro de la Capilla del Santísimo y sobre su puerta un hermoso lienzo que representa a la Virgen con el Niño dormido, San José y el Bautista, que a no conocerse su original[97] se tuviera por él; tal es la maestría con que hizo esta copia de Murillo D. Alonso de Tovar, que floreció en Sevilla por los años de 1748. Posee la Hermandad esta pintura por donación de la Marquesa de Dos Hermanas; por lo que no pudo verla Ponz, cuando estuvo en Sevilla, siendo posterior su adquisición. No hay duda en que el *Ecce homo* del remate del altar es de Luis Morales, conocido por el divino.

La pintura de Luis de Vargas, de que habla Ponz, colocada en esta Iglesia, está en un pésimo altar, en cuyo marco se lee: *Se hizo este altar año de 1564 y se renovó año de 1774.* Ya se deja conocer que lo malo de él debe atribuirse al mal tiempo de su renovación. En él ya no se encuentran los retratos de que habla Ponz, ni la inscripción que cita. El *San Francisco,* de que hace memoria, permanece a un lado y al otro un *Bautista*; aquél sin duda era el que antes estaba en el remate del altar.

Iglesias parroquiales de las que no habla Ponz

Antes de hablar de las Iglesias de los Regulares, quiero decir a V. algo de lo que hay en otras parroquias de que no hace mención Ponz. Sea la primera la de SAN BARTOLOMÉ, cuyo templo aún no está del todo concluido[98], y por el estilo moderno, no es el peor de nuestros días. En él hay un buen cuadro de Juan Luis Zambrano, el que está en la Capilla del Santísimo y contiene los pasajes del testamento antiguo con muy buena composición, según se lee en el *Diccionario de los Pintores,* de Ceán Bermúdez.

---

[97] Se halla en el palacio nuevo de Madrid.

[98] Derribado el antiguo templo, se construyó esta hermosa fábrica greco-romana a fines del siglo XVIII. El órgano que posee esta iglesia fue del extinguido convento de San Agustín. La imagen de *Nuestra Señora de la Alegría,* que se venera en su Capilla, a la cabeza de la nave del Evangelio, es de antigua escultura y de reconocido mérito, al decir de los inteligentes. En el antiguo templo tenían Capilla los Saavedras, los Ramírez Arellano, los Armentas y otras distinguidas familias sevillanas (José Vázquez Ruiz).

La estatua del Arcángel de la Parroquial de SAN MIGUEL, es una de las mejores obras de Roldán[99], que luciría como merece en retablo mejor ejecutado[100]. En la Capilla mayor tienen bóveda los caballeros Roelas, casa muy conocida en Sevilla, siendo de notar hallarse otra bóveda junto a la suya destinada para sus criados. En una Capilla al lado de la Epístola hay un lienzo de la *Asunción* de Nuestra Señora del estilo de Roelas, y en el banco de un altar de la Capilla del Santísimo una pequeña pintura que representa a Jesús niño, disputando con los Doctores, muy bien ejecutada. Por el gusto de Pacheco es un *Señor Crucificado* de otra Capilla al lado del Evangelio y de la manera de Morales, una cabeza de Cristo en cobre en la testera del Coro, según aquí se afirma, obra excelente y que yo la juzgo de escuela romana.

En la Capilla mayor, sobre una de las puertas de la del Santísimo, se encuentra un óvalo de cosa de una vara de diámetro que contiene a la Virgen y San Juanito que observan a Jesús, niño dormido, por lo que llaman a esta Señora del *Silencio*, copia perfectamente acabada de obra de Rafael. En la misma Capilla mayor, en un altar al lado del Evangelio, hay un lienzo del *Evangelista* de la escuela flamenca muy bien ejecutado.

En la Capilla de Santa Catalina de Siena, que ahora es de San José, tienen bóveda los *Caros,* familia antigua de esta ciudad, aunque originaria de Utrera, donde nació nuestro historiador Rodrigo Caro, que yace en la

---

[99] En 1356 mandó edificar esta Iglesia el Rey D. Pedro I de Castilla, dando el patronato de la Capilla mayor a su Tesorero Martín Yáñez de Aponte, quien en medio de ella mandó labrar un panteón para él y su familia, sobre el cual había una gran losa, que, según asegura el Sr. González de León, hizo quitar en 1828 el cura de esta parroquia D. Francisco de P. Vega; la citada losa tenía la siguiente inscripción:

ENTIERRO DE MARTÍN YAÑEZ APONTE, SEÑOR DE
CHILLAS, CABALLERO DE LA VANDA, SECRETARIO DEL DEL
REY D. PEDRO EL JUSTICIERO, FUNDADOR DE ESTE SANTO
TEMPLO DE SAN MIGUEL, A CUYA COSTA SE FABRICÓ,
PADRE DE JUAN DE ÁLVAREZ DE CHILLAS, CABALLERO DE
LA VANDA, AÑO DE 1367. PUES ESTA LOSA JUAN XI
MENEZ ALVAREZ DE CHILLAS SUS LEGITIMOS DES-
CENDIENTES, Y GASPAR XIMENEZ PADRE
DE LOS DICHOS.

[100] Algunos la atribuyen a su hija Luisa. Estaba colocada esta imagen en el retablo de la Capilla mayor.

referida Capilla[101], lo que consta de la partida de su entierro, al folio 83 vuelto, de un libro que empezó en 1622, la que dice así:

En 10 de Agosto de 1647 se trajo a enterrar del Sagrario de la Santa Iglesia a esta de San Miguel de Sevilla al Licdo. Rodrigo Caro, Pbro. Testó ante Alonso de Alarcón, Escribano público de Sevilla y dejó por sus albaceas al señor Canónigo Gaspar de Espinosa y á Gerónimo Caro su hermano.

La partida del Sagrario añade que fue de noche y que vivía en el arquillo del Tambor, por lo que se demuestra la equivocación de D. Diego Ortiz de Zúñiga, quien afirma que se enterró en Utrera, opinión que sin examen adoptó D. Pedro Meléndez en su *Epílogo de Utrera.* Falleció el Dr. Rodrigo Caro a los 63 años de su edad, habiendo servido a los Arzobispos D. Pedro de Castro, D. LuIs Fernández de Córdoba y a los Cardenales D. Diego de Guzmán, Borja y Espínola, de los que fue Vicario general, Juez de la Iglesia, Visitador de algunos partidos, de fábricas y de Monjas, Juez de Sacramentos, Visitador de Hospitales y Cofradías, Examinador general y de la Junta de Gobierno. En la Capilla referida hay un buen retablo en cuyo centro se colocó una muy buena estatua de San José, ejecutada por D. Blas Molner, para lo que fue necesario formar un camarín, con cuyo remiendo se alteró, o por mejor decir se corrompió su antiguo decoro y arreglada arquitectura.

En el colateral de la Epístola un gracioso *San Juanito* de Montañés; y de Mateo Pérez de Alesio es un gran lienzo de *San Cristóbal,* el que ha perdido bastante con la renovación y retoques que sufrió el pasado año de 1723.

En esta Iglesia está bautizado el famoso literato Sebastián Fox Morcillo, el que, según el Dr. Rodrigo Caro, en sus *Varones ilustres,* nació en la calle de las *Palmas.*

La parroquia de SAN VICENTE, es una de las más antiguas de esta ciudad y algunos quieren que fuera la única que se ha conservado sin interrupción desde el tiempo de los Godos, dedicada al mismo Santo Mártir con el privilegio de Catedral; pero omitiendo sus pretensiones, que sólo se apoyan en

[101] Con ocasión del derribo de esta parroquia, los Sres. D. Antonio Sánchez Moguel y D. Eugenio Fernández Zendrera solicitaron y obtuvieron permiso para trasladar los restos mortales de este varón insigne a la iglesia de la Universidad, en cuyo centro reposan, sin inscripción alguna que recuerde a los que visitan este hermoso templo, el célebre historiador de las antigüedades de Sevilla (José Vázquez Ruiz).

débiles conjeturas, no se puede negar ser antigua su fundación[102], en cuyo sitio tenían su sepulcro los de la familia de Tito, según se colige de la inscripción romana que se encontró allí en lámina de mármol, de la que trae copia Argote de Molina en su *Aparato manuscrito a la Historia de Sevilla,* que dice así:

DIDIA. T. F. FABIA. MATER
IN MEO DOLORE IN HOC SEPVLCRO
VIVA IN HIS NOMEN ASCRIPSI MEVM
HIC EST DOMVS MEA CVM MEIS.

La que él mismo tradujo del modo siguiente: «*Yo Didia Fabia, hija de Tito, por mi dolor, áun viviendo, hice escribir mi nombre en este sepulcro con los míos, cuya casa está aquí*».

---

[102] Todos los historiadores de Sevilla han señalado a este templo una antigüedad remota, a excepción de los modernos arqueólogos, que, atendiendo sólo a los caracteres que presenta, juzgan su fábrica del siglo XVI. No tengo competencia bastante para dilucidar una cuestión arqueológica; pero no puedo dejar de poner mis reparos a estas afirmaciones tan rotundas. El sabio Arzobispo de Sevilla San Isidoro refiere el hecho milagroso de la muerte del vándalo Gunderico al profanar esta iglesia; el Santo Conquistador la encontró también fundada en 1248, y el Bachiller Peraza, que escribe su historia a mediados del siglo XVI, la supone antiquísima. ¿Es posible negar la veracidad de San Isidoro, ni la distribución que de los templos sevillanos hizo San Fernando? ¿Hemos de suponer a Luis de Peraza tan estúpido que no conociera una iglesia edificada en su tiempo? Estas consideraciones me inclinan a creer que la antiquísima iglesia de San Vicente, que, como otro cualquier edificio, no pudo resistir la acción del tiempo sin sufrir deterioro, fue recibiendo en su fábrica reparos y reformas durante la serie de siglos de su existencia, y que cada edad y civilización marcó en ella su gusto y caracteres. El mismo Matute, en la continuación de los *Anales de Sevilla,* nos refiere que, a causa de la ruina que amenazaba esta iglesia por su antigüedad, fue reedificada (1736-1738) y consagrada en 3 de julio de 1740. En 1755, con motivo del célebre terremoto, sufrió también reparación, y en nuestros días (1884-85) otra que los inteligentes juzgan muy desacertada.

Entre las alhajas notables que se custodiaban en este templo, figuraban un primoroso cáliz del siglo XIV de gran mérito, y un relicario ojival, donación sin duda de la esclarecida familia de Guzmán, a juzgar por los escudos grabados en el cáliz, en cuyo borde se leía esta inscripción:

Verum corpus Xpi. natum est Maria Virgine

Con competente autorización fueron enajenadas estas alhajas a un traficante para atender con el producto de su venta al solado ríe mármol que tiene hoy esta iglesia (José Vázquez Ruiz).

En la lápida moderna que está colocada fuera de las puertas de dicha Iglesia se afirma que en ella murió nuestro Prelado San Isidoro, la que dice así:

Constituite in porta judicium. Amos. C. 5. v 15.
EN ESTE SANTO TEMPLO QUE SE FUNDÓ POR
LOS AÑOS POCO DESPUÉS DEL CCC. DE
CHRISTO Y SE RENOVÓ SIEMPRE EN EL
CULTO Y RELIGIÓN CRISTIANA FUE EL FELIZ
TRÁNSITO DEL EGREGIO DOCTOR Y
ARZOBISPO DE SEVILLA
S. S. ISIDORO AÑO DE DCXXXVI Y ANTES EN EL
DE CCCCXXI QUERIENDO GUNDERICO PRI-
MER REY DE LOS WANDALOS PROFANARLO
Y ROBAR SUS MUCHAS RIQUEZAS AL
ENTRAR POR ESTA PUERTA FUE ARRE-
BATADO DEL DEMONIO Y MUERTO
INFELIZMENTE EN PENA DE SU DELITO.
AFIRMALO EL MISMO SAN ISIDORO Y LOS
HISTORIADORES DE ESPAÑA.

Con efecto, detrás del altar mayor se encuentra una pequeña Capilla con adornos arabescos, que denotan alguna antigüedad, aunque no tanta como se pretende; en ella, según la tradición, fue la dichosa muerte del Santo doctor, cuyo tránsito se halla en un lienzo de su altar.

En esta Iglesia que, supuesta su antigüedad, debían esperarse cosas apreciables de aquellos tiempos, todo es nuevo, todo de moda y según el gusto de los principios del siglo XVIII, efecto de la devoción ignorante de los que tomaron empeño en arruinar las obras de su mérito. Así es que el retablo mayor antiguo tuvo que ceder su puesto a un ridículo maderaje, obra monstruosa y desatinada, habiendo padecido la suerte de aquél las pinturas que contenía. De ellas se conservan tres lienzos en la Sacristía, relativas al martirio de *San Vicente* de Francisco Varela, obra de lo mejor de este autor, y una Nuestra Señora sobre la puerta principal de la Iglesia, la que aún se mantiene en el trozo del retablo que en el antiguo le correspondía en el centro del que se saca el mérito de lo demás. En la misma Sacristía, entre otras pinturas hay una *Concepción* por el gusto de Murillo, y un San Pablo de la manera de Zurbarán, quizá de algunos de sus discípulos. En una Capilla al lado de la Epístola se venera un *Descendimiento* de escultura que atribuyen a Pedro Delgado, aunque más se asemeja a lo que trabajaba Juan Martínez Montañés, de quien lo juzgan otros. En el retablo de Nuestra Señora hay un *Ecce homo,* de Morales.

SAN ROMÁN. Esta parroquia merece alguna memoria por su majestuoso y arreglado retablo mayor, el que consta de dos cuerpos, pero cada cual de diferente tiempo y artífices. El primero es de orden corintio con cuatro columnas, de cuyo centro quitaron la pintura del Santo titular con vestidos episcopales, de Zurbarán, que se conserva al lado de la Epístola de la Capilla mayor. En su lugar construyeron un pésimo tabernáculo para una imagen de Nuestra Señora, sobre el cual está colocada una buena estatua de San Román[103]; en los intercolumnios hay cuatro pinturas de Santa Ana y San Joaquín, el Bautista, San José y San Miguel por el gusto del citado Zurbarán. El segundo cuerpo tiene traza de haberse construido a principios del siglo XVIII, en que el gusto por la buena arquitectura había decaído; en el centro hay un buen Crucifijo y en el basamento del altar dos tablas con pinturas de San Félix de Valois, San Juan de Mata, San Francisco y San Antonio. El tabernáculo o Sagrario es igual al primer cuerpo del retablo, y con esto se dice que es de lo bueno de nuestros mejores tiempos. Sobre la puerta de una Capilla, al lado de la Epístola, dedicada a la Virgen de la Granada hay un buen cuadro de la Concepción que imita el estilo de Murillo y en la Sacristía

---

[103] Se atribuye por los inteligentes a *Martínez Montañés*.

En el altar de Ánimas hay un cuadro grande de medio punto que se cree ser de mano de *Andrés Pérez*.

En la nave del medio, hacia el pilar del Evangelio, dice Matute, en unos apuntes, se hallaba una inscripción sepulcral, del siglo XV, correspondiente al pintor *Juan Sánchez de Castro,* quien floreció a fines de dicho siglo, como consta de la firma del *San Cristóbal* que pintó en 1484 en la parroquia de San Julián. Esta inscripción, escrita con caracteres góticos, dice así:

Esta sepoltura es de
juº. ssº. pitor e de su generacio.

Esta lápida ha desaparecido, colocándose en su lugar otra moderna, que dice:

Esta SEPULTURA ES DE JUAN SANCHEZ PINTOR
E DE SU GENERACION
(José Vázquez Ruiz).

un Señor a la Columna y San Pedro arrodillado, cuya cabeza y expresión es excelente. A los pies de la Iglesia hay un San Cristóbal de Domingo Martínez, de cuyos discípulos se ven algunos otros lienzos, en los que se conoce la decadencia del arte.

SAN JULIÁN[104]. En esta parroquia se encuentra asimismo un buen altar mayor, obra de la manera de Pedro Delgado, el que consta de tres cuerpos corintios, cuya uniformidad y el exceso de columnas, quizá no agradará a todos; pero que no por eso se hecha menos el decoro y exactitud arquitectónica.

El primer cuerpo se compone de ocho columnas; el segundo de cuatro y el tercero de dos, y entre estas últimas un buen Crucifijo. En los intercolumnios de las otras están las estatuas de San José, San Antonio, San Julián y San Pedro. En el centro del segundo cuerpo hay una Anunciación de relieve muy bien ejecutada, como asimismo las demás esculturas.

En el plan del altar hay un arreglado tabernáculo con adorno de columnitas y las estatuas de San Pedro y San Pablo, obra graciosa y bien concluida. De la misma mano que el retablo mayor juzgo el de las Ánimas que está a los pies de la Iglesia en su Capilla, en el cual se conoce haber quitado la pintura de su centro, sustituyéndole un mal Purgatorio; a los lados, en unas fachaditas con pilastras dóricas y bien entendidas, se conservan dos de sus antiguas pinturas que representan a San Diego y el Bautista, por el estilo de Francisco Reina.

En el altar de Dolores, que antes lo era de Nuestra Señora de la *Hiniesta,* hay ocho tablas de la manera de Campaña, cuatro de las cuales son pasajes de la vida de Cristo y los restantes de la de la Virgen; pero lo mejor de esta Iglesia es el martirio de San Julián en un gran lienzo, hacia los pies de la Iglesia, y se tiene por de Roelas, el que está algo retocado, y más que algo descuidado. En la misma nave hay un agigantado San Cristóbal que a la verdad puede competir con el que pintó Alesio en la Catedral, firmado por *Juan Sánchez de Castro, pintor, año de 1484;* pero en 1775 se retocó, en cuya operación, a excepción de

---

[104] Como en casi todas las iglesias de Sevilla, había en esta de San Julián multitud de enterramientos con sus losas sepulcrales. Delante de la reja de la *Capilla mayor* estaban sepultados el racionero Bartolomé Pérez de Victoria, el Dr. Alonso Osorio de Torres y otros señores de esta familia y el Dr. Francisco Ortiz de Arana. En la *nave del Evangelio,* D. Santiago Vázquez de Saavedra, D. Gregorio Martínez de Aragón y Luis Ortiz Maldonado. En la *nave de la Epístola,* el Dr. Juan de Alfaro. Delante de la *Pila del agua bendita,* Santiago Sánchez y Brígida Hernández, su mujer, cuya losa sepulcral tenía la inscripción en caracteres góticos.

la cabeza, todo quedó perdido. Es inútil que me detenga ya en las noticias de este célebre pintor, después de haberse publicado el *Diccionario* de Ceán Bermúdez, en donde se hallarán recogidas. Yo vi la pintura al temple de la parroquial de San Ildefonso, la que tenía esta cifra. *Ju. Ss. pintor.* Francisco Pacheco en su *Arte de la pintura,* lib. 3 folio 457, dice que «en San Isidro del Campo cerca de la puerta del Claustro que sale a la Iglesia está pintada una Salutación de mano de Juan Sánchez pintor, en que puso al arcángel San Gabriel una capa de Coro, en la acenefa bordada los apóstoles, y en el pecho a Cristo resucitado de medio cuerpo dentro del sepulcro, y la Virgen tiene pendiente en la pared un rosario decenario, unos anteojos y otras cosas».

La pintura de Santa Lucía de este autor, que estaba en la Catedral, se ha quitado juntamente con el retablo, en cuyo banco se leía que el *Maestre Andrés Fernández, canónigo en la Iglesia de Sevilla, Prior del Puerto de Santa María é criado del muy reverendísimo Señor Cardenal de Hostia, D. Juan de Cervantes,* lo mandó hacer. En la Capilla del Comulgatorio hay un lienzo apaisado de Cristo muerto en los brazos de la Virgen, San Juan y algunos ángeles, con bastante expresión y buen colorido, por el estilo de Herrera el Mozo. El P. Muñana, en sus monumentos intitulados *Antigüedades y Novedades Sevillanas,* trae la siguiente inscripción:

IMPERATORI NERVAE TRAJANO
CAESARI AVGVSTO GERMANICO
DACICO SACRVM.

Cuando escribí por la primera vez estas cartas, permanecía el antiguo templo parroquial de SAN ILDEFONSO[105], con cuyo motivo describí lo que en él se conservaba de más apreciable, teniendo el primer lugar el retablo mayor, obra muy bien ejecutada, cuyo primer cuerpo, de orden corintio, tenía cuatro columnas y en sus claros las estatuas de San Pedro y San Pablo, y en medio la del titular, todas ellas bien entendidas; en el segundo cuerpo había un Crucifijo con la Virgen y el Evangelista, de igual mérito que las

---

[105] Reedificada esta iglesia con arreglo al modelo aprobado por la Real Academia de San Fernando, se estrenó concluida el día 31 de octubre de 1841. Su descripción detallada puede verse en la *Noticia artística, histórica y curiosa de la ciudad de Sevilla,* por D. Félix González de León, tom. I, pág. 71.

demás estatuas. De los tiempos del altar mayor aparece un retablo de orden dórico, situado en la Capilla de Santa Ana, en cuyo primer cuerpo se veía un lienzo con dicha Santa y la Virgen y a los lados otras dos santas. El segundo cuerpo lo coronaba un ático, y en él se hallaban cuatro lienzos con San Jerónimo, San Pedro y San Pablo, Santo Domingo y San Jacinto y alguna otra, todas de bastante mérito, por la manera de Villegas. En la Capilla del Bautismo había otro buen retablo con pinturas de la Concepción, San Pedro y San Pablo y en lo alto un Padre Eterno, obras muy buenas de la escuela de Francisco Pacheco. El retablo de Nuestra Señora de la Antigua, cuya tabla, fuera del lugar principal, está dividida en varios cuadros, merece alguna atención; en ellos se ve a Cristo difunto, Santa Bárbara, la Visitación, San Jerónimo, San Sebastián, Cristo crucificado, su Bautismo, Oración del Huerto y Caídas; se leía en la tabla de Santa Bárbara el nombre de *Antón de Arfián, pintor,* quien floreció a mediados del siglo XVI, y cuyas pinturas no tuvo presente Ceán Bermúdez. En la Capilla del Sagrario había un buen lienzo que figuraba la Cena y varios santos en el arco del retablo, todos de muy buen estilo: había allí otro altar con un Purgatorio de bastante mérito y en la Sacristía una Concepción firmada por *Ignacio Ríos fac.^{bnt} a°. 1763.*

También en ésta había una Magdalena y otra Santa de medio cuerpo que se tenían por de Meneses. Es de esperar que estas pinturas tendrán lugar en el magnífico templo que se está construyendo, juntamente con las estatuas del retablo mayor, y aun pudiéramos desear que se imitasen los antiguos retablos, en caso de no poderse aprovechar por su deterioro. Juzgo que los más antiguos libros de Bautismo que hay en Sevilla están en esta Iglesia, pues empiezan en 1429, cosa poco común antes del Concilio de Trento. En ella, según Zúñiga (año de 1261), se halló una lápida sepulcral de principios del siglo VII, con cuyo monumento prueba haber sido ésta por aquellos tiempos Iglesia de cristianos. Argote de Molina, en su *Aparato* citado, trae otra inscripción romana que se conservaba en dicha Iglesia en un pedestal, legible entonces, pero que ya, según he visto, carece de caracteres; decía así:

D. M. S.

M. FABIUS. FORTVNATVS

VIXIT. ANN. XXXX

II. S. E. S. T. T. L.

SANTA LUCÍA. También en esta Iglesia parroquial hay muy poco que ver, a excepción del cuadro de la Santa de Roelas, en el altar mayor; en él hay bellos grupos de ángeles en gloria, que asisten al martirio de la Santa, la que está rodeada de sayones y ministros en actitudes expresivas. Años pasados enajenaron una hermosa estatua de la Concepción, de Cano, que está ahora en San Andrés, según dejamos apuntado. El retablo mayor es un promontorio de leña que han dorado hace seis o siete años para que resalte mejor su deformidad. Con 20.000 reales vellón que ha costado esta obra y lo que hubiera valido en venta dicho retablo, se pudo costear otro decente que manifestara el gusto y discernimiento de los que intervinieron en ella.

En cada una de las puertas interiores del tabernáculo del altar mayor hay pinturas alusivas al Sacramento, obra de mucho mérito; en la del medio está la Cena del Señor; la de la derecha representa los israelitas cogiendo el maná, y en ésta se lee la firma de *Andreas Pérez faciebat año de 1707*. En la tercera está David, que recibe de Albi-melech los panes; en ésta se halla *finit X Kalend Februar*. M. dcc. vii. Pérez fue natural de Sevilla, y aunque su padre procuró encastarle en los buenos principios que había adquirido en la escuela de Murillo, tuvo que abandonar muchos por seguir la moda que se iba introduciendo de pintar por estampas, para ahorrar el estudio que exige la imitación de los oros bordados y especialmente en las flores, habiendo fallecido en su patria en 1727.

SAN GIL y SANTA MARINA[106]. También estas Iglesias parroquiales conservan poco que pueda interesarnos. En el arco toral de la primera hay una Concepción por el estilo de Luis de Vargas, y en la Capilla mayor

---

[106] Pocas iglesias hay en Sevilla que, como la de Santa Marina, hayan tenido tantos enterramientos de personas ilustres de los siglos XVI y XVII. Como la mayor parte de ellos son hoy desconocidos, por haber desaparecido las losas sepulcrales, me permito recordar algunos para que quede siquiera la memoria de ellos.

Capilla Mayor. Además de los mencionados del cronista Pedro Mexía y de su padre, tenían también sepultura en ella el jurado Francisco Rodrigues de Barraza, el escribano Juan de Salazar, el maestro mayor de este Arzobispado Cristóbal Ortiz y otros varios.

Nave de la Epístola. En ésta se hallaban sepultados el escribano y familiar del Santo Oficio Juan de Herrera del Pozo, D. Juan Hurtado de Mendoza, el Oidor de la Audiencia de Méjico, Dr. D. Juan Quesada de Figueroa y Cristóbal de Armijo.

Nave del Evangelio. Vacían en ella los restos mortales de Manuel Ballesteros y Martín Gómez.

En el lugar principal del Coro estala enterrado el célebre escritor Juan de Robles.

dos lienzos, uno de la Cena, tenido por de Herrera, y otro del martirio de San Esteban, de la manera de Roelas. Se estima mucho una estatua de Nuestra Señora del Rosario, de Cornejo. La estatua de Santa Marina, en el altar mayor de su Iglesia, es de Bernardo Gijón, y de Roldán la del Señor difunto que saca en Semana Santa la cofradía de la Sagrada Mortaja. En la nave del Evangelio hay un lienzo que representa a Santa Ana, de la escuela de Murillo, quizá de Simón Gutiérrez. En la Capilla Mayor está sepultado el famoso Pedro Mejía, en cuyo sepulcro se lee la inscripción siguiente:

PETRO. MESSIAE. PATRITIO. HIS-
PALEN. EX COLLEGIO XXIIII. CI-
VITATIS. PROCER. ANNOR. LIII
ET D. ANNE. MEDINE. ET OSORIO
PATRITIAE. ANNOR. LXII D. FRAN-
CISCUS. MESSIA. PARENTIB. UNICUS. SV-
PERTES. MOER. POST. EXCESSERE. VI-
TA. VIR. VIII. ID. JANUAR. CIC. IC. LII
UXOR. XVI. CAL. SEXTIL. CIC. IC. LXII
SIT. GLORIA DEFUNTIS.

Hoc jacet exiguo Petrus Mexia sepulcro
Gratus Caesaribus, Regibus et Populo.
Qui causas rerum foelix cognovit et omnes.
Ingeni adjutus dexteritate sui
Et qui Caesareos summa cum laude triumphos
Ediderat clara nobilitate potens
Qui curas animo vicit fortisque fugaces
Risit, et eternas conciliavit opes.

Junto a esta losa hay otra de los padres de nuestro historiador, alrededor de la que, en caracteres góticos, dice: *Este entierro y bóveda es de los Sres. D.*

La Capilla de la Piedad, propiedad de la Cofradía la *Sagrada Mortaja,* fue restaurada en 1885 bajo la dirección de persona inteligente, que supo devolverle su carácter antiguo (José Vázquez Ruiz).

Francisco Mejia y doña María Ortiz Mejia su mujer y sus descendientes y here-
deros hubola Alonso Fernández el año 1368.

SAN MARCOS[107]. En esta Iglesia sólo hay un Purgatorio de Domingo Martínez; pero en la antigua Capilla de los siervos de María se venera
en el altar principal una devota escultura del ascético José Montes de Oca,
que representa a Cristo difunto en los brazos de la Virgen, a quienes acompañan San Juan y la Magdalena, una de sus mejores obras por sus sencillas
actitudes y corrección. Murió su autor en Sevilla su patria en 1748, con opinión de varón virtuoso y mortificado. Continuemos pues, el orden de Ponz.

Casa profesa de los jesuitas[108]

19. Además de lo que nuestro viajero dice de ella, hay en su Iglesia un Crucifijo del tamaño del natural y las cabezas de San Ignacio y San Javier de Juan
Martínez Montañés, encarnadas éstas por Pacheco, según él mismo advierte

---

[107] Fue esta iglesia otra de las muchas incautadas por la Junta revolucionaria en
1868 Devuelta al culto, su celoso párroco D. Juan Bautista Solís empezó su reparación,
mandando limpiar su bellísima portada. El señor Álvarez Franco, que sucedió en el curato
al Sr. Solís, terminó las obras, y en 34 de abril de 1887 fue abierta de nuevo con gran solem-
nidad (José Vázquez Ruiz).

[108] «En 1836, dice el Sr. Amador de los Ríos en su *Sevilla Pintoresca,* un sacerdote
digno de la estimación de sus compatriotas y grande apasionado de las artes, concibió el
proyecto de limpiarla (la Casa Profesa) de las hojarascas inmundas que la afeaban, y alcanzó
del Claustro literario, a que pertenecía, la autorización competente para verificarlo.

»Encargóse, en efecto, el Dr. D. Manuel López Cepero de semejante obra y logró al cabo
de algún tiempo restituir a la fábrica su primitivo lustre y belleza, borrando las abominables
pinturas que abigarraban el crucero y cimborio y echando por tierra los retablos churrigue-
rescos, de los cuales aprovechó sin embargo algunas joyas, que, envueltas entre tanta maleza,
no podían lucir sus esmaltes. Respetáronse debidamente algunas preciosidades, que habían
antes estado en poca estima, y quedó en pie el retablo llamado de la *Concepción,* labrándose
con los restos de los antiguos otro no menos apreciable, que se halla colocado a su frente.

»Mas no se contentó con estas mejoras el Sr. Cepero; exclaustrados los frailes en 1835,
y mandando enajenar las fincas que poseyeran, creyó que no le sería muy difícil recoger en
la Iglesia de la Universidad aquellos monumentos artísticos que no eran de la pertenencia
del Estado, y que a toda costa debían conservarse, por ser otros tantos documentos históricos, llenos de recuerdos gloriosos para España. Así fue que, allanadas todas las dificultades
que a su buen propósito se oponían, enriqueció la Iglesia con los sepulcros de los célebres
D. Lorenzo Suárez de Figueroa, Benito Arias «Montano y más adelante los de los duques

en su *Arte de la pintura,* fol. 406. El mismo dice (fol. 360) que un «Antonio Arfián empezó en esta ciudad a levantar el género de estofado a imitación de Julio, como se ve en muchas obras suyas, particularmente en dos subientes de colores sobre blanco en el altar de San José de la Casa profesa». Ponz atribuye el Nacimiento del retablo mayor a Varela; pero Ceán, mejor informado sin duda, dice que es del clérigo Roelas, maestro que fue de aquél.

Universidad literaria

Por lo que hace a la Universidad literaria, en el día está en un plan regular. Las preocupaciones literarias van venciendo, y ya pocos quedan que defiendan sus doctrinas a título de viejas. Es compuesta de un numeroso claustro de doctores en las facultades que allí se enseñan y sus estudiantes ascienden a setecientos; éstos aprenden todavía a pegar patadas y gritos y ensartar silogismos, lo cual es forzoso se conserve ínterin haya dignidades y destinos que se ganen con estos aparatos. El Claustro de Teología hace todos los años alarde de sus adelantamientos en las conclusiones públicas, que llaman de San Lucas, cuyo acto es aquí igualmente útil como en todas las Universidades de Europa. Aun todavía está por descubrir la primera verdad en semejantes escaramuzas. Mantiene cuatro cátedras de Filosofía, otras tantas de Medicina, Leyes y Cánones y cinco de Teología, todas las cuales gozan de bien poca recompensa, a excepción de las de prima de Teología y Cánones, que están regularmente dotadas, mas no por eso sus celosos catedráticos

---

de Alcalá y de Cádiz, cuyo nombre no puede pronunciarse sin recordar la conquista del reino de Granada».

Desde esta época, la iglesia de la antigua Casa Profesa, que ya en su tiempo era panteón de sus famosos hijos, viene siéndolo de los varones más ilustres que han salido de las aulas de la renombrada Escuela sevillana. En ella reposan las cenizas de los Sres. Pérez Seoane (D. Pablo y D. Joaquín), de D. José Mar a de Álava, D. Antonio Martín Villa y del Excmo. Sr. D. Manuel de Bedmar y Aranda *(Rectores):* de D. Juan Moreno Baquerino, D Manuel Castilla y Forero, Ilmo. Sr. D. José Fernández Espino, y D. Ramón de Lleas y Dutari *(Catedráticos)* de los Excmos. Sres. D. Manuel Moreno López, D. Nicolás Marín Rivero y del Sr. Conde de San Luis *(Alumnos),* y algunos otros personajes que omito.

La descripción detallada de este hermoso templo puede verse al final de la «*Reseña histórica de la Universidad de Sevilla* del Sr. Martín Villa, publicada por la Sociedad de Bibliófilos andaluces (José Vázquez Ruiz).

descuidan un punto sus tareas. Sin embargo que hay en ella fundada cátedra de Matemáticas, no está provista, ni es muy necesaria, pues hay otras dos cátedras de esta ciencia en Sevilla para los que quieran instruirse. No es así la de griego que el año pasado de 1791 se quiso establecer, pero no habiendo para ella fundación ni renta, el profesor que gratuitamente se encargó de la enseñanza, pronto se desengañó del poco aprecio que mereció su proyecto; al principio asistieron algunos escolares, y al fin todos desertaron. Ha días que de orden del Consejo se está informando un plan de estudios, en el que se establece y dota esta cátedra, como también una de Hebreo con sus dialectos Siriaco y Caldaico. También se proponen cátedras de Historia Eclesiástica, Liturgia y Matemáticas, y se reforma el plan general de enseñanza, mejorándolo en todas sus partes.

Colegio de San Hermenegildo[109]

En la casa que fue colegio de San Hermenegildo, se conservan las escuelas de latinidad que allí estaban a cargo de los jesuitas, y sus maestros son

---

[109] En medio de esta Iglesia se encontraba una gran losa sepulcral, que decía lo siguiente:

AQUÍ YACE D. FRANCISCO ANTONIO DOMEZAIN, INTENDENTE DEL EJERCITO Y QUATRO REINOS DE ANDALUCIA, Y ASISTENTE DE SEVILLA, APASIONADO DEL ESTABLECIMIENTO DE LOS NIÑOS TORIBIOS, A QUIENES POR LA SUPERIORIDAD SE HA DESTINADO ESTA IGLESIA.

Sigue a esta inscripción un escudo de armas de Domenzain y al pie se lee:

vitan clarus: morte clarior.
FALLECIO EN 19 DE ABRIL, AÑO DE 1782.

Más arriba y delante del Presbiterio existía la siguiente:

D. O. M.
ESTA CAPILLA Y ENTIERRO ES DEL LICENCIADO FRANCISCO PÉREZ DÁVILA, CANÓNIGO DE LA IGLESIA COLEGIAL, Y DE MARCO ANTONIO DE ALFARO Y DE Dª. INÉS

pagados por las temporalidades de éstos, sin embargo que la fundación es de la ciudad, por lo que en la puerta principal que había de servir para las escuelas, cuya obra no llegó a concluirse, hay la inscripción siguiente:

S. P. Q. H. VIRTVTI. ET BONIS ARTIB?

Además la Sociedad patriótica mantiene allí dos cátedras de Matemáticas, proveídas por oposición, a las que concurren los que gustan instruirse en todas sus partes; pero fueron más útiles si se les proveyese de instrumentos y máquinas para las observaciones y operaciones necesarias.

En la Iglesia de esta casa, que ahora sirve a la adjunta de los Toribios, se conservan dos piedras en el zócalo del retablo mayor, en las que, aprovechando las manchas naturales del mármol, pintó Pacheco el *Bautismo de Cristo el Señor sentado en el desierto, después del ayuno, bendiciendo el pan.* Por varios lugares de su *Arte de la pintura,* consta que hizo otras para dicha Iglesia, como son dos tableros pequeños de Nuestra Señora y el Arcángel San Gabriel, de medios cuerpos[110], y en la Capilla de la Anunciata, al lado de la Epístola un San José en sueños, a quien el ángel quita los celos &c. En la Sacristía hay una *Anunciación de Nuestra Señora,* de Vasco Pereira, pintor portugués, gran dibujante, pero de seco y duro colorido, como le llama Ceán en su *Diccionario.*

Noviciado de los Jesuitas

Ocupa el que era Noviciado de los Jesuitas la Comunidad de franciscanos descalzos, con advocación de San Diego, la que tenía antes su convento en el prado de San Sebastián, lindes con las espaldas de San Telmo; pero

---

DÁVILA SU MUJER, FUNDADORES DE ESTE
COLEGIO, 1619.

Precede a esta inscripción el escudo de armas de dichos fundadores.

En 1802, cuando este edificio se destinó a cuartel de artillería, fueron trasladados a su iglesia los restos mortales de los PP, jesuitas Diego Ruiz de Montolla y Juan de Pineda, ilustres hijos de esta ciudad, que se hallaban sepultados en el claustro (José Vázquez Ruiz).

[110] Fol. 397, lib. 3º. *Adiciones a las pinturas sagradas,* fol. 503.

habiendo representado al Rey los daños que experimentaron en la grande arriada de 1783, les concedió esta casa, la que actualmente disfrutan. La cúpula de su iglesia está pintada al fresco por D. Lucas Valdés, y la estatua de San Ignacio es de Duque Cornejo. Aquel está figurado en la Cueva de Mantesa, la que figura un risco con varios animales, de mano de D. Juan de Hinestrosa. Este dispuso en el otro colateral un semejante desierto en el que puso a San Xavier, cuya estatua se estima igualmente de su mano.

Academia de medicina

22. La Casa de los Jesuitas que ahora ocupa la Real Sociedad de Medicina y otras ciencias, está situada en la calle de las Armas, la que estaba dedicada a San Gregorio, permaneciendo sobre la puerta de la Iglesia esta sencilla inscripción:

MAGNO. GREGORIO. ANGLORVM. APOSTOLO. DIC.

En ella, como en las demás de los expulsos, se hallan en el día muy pocas pinturas de mérito; pues unas se vendieron a muy ínfimo precio, otras se trasladaron al Real Alcázar para que sirviesen al estudio de las Bellas Artes; y las de mayor mérito se llevaron a la corte, privando a Sevilla de esta parte de su grandeza, la que piadosamente los particulares habían consagrado en los templos. Acaba el Cabildo de la Catedral de adquirir un excelente Crucifijo de Roelas, de un sujeto, a quien se le vendió públicamente en un doblón sencillo, el que perteneció al Colegio de las Becas. Semejante destino tuvieron otras que en el día honran los gabinetes de los curiosos. Por esto en la Iglesia de la Sociedad sólo se halla un San Xavier de medio cuerpo en la capilla mayor. En esta casa mantiene la Sociedad un buen Jardín botánico, regular biblioteca, teatro anatómico, sala de actos públicos, clases de botánica y anatomía, laboratorio químico, cuyos profesores son individuos del cuerpo, el que se compone de individuos de Medicina, Cirugía y Farmacia, admitiendo algunos profesores de otras facultades, para que ilustren en los puntos mixtos que sumariamente se tratan. Esta se halla dotada competentemente por el Rey, sobre el derecho de tonelada y es de cargo de la Sociedad la provisión de dichas plazas de enseñanza.

23. Inútiles son las quejas de nuestro viajero contra el Abad que mandó borrar las firmas de los tres grandes cuadros que se conservan en la escalera del *Colegio de San Basilio,* las que tuvo por de Luis Fernández, equivocación que pudo remediar, habiéndolas examinado con alguna detención, pues en la de la testera del rellano de la escalera que representa la revelación que tuvo San Basilio de la muerte de Juliano el apóstata, que es la mejor conservada, se ve la firma de su autor que dice: LUDOVICUS ZAMBRANUS CORDU-VENSIS FACIET, AN. 1635. Las demás están bastante lastimadas y representan el entierro del Santo Patriarca, y al Emperador Valenta que firma el destierro del Santo Patriarca. El autor del *Compendio histórico de Sevilla,* no cuenta más que dos pinturas, y en lo demás copia las equivocaciones de Ponz.

Omito hablar de las de Palomino tratando de Zambrano, pues se hallan deshechas en el *Diccionario de Pintores* de Ceán.

Convento de San Pablo

24. Las pinturas del crucero del convento de San Pablo, así la de la banda de la Epístola como las del Evangelio, son de Lucas Valdés, y sobre éstas hay estatuas de los cuatro *Doctores* de la Iglesia, de Pedro Roldan, de quien igualmente es el *Santo Domingo* de piedra sobre la puerta que de dicho crucero sale al compás por la parte de afuera. También son de Valdés el *San Cristóbal* al fresco en un altar de la Iglesia, y varios santos en nichos fingidos en los postes de la media naranja. El citado Pacheco dice, hablando de Antonio de Arfián: «que en el retablo de San Pablo de la Visitación de nuestra Señora a Santa Isabel, aumentó cabezas, medios cuerpos y figuras enteras, que parecen de bulto, y en la Conversión de San Pablo figuras a caballo por lejos, con que aumentó la historia[111]». En los postes de la Iglesia hay un *Apostolado* de estatura colosal, conociéndose por de D. Clemente de Torres el *San Pedro* y *San Pablo* y otro de los Apóstoles. En los lados de la capilla mayor hay dos cuadros grandes de Arteaga, y sobre la puerta colateral de la capilla del comulgatorio un hermoso y grande lienzo apaisado que representa la *Batalla de Lepanto,* obra de bastante mérito, del citado Valdés. En los medios puntos de los arcos del coro bajo hay pinturas relativas a la vida de Santo

[111] *Art. de la Pint.,* fol. 409.

Domingo, las del lado del Evangelio de D. Alonso de Tovar y de D. Bernardo Germán las de la Epístola.

En la capilla de la sacristía, donde se halla el *Crucifijo* de Zurbarán, hay un *Señor a la columna* de Morales, y de su estilo es otra *cabeza de Cristo* que hay allí. En el claustro junto a la sala de Capítulo está una capilla de D. Fernando Dávila y Dª. Violante su mujer y sucesores, en la que se conservan varias pinturas de Pedro de Campaña, que representan la *Circuncisión, Presentación y Nacimiento del Señor;* y el que en lo alto está difunto en los brazos de la Virgen. Hay otras pinturas en el basamento del retablo, las cuales probablemente perecerán bien pronto según el abandono y descuido en que están. De lo que trabajaron en este claustro Mohedano, Pereira y Vázquez sólo ha quedado de este último sobre la puerta que del claustro va a la iglesia una medalla con *San Luis Beltrán,* y algunos adornos. Aún se conserva una graciosa custodia de plata sobredorada, obra de Juan Ruiz, natural de Córdoba, discípulo de Enrique de Arfe, abuelo que fue de Juan, autor de la obra de *Varia Conmensuración,* en la que dice[112] que el dicho Ruiz hizo las custodias de Jaén, Baza y la de San Pablo de Sevilla, «siendo el primero que torneó la plata en España y dio forma a las piezas de vajilla, y enseñó a labrar bien en toda la Andalucía».

En la capilla que al entrar en la Iglesia está dedicada al Niño perdido se guarda un *Señor Resucitado,* obra de Jerónimo Hernández, el que se coloca en el altar sólo en la festividad de la Pascua. De esta escultura dice Pacheco, hablando de la facilidad que hay de enmendar las obras de esta clase, «pues Jerónimo Hernández en el Cristo de Resurrección que está en San Pablo de Sevilla, en sólo el brazo derecho puso tantas piezas, que no se conocía la materia principal»; cuya estatua creyó Ceán que ya no existía[113].

Hay varios cuadros en las paredes de dicha capilla de diferente mérito, y son muy bellos el que representa el *Nacimiento* y el de la *Adoración de los Reyes.* En la capilla de Monserrat, en el compás, se encuentra, además de lo que refiere Ponz, un lienzo con *Santa Catalina de Sena, Jesucristo y varios ángeles,* de D. Juan de Valdés Leal, colocado en un altar al lado de la Epístola: no carece de mérito una *Cena del Señor* de Domingo Martínez, que está en la sacristía.

---

[112] Lib. IV, tit. I, fol. 3.

[113] *Art. De la Pint.,* lib. I, *fol. 28.*

En la meseta de la escalera principal del Convento hay un lienzo de más de cinco varas, que representa una *Aparición de la Virgen a Santo Domingo,* a quien entrega el rosario, y a *Santa Catalina de Siena,* cuyo anacronismo había antes cometido Van dick, quien los colocó en el Calvario al pie de la cruz; empero estas pinturas se tienen como de devoción, a las que los italianos llaman *pensiero,* y se disculpan más con la práctica de los buenos pintores que con razones, no habiendo alguna para quebrantar tan manifiestamente la historia. En una lápida fingida en el mismo lienzo se lee: *Sub Rosarij titulo, scalae coelestis patronae suae primos juventae fructus consecrat Sebastianus Gomez jliberitanus.* La tradición que se conserva en este Convento de ser esta pintura del Mulato hizo creer que el apellido de éste era Gómez y haber nacido en Granada; mas la diferencia de estilos que se observa entre este lienzo y las obras del esclavo de Murillo convencen ser diferentes, por lo que Ceán puso a cada uno su artículo separado, sin hacer mención en el del Mulato de las noticias que de él nos han quedado. Murillo, afirman que murió sin noticia de dejar tan buen discípulo, al que entretenía en moler y preparar los colores, y se servía de él para por el natural pintar algunas figuras escorzadas y actitudes violentas. En esta escuela desplegó su genio, y retirado en su cuarto copiaba de noche lo que en el día había pintado su señor. Este, antes del tiempo de su muerte, le dio libertad juntamente con una esclava turca, de la que se servía para los rostros de mujer, pues se asegura era hermosa. Muerto Murillo quiso aprovecharse de su habilidad; mas fue tal la oposición de parte de los profesores, que por evitar contiendas se retiró a Madrid, en donde experimentó igual suerte, pues juzgaban que perdería el arte su dignidad manejado por hombre de su condición; esto lo aburrió de tal modo, que aunque volvió a Sevilla estuvo muy poco en ella, habiéndose retirado al convento de la Luz, del orden de San Jerónimo, cerca de Moguer, donde murió lleno de miseria.

Colegio de Santo Tomás

25. El canónigo D. Juan de Loaysa, en su *Colección* manuscrita *de epitafios,* hablando del óbito del racionero de esta Iglesia D. Agustín de Abreu, dice que Zurbarán hizo su retrato en el Santo Tomás de su famoso lienzo que pintó para la Iglesia del colegio dedicado a dicho Santo. En ella hay un *Niño Dios* de escultura de Dª. Luisa Roldán. En la capilla que llaman del *Rosario,* situada en el ángulo, hay una *Señora* con esta advocación en el retablo

principal, reconocida por del primer estilo de Murillo, y del mismo es la imagen de la Virgen del remate. En la clase de tercera y cuarta hay otra *Señora del Rosario,* a cuyos pies hay pintados algunos estudiantes que parecen retratos, cuyo lienzo está firmado por *D. Sebastián de Llanos y Valdes faciebat año de 1667,* pintura de bastante mérito. En la celda rectoral se conserva un *retrato del fundador,* de Zurbarán, y del mismo una repetición en la librería. En este Colegio se enseña gratuitamente Latinidad, Retórica, Filosofía y Teología; y aunque por cédula del rey D. Luis I, despachada en 30 de Julio de 1724, se añadió una cátedra de Matemáticas, no está en uso, y las otras son poco concurridas después que el escolasticismo perdió su antiguo decoro.

Capilla de los Flamencos

26. En el sotabanco del altar de la capilla de los Flamencos hay también pinturas de Roelas que representan la *Vocación de San Pedro* y *de San Andrés* al apostolado, cuyos asuntos los había pintado para aquel lugar Jerónimo Lucenti, y no habiendo agradado se colocaron en la sacristía, donde existen, sustituyendo a éstos los de Roelas. De éste se conservan algunos cuadritos en la misma sacristía, siendo muy gracioso el *Niño Jesús* de la puerta del tabernáculo, que antes estaba en el retablo mayor, y que se arrinconó por otro ridículo. Sin duda que los cofrades que dispusieron que Roelas pintase el sotabanco, no obstante haberse pintado por Lucenti, no hubieran permitido la mutación inconsiderada del tal tabernáculo.

Iglesia de Regina

27. El retablo mayor de la iglesia de Regina, temiendo su ruina, se quitó en 1794, y en su lugar han puesto otro bastante regular, adornándolo con las columnas, relieves y estatuas de Pedro Delgado que estaban en el antiguo. El actual consta igualmente de tres cuerpos corintios bien distribuidos, y las estatuas que no han podido colocarse se han guardado, a excepción de cinco que vendieron a las monjas de Santa María la Real. La imagen de nuestra Señora que estaba en su centro adornada de tocas hubo que quitarla por estar traspasada de la polilla, y en su lugar se ha puesto otra de D. Cristóbal

Ramos, escultor acreditado de esta ciudad. Los pocos fondos de esta comunidad impidieron que se hubiese construido este retablo, por lo menos de estuco, con lo que a los venideros hubieran redimido de nuevos gastos en llegando el actual retablo al estado del antiguo. Del expresado Ramos es también una *Nuestra Señora del Rosario* que hay en la capilla que pertenece a la Real Maestranza de Caballería, hermandad que se compone de lo más ilustre de Sevilla y su provincia. En la misma capilla se hallan algunos bajos relieves del acreditado Pedro Roldán. Ponz, hablando de dos cuadros que hay en el claustro de esta casa, los tuvo ambos por del primer estilo de Murillo, en lo que padeció alguna equivocación, pues el que representa a *Nuestra Señora acompañada de San Pedro y San Pablo, que había a Santo Domingo,* es de su maestro Juan del Castillo. En el último descanso de la escalera hay una *Nuestra Señora* de medio cuerpo con el Niño, de Juan Simón Gutiérrez, y de la escuela veneciana es un excelente lienzo que hay en la portería, en el que está representada la *Batalla del mar de Lepanto* distinguiéndose entre otros *retratos* en pequeño el de D. Álvaro Bazán.

Iglesia de Montesión

29. La pintura del *Purgatorio* en el basamento del colateral del Evangelio de la iglesia de Monte Sión es ciertamente del racionero Cano, de quien hay fundamentos para creer que es la arquitectura y escultura del retablo mayor, no obstante la indecisión que sobre uno y otro guarda Ponz. En el altar que llaman del Rosario hay algunas pinturas de Francisco Reina, y en la escalera de dicho Convento está colocado un lienzo de Juan del Castillo, que representa un *Crucifijo con San Francisco y Santo Domingo.* Del mismo autor es otro gran lienzo en la testera del refectorio con un milagro de nuestra Señora del Rosario; debiéndose advertir que el ángel y las medallas de la Oración del Huerto de Roldán son de su hija Dª. Luisa, quien ayudó a su padre en esta obra así como en otras.

Convento de San Francisco

32. Para conocer la facilidad que Murillo tenía de imitar los estilos de otros pintores basta examinar los lienzos del claustro chico del convento de

San Francisco, en cuyo cuadro que representa una *cocina* se ve imitada en todo él la manera del Españoleto, y en el perfil de la cabeza y manos de la *Santa Clara en su tránsito* la de Van dick. También imitó muy bien a Velázquez en el lienzo en que figuró a *San Diego* con los pobres.

35. En lugar de los frescos de Mohedano y Vázquez que había en el claustro principal se colocaron pinturas de Domingo Martínez y Juan Ruíz Soriano, algunas de las cuales tienen bastante mérito en su ejecución. Martínez hubiera sido un gran pintor si la multitud de obras que admitía no le hubieran impedido estudiar los buenos maestros, y obligádole a valerse de estampas, que le ahorraban el trabajo de pensar e inventar. El lienzo de la *Concepción de Murillo* que está en el ángulo de la capilla de la Vera-Cruz contiene a nuestra Señora, que se aparece a Fr. Juan Quirós (y no a San Buenaventura como escribe Ponz), escritor de la Orden y acérrimo escotista, pues como dicen allí unos versos, *scotica verba bibit,* cuya pintura la hermandad de la Vera-Cruz la costeó.

37. En una capilla colateral en que se venera a San Antonio Orfeo en un pésimo retablo, hay en las paredes dos grandes lienzos de D. Bernardo Germán, pintor de bastante mérito en esta ciudad, que representan pasajes de la vida del Santo. En la capilla de los Vizcaínos (cuyo principal retablo por lo que hace a la arquitectura y adornos es obra de Francisco de Ribas), hay un buen lienzo de don Juan de Valdés Leal, colocado sobre la puerta de la sacristía, que representa la *Predicación del Bautista* en el desierto; pintura muy bien entendida, principalmente la expresión e intereses de dos fariseos que le escuchan en el primer término. Las trazas para el adorno de yeso en la bóveda las hizo Herrera *el mozo*. El *retrato* de que habla Ponz hecho por Murillo es el de D. Fr. Pedro de Urbina, Arzobispo que fue de esta ciudad y religioso francisco, quien está sepultado inmediato al lugar que ocupa su retrato en la antesacristía, con inscripción en un mármol, que manifiesta sus virtudes y honores que obtuvo.

40. Las pinturas al fresco de Lucas Valdés que estaban en el compás a la entrada del Convento han perecido; y habiendo querido conservar la de la *Concepción,* la retocaron tan infelizmente, que hubo menester enjalbegarla, y lo mismo hicieron con lo que había quedado del *San Antonio*.

En este compás está la capilla de San Antonio, de la nación portuguesa, en la que hay algunas cosas que notar. Aquélla se compone de tres naves con una tribuna que la rodea por el centro, sostenida de doce columnas pareadas, y con igual distribución hay otras tantas en la tribuna. El retablo mayor y estatuas que le acompañan, incluso la del *Santo titular,* son obra de D. Pedro Cornejo, y aunque cargado aquél de varios golpes de talla y festones, no es de lo más reprensible que ejecutó, pues descargándola de los adornos superfluos quedaría regular. En el colateral de la Epístola hay una *Señora de la Piedad,* escultura de un Marcelino Roldán, de tal cual mérito; pero que es superior el del retablo primero al lado del Evangelio, el que es compuesto de un cuerpo corintio con cuatro columnas y su correspondiente ático, obra muy correcta, que pudo haberla ejecutado un Jerónimo Velázquez que por aquel tiempo florecía en Sevilla, o a lo menos así me dijeron. En el lugar principal hay una *Concepción* de la manera de Pacheco, de la cual es el Padre Eterno del ático, cuatro santos que hay en los intercolumnios, y en el basamento los *retratos* de Diego Lorenzo de Paz, ciudadano de Porto, y de Dª. Ana Felipe, su mujer, los que tienen allí bóveda, por cuya losa se viene en conocimiento del tiempo del altar y sus pinturas, que son del año de 1635. El retablo inmediato, de igual mérito que el antecedente, se compone de otro cuerpo con seis columnas corintias, en cuyo centro hay una *Anunciación,* y en el ático una *Visitación de Nuestra Señora,* y repartidas en los intercolumnios seis pequeñas pinturas: en el basamento hay otras tantas, todas de igual estilo y tiempo, pues la bóveda de los patronos Simón Suárez Pérez y Dª. Leonor de Andrada su mujer está con fecha de 1639. Los demás retablos son del principio del siglo XVIII, y con esto se dice su mérito. En la nave de la Epístola, en el primer altar hay un *San José* con el Niño en sus brazos y varios ángeles, uno de los cuales está con una cruz, cuya pintura es de *Francisco de Araujo,* aficionado al arte, en el que adelantó lo bastante para no olvidar su mérito; del mismo autor es la pintura cercana, que representa cinco mártires del orden de San Francisco, la que se halla firmada. Araujo era abridor de esta Casa de Moneda, y en los ratos que su empleo le permitía concurría al obrador de Domingo Martínez, de quien tomó algunos preceptos. Del mismo es otro cuadro grande, a los pies de la capilla, que representa a *Santa Úrsula* y sus hermanas mártires, y tal cual otra que manifiestan su aplicación. En el último altar de esta nave hay un regular lienzo de *Santa Rosalía* en la cueva; y en la testera de la sala de Cabildos de la Hermandad una *Concepción* de alguno de la escuela de Zurbarán. En la sacristía se halla una pintura apaisada de Herrera *el Viejo,* que representa a *San Pedro y San Pablo,* y otra de *San Jerónimo;* esta última firmada *Franº. de Herrera fecit en Sevilla año de 1640,* la que quizá fue de las últimas que hizo en esta ciudad, pues en el mismo año pasó a la Corte, donde murió[114].

Casas Capitulares

41. Nada podemos afirmar acerca del autor de las Casas Capitulares, sin embargo que Ceán Bermúdez, hablando en su Diccionario[115] de Pedro de Valdevira, sospecha que éste con sus hijos trabajó en ellas. Se halla en la Contaduría alta un buen *Crucifijo,* que algunos lo tienen por de Pacheco, y un lienzo apaisado con las *Santas Justa y Rufina,* de D. Juan de Espinal. La galería alta se halla pintada por D. Joaquín Bejarano, pintor de bastante mérito y conocimientos, en la que figuró otra galería interior con pilastras corintias, y en sus claros seis estatuas al natural, algunas a caballo, cuatro de las cuales son de los más afamados conquistadores de Sevilla, y las de Hércules y Julio César sus fundadores. En el centro hay un templo en perspectiva; todo lo cual está al claro oscuro, lo cual se estrenó en la proclamación de los actuales Monarcas en 1789.

Convento de San Buenaventura

42. En la iglesia de San Buenaventura se hallan cuatro lienzos historiados al lado del Evangelio, con pasajes de la vida del *Santo titular,* enfrente de otros tantos de Zurbarán, lo que no especificó el viajero Ponz. A los pies de la Iglesia, en la nave de la Epístola, hay un retablo de regular arquitectura, en el que está *Nuestra Señora* con el Niño y una Santa arrodillada, obra de mucha dulzura, por el estilo de D. Juan Niño de Guevara, que se sabe fue gran imitador de Rubens. En la sacristía hay un *San Francisco* en acto de espira, rodeado de ángeles, de Zurbarán, y una *Nuestra Señora* con el Niño en los brazos, ante quien está arrodillado San Bernardo en acto de besar su

---

[114] En el *Diccionario de Pintores* no se habla de estas pinturas; pero en cambio se afirma que en 1647 pintó para el palacio Arzobispal, y que hasta el de 650 no pasó a Madrid, por lo que se ve la equivocación en que incurrí, y que deberá corregirse si esto se copia.

[115] Tom. V, fol. 102.

mano, pintura muy bien hecha de la escuela romana, y frente una *Concepción,* copia no mal ejecutada de Murillo.

Iglesia del Carmen

43. En la primera capilla a la izquierda de la iglesia del Carmen hay una escultura del *Descendimiento,* de Pedro Roldán, y en la pared del lado del Evangelio un lienzo de la *Conversión de San Pablo,* de la escuela flamenca; en el antecoro alto hay algunos santos de la Orden, originales de Zurbarán, de una tercia de alto, que pertenecen a una colección que había de ellos, la que ha desaparecido por no estar los lienzos fijos en la pared y descuido con que se ha mirado. Se ven algunas pinturas de la manera de los Polancos de santos carmelitanos en el coro, y en un cuerpo hexágono que hace parte del pie de un grandísimo facistol hay seis planchas de marfil, en las que están grabados pasajes de la vida de Elías por un tal *Francisco Heylán,* cuyo apellido y estilo parecen flamencos; este grabador parece floreció en Sevilla entrado el siglo XVII, en el que se conocía a Bernardo Heylán, también abridor de láminas, y quizá hermano de Francisco. Pero lo más apreciable del convento del Carmen son dos lienzos que representan la *Concepción de nuestra Señora,* y el *Evangelista* escribiendo el Apocalipsis, de la primer manera del insigne D. Diego Velázquez, únicas obras públicas que hay en Sevilla de un hijo de ella, las que están colocadas en la sala que llaman de Capítulo entre miserables aunque dorados adornos. La imposibilidad que tiene la comunidad en deshacerse de ellas por estar sujetas a una dotación, ha impedido nos privasen de ellas estos años pasados, en los que ofrecían 40.000 reales, tentación la más fuerte para una comunidad atrasada; mas al fin venció la justicia, que no ha sido tan atendida en otras partes.

El alicatado u obra de azulejos de que habla Ponz fue tan común en Sevilla, que apenas se verá templo o casa antigua que no esté adornada de ellos. Muy buenos los hay en el convento de San Francisco, Cartuja, en la Merced, Alcázar, Casa de Pilatos y otros edificios de Sevilla, en la que los alfareros de Triana ejecutaron cuanto les pedían; pero cesó la moda, y con ella se acabaron los conocimientos de los artistas. Es digno de examinar sobre todo el barniz dorado que usaban, equivocable con el mismo oro bruñido, del que están estofados los azulejos que forman el alicatado de un claustro pequeño de la Cartuja, que llaman de San Miguel.

Iglesia del colegio de San Alberto

44. La pintura del *Nacimiento* de que habla Ponz en la iglesia del Colegio de San Alberto es lo único que hay en ella de Niño de Guevara, pues la de la *Presentación* se juzga de Jacobo Jordán, discípulo de Rubens y yerno del célebre Van-Noort, o Juan Noort, grabador de láminas que residía en Madrid.

Quizá la mejor pintura de Pacheco sea el San Miguel de esta Iglesia, el que está colocado en un buen retablo cuya arquitectura no es inferior a los demás buenos de este templo, y por el mismo gusto es el tabernáculo de su basamento: en éste hay del mismo Pacheco los Santos *Vicente Mártir* y *Vicente Ferrer,* de medio cuerpo, y un *Crucifijo* en la cruz de la mesa del altar.

Colegio del Ángel

45. El altar del Colegio del Ángel en el que está el cuadro de la *Trinidad* del estilo de Rubens, al lado del Evangelio, es de muy regular arquitectura, y no es menos arreglada la del inmediato, a excepción del centro, que lo han adornado ridículamente para que sirva de camarín a una *Santa Ana* de escultura de muy buena manera, a la que acompañan algunas pinturas de mérito en los entrepaños. Ninguno de éstos son inferiores al que elogia Ponz diciendo que lo tienen arrinconado; efectivamente está en una capilla oscura, al lado de la Epístola, en el que se hallan varias pinturas de Pacheco, que son *Santa Catalina* y *Santa Inés,* a cuyos pies está la firma *Fr. Pacciecus 1608,* y sobre éstas un *Bautista y* otro santo que no pude distinguir. Hay otro retablo con un buen *Crucifijo* del tamaño del natural, obra de Juan Martínez Montañés. Las pinturas de la Iglesia, que Ponz juzgó con acierto de los Polancos, representan la aparición de los tres ángeles a Abraham, Tobías con San Rafael, la lucha de Jacob, el sueño de San José, y Santa Teresa sacada por los ángeles en una noche oscura de un camino extraviado. Estas son las que el viajero creyó pertenecían a la historia de Elías. Es bueno un lienzo al lado del Evangelio en la capilla mayor, de cosa de dos varas, que representa a *Cristo* glorioso con la cruz en la mano y con la otra coronando de flores a San José. En la sala del *De profundis* hay varias pinturas de Fr. Juan del Santísimo Sacramento, que representan pasajes de las vidas de San Juan de la Cruz y Santa Teresa, las que ejecutó mientras estuvo de conventual en este Colegio. Se hallaba en la portería un cuadro como de seis varas que representaba la unión y dependencia de las demás religiones con la Carmelitana, con más de ochenta figuras de cuerpo entero. A los lados, en cuadrados pequeños, había varios asuntos relativos a la dicha Orden, dos de los cuales por la parte baja los habían robado recortándolos. Estaba firmado por *Cornelio Scut fecit anno Domini 1656;* mas ya lo han quitado del citado paraje, y según me dijeron estaba colocado en la sala de Capítulo. Scut fue vecino de Sevilla, y en ella, además de otras obras, pintó la *Concepción* que aún se halla en el hueco de la puerta de Carmona, siendo de extrañar las pocas que se encuentran de este flamenco; pero si todas se han cuidado como las del Colegio del Ángel, no es de extrañar que ya no parezcan.

Iglesia de los Trinitarios Descalzos

46. Pocas pinturas habrá mejor guardadas que las del claustro de los Trinitarios Descalzos, ejecutadas las más de ellas por Esteban Márquez. Éstas son ocho lienzos en otros tantos huecos, los que están cerrados con puertas de vidrios. En uno de estos cuadros se representan los *Desposorios de Nuestra Señora,* en el que se ven dos o tres muchachos, el mayor de los cuales se dice por tradición que es retrato de un hijo del Mulato, ejecutado por su padre, quien probablemente ayudó a Márquez en esta obra. En el lienzo que representa el *Tránsito de la Virgen,* al que asisten los Discípulos, hay uno de éstos con espejuelos, cuya licencia no se halla en el *Quidlibet audendi semper fuit aequa potestas* de Horacio. Pero los diez y nueve retratos que asegura Ponz haber en dicho claustro, ni se encuentran hoy ni los de la Casa saben que algún tiempo hayan existido. Tampoco de la nuestra Señora con ángeles que el mismo pone en el coro hay memoria, a no ser que haya querido hablar de la que ocupa la testera de la sala de Capítulo, la que efectivamente no carece de mérito. Se conoce que Lucas Valdés pintó al fresco este claustro exterior y la escalera, pero en el día han padecido mucho.

En la Iglesia hay dos retablos colaterales de arquitectura corintia, en cuyos áticos hay pinturas de la manera de Zurbarán, y de la misma las que hay en los entrepaños y claros, todas de santos de la Orden; las estatuas principales, que representan a *San Juan de Mata* y a *San Félix de Valois,* son buenas, y mejor que todos los tabernáculos de los basamentos, de orden dórico, con seis columnitas, en cuyos vacíos se hallan las pinturas de que he hablado. Sobre el comulgatorio hay una *Nuestra Señora* con el Niño, y una *Santa Bárbara* de la escuela de Murillo, y enfrente un *San Blas* y una *Santa Lucía* regularmente ejecutadas.

Convento Casa grande de la Merced

47. La Casa grande de la Merced es de los conventos más ricos de pinturas de Sevilla, teniéndolas de casi todos los profesores de mérito. Sólo siete de los doce que ocupan el claustro chico son de Zurbarán, en los que le ayudó su discípulo Polanco, quien ejecutó los demás, no obstante que Ponz diga que son quince los cuadros y que ayudó a Zurbarán Francisco de Reina. En el claustro grande tiene Pacheco los seis cuadros pertenecientes a la vida de *San Ramón,* y cuatro Alonso Vázquez; siendo en mayor número los de Roelas, destinados a representar martirios de algunos religiosos. Entre éstos se encuentra uno firmado por *D. Pedro de Guzmán facieb. 1714,* el que, aunque incorrecto, tiene frescura de colorido; en él se ve que aún no se habían extinguido las buenas máximas del arte del siglo antecedente, y que a no haber faltado una discreta protección, hubiera la escuela de Sevilla mantenido el honor que le habían conservado los Ayalas, los Gutiérrez, los Márquez, los Pérez y otros que disfrutaron mejores tiempos y ocasiones. Sin embargo, ahora se ha pintado otro lienzo en el claustro grande, por haberse destruido el que ocupaba su lugar, que hace honor a su autor D. Juan de Dios Fernández, Director de la Escuela de las tres Nobles Artes, quien murió en la epidemia del año de 1800.

La pintura de *Cotán,* de la que habla Ponz, está colocada en una capilla de este patio, y representa a *San Francisco* arrodillado ante Cristo y la Virgen, que se le aparecen, en cuyo acto le rodean varios ángeles mancebos, algunos de los cuales tañen instrumentos músicos. Hay en el mismo claustro otro retablo, y en él una *Piedad,* obra muy buena de Bernardo Germán Lorente, profesor de mérito, que floreció en Sevilla, su patria, en la que murió en 1757. En el claustro del aljibe y en los claustros altos del patio principal hay algunas pinturas de los discípulos de Roelas, ejecutadas por bocetos de su maestro.

48. No se encuentra ya en la Sala del *De profundis* la *Señora* de Herrera de que habla Ponz, ni más que uno de los mártires de Zurbarán, que es *San Serapio,* colocado frente de la puerta del refectorio con la firma de 1623. En

el refectorio hay varias pinturas; pero es superior a todas una *Adoración de los Reyes* en una gran tabla, de Francisco Frutet, a quien Palomino llama Antonio de Flores. El mérito conocido de esta pintura ha despertado la codicia de los aficionados, algunos de los cuales han ofrecido por ella cantidades considerables; mas la comunidad jamás ha permitido deshacerse de una alhaja que puede colocarse entre lo bueno de Sevilla.

Del mismo Frutet son cuatro tablas en la citada sala del *De profundis,* cuyas pinturas representan la *Circuncisión del Señor,* su *Presentación en el Templo,* y los Evangelistas *Mateo* y *Lucas,* sentados en acto de escribir, las que eran parte de un retablo que deshicieron, en las que se observa excelente colorido y corrección. Frente de éstas hay cinco lienzos de pasajes de la *Pasión,* cuya ejecución no es correspondiente a la extravagancia de su composición; la mejor conservada es un *Señor* a la columna, con un sayón herido en la cabeza, de diabólica expresión. En la misma sala hay un *retrato* de cuerpo entero de un provincial de la Orden, hecho por el estilo de Zurbarán.

En la capilla de la Expiración es digno de verse el *Señor Crucificado,* del que no es ponderable la expresión y naturalidad. Allí se ve la naturaleza que resiste la separación del alma; pero al fin ésta vence y deja yerto el cuerpo. El Abad Gordillo refiere, que habiendo los artistas plateros fundado allí una cofradía por los años de 1580, trajeron de Córdoba a un excelente escultor llamado Cepeda para hacer la dicha imagen, la que acabada a satisfacción de los interesados, echaron los moldes al río para evitar que se modelase otra igual. Hay allí también otra célebre imagen de *Nuestra Señora de las Aguas,* obra de nuestro escultor D. Cristóbal Ramos, la que no cede en hermosura a cuantas se han hecho hasta el presente, y con el tiempo aumentará la estimación que tan justamente se merecen las obras de su autor, quien murió en su patria, Sevilla, a principios de agosto de 1799. Estas imágenes salen en procesión la Semana Santa, y en el paso del Señor acompañan los cuatro Evangelistas y algunos ángeles, obra del escultor Francisco Ruíz Gijón, de quien era la Señora de Dolores que, antes que hubiera la de Ramos, sacaban, la cual se conserva, y juntamente una estatua de San José sobre trono de ángeles, del mismo autor. El cuadro de que hace memoria Ponz de Varela es un *San Miguel,* el que está colocado al lado del Evangelio, y en el mismo hay dos altares, en uno la *Resurrección,* de Murillo, y hacia los pies de la capilla otro, con una hermosa *Concepción* de Herrera *el viejo,* la que es demasiado extraño que la olvidase Ponz, mas quizá no vio todo lo que debía para satisfacer su vasto objeto.

49. En el presbiterio de esta iglesia hay dos lienzos de D. Juan de Valdés Leal que representan la *Asunción y* la *Coronación de Nuestra Señora, y* en los postes de la capilla mayor, bajo de los dos santos de Zurbarán, dos pequeños retablos de Francisco de Ribas, y en ellos el *Nacimiento y Presentación del Señor,* de casi relieve entero, de Alonso Martínez. En el crucero, al lado del Evangelio, está la capilla de San Antonio, en la que han hecho un moderno retablo, en que está colocado el *Jesús Nazareno* de Montañés del que habla Palomino, habiendo quitado las pinturas de Herrera que insinúa Ponz. La imagen del Señor sale en procesión la Semana Santa, y la acompañan en paso separado una nuestra Señora y San Juan, de vestir, de Francisco Trujillo. Hay en esta capilla otra *Señora Dolorosa,* obra de Juan García, discípulo que fue de Montañés; y de Juan Simón Gutiérrez es un lienzo que representa al *Salvador* cuando se despide de su Santísima Madre para ir a padecer. Frente de esta capilla está otra, en cuyo altar hay un buen lienzo que representa a *Jesús, María y José,* y encima el *Padre Eterno,* obra de mucha ejecución y mérito, de *Joannes Uceda Castroverde faciebat anno 1623.* Éste fue el mejor discípulo del clérigo Roelas, del que no hace memoria Palomino, debiendo ser contado entre nuestros buenos pintores. Correspondiente a esta capilla hay otra al lado de la Epístola, en la que hay una hermosa *Concepción,* y a sus pies *retrato* del Mtro. Fr. Alonso de Monroi, natural de Sevilla y General de su Orden, a quien se le debe la fábrica del claustro e iglesia, juntamente con sus apreciables adornos. A devoción de tan digno religioso hizo esta pintura, según la firma, Ju. *Pantoja de la + faciebat Matriti 1608.*

Aquí tienen altares particulares San Pedro Nolasco, San Ramón y San Serapio, cuyas *cabezas* son de Juan Martínez Montañés; y en uno de los postes de la Iglesia, junto al altar de San Rafael, se encuentra un *Bautista* del granadino D. Pedro Atanasio Bocanegra, de quien asimismo son el *San José* del frente y una *Nuestra Señora de Belén,* junto al pulpito. De mano de Juan Chamorro, discípulo de Herrera *el viejo,* son los cuatro *Doctores* de cuerpo entero y los cuadros de la vida de la Virgen que están en el crucero, obras de muy buen colorido, de bastante manejo y de regular corrección. Las bóvedas de la Iglesia están pintadas al temple por Domingo Martínez, de quien son dos cuadros en medio punto debajo del coro, y un *San José* con el Niño dormido en los brazos; hay aquí también de Alonso de Escobar una *Aparición de Nuestra Señora,* imitando a Murillo; y en una de las pilastras un *Ecce homo* de Diego Antonio de Casares.

Además de la *Virgen* de Roelas de la baranda del coro, que cita Ponz, hay otra del mismo autor a su espalda, y de José de Montes de Oca es la *Señora* que ocupa la primera silla del coro, en el que hay dos lienzos de D. Juan de Valdés Leal, que representan el *Nombre de Jesús* y el *Sueño de San José*. El *Crucifijo* de Van dick y el *Jesús Nazareno* de Murillo de la capilla de las reliquias parece que jamás han existido, como tampoco se encuentran en la sacristía los *Niños* de Montañés, de todos los cuales habla Ponz: pero en ésta se halla un buen lienzo de *San Sebastián,* de la manera de Zurbarán, colocado en un retablo, y de D. Clemente de Torres los cuatro *Doctores,* colocados sobre la cajonería. A los lados de las puertas hay cuatro lienzos de un mismo tamaño y con marcos semejantes, con un *San Jerónimo* de Pacheco firmado en 1602, y un *San Francisco* sostenido de dos ángeles mancebos en acto de expirar, *Cristo* difunto en los brazos de la Virgen, y una *Magdalena,* todos tres de Alonso Vázquez. Hay allí también una *Concepción* de Francisco Martínez de Cazorla, discípulo de D. Juan de Valdés Leal, y de éste un *Ecce homo.* La antesacristía está igualmente adornada de pinturas, y entre ellas un *martirio* de una santa, de Roelas, y del mismo son las pinturas del oratorio, el que contiene en su retablo una *Concepción* en el medio y a los lados *Santa Inés. Santa Bárbara, San Fernando, San Joaquín,* y en el ático la *Santísima Trinidad.*

En el altar de la capilla del Noviciado hay un regular lienzo de Matías de Arteaga, y en el medio punto que forma la bóveda hay otro muy bueno de Ignacio de León Salcedo, que representa a *San Pedro Nolasco* corrigiendo a varios jóvenes religiosos que lo escuchan arrodillados. También allí otros dos lienzos de la *Cena* y del *Espíritu Santo,* de Francisco Herrera *el viejo,* colocados en los costados. En la sala de las Láminas se encuentran bastantes pinturas, pero no de todas se conoce el mérito por lo deterioradas. De Luis de Vargas es el *Señor* de medio cuerpo encima del retablo que está en la fachada; y la imagen de *Nuestra Señora* con el Niño que está en ella es apreciable. Encima de la puerta hay un *San Felipe* de José López, discípulo de Murillo, y de Zurbarán son los *retratos* de don Fr. Jerónimo del Carmelo, Obispo de Teruel, y del mártir Fr. Francisco de Santiago. Sobre la puerta de la celda provincial baja hay una copia de una *Dolorosa* de Murillo, hecha con bastante acierto por Tomás Martínez, quien siguió su escuela, y otras muchas pinturas repartidas por varios sitios, de que no es fácil hablar. En la librería hay once *retratos* de religiosos en pie, del tamaño del natural, y un *Crucifijo* con el del Mtro. Fr. Silvestre de Saavedra, hechos por Zurbarán, y sobre la puerta del compás hay de Lucas Valdés una *Nuestra Señora* con varias figuras.

Convento de San José mercedarios descalzos

50. Con motivo de haber estado Zurbarán retraído en el convento de Mercedarios Descalzos dedicado a San José, tuvo lugar de hacer para él muchas pinturas, varias de las cuales apunta Ponz, y otras omite. Entre estas últimas deben contarse cinco que hay en cada uno de los retablos colaterales, que representan, las unas, pasajes de la vida de San Pedro Nolasco, a quien está consagrado el del Evangelio, y las cinco restantes de la de San Ramón, en la banda de la Epístola; altares uno y otro agraciados y correctos. El *Cristo* de que habla Ponz como existente en una pieza interior está en la sacristía, y en ella del mismo Zurbarán una *Nuestra Señora de las Mercedes.* Existen igualmente en esta pieza sobre correspondientes mesas las estatuas de la *Virgen y San José* de Juan Martínez Montañés, que anteriormente ocupaban el lugar principal del altar mayor, el que hubieron de dejar para darlo a que el disparatado retablista Cayetano de Acosta hiciese de las que acostumbra, en perjuicio del decoro que se debe a los templos y del respeto a las bellas artes. El *Niño Dios* que acompañaba, del mismo Martínez Montañés, está colocado en la capilla de San Cayetano, y en la inmediata del Cristo de las Misericordias hay un lienzo de cosa de dos varas y media que representa a *Cristo* y la *Virgen* en la calle de la Amargura, con el correspondiente acompañamiento, del tamaño del natural, obra muy buena de D. Sebastián de Llanos y Valdés, según manifiesta la firma. En la capilla de Santa Catalina, además de las pinturas de su retablo que apunta Ponz, hay dos cuadros del mismo Zurbarán que representan el *martirio* y *entierro* de la Santa en el monte Sinaí; y del propio es un *San Ramón* colocado sobre una pileta de agua bendita frente del *San Pedro Nolasco* que antes, según Ponz, estaba en la portería, de dicho Zurbarán. También en el coro alto hay dos buenas pinturas de Francisco Herrera, una de *San Agustín* y otra de *San José,* firmada ésta en *1645,* con la singularidad que en lugar de *Herrera* dice *Gerrera.*

Iglesia de San Francisco de Paula

52. En San Francisco de Paula, al lado del Evangelio, hay dos altares con pinturas, en uno la *Coronación de nuestra Señora* y ocho santos, entre ellos

un Bautista, Santa Ana y Santa Inés, y otros que no pueden distinguirse por haber colocado delante unas malas estatuas en peores repisas; en el otro altar hay cuatro; éstas y aquéllas por el estilo de Pacheco. Las pinturas de Herrera permanecen en el crucero, pero en distinto lienzo de pared, pues su lugar anterior lo ocupan dos retablazos, remedando algo de arquitectura, en donde el oro, el mal gusto y menos conocimiento han procurado excederse mutuamente, y juzgo que ninguno ha ganado. Lo lastimoso es haberse hecho esta obra por los años de 1790, en cuyo tiempo había motivo para no pensar tan desastradamente en materias de artes; mas es lo cierto que la ignorancia no distingue de tiempos.

Iglesia de los Clérigos Menores

53. Los adornos de papel y flores que había en la iglesia de los Clérigos Menores se han quitado, como también el descomunal armatoste que servía de retablo mayor y ocupaba todo el arco, en cuyo lugar han colocado un sencillo y arreglado tabernáculo de figura circular y aislado, con columnas y media naranja, en el que cuando se ofrece se manifiesta al Señor Sacramentado; con este motivo se descubre desde la iglesia la tribuna del órgano, dispuesto en un gracioso cuerpo de arquitectura de orden compuesto con columnas y su correspondiente frontispicio, todo lo que forma un buen punto de vista. Debajo de esta tribuna está el coro, en el que hay un gran lienzo que representa la *Venida del Espíritu Santo,* que me parece de Cornelio Scut. Los dos cuadros que Ponz creyó de D. Antonio Palomino, es sólo de éste el de *San Dionisio, y* el de *San Nicolás* es de Lucas Jordán. En la capilla mayor, al lado del Evangelio, hay otro lienzo que representa la muerte de *San José,* de regular ejecución, y en uno de los colaterales, a los que han hecho unos arregladitos retablos, han colocado un *San Antonio* de medio cuerpo, de Domingo Martínez. Sería de desear, y no está lejos, que derriben el disparatado maderaje del retablo de San Francisco Caracciolo, cuya cabeza y manos son de Cornejo, y en su lugar dispongan otro adorno que no desdiga de la sencillez y buen gusto de los que le rodean. Finalmente, a los pies de la Iglesia, en el lado de la Epístola, hay un *San Fernando* armado, pintura muy buena de la manera de Zurbarán.

Iglesia de Santiago de la espada

54. En el epitafio de Arias Montano, en su iglesia de Santiago, debe leerse en lugar de Viventium *Viventum,* y *Fontiberius* por Fontiberus, con lo que queda correspondiente al original; pués aunque en éste se lee *monumenti augustioris* en lugar de *monumenti,* es un defecto del que grabó la inscripción, y no de su autor. Ya parece inútil la disputa sobre la patria de aquel gran hombre, después de haberse publicado el tomo IV de la nueva edición de los *Anales* de Sevilla por Zúñiga, en el cual (al fol. 421) se trata en correspondiente nota del año y día de su muerte y de su patria con documentos fidedignos, y por ellos se convence a Ponz de equivocación en la partida de bautismo que copió en el tomo VIII, fol. 175, no obstante haber nacido en la villa de Fregenal, lo que antes había demostrado el Dr. D. José de Cevallos en la *Respuesta* a la carta sobre terremoto al obispo de Guadix D. Fr. Miguel de San José, fol. 40.

En esta Iglesia, fuera de lo que apunta Ponz, hay bien poco que excite nuestra curiosidad, a no ser un *San José* en el colateral de la Epístola, por el estilo de Domingo Martínez, y en la sacristía una muy buena *Asunción,* de la escuela de Murillo, del tamaño del natural.

Conventos de que no habla Ponz

San Benito
Hay en Sevilla otra casa correspondiente a la orden de Calatrava, dedicada a San Benito, al sitio de la Barqueta, en la que hay algunas pinturas de Valdés; tales son las del altar mayor de su Iglesia que representan la *Virgen* con San Benito y San Bernardo, y San Juan Bautista, San Andrés, Santa Catalina y San Sebastián en el primer cuerpo; y en el segundo San Miguel, San Antonio Abad y San Antonio de Padua, y en lo alto el Padre Eterno. Del mismo D. Juan de Valdés son las dos pinturas de los colaterales, que representan el *Calvario* y una *Concepción.*

San Antonio
Estas obras me recuerdan las que del mismo autor hay en el convento de San Antonio, que son catorce cuadros que representan pasajes de la vida del V. Fr. Juan de la Puebla, colocados en el claustro chico y firmados en 1664;

pero tuvieron la mala suerte de renovarse en 1711. En la portería se venera una *Señora de Belén* del ya nombrado Tovar, y en la Iglesia, en un buen retablo colateral del Evangelio, dos pinturas de *Apóstoles* de Francisco Herrera *el viejo,* y además un *Nacimiento, San Francisco, San Antonio, San Pedro* y *Santa Ana,* de regular ejecución, y de su escuela.

De los Padres Terceros

El convento de los PP. Terceros de San Francisco tiene en el claustro una colección de pinturas de Soriano, y del mismo son las del coro alto y las de la capilla mayor; estas últimas son cuatro lienzos con la *Visitación de Nuestra Señora,* su *Presentación* en el templo, *Desposorios,* y *Nacimiento,* tomado éste del de Murillo de la Catedral. Otras copias de Murillo por el mismo Soriano están repartidas por la Iglesia, y en el colateral del Evangelio un hermoso *Crucifijo* del tamaño del natural, de Montañés. En una capilla de la sacristía hay una pintura de *Cristo* en la cruz, de medio perfil, de un mérito singular, y en una canilla al pie de la cruz esta firma: *P. P. Soutman Pittore de sua de Polonia f.c* De este pintor, que se numera entre los más distinguidos discípulos de Rubens, hace memoria el *Abecedario Pictórico* citando a Sandrat, folio 305, y le llama *Pedro Saudtman,* retratista en grande y grabador en cobre, el que sirvió mucho tiempo al Rey de Polonia. En la escalera de este convento hay un muy buen cuadro de Esteban Márquez, y de Juan Simón Gutiérrez un *Crucifijo:* tienen mérito el de *San Francisco* y *San Diego;* y en los rellanos hay otros dos grandes, uno que representa a *Santa Isabel* reina de Portugal, que con sus damas lava a un pobre de su hospital de Coimbra, y otro representa a *San Francisco* vistiendo su hábito, al que asisten varios personajes, ambos de Lucas Valdés, en Sevilla, año de 1697.

La escalera es de lo más cargado que hay en Sevilla y que los de la Casa la estiman en gran manera. Por un azulejo que hay en ella consta que se empezó en 1690 y se concluyó en 1697, habiéndola dirigido Fr. Manuel Ramos, morador de esta Casa, en la que murió en 1713. Es compuesta de dos ramales que dirigen a otros tantos patios, y en ella hay repartidas diez y seis o veinte columnas de mármol rojo de Morón, que sin necesidad sostienen unas pequeñas bóvedas que acusan su ociosidad, principalmente de dos que hay pareadas a cada ramo, sobre las que hay otras dos, que alcanzan a qué se yo a dónde ni para qué cosa. Esta obra mastina, en la que el dicho mármol forma todo su mérito, alucina a los ignorantes, los que no saben prescindir del costo de la obra para determinar su perfección.

En la portería hay una copia bien ejecutada de *San Miguel* apoyado sobre uno de los diablos mejores mozos que han nacido en la imaginación de cualquier pintor, y en una capilla inmediata a la puerta se venera una *Nuestra Señora de Belén,* excelente copia de Murillo, hecha por D. Alonso de Tovar.

San Pedro Alcántara

De Juan Martínez Montañés es la estatua del *Santo titular* del convento de San Pedro de Alcántara, en cuya capilla mayor hay un bello *San Antonio* de Murillo, hincado de rodillas con el Niño, en un lienzo apaisado, por cuyas obras no debía haberlo olvidado nuestro viajero, y mucho menos el autor del *Compendio histórico de Sevilla* en la enumeración que hace de sus conventos, etc. Volvamos, pues, al orden de Ponz.

San Felipe Neri

55. Las estatuas del altar mayor de San Felipe Neri son de D. Pedro Duque Cornejo, a excepción de la *Dolorosa,* que es de Roldan, de quien es igualmente la estatua de piedra de sobre la puerta. Cristóbal de León, discípulo de D. Juan de Valdés Leal pintó con libertad y buen gusto los adornos y pájaros al temple de la Iglesia, a los pies de la que se hallan dos lienzos historiados de D. Francisco Ximénez, pintor de esta ciudad, quien se retrató en el del lado del Evangelio. Hay en la antesacristía un *San Felipe* adorando a la Virgen, de mano de Francisco Meneses Osorio, y de la del citado León son unos diez y ocho cuadros de venerables de la misma Congregación, del tamaño del natural, que hay en esta pieza y en la galería. En la capilla de ejercicios, adornada con más gusto y decoro que la Iglesia, hay una buena copia de escultura del *Crucifijo* de Montañés que hay en la Cartuja, y de Domingo Martínez es un *San Ignacio,* a quien se le aparece la Virgen cuando escribía en la cueva de Manresa, en un cuadro apaisado. Frente de esta capilla hay otra pintura de Francisco Varela que representa al *Santo titular* diciendo misa. La *Aprobación del instituto* en el claustro es de Quirós.

San Juan de Dios

56. Se ha desmontado el primer cuerpo de la monstruosa portada del convento de San Juan de Dios, reduciéndola a un orden regular y artístico, con columnas repetidas y casi exentas. También se han quitado de la Iglesia los cuadritos dorados que la desfiguraban, dejando en sus paredes junto a las tribunas muy buenos lienzos, que contienen a *San Blas, San Sebastián, San*

Antonio Abad, San Rafael y otros, todos de Bernabé de Ayala, discípulo de Zurbarán, de quien es la *Asunción* que cita y elogia Ponz. Del mismo son dos *Santas* de medio cuerpo colocadas a los lados de la puerta de la Iglesia que da salida al patio; en éste hay un buen cuadro del *Titular,* a quien se le apareció Jesús Niño, la Virgen y San José, y junto la escalera otros dos relativos a la vida del mismo Patriarca, todos tres de bastante mérito. Sobre los cajones de la sacristía hay una *Venida del Espíritu Santo* del citado Ayala, y dos lienzos de *San Pedro* y *San Pablo,* que algunos han pensado son de Herrera *el viejo.* De Domingo Martínez es una buena *Concepción* que está colocada en la misma pieza.

Cansado hasta no más dejo esta carta con muy poca gana de empezar la cuarta, temiendo que a todos fastidiará tanta menudencia y prolijidad en describir sus objetos; pero la materia de suyo es enfadosa, y es fuerza comunique su sequedad a cuanto le rodea. Yo en tanto me daré por satisfecho en servir a V., si acaso este trabajo merece su aprobación, y enterado de mi afecto mandará cuanto guste a su seguro servidor.

Carta IV

Monasterio de San Clemente

1. El retablo mayor de las monjas de San Clemente estuvo trazado y diseñado por Juan Martínez Montañés, quien lo ajustó en 22.000 reales; pero lo ejecutó su discípulo Alonso Martínez. Los dos cuadros de esta capilla son de D. Juan de Valdés Leal, con pasajes relativos al Santo titular.

2. El *San Juan Bautista,* obra de Gaspar Núñez Delgado, y no de Pedro, es una de las mejores estatuas de Sevilla, la que encarnó y estofó Pacheco, como igualmente las medallas del retablo, siendo el primero que estofó imágenes en esta ciudad, como él mismo dice en su *Arte de la Pintura* (fols. 406 y 409).

En el refectorio hay un gran cuadro del mismo Pacheco, con la historia del ayuno del Salvador y tentación del Demonio, pintado, según él dice (*Arte,* fol. 534), en 1616.

Monasterio de las Dueñas

3. El comulgatorio de las monjas de las Dueñas es muy arreglado, del orden corintio, con columnas estriadas, y remata en un ático.

Convento de Madre de Dios

4. En las monjas de Madre de Dios son de don Juan Valdés Leal los dos San Juanes, y otros cuadros pequeños en un retablo junto al coro.

Convento de Pasión

5. Parece que han quitado del retablo mayor de las monjas de Pasión las estatuas de santos y ángeles de que habla Ponz. En el remate hay un *Crucifijo* de mediano mérito. En el colateral del Evangelio en que está el Bautista pintó Pacheco en tabla varios santos, siendo los principales *Santo Domingo* y *San Francisco*.

Convento de Santa María de Gracia

6. En las monjas de Gracia hay una hermosa tabla que representa el *Entierro de Cristo,* obra bellísima de Francisco Frutet. Frente de la puerta han colocado un lienzo de la *Asunción de nuestra Señora* con agraciados grupos de ángeles, y en lo alto el Padre Eterno, que recibe a la Virgen, copia muy bien ejecutada, de las que hay en Sevilla otras, y he visto una en la iglesia de monjas de Santa Isabel; pero no hay las obras que dice Ponz de Clemente de Torres. Estas monjas estaban antes en la Alameda con la advocación de Santa Catalina de la Penitencia, de cuyo sitio pasaron al que hoy ocupan.

Convento de Santa Inés

7. La iglesia de Santa Inés es muy buena, de arquitectura semigótica, de cuyo altar mayor primitivo se conservan algunas pinturas que reconoció Ponz

por más antiguas que Alberto Durero. Éstas están en la capilla mayor, en el colateral del Evangelio, y deben referirse a los tiempos del rey D. Enrique II, por los años de 1374, que es la época de la fundación. Sobre éstas hay otras de tiempos posteriores, con señas de haber sido de otro retablo, que representan la *Oración del Huerto,* y a los lados *San Jerónimo* y *Santa Inés.* Las pinturas del otro colateral, que refiere Ponz al estilo de Durero, son relativas a la *Vida de la Virgen.* La imagen de *Santa Clara* es igualmente de Juan Martínez Montañés; mas no la reconoció por tal el citado viajero, a quien sigue Ceán Bermúdez, contra la constante tradición y voto de los profesores de Sevilla. Se conserva en el coro, al lado del Evangelio, el cadáver de su venerable fundadora la Sra. Dª. María Fernández Coronel, que estuvo casada con D. Juan de la Cerda, hijo de D. Luis, Príncipe de las Fortunadas y bisnieto de San Fernando. Su cuerpo se manifiesta inconsunto todos los años el día 2 de diciembre, en que se celebran honras por su alma. Aunque la hermosura de esta señora, según ahora se puede inferir, no sería grande, fue la bastante para excitar la liviandad del rey D. Pedro, quien después de haber dado muerte a su marido, la confiscó sus bienes, y se vio obligada la casta viuda a retirarse a la ermita de San Blas, fundación de sus progenitores, a llorar su desamparo. Zúñiga, al año de 1616, habla de esta capilla, que ya está destruida; pero se conserva en la iglesia de Santa Inés la estatua del Santo titular, en decente retablo, aunque muy corrompida por el nuevo estofado, que disimula su antigüedad; sin embargo de lo cual se descubre su mérito.

Convento de San Leandro

8. Los retablos de los dos *San Juanes* y el de *San Agustín,* en la iglesia de las monjas de San Leandro, como igualmente sus estatuas, exceptuados los *San Juanes,* son de Alfonso Martínez, discípulo de Martínez Montañés. En el del Bautista consta que se hizo en 1662 a devoción de Juan Penante de Narváez y de Dª. Ana Ximénez, su mujer, después de cuya inscripción está la cifra del nombre de su artífice en esta forma: A. Ms.

En el retablo mayor se conserva del antiguo un trozo de arquitectura en bajorrelieve, a una de cuyas columnas Vasco Pereyra, pintor portugués y establecido en Sevilla a fines del siglo XVI, unió en perspectiva a Cristo en el acto de la flagelación, que manifiesta su mucha inteligencia e ingenio, aunque de seco y duro colorido.

En esta iglesia está enterrado el famoso médico y naturalista Nicolás Monardes, sobre cuya sepultura tiene epitafio que señala el año de 1578 por el de su muerte, no obstante que Nicolás Antonio diga que fue por octubre de 1588.

Convento de la Encarnación

9. El cuadro de Roelas que cita Ponz en las monjas de la Encarnación es una hermosa *Concepción,* a cuyos pies se representa arrodillado el V. Fernando de Mata, que tiene allí su sepulcro por disposición del marqués del Castellar D. Gaspar Juan de Saavedra, que erigió este retablo en obsequio de su padre espiritual, quien a los ocho meses de su muerte fue trasladado al hueco del altar, en donde se lee el epitafio que se copia en los *Hijos Ilustres de Sevilla* de Arana de Varflora. Las pinturas del altar del comulgatorio son de Domingo Martínez. *(Hijos Ilustres de Sevilla.)*

Iglesia de las Vírgenes

11. Los dos *San Juanes* del altar mayor en la iglesia de las Vírgenes son de Juan Martínez Montañés, los cuales tenían antes sus correspondientes retablos del mismo artífice, y se abandonaron por otros más del tiempo. Quizá sean éstos de los que habla Ponz como existentes en retablos separados, con obras de escultura estimables.

Convento de Santa Isabel

12 y 13. En el cuadro del *Juicio* que Pacheco pintó para las monjas de Santa Isabel, se ve su retrato entre las almas que lo esperan. Hacia el lado de la Epístola hay un grupo con nueve figuras grandes; «la principal, dice el mismo Pacheco, y entera está de espaldas; es un mancebo hermosísimo junto a una hermosa mujer, y entre estos dos puse mi retrato, frontero hasta el cuello». *(Arte de la Pintura,* fol. 199). El mismo dice que lo acabó en 1614 en precio de 700 ducados, con más de ochocientas figuras. (Ídem, fol. 194). Lo único que hay de Roelas en esta iglesia es el *Nacimiento,* que lo pintó en 1606 para un altar cerca del coro.

Convento de Santa Paula

14. El altar de *San Juan Bautista* de las monjas de Santa Paula es igualmente de Cano, como el del Evangelista, aunque a Ponz le pareció de tanto mérito. En aquél, que es el colateral de la Epístola, además de lo que aquél refiere, se ven dos gallardos mancebos que manifiestan en una palangana la cabeza del Precursor, y otras figuras, todo del mismo Cano.

El retablo y escultura de *Ntra. Sra. del Rosario* es sencillo y de arreglada arquitectura. Consta que lo hizo Gaspar de Ribas en 1642, por el que le pagaron 16.600 reales. El pintor Francisco Cubrián, discípulo de Zurbarán, ejecutó los seis cuadritos que están en dicho retablo, por los que le pagaron 1.000 reales. Representan la *Concepción,* los *Desposorios,* la *Anunciación* y *Visitación de Nuestra Señora,* y el *Nacimiento* y *Epifanía del Señor;* pintados con la fuerza de claro y oscuro que caracteriza su escuela.

Convento de Santa Clara

Omite Ponz hablar de otros conventos de monjas que hay en Sevilla, que aunque no ricos en monumentos de las bellas artes, no dejan de tener alguno. A pesar de la antigüedad del de Santa Clara, de religiosas Franciscas, que se refiere al año de 1249, aún viviendo la Santa sólo se encuentran en su iglesia obras de Juan Martínez Montañés, de quien es el retablo mayor con la Santa titular, cuatro medallas y otras estatuitas. Los cuatro retablos menores con sus estatuas, dedicados a la *Concepción, San Francisco, San Juan Bautista* y el *Evangelista,* que contienen Virtudes sobre el cornisamento, y una célebre cabeza del *Bautista* en una palangana, que se guarda dentro del claustro y se manifiesta en la iglesia el día de la Degollación.

No consta el primitivo sitio que ocupó este monasterio; pero el que ahora tiene se lo concedió el rey D. Sancho con fecha en Toro a 15 de agosto de 1289, en que dice, que *por facer bien é merced á las Dueñas del monasterio de Santa Clara de Sevilla tenemos por bien de les dar las casas que fueron de D. Fadric, que son en Sevilla, con su güerta, é con todas sus pertenencias en que hagan su monasterio.* Se sabe que al infante D. Fadrique le mandó dar muerte el Rey su hermano en 1277, confiscándole sus estados y bienes, entre los que se contaba este palacio, en cuya huerta permanece la hermosa torre que mandó fabricar en 1252, según lo manifiesta la inscripción que copió Ortiz de Zúñiga. *(Anales,* t. I, fol. 294).

Dentro de la claustra, en túmulo elevado, yace el cadáver incorrupto del obispo de Silves Álvaro Pelagio, autor del libro *Planctu Ecclesiae,* que murió en Sevilla en 1349 dejando por herederas de sus bienes a las monjas de Santa Clara, quienes conservan su testamento en una piel de pergamino, otorgado en el mismo año; sobre todo lo cual puede verse a nuestro Analista (t. II, fols. 107 y 120), el *Compendio Histórico descriptivo de Sevilla* por Valderrama, folio 56, y el *Diccionaire portatif des homm. ilust.* en nueve tomos, t. VI, fol. mihi 510.

Convento de Santa Ana

En la iglesia de monjas carmelitas, dedicada a Santa Ana, se venera en el altar mayor a la *Santa titular, San Juan* y la *Virgen,* de Juan Martínez Montañés, y del mismo artífice es el *Bautista,* en su altar. La del *Evangelista,* colocada en el suyo, es del racionero Cano. Hay también un gracioso *Niño* de D. Luis Roldán; esculturas todas de mucho mérito.

Convento de la Concepción

En las de la Concepción junto a San Miguel, en un retablo frontero a la puerta de la iglesia, hay una excelente estatua del *Bautista* de Martínez Montañés; y en las de los Reyes, dominicas descalzas, un *San Miguel* y un *Santo Domingo* de Manuel García de Santiago, quien asimismo ejecutó los retablos en que se veneran.

Convento de San José

En la iglesia de monjas de San José, mercenarias descalzas, hizo modernamente un retablo D. Blas Molner, escultor valenciano y Director de la Escuela de Dibujo de Sevilla, en la clase de Escultura, en que se ha colocado un óvalo con la *Beata Mariana de Jesús,* pintura de mucho mérito, que trabajó en Madrid D. Antonio Carnicero.

Convento del Espíritu Santo

Sobre la reja del coro de las monjas del Espíritu Santo, collación de San Juan de la Palma, pintó D. Francisco Jiménez, natural de Sevilla y discípulo de Domingo Martínez, un famoso lienzo, quizá la mejor obra suya, en que se representó la institución de la orden de *Sancti Spiritus.*

Convento de Santa Teresa

Finalmente, en el convento de Santa Teresa, carmelitas descalzas, se conserva un retrato de la *Santa Madre,* del que dice Pacheco: «*Fr.* Juan *de la Miseria,* fraile lego de los carmelitas descalzos, varón de rara virtud, hizo al natural el primer retrato de Sta. Teresa de Jesús, que está en el convento de sus monjas de esta ciudad, de cuyas copias han resultado tantas maravillas en gloria del Soberano Señor» *(Arte de la Pintura,* fol. 120). No es inverosímil que éste sea una repetición del que hizo en Madrid a vista de la Santa el hermano Miseria, quien se sabe estuvo algún tiempo en Sevilla, siendo ermitaño de la capilla de San Onofre, cerca de San Lázaro (Zúñiga, t. IV, fol. 259), y después acompañó al P. Ambrosio Mariano a la fundación del convento de los Remedios en Triana en 1573 (Id., t. V, fol. 50).

Hospital de las Bubas

17. Las pinturas del hospital de las Bubas, que Ponz atribuye a Luis de Vargas, son de Francisco Frutet, a quien sin fundamento llamaron algunos Antonio de Flores. Hablando Zúñiga de este hospital dice que se guarda en él *de tiempo inmemorial una admirable imagen de Santa María Magdalena, prenda digna de numerarse entre las notables de esta ciudad;* pero sin duda hablaba de otra que la consumiría el tiempo, en cuyo defecto hizo la que ahora existe Alfonso Martínez, cuyas obras no tendría Zúñiga por de tiempo inmemorial, siendo su contemporáneo. A éste le da Ponz el apellido de *Martínez Montañés,* teniéndolo por hijo o pariente de su maestro, a quien nada tocaba.

Iglesia de los Venerables

18. Frente del *San Pedro* de Murillo que está en la iglesia de los *Venerables,* hay un *San Jerónimo* de igual tamaño y de valiente expresión. En la sacristía está colocada una *Purificación de nuestra Señora* de bastante mérito, y no es menor el de la pintura de la bóveda, con un grupo de hermosos ángeles, que sostienen la cruz, obra esta última de Lucas Valdés. Hay también en la sacristía seis pinturitas de la escuela romana sobre piedra, en que con bastante inteligencia se aprovecharon sus vetas naturales, incluyéndolas en la composición. Es graciosa sobre las demás una que representa ruinas.

El retrato de D. Justino de Neve está a los pies del refectorio, en cuyo testero se halla colocada la pintura de Murillo que cita Ponz, en que se advierte la filosofía de su autor. En la *Señora* y *Niño* que tiene en sus brazos se encuentra la belleza ideal propia de las obras de la imaginación, con suavidad divina y celestial; pero no tan caracterizada en los ángeles que la rodean. A los pies de la Virgen hay tres sacerdotes que reciben el pan de mano del Niño, uno de los cuales parece retrato; pero todos manifiestan ser de distinta naturaleza que el Hijo de Dios, que se les aparece para consolarlos.

Ni Ponz supo acertar con el autor del cuadro de la *Cena,* que está en el altar mayor, ni los demás inteligentes están de acuerdo en tener por de Lucas Valdés los seis cuadros que le atribuye sobre los arcos de las capillas, en que se expresan historias eclesiásticas.

Hospital del Espíritu Santo

Aquí tienen lugar los hospitales de que no habló Ponz, sin duda por no estar sus iglesias tan francas como las demás de esta ciudad. Sea el primero el de calle Colcheros, dedicado al Espíritu Santo, con destino a enfermedades crónicas de cirugía, y en el que asimismo se administran remedios mercuriales. En el altar principal de su iglesia se venera la *Venida del Espíritu Santo* sobre el Colegio Apostólico, en un gran lienzo de mano de Herrera el *viejo.* Aquí está establecida la confraternidad de la Escuela de Cristo, en cuyo oratorio hay un hermoso *Crucifijo* del tamaño del natural de Pedro Roldán. En la escalera de este hospital se conserva un monumento de nuestra antigua escultura en la hermosa estatua de *Santa*

Catalina, que perteneció al suprimido hospital de Santa Catalina de los Desamparados, que con los demás de su clase fue extinguido en tiempo del arzobispo D. Rodrigo de Castro.

Nuestro Ortiz de Zúñiga habla de éste y del de San Clemente, afirmando que el retablo de este último estaba con inscripción en la citada escalera; mas ya no se encuentra. También afirma que el de Santa Catalina estaba en el zaguán, pero queda apuntado el sitio en que después se colocó.

Hospital de la Misericordia

En el patio del hospital de la Misericordia aún se conserva un excelente fresco del *Juicio,* del famoso Luis de Vargas, que ocupa toda una fachada. Algo ha padecido, y sufrido retoques de manos muy desiguales, y casi se ha perdido toda la parte baja. En la iglesia hay un *Apostolado* de Pablo Legote, y no de Herrera el *viejo* como algunos pretendían.

Hospital de San Bernardo (Los Viejos)

En la sala de Juntas del hospital de San Bernardo, llamado de los *Viejos,* se conserva el hermoso cuadro de Roelas, con la imagen del Santo titular, que pintó para su altar mayor. Por fortuna escapó de la sentencia que sufrió el retablo en que antes estuvo. Ponz lo recuerda en el número 22 de esta carta.

Hospital de Santa Marta

Frontero a la puerta de la capilla del hospital de Santa Marta, a cargo del Cabildo Eclesiástico, quien nombra su administrador, está colocado un cuadro de Luis de Vargas que representa a la Santa titular en acto de repartir pan a los pobres. Esta tabla se pintó para el retablo principal, que tuvo que hacer lugar al actual. Sobre la puerta, por la parte de la calle, está la *Santa,* la *Magdalena* y *San Lázaro* de pontifical, obra de D. Juan de Espinal; pero que ha padecido mucho en sus últimos retoques.

Iglesia de San Antonio Abad

La iglesia que perteneció a la orden de San Antonio Abad ha quedado para el uso de la Hermandad de la Cruz en Jerusalén, que mantiene ejercicios espirituales en obsequio de Jesús Nazareno, cuya imagen, de artífice ignorado, pero mucho más antiguo que Martínez Montañés, sacan en procesión el Viernes Santo de madrugada, y la acompaña en diferente parihuela la Virgen Santísima, cuya cabeza y manos, como asimismo la de San Juan, es obra de D. Cristóbal Ramos, muy acreditado en esta ciudad, su patria, por sus graciosas figuras de barro. Pero lo principal que hay en esta iglesia es un bellísimo cuadro de *San José,* colocado junto al altar mayor, obra de las mejores de Murillo.

Iglesia de Santiago de Los Caballeros

Hay además otros templos en que se halla tal cual pintura o escultura digna de verse. El cuadro del altar mayor de Santiago de los Caballeros es de Francisco Varela, en que representó al Santo Apóstol matando moros: y sobre el mismo asunto otro de Herrera el *viejo,* sobre el arco de la capilla mayor.

Colegio Mayor de Santa María de Jesús

Se hallan obras de Zurbarán en el Colegio Mayor de Santa María de Jesús, y son un *Crucifijo* del tamaño natural en la iglesia, y el retrato de D. Rodrigo Fernández de Santaella, su fundador, en la cámara Rectoral.

Capilla de los Dolores

En la capilla de los Dolores, contigua a San Marcos, hay una apreciable escultura de José Montes de Oca, escultor de Sevilla y natural de ella, que representa a la *Santísima Virgen,* con Cristo difunto en sus brazos, acompañada de San Juan y la Magdalena, obra muy correcta, con sencillas actitudes y con expresión afectuosa. Se puede afirmar que la devoción en este santuario es efecto preciso de los afectos de estas imágenes, pues excitan la ternura y devoción en cuantos las miran.

Iglesia de San Benito de Calatrava

En la iglesia de San Benito de Calatrava hay dos frescos en los colaterales, obra de D. Juan Valdés Leal; también son suyas las del altar mayor, que representan, las del primer cuerpo a la *Virgen* con San Benito y San Bernardo, y a los lados el Bautista, San Andrés, Santa Catalina y San Sebastián. En el segundo está San Miguel, y a los lados San Antonio Abad y el de Padua, coronándolo todo un *Padre Eterno* en lo alto.

Cruz de la Cerrajería

Finalmente, en las plazas y calles y demás sitios de la ciudad hay otras que sería difícil numerar; por ejemplo, una *Concepción* del tamaño del natural de Cornelio Schut, colocada en el retablo que está en el hueco de la puerta de Carmona, quizá la única que se conserva pública de este autor. Una cruz de hierro, situada en la Cerrajería, de Sebastián Conde, rejero muy acreditado en Sevilla. Es obra muy apreciable por sus adornos y prolijos calados de buen gusto en ella misma y en su zócalo, que concluyó en 1692. Por una nota marginal que D. Luis Germán puso a sus *Adiciones a los Anales de Zúñiga* consta que «en 1 de noviembre de este año 1692 el rosario del Sagrario llevó por la noche la particular Cruz de hierro, que está en la Cerrajería, hecha por el célebre Sebastián Conde, maestro grande de este ejercicio. La costearon los vecinos devotos» (T. IV, fol. 21, del autógrafo, en la Biblioteca de la Catedral).

Carta V

Parroquia de San Bernardo

1. El *Crucifijo* del tamaño del natural de la parroquia de San Bernardo es obra de Juan Martínez Montañés, y no de Roldán, como informaron a Ponz, quien ciertamente se equivocó en poner en la iglesia la *Cena* de Varela, cuando está en la sacristía.

Convento de Porta-Coeli

2. Aunque Zúñiga fija el principio del convento de *Porta-Coeli* en el año de 1450, debe atrasarse al de 426, en que vino a Sevilla Fr. Rodrigo de Valencia, su fundador, según lo demuestra el Mtro. Medrano en su *Historia de la orden de Santo Domingo.* (Parte III, t. I). Según un letrero que está sobre la puerta, parece que en el año de 1600 se reedificó en gran parte; pero ya en el día se advierte la poca solidez de la obra, y aún su comunidad está reducida a bien pocos religiosos, por el empeño de sus rentas. La iglesia es semigótica, y de ella dejó poco que decir Ponz; sin embargo, olvidó advertir que en el zócalo del altar mayor se ven unos santos de la orden de San Francisco y de la de Predicadores de mano de Pacheco, quien asimismo encarnó la estatua del Santo titular de Montañés, como escribió él mismo en su *Arte de la Pintura* (fol. 406)[116].

En el claustro hay un altar con lienzo de la *Anunciación de nuestra Señora* firmado por Vasco Pereyra 155… muy mal conservado, pues apenas se descubre el diseño. Lo mismo sucede a otros santos que pintó en lo interior del arco, entre los que se distinguen bien *San Pedro* y *San Pablo.* En el banco consta que *Este altar y retablo con la bóveda está, junto & él, es de Gaspar de León Garabito y de Catalina Pizarro, su muger, y de sus herederos y sucesores,* viéndose allí los retratos de los fundadores, cuyo patronato pasó a la familia de los Canales. Dice así la losa:

ESTA CAPILLA Y LA FRONTERA
SON DE DIEGO CANALES DE LA
CERDA Y DOÑA FRANCISCA
DE ABREGO, SU MUGER.
AÑO DE 1633.

La capilla frontera de que aquí se hace mención ya no existe. Vasco Pereyra fue un pintor portugués establecido en Sevilla, en donde se conservan algunas obras suyas, de que hablaré en su lugar. Francisco Pacheco, en un elogio que escribió del P. Rodrigo Álvarez, que se copia en la *Vida del P. Hernando de Mata* (fol. 6), dice que Vasco Pereyra hizo el retrato de aquel jesuita, aún viviendo, al cual compuso unos versos el mismo Pacheco, de que se infiere que era buen retratista.

---

[116] Este convento y su iglesia han desaparecido.

Convento de San Agustín

4. Construyó el retablo principal del convento de San Agustín Bernardo Simón de Pineda, a quien Zúñiga nombra arquitecto y tallador (*Anales,* fol. 723), y consta que su dorado corrió a cargo de Pedro de Medina Valbuena, pintor muy acreditado, y amigo íntimo de Murillo. Esta omisión que sería de poco momento, lo es sí de mucho, por no estar bien especificadas las pinturas que en dicho convento hay de Bartolomé Murillo, dando lugar a que puedan desaparecerse. Fue el primer paso removerlas con varios pretextos de sus antiguas colocaciones y vista pública, para adornar la celda provincial, y a poco tiempo ya se empezó a hablar de su enajenación.

En la capilla de Santo Tomás de Villanueva sólo singulariza Ponz el cuadro del Santo Niño, dando de limosna sus propios vestidos a pobres de su edad. Es el otro el mismo Santo, ya religioso, dando limosna a los pobres, con una perspectiva del claustro en segundo término; los cuales fueron trasladados a la citada celda con otro del mismo artífice, que antes estuvo en la sacristía, y representa a *San Agustín* arrodillado, con unos libros admirablemente figurados.

5. Hablando de la pintura de Martín de Vos, es digno de copiarse lo que cuenta Francisco Pacheco en su *Arte,* fol. 201: «Cierto religioso, dice, pio y grave de la órden de San Agustín me contó, siendo ya obispo, que celebrando un día ante un famoso quadro de esta historia; (el quadro del juicio de Martin de Vos, acabado en 1570) estando a la mitad de la misa lebantó los ojos, y vió una figura frontera de muger con harta belleza; pero mas descompostura, y fue tanta la fuerza que hizo a su imaginación, que se vio a punto de perderse». En este altar hay una estatuita de *Jesús Niño,* obra muy graciosa de doña Luisa Roldán.

En la baranda del coro hay un excelente *Ecce homo* de Luis de Morales, llamado el *Divino,* y en la escalera una *Concepción* de Roelas. En la antesacristía, debajo del retrato del cardenal Molina, hay un buen lienzo apaisado de la escuela de Zurbarán, que representa la procesión que en 1649 se hizo con la imagen milagrosa del Santísimo Cristo que se llama de San Agustín, y en la sacristía un lienzo que contiene al *Bautista, San José* y *San Jerónimo,* de Juan del Castillo. Queda ya hablado del cuadro de Murillo con *San Agustín* arrodillado. Finalmente, las pinturas del claustro son por la mayor parte de Juan Ruíz Soriano, y algunas de Pedro Tortolero, pintor sevillano y discípulo de Domingo Martínez. Del mismo Soriano es una imagen de nuestra Sra. de la *Correa,* en una capilla que desde el claustro da paso a la sacristía.

Convento de la Trinidad

6. En la iglesia de la Santísima Trinidad, dedicada a las Santas Mártires Justa y Rufina, se ven algunas pinturas relativas a mártires de la orden de San Bernardo, de Germán Llorente, profesor muy acreditado en Sevilla, su patria, en donde murió en 1757. En esta iglesia se conserva con mucha veneración una estatua de un Niño, cuya antigüedad dio origen a que se creyese del tiempo de la conquista. A lo menos, en los almanaques del año de 1724 se decía en su dedicatoria, hablando de esta efigie, que era «tradición recibida que este divino Niño es el propio con que fue hallada en la torre de los Herberos (fabricada como se cree por mano de ángeles) la milagrosa imagen de nuestra Sra. de los Reyes», de cuya cláusula se quejó la capilla real de San Fernando, y el Juez de imprentas mandó borrarla (Germán. *Adiciones a los Anales de Sevilla,* t. IV, fol. 52, al margen).

Convento de Capuchinos

7. Todo lo de Bartolomé Murillo es de sumo aprecio; por eso no quiero olvidar dos pinturas suyas, que omitió Ponz, en el retablo mayor del convento de Capuchinos. Una la *Santa Faz,* sobre la imagen de nuestra Señora, de medio cuerpo; y el *Crucifijo* pintado en la cruz de la mesa del altar.

10. En el cuerpo de la iglesia hay un *apostolado* de medio cuerpo de Bernabé de Ayala, uno de los buenos discípulos de Zurbarán, a quien algunos han atribuido estos lienzos; y en el coro bajo un *San José* y una *Santa Ana,* obra de Sebastián el *Mulato.*

De éste es el *Cristo a la columna* y San Pedro arrodillado a sus pies, que está en la sacristía, del cual hay muchas copias en Sevilla; y en la misma está colocado un *Crucifijo* de Zurbarán, del tamaño del natural, aunque de inferior mérito del que está en la escalera del mismo autor. El cuadro del *Juicio Universal* que está en dicha oficina es de Andrés Pérez, concluido en 1713, y en él se descubren algunos grupos y pensamientos que andan en estampas. Finalmente, en el refectorio hay un cuadro del milagro de *Pan y peces,* de D. Lorenzo Quirós, en que se descubre bastante genio y agilidad. Del *Cristo* abrazado con San Francisco de que habla Ponz en el núm. 9 abrió una estampa Martín Gutiérrez en 1800, que dedicó a Fr. Diego de Cádiz, la que dibujó Ignacio Salvá.

Ermita de San Hermenegildo

11. Hablando D. Pablo de Espinosa de la ermita de San Hermenegildo, junto a la puerta de Córdoba, dice que en 1569 se macizó un callejón que conducía a la cárcel en que estuvo San Hermenegildo preso junto a la puerta de Córdoba, y se adornó con mucha riqueza de oro y pinturas, a costa de Francisco Guerrero, armero, vecino de Sevilla. *(Historia de Sevilla,* parte I, fol. 79). Zúñiga añade que D. Melchor Maldonado adornó la referida capilla con un altar en que puso pinturas preciosas y originales del Ticiano y otros grandes artífices, el cual está en el cuerpo de la iglesia, y es diferente del mayor, en que se dice hay pinturas de Herrera, noticia de que han dudado muy buenos inteligentes. (Véase a Zúñiga, 622, y en la nueva edición, t. IV, fols. 46, 256 y 534). Quintana Dueñas afirma que se conserva en la ermita una cruz de madera del uso del santo Mártir, cuyo culto creció a principios del siglo XVII por la devoción del virtuoso sevillano el licenciado Cristóbal Suárez de Figueroa, que se enterró allí con lápida sepulcral, y su retrato se colocó en la capilla mayor. El templo actual se debe a la diligencia de este eclesiástico; el cual se empezó en 1607 y concluyó con los cuartos para el administrador en 1616, habiéndose gastado más de 20.000 ducados.

Hospital de la Sangre

12. Ya es inútil incluir en esta copia los apuntes que se habían recogido acerca del hospital de la Sangre, pues todas sus noticias se hallan en la *Descripción artística* que dio de él D. Juan Ceán Bermúdez, impresa en Valencia por Monfort en 1804.

Monasterio de San Jerónimo de Buenavista

16. No son indignas del lugar que ocupan en la escalera de San Jerónimo de Buenavista las pinturas de D. Pedro Duque Cornejo, escultor y pintor de nuestros días, que murió en Córdoba en 1757 y está enterrado en aquella Catedral con epitafio honorífico, que dice que fue estatuario de cámara de la Reina e hizo la sillería del coro de aquella Santa Iglesia. En dichos frescos

acreditó Cornejo la valentía de su pincel, e inteligencia en la perspectiva. Por toda ella hay varios santos y otras figuras alegóricas, en que se nota su genio e invención, aunque con poco gusto en la elección.

17. Es tradición, afianzada en el testimonio de escritores, que Torrigiano copió la cabeza de su *San Jerónimo* de la de un despensero florentín que servía en el convento. Hubiera sido de desear que el Crucifijo que el Santo tiene en la mano, el león y la gruta fueran de aquel célebre escultor, para que no faltase a esta estatua el correspondiente acompañamiento, pues el lugar es fácil mejorarlo.

18. La *Concepción de* Murillo en la capilla del comulgatorio está pintada en cobre, en cuya materia no me acuerdo hubiese jamás pintado nuestro Murillo. No es malo el retablito de la última capilla al lado de la Epístola, siquiera porque acusa severamente los modernos que posteriormente se han construido. Consta de dos columnas jónicas empotradas e istriadas, en cuyo centro hay una decente copia del *San Bartolomé* del *Españoleto*; corona el primer cuerpo un romaneto, en cuyo tímpano hay una nuestra *Señora* con el Niño, y en los entrepaños del altar cuatro santas, entre ellas *Santa Marta* y *Santa Lucia,* de buena escuela. También lo son seis tablitas en el altar de San Lorenzo, que representan asuntos de la vida y martirio del Santo.

En la bóveda de la sacristía están los *Evangelistas* y *Doctores* rodeados de figuras alegóricas, pinturas de bastante ejecución; mas su mérito es inferior a los cuadros de Valdés Leal, que representan santos y venerables de la Orden, y seis de la vida de *San Jerónimo,* siendo preferible entre todos el que representa al Ángel, que azota al Santo Doctor por haberse entregado al estudio de los poetas.

Hay también en la iglesia algunas buenas copias de los lienzos de Murillo en la Caridad, ejecutadas por D. Juan de Espinal.

En el claustro, junto al refectorio, hay una *Trinidad* pintada en tabla de Francisco Varela, año de 1625.

24. El retablo mayor de la casa de la Caridad es obra de Bernardo Simón de Pineda, reputado por el mejor retablista de su tiempo. La lontananza de la medalla del centro la pintó D. Juan de Valdés Leal, por la que, y lo demás que en él se necesitó pintar y dorar o estofar, consta que se le dieron 11.000 ducados. Del mismo profesor hay en el archivo una portada de un libro, muy graciosa, dibujada a la pluma y a la aguada en 1674.

25. La inscripción de las Atarazanas, que copia Ponz, está dentro del pórtico de la iglesia, que rodeado de rejas impide que la destrocen los muchachos con sus travesuras. Además de dos equivocaciones en que incurrió

aquel viajero, no guardó la forma en que está grabada en hermosos caracteres alemanes, separadas todas sus dicciones con tres estrellas; dice, pues, así:

RES: TIBI: SIT: NOTA:
DOM': TI: ET: FABRICA: TOTA:
QUAM: NON: IGNARUS:
ALFONSUS: SANGUINE: CLAR'
REX: YSPANORUM:
FECIT: FUIT: ISTE: SUORU:
ACTUS: IN: AUSTRINAS:
VIRES: SERVARE: CARINAS:
ARTE: MICANS: PLENA:
FUIT: TI: IN: FORMIS: ARENA:
ERA: MILLENA:
BISCENTENA: NONAGENA:

Monasterio de Cartuja (Santa María de las Cuevas)

28. Empieza D. Antonio Ponz a tratar de la célebre Cartuja de Santa María de las Cuevas en su t. VIII, carta VI, núm. 24; continúa en el presente que adicionamos, y parece que finaliza en el XVII, carta V, núm. 40; pero sin concluir lo mucho que hay que decir de las riquezas artísticas de este monasterio, y demás curiosidades que a él pertenecen. El poco método que dio Ponz a las noticias que copió, lo mucho que restaba, y la proporción que la amistad que mantuve con estos venerables monjes me franqueaba para reconocer su archivo, me pusieron en la ocasión de escribir su historia. La habría aprovechado, si atenciones superiores no lo hubieran impedido; pero de algunas de las noticias que había recogido expondré un resumen metódico que pueda servir de guía a otros, sin perder de vista lo que recuerda Ponz, lo que escribe Zúñiga y lo que consta de otros documentos auténticos. Empecemos por la iglesia y oficinas anexas.

Son ocho los cuadros que hay en la iglesia del monje D. Luis Pascual, relativos a la vida de la Virgen, entre los cuales es de notar el que representa los *Desposorios* por haber copiado en él su autor el traje de gala que entonces usaban las señoras (esto es; a fines del siglo XVI), vistiendo «la Madre de Dios sin manto, con una saya grande veneciana, muy metida en cintura, llena de muchas lazadas de cintas de colores y con mangas grandes de rueda, según lo explica Pacheco».

Casi toda la iglesia ocupa el coro de los monjes, conforme al uso de esta Religión. Consta que al escultor Juan de Valencia le pagaron en 1702 por cada una de sus sillas 1.800 reales, sin incluir la madera; y que las estatuas las trabajó Agustín de Perea, con su hijo Miguel, habiéndole pagado por cada santo 390 reales, por cada santa 175, por cada ángel 90, y 7,5 por cada serafín. Por esto se convence que nada tuvo Cornejo en esta obra, como aseguraron a Ponz. (T. VIII, carta VI, núm. 25).

Detrás del altar mayor está el sagrario, conforme la costumbre de las demás casas de esta Orden, cuyo adorno lo ejecutó el famoso escultor Bernardo Simón de Pineda, y le doró Miguel Parrilla en 1676; pero las estatuas son de Pedro Roldán. La custodia es del platero Juan Laureano, cuando ya estaba muy decaído su arte.

La hermosa imagen del *Santo Cristo* que D. Mateo Vázquez de Leca dio a este monasterio con la precisa condición de que jamás se enajenase, está encarnada por Francisco Pacheco, según el mismo asegura en su *Arte de la Pintura* (fol. 406), y consta que valió a Martínez Montañés 1.000 ducados de plata. En su capilla hay dos cuadros, el uno de D. Antonio Palomino con una gallarda *Asunción* de nuestra Señora, casi del tamaño del natural, y otro de Cano, que representa la *Virgen* en gloria y a los pies San Pedro y Santa Clara. Con esto se aclara lo que apunta Ponz en el t. III (carta V, núm. 28) y en el 17 (carta V, núm. 42).

Como Cornejo, según aquí cuentan, estuvo mucho tiempo retirado en este monasterio, dejó varios monumentos de su mal gusto. Entre otros, dos retablos en la misma capilla, que es de esperar los mande quitar esta juiciosa comunidad, así como lo ha ejecutado con la Magdalena *y* el Ángel que estaban a los pies del Crucifijo.

Frontero a esta capilla hay un lienzo de Jerónimo de Bobadilla que representa a *San Fernando, y* en este trozo de iglesia algunas otras copias de diferentes tiempos; pero iguales en su poco mérito. A los dos altaritos del coro de los legos se han puesto en 1800 mesas de estuco muy bien trabajadas; y es de esperar que sigan tan buenas reformas.

En la sacristía, además de tantas preciosidades como encontró Ponz, olvidó la hermosa cabeza del *Bautista* de Murillo; la bella copia de Rafael hecha por Cano, que representa a nuestra *Señora* con el Niño, y San Juanito; el *Señor* a la columna y *San Pedro* del divino Morales; una *Sacra Familia* como de media vara, que no desmerece ser del mismo Cano, como han juzgado muy buenos conocedores; y finalmente, un cuadrito, del que habla Pacheco en su *Arte de la Pintura* en estos términos; «En la Cartuja de Sevilla vi un quadro de una quarta de alto y un geme de ancho, guarnecido en ébano, con su cristal delante, de mano de Don Julio Clovio, caballero romano, que ha sido el mayor iluminador que se ha conocido; el que está hecho por dibuxo de Miguel Angel, de Cristo con la Cruz a cuestas, y N. Sra. mirándose los dos; San Juan, y la Magdalena, y Simón Sirineo, el que era de Arias Montano, que lo heredó de Pedro de Villegas» (fol. 355).

Sobre el oratorio con pinturas de Durero, del cual habla Ponz (t. VIII, carta VI, fol. 231), hay un *Descendimiento* como de a tercia, pintado en cobre, obra hecha con detención, pero de regular mérito, de la escuela italiana; y además otros dos oratorios, uno que fue de San Pío V, de piedra con columnitas de ágata, en el que se conservan sus dos sandalias. El otro fue del papa Urbano VIII, en cuyo centro está un medallón con nuestra *Señora* de más de mediano relieve. También se conserva en esta sacristía un relicario que se aprecia por bordado de Santa Teresa de Jesús.

La estatua de *San Bruno* es obra de un tal Reciente, platero muy acreditado, y ensayador de esta Casa de Moneda, de la que con igual destino pasó a la de Méjico. El modelo lo ejecutó Cornejo, y actualmente está en el monasterio de Cartujos de Cazalla, por donación de ésta de las Cuevas.

Los dos portapaces que elogia Ponz como excelentes, y le parecieron de Arfe (t. VIII, carta VI, núm. 27), los trabajó Duarte Rodríguez en compañía de Manuel Fernández en 1554.

También hay dos navetas, del hermoso caracol nautil, engarzados en plata con muy bellas formas.

De la iglesia se pasa a un claustro pequeño que está adornado con las copias que en 1618 hizo Varela de los cuadros originales del monje D. Luis Pascual Gaudín. En él pusieron, después de otros lugares, una muy hermosa *Ascensión del Señor,* que para esta casa pintó D. Joaquín Bejarano en 1807, de casi del tamaño natural, en la que se ve que no se ha extinguido el fuego pictórico de Sevilla, de cuya escuela de dibujo es Bejarano hijo, y actualmente secretario.

Está colocado en este patio un lienzo con el retrato del P. D. Cristóbal Paniagua, monje muy espiritual de esta casa, en la que falleció en 30 de enero de 1671. Se tiene por pintura del mismo monje, que está arrodillado a los pies de la Virgen, según se la representaba su encendida devoción. Si la indignación hace poetas, aquí la devoción hizo un pintor, pues se añade que el P. Paniagua no tuvo escuela.

En este claustro, además de la sala de capítulo, está el de los legos y el refectorio. Cuando se trate de los sepulcros de aquélla es de advertir que la firma de el del lado del Evangelio dice: *Antonius María de Aprilis de Charona hoc opus faciebat in Janua; y* la del lado de la Epístola: *Opus Pace Gazini faciebat in Janua.* Los dos niños sobre el plano del primero son de muy distinta mano, y parece se hicieron a competencia; pero todos los sufragios los gana el que está con un gesto lloroso al lado izquierdo, del que se han sacado moldes, y anda en las colecciones de yesos.

En la capilla interior, que llaman el Capítulo de los Legos, permanece el antiguo retablo, dádiva del Rey de Portugal. Es un medio punto de vara y media de alto, y dos o poco más de ancho, con tres compartimientos perpendiculares en los cuales hay de medio relieve pasajes de la Pasión y de la Invención de la Cruz, obra ejecutada con bastante inteligencia. Como quiera que aquí está el cadáver de D. Gonzalo de Mena, fundador de esta casa, en túmulo alto de mármol, se viene en conocimiento que ésta era la iglesia primitiva, construida a la manera semigótica, según se advierte en la cúpula y pedazo de capilla que aún se conserva.

En el refectorio se han colocado varios lienzos de Cano, a saber; en el testero su hermoso *Crucifijo,* que anteriormente estaba en la celda prioral. Antes ocupaba este lugar una nuestra *Señora* sentada con el Niño y alrededor varios ángeles, del monje Cotán, que se trasladó a la capilla del Santo Cristo. Los demás son apaisados, y representan; Adán y Eva arrojados del Paraíso; Adán trabajando la tierra y Eva criando sus hijos; David con la cabeza de Goliat; S. Rafael y Tobías; el sacrificio de Abraham; la muerte de Abel; Jesucristo y la Samaritana; y José huyendo de la mujer de Putifar. En la separación de los legos hay un *San Juan Bautista* en pie, señalando el Cordero junto al Jordán, de Francisco Pacheco, quien habla de él en su *Arte de la Pintura* y dice que lo pintó en 1623 (fol. 557).

De este claustro se va al principal por un ángulo de regular capacidad, en el que hay dos capillas con retablos modernos de arreglada arquitectura dedicados a San Joaquín y San José, y en ellos se han colocado las ocho estatuitas de profetas que estaban antes en el facistol, de las cuales habló Ponz en su t. VIII, carta VI, núm. 25.

El claustro principal es cerrado, y en varios puntos de sus ángulos hay seis cuadros del monje Ferrando, con pasajes de la vida de nuestra Señora. Varios otros de varones insignes de la Orden, con epígrafes de sus vidas, los pintó D. Juan de Dios Fernández, pintor acreditado de esta ciudad, y director que fue de su Escuela de dibujo. Este claustro cerca la iglesia por su espalda y el campo Santo, dejando patios muy amplios en el intermedio. En la pared de aquélla se halla empotrada la lápida de que habla Ponz en dicho t. VIII (carta VI, núm. 34), la que con razón no entendió, supuesta su copia. En el tomo I de las *Memorias de la Academia de Buenas Letras de Sevilla* se halla una sobre esta inscripción, y se demuestra entre otras cosas que la última palabra debe leerse *Ducti Alone,* etc. En el campo Santo está sepultado entre sus hermanos el monje D. Diego Sarmiento, Obispo que fue de Cuba y natural de Burgos. A la sazón que se hallaba preso en su monasterio, efecto de las persecuciones que padeció, el emperador Carlos V le presentó para el obispado de Cuba y le nombró Inquisidor general de Nueva España, cuya noticia le cogió en la cárcel con espanto de sus enemigos. Después de haber residido algún tiempo en su iglesia resignó el obispado y *se* vino a vivir a Triana, en donde murió, y mandó que llevasen su cadáver a su monasterio y le enterrasen en el campo Santo, en donde yace con lápida de mármol, algo elevada del suelo y alrededor esta inscripción: *Aquí yace el muy reverendo y muy magnífico Sr. D. Diego Sarmiento, obispo que fue de Cuba, monje profeso de esta santa casa de nuestra Sra. de las Cuevas: falleció lunes XXX días de Mayo de M.D.XLVII años, cuya ánima sea en gloria.*

Inmediato al campo Santo está el que llaman claustro de San Miguel, en el que hay un óvalo que representa al *Arcángel,* del monje D. Cristóbal Ferrando, del que son igualmente otros nueve cuadros que allí hay relativos a varios sucesos de la Orden. Tienen mucha verdad los bosques y desiertos que en algunos hay figurados. Aquí está la capilla de San Bruno, con estatua de Martínez Montañés, cuyo nombre basta para recomendarla. El alicatado de este claustro y del que llaman de la Antigua es digno de considerarse por la excelencia de sus vidriados y colores y graciosos arabescos.

La celda prioral es de mucha capacidad y no menos comodidad. Dentro de ella hay baños, oratorio, jardín, librería y viviendas con vistas de recreo. Ella sola bastaba para un convento de Descalzos. En sus piezas hay repartidos cuadros de diferentes manos y mérito. El *Niño* que allí se ve en ademán de sacarse una espina, es de Zurbarán: del P. D. Luis Pascual un *monje* en la agonía, a quien conforta nuestra Señora; un *San Bruno* y otros *monjes,* de Cornejo: un *San José* y otro cuadro de nuestra *Señora* del monje Ferrando; un *Santo Tomás* y *San Pedro Mártir* de medio cuerpo, tamaño del natural, de Vasco Pereyra; finalmente, una nuestra Señora que llaman de *Belén,* como de tres cuartas, de Camarón. Los cuadros de *San Pablo,* del *Evangelista,* de *San* Juanito, y las *Santas Justa y Rufina,* tienen bastante mérito, pero es mayor el de una tabla de vara y media de alto y una de ancho que representa a nuestra *Señora* con el Niño en sus brazos y Santa Isabel, ambas sentadas; a la derecha el Bautista y a la izquierda un santo Obispo, con acompañamiento de ángeles, obra de mucha detención y con muy fresco colorido.

En el oratorio alto hay una nuestra *Señora* con el niño *y* S. Juan de Pedro de Campaña, y en el bajo un *San Bruno* de Camarón, en el lugar que ocupaba el Santo Cristo de Cano, que como hemos dicho fue trasladado al refectorio.

En punto a los libros raros que se guardan en la librería hay bastante que observar; basta decir que a ella vinieron las selectas y ricas librerías del Marqués de Tarifa, de Arias Montano, y la del Dr. Jerónimo de Chaves, insigne astrólogo sevillano. En el archivo se conservan documentos muy curiosos, que dieron materia al monje Ubrebal para adicionar y corregir muchos puntos de los *Anales de Sevilla* que escribió su historiador Ortiz de Zúñiga. Por lo común se custodian los testamentos de todos los que han sido benefactores de esta casa, entre ellos Arias Montano, que la dejó por su heredera.

Últimamente, en la hospedería hay cinco cuadros grandes que representan pasos de la *Pasión* de Jesucristo, del monje Ferrando, de quien asimismo es otro lienzo de San Jerónimo penitente. También en las celdas hay algunos cuadritos de D. Lorenzo Quirós.

Convento de San Juan de Aznalfarache

31. Las pinturas del altar mayor de San Juan de Aznalfarache no son de Campaña, como apunta Ponz. Las hizo Juan del Castillo, natural de Sevilla; y basta para su elogio el que sus obras se pueden equivocar con las de aquel gran maestro. Son cinco, que representan; las del lado de la Epístola al *Evangelista* escribiendo el Apocalipsis, y encima su martirio. Al lado del Evangelio está el *Bautista* bautizando en el Jordán, y encima el mismo predicando a las turbas. En el centro del segundo cuerpo hay una nuestra *Señora* con

Santa Ana de diverso estilo; pero sin duda es igualmente de Castillo. En la sacristía hay algunos países de la escuela flamenca, y en el claustro un *San Antonio* de la escuela de Murillo.

No deben olvidarse las buenas pinturas que en el convento del Pópulo, agustinos descalzos, extramuros de Sevilla, hay de Esteban Márquez, repartidos en la escalera y coro; como tampoco el S. Lázaro de Villegas, que está en la iglesia de su hospital, también extramuros, en que se nota al Santo vestido de pontifical, tradición que quiso seguir D. Juan Espinal en el que pintó con Sta. Marta en el hospital que bajo la advocación de esta Santa hay frente de la Catedral, de cuya pintura hemos hablado en su lugar. También en la capilla del Baratillo hay dos grandes cuadros de D. Bernardo Germán Llorente, que representan la *Cena* y *Prendimiento* de Cristo.

Carta VI

Real Alcázar

12. En el salón del real Alcázar, entre otros cuadros de Herrera el *Viejo,* D. Juan de Valdés Leal, su hijo D. Lucas, etc., hay una hermosa Concepción del clérigo Roelas; pero lo principal son dos cuadros de Pablo de Céspedes, el primero que representa la *tentación de Jesucristo,* a quien, después de haberla vencido, sirven los ángeles en el desierto; cuadro famoso que pintó para el refectorio de la Casa Profesa, según apunta Pacheco (*Arte,* etc., fol. 534); pero que le han notado la similitud de todas sus figuras. El otro es un *San Hermenegildo* de medio cuerpo.

Hay allí otras obras de bastante mérito de la escuela moderna, pues aquél es como el depósito de las que lo tienen, y principalmente de las que son premiadas en la Real Escuela de las tres Nobles Artes. De D. Juan Espinal hay un lienzo que representa a *Vulcano y Venus.* Los dos cuadros que pintan a *Hernán Cortés* en la Costa de Vera-Cruz, viendo echar a pique las naves que le habían conducido con sus compañeros, son de don Vicente Alanís, que ganó el premio prometido sobre este asunto por esta Real Escuela en 1778, y de D. Juan de Dios Fernández, que obtuvo el *accésit*. En el propio año se propusieron premios de escultura, que ganó el primero Antonio de Molina, y el segundo Juan de Montalvo, representando a *Hernán Cortés* en el acto de echarle los grillos al emperador Moctezuma. También fue premiado en primer lugar el arquitecto Fernando Rosales, y en segundo Juan Manuel Rodríguez, por haber desempeñado el dibujo y alzado de una sala de Academia, con separación de clases, etc.; cuyas obras están en dicho salón con otras antiguas traídas la mayor parte de Itálica[117], y muchos yesos de los mejores originales conocidos, que sirven para estudio de los profesores.

También se conservan en este Alcázar dos oratorios del tiempo de los Reyes Católicos, en uno de los cuales se representa la *Visitación de* nuestra Señora a Santa Isabel con una orla de adornos, y por fuera a *Jesé con* el árbol de la generación temporal de Jesucristo, que termina con la Virgen y el Niño. Tiene este letrero: *Nicolaso Francisco italiano me fecit, anno de mil CCCCCIIII*. En el otro se contienen asuntos de la vida de nuestra *Señora*, la *Santísima Trinidad* coronándola, y abajo los dos *San Juanes*, y esta firma: *Nicolaso Pisan me fecit anno de 1504*. Este Nicolaso fue pintor de aquellos soberanos.

Samuel Leví

16. La calle de los *Levíes* pertenece a la collación de San Bartolomé; pero no la *Xamardana*, que es de la de Santa Cruz. Aquélla tomó nombre de D. Samuel Leví, Almojarife mayor o como ahora se dice Tesorero del rey D. Pedro, quien desde Toledo le mandó preso a las atarazanas de Sevilla por imputarle usurpaciones de las rentas reales; y habiéndole dado tormento para que descubriera dónde tenía este caudal, murió en él, año de 1360, siendo éste el último judío que sirvió tan honrado empleo. (Zúñiga. *Anales*, año citado, el de 1434, núm. 4, t. II, folios 393 y 94).

No hay noticia de que los arzobispos cobrasen por separado ningún tributo a los judíos de la Aljamía de Sevilla. En 1327 se quejaron éstos al rey D. Alonso XI de que el Arzobispo, Deán y Cabildo les cobraban más de lo

---

[117] Véase el t. XVII, Carta V, desde el núm. 5, etc., fol. 216.

que les estaba concedido; y habiendo cometido el Rey la averiguación de esta queja a Fernán Martínez de Valladolid, su Notario mayor de Castilla, para que diese sobre ello providencia, éste dispuso que todos pagasen, desde que cumpliesen diez y seis años, tres maravedís de a diez dineros, que montaban los treinta a que estaban obligados. (Zúñiga. *Anales,* año citado, núm. 6, t. II, fol. 74). Esta merced estaba concedida al Arzobispo y Cabildo de Sevilla desde San Fernando, pues sabemos que su hijo D. Alonso la ratificó con carta plomada, dirigida a los alcaldes mayores D. Rodrigo Esteban y D. Gonzalo Vicente, estando en Segovia, a 16 de septiembre de 1256, encargándoles que les constriñesen al pago. (Zúñiga. Año citado, núm. 2, t. I, fol. 217).

Capilla de Los Portugueses

17. D. Francisco de Araujo Pinto fue muy aficionado a la pintura, *y* aunque en esta profesión no tuvo iguales adelantamientos que con el buril, sin embargo se ven algunos cuadros suyos que no carecen de mérito. En la capilla de los Portugueses del compás del convento Casa grande de San Francisco de esta ciudad hay un *San José,* unos santos mártires franciscanos y otras santas portuguesas, igualmente mártires. También hay pinturas suyas en la capilla de la Concepción situada junto al postigo del Aceite.

D. Antonio de Saa en 1778 grabó la medalla de premio de la Escuela de las tres Nobles Artes de Sevilla, con la que ganó el que se había ofrecido sobre este asunto al que mejor lo desempeñase.

Cátedras de Matemáticas En la Casa Lonja

18. D. Antonio Ponz vuelve a tratar de la Casa Lonja en su t. XVII (Carta V, núm. 2), donde habla del nuevo destino que se ha dado a su parte alta. En todos tiempos la grandiosidad de este edificio ha ofrecido comodidad para instituciones útiles. Por real cédula fecha en Monzón de Aragón a 4 de diciembre de 1552 se estableció en una parte de él cátedra de Cosmografía para que la sirviese el Br. Jerónimo de Chaves, y se empezó a leer *en la sala capilla* en el año siguiente una hora cada día. Mas parece que Chaves no cumplió como se esperaba, según cédula de Aranjuez a 25 de mayo de 1569, en

la que se le nombra por sucesor al cosmógrafo Sancho Gutiérrez, quien leyó hasta el año de 1573, en que por otra real cédula de 11 de marzo, despachada en San Lorenzo, se nombró al Licenciado Ruiz, *catedrático de la cátedra de la ciencia de Cosmografía, que se lee y platica en la ciudad de Sevilla.* A éste sucedió Rodrigo Zamorano, con la obligación de enseñar por cinco años, según se expresa en la real cédula dada a este efecto en el Pardo a 20 de noviembre de 1575. Posterior a todos ellos obtuvo esta cátedra el capitán Francisco de Ruesta, en cuyo tiempo se puso la inscripción siguiente, que nos ha conservado entre sus *Apuntamientos* D. José Maldonado de Saavedra. Decía así:

HISPALENSI. JUVENTUTI.
PUBLICUM LUDUM
DISCIPLINARUM. MATHEMATICAS.
TUNC SIMPLARUM,
QUUM MIXTARUM.
POTISSIMÉ MILITARIUM
FRANCISCUS RUESTA
V. CLAR. D.

Parece que Sebastián de Ruesta, quizá hijo de éste, la sirvió algún tiempo; pero la sucesión de aquél la obtuvo don Juan Cruzado de Mesa, en virtud de real cédula de 3 de agosto de 1674, habiendo sido éste el último cosmógrafo y catedrático de esta casa.

Academia de Dibujo En la Casa Lonja

Por estos últimos tiempos se estableció en la misma la famosa Academia de dibujo que tantos buenos pintores dio al reino. Sus ordenanzas provisionales son del año de 1660; a la que asistían por lo menos ciento treinta y ocho profesores, que las firmaron, y a cuyas expensas se sostenía. Era protector de este útil establecimiento D. Juan Fernández de Hinestrosa, noble sevillano, quien en 1657 fue uno de los maestres de campo que condujeron contra Portugal un tercio de infantería, de los cuatro que al efecto levantó Sevilla. A éste, pues, le dedicaron un Víctor que vi con almagra en una de las paredes de dicha Casa Lonja, que decía así: *Víctor. El Exel.ᵐᵒ Sr. Conde de Arenales, Protector del nobilísimo arte de la Pintura 1666.* La Academia continuó años adelante, pues consta que en 5 de noviembre de 1673 existía, pues en él firmaron ciertas constituciones contenidas en siete capítulos, que prescriben el orden de los estudios. No hay duda de que los buenos edificios ellos de sí mismos se ofrecen para que los ocupen bien.

Palacio Arzobispal

62. Hasta el año de 1664 habían sido las moradas de los arzobispos incómodas y estrechas, hasta que D. Antonio Payno amplió el actual palacio, que aún espera que otro arzobispo quiera descargarlo de las impertinencias de aquella edad, reduciéndole a mejor forma.

Parece, sin embargo, que el salón existía en 1604, pues los recuadros de su techo los pintó Antonio Mohedano, sin duda por orden del cardenal Niño de Guevara, en cuya fecha ya había muerto Luis de Vargas, a quien los atribuyó Ponz.

Pero quien más se empeñó en el adorno de estas casas fue el arzobispo D. Ambrosio de Spínola, quien en 1673 mandó pintar a Murillo una *Concepción* para el oratorio bajo, dándole por ella 1.000 ducados; pero de este cuadro no ha quedado más que un gracioso trono de Ángeles. Fue su desgracia, que habiendo en una sede vacante encargado a D. Pedro del Pozo, acreditado pintor de esta ciudad, que la copiase, éste, aprovechándose de la soledad, la cortó por el medio, pegándole un lienzo, en que copió su hurto.

En el mismo año, para dicho oratorio pintó D. Juan de Valdés Leal la *vida de San Ambrosio* al óleo en cuadros pequeños y medianos, por los que le mandó pagar el señor Spínola 10.000 ducados, incluso el dorado y estofado del oratorio.

El salón grande participó igualmente de los cuidados de este Prelado, pues en 1674 pintó Legote el *Apostolado* de cuerpo entero y del tamaño del natural que está colocado entre los balcones.

Los cuatro lienzos grandes que representan la *Lluvia del maná, Moisés hiriendo la piedra,* las *Bodas de Caná, y* el *Milagro de pan y peces,* son de Herrera el *Viejo, y* de Juan de Zamora otros que les acompañan; a saber; la *Creación del mundo,* el *Pecado de Adán, y* otros pasajes de la Sagrada Escritura, pintados con mucho gusto y maestría en los países que les representan. Sin

duda el Sr. D. Ambrosio Spínola conocía las ventajas que llevan estos adornos al de las telas y brocados con que se había acordado vestir este salón.

En la sala de exámenes alta hay una colección de retratos de todos los arzobispos, desde el infante D. Felipe, hijo de San Fernando, entre los cuales algunos son
muy buenos, y de los mejores profesores que en sus respectivos tiempos vivían.

La escalera se adornó en tiempo del Cardenal Delgado con muy buenas
copias de Murillo y de otros famosos profesores, hechas por D. Juan de Espinal, pintor acreditado de esta ciudad.

El Sr. Llanes hizo pública la biblioteca, en la que hay algunas copias razonables, y se ha enriquecido con buen número de libros, para cuya custodia
hay dotado un bibliotecario eclesiástico. No pareció mal a dicho Prelado el
proyecto, que algunos deseaban, de reunir en una todas las bibliotecas públicas de Sevilla, a lo que se prestaba gustoso; y aún examinó las bases del plan.

Bibliotecas

Por instituto sólo hay públicas la de la Ciudad, situada en el edificio contiguo a San Acasio, y la del convento de San Pablo. Ahora lo es también la
Arzobispal; pero aquéllas son muy poco concurridas. La Universidad Literaria ha reunido, con los libros de los Jesuitas y algunos otros que ha adquirido, una buena porción, a uso de su claustro; mas sólo en las ocasiones
de registrar algún libro se abre. Es más rica la del Colegio de Santa María
de Jesús; pero habiéndose separado de él la Universidad, y disminuídose el
número de sus colegiales a tres o cuatro, parecen inútiles las riquezas que
contiene. Sería muy cómodo sacar de ellas cuantas obras y manuscritos no
hubiese en la famosa Biblioteca Colombina, para que en ésta encontrasen
los que lo necesitaran todo el auxilio que se puede sacar de semejantes establecimientos, puesto que este ilustrísimo Cabildo con tanta generosidad la
ha franqueado, y continúa cuidando y enriqueciendo. Sólo quien se halla en
el caso de tener que registrar algún libro o comprobar alguna especie sabe lo
incómodo que es andar de una en otra, primero buscando, las horas y aún el
día, y después ver, tal vez, burlada su diligencia.

69. Es laudable el celo decoroso con que don Antonio Ponz reprende y
aún a veces ridiculiza los despropósitos artísticos que le ocurrían en su *Viaje;*
mas nunca con tanto encono como el P. Caimo. Quizá no le faltaba alguna

razón; por lo menos yo he visto convertidos en gallineros aquellos amenos jardines, entre cuyas aves se contaban once o doce pavos, que con sus excrementos tenían cubiertas algunas, inscripciones y emporcadas todas las obras que estaban a sus alcances en jardines y galerías; descuido que ciertamente ignoraban sus excelentísimos dueños.

17. Ponz, en el tomo V de su *Viaje*, habla de dos bajos relieves, que el Duque de Medina-Celi tiene en su palacio de Madrid, que antes estaban en su casa que llaman de Pilatos en Sevilla *(Casas de Grandes,* núms. 3 y 4). También el P. Montfaucón en el tomo IV de sus *Antigüedades explicadas* las recuerda (Partes I y II, fols. 163, 244, 263), remitiéndose a los dibujos que le remitió su amigo el Deán Martí; mas ninguno de ellos explicó su argumento. Sin embargo, el ciudadano David Le-Roy ha presentado al Instituto Nacional de Francia en 1801 una Memoria, en que haciéndose cargo de todas las circunstancias de estos relieves, prueba ser la célebre batalla naval de Accio.

Colegio de San Telmo

79. Del Colegio de San Telmo vuelve a tratar Ponz en el tomo XVII. (Carta V, núm. 38). Este instituto de la mayor importancia se gobierna por un Director que nombra el Rey, a quien están subordinados los demás dependientes de la casa. Su amplitud es tal que se ha establecido en ella un Colegio de porcionistas nobles, con total separación de los demás, de los que cuidan un capellán y sus respectivos maestros, que les enseñan desde los primeros rudimentos, gramática castellana y latina, lenguas francesa e inglesa, Matemáticas, dibujo, música y baile, con todo lo demás que contribuye a una buena educación; mas por desgracia esta corta porción con que cada uno contribuye sólo pueden pagarla gentes acomodadas, que son quien mejor sabe que la riqueza suple por la educación.

Cátedra de Cosmografía

81. Queda dicho antes los desvelos del Consulado a fin de que se enseñasen las artes útiles a la navegación, pues que de ellas esperaba el colmo de sus riquezas y su seguridad. La real cédula de la institución de estas cátedras

de Cosmografía de 4 de diciembre de 1552 señala los puntos y materias en que los cursantes debían instruirse.

«Primeramente, la *Esfera,* a lo menos los dos libros de ella primero y segundo. El *Regimiento* que trata de la altura del sol y cómo se sabrá; y la altura del Polo y cómo se sabe, y todo lo demás que parecerá por el dicho *Regimiento.* = Ha de leer asimismo el uso de la *Carta y* cómo se tiene de echar punto en ella, y saber siempre el verdadero lugar en que está. = Ha de leer también el uso de los instrumentos y la fábrica de ellos, porque conozca en viendo un instrumento si tiene error. = Los instrumentos son: *aguja de marear, astrolabio, cuadrante, ballestilla.* = De cada uno de éstos ha de saber la teórica y práctica; esto es, la fábrica y uso de ellos. = Ha de leer asimismo cómo se han de marear las agujas, para que sepan en cualquier lugar que estuvieren cuánto es lo que la aguja nordestea o noruestea en tal lugar; porque ésta es una de las cosas más importantes, que han de menester saber por las ecuaciones y reguardos que han de dar cuando navegan. = Ha de leer asimismo el uso de un reloj general diurno y nocturno, porque les será muy importante en todo el discurso de la navegación. = Ha de leer asimismo, para que sepan de memoria y por escrito en cualquier día de todo el año, cuántos son de Luna, para saber cuándo y a qué hora les será la marea, para entrar en los ríos y barras, y otras cosas a este mismo tono, que tocan a la práctica y uso», etc.

Esta es la obligación que se imponía a los maestros y esto cuanto había que esperar de los conocimientos de aquella edad; cuya enseñanza duró, aunque con alguna, interrupción, desde el citado año de 1552 hasta el de 1674 por lo menos, según he manifestado en mi anterior núm. 18.

Los cuadros que cita Ponz en este número de Domingo Martínez son cuatro grandes lienzos, que representan pasajes de la vida de Cristo relativos a párvulos, como son la disputa del Señor con los Doctores en el templo, cuando los acariciaba, su entrada en Jerusalén festejado por los hijos de los hebreos, etc.

Puerta de San Juan

83. Olvidó Ponz, hablando de las puertas de Sevilla, la de *San Juan,* que antiguamente llamaron del *Ingenio* por estar cerca de ella una máquina para descargar las naves que venían de Córdoba y demás lugares río arriba. Está entre la puerta de la Barqueta y la Real.

Puerta de Triana

84. La inscripción de la puerta de Triana está muy mal copiada. Se halla fielmente trasladada en una de mis cartas que dirigí al editor de los *Anales* de Zúñiga, quien la ha impreso en el tomo V.

Fuentes de la Alameda

86. No corresponden las seis fuentes de la Alameda a la hermosura y amplitud de este delicioso paseo, que en el estío se riega, y en él pasean las gentes a pie o en coche con mucha comodidad. Su agua es muy apreciada por su pureza y delgadez, la cual viene encañada desde la fuente que llaman del Arzobispo, detrás del convento de la Trinidad. Se daba por excusa de la poca altura de estas fuentes el poco peso que traía el agua; mas el arquitecto de esta ciudad D. Félix Carasa demostró en 1803 que podía subir tres varas y media sobre la altura que traía, y Sevilla por algunos meses la vio saltar de un pilarón que construyó al efecto con dicha altura. Para esto recogió en su origen la mucha agua que se perdía, le incorporó otras de igual calidad que en aquel sitio se hallaban, construyó nuevas cañerías sobre las antiguas, y si los tiempos hubieran ayudado se habrían construido dignas fuentes, que esperamos todavía. Sin embargo, se logró dar agua para otras fuentes de no menor necesidad, una en la plaza del barrio del Duque, otra en la de San Lorenzo, y aún se trajo hasta la puerta Real y de Triana, que corrieron por algún tiempo.

Argote de Molina, en su *Aparato a la Historia de Sevilla* (manuscrito), nos ha conservado la inscripción que se compuso cuando se plantó esta Alameda, que se había de colocar en un gran mármol para memoria de esta obra y en testimonio del agradecimiento por el beneficio que recibió la ciudad en la copiosa vena de agua que se le introdujo para su regalo; siendo así que antes todo aquel barrio carecía de ella, si no la conducía desde muy lejos y a precios subidos. Aunque prolija, quiero copiarla y contribuir a su conservación. Dice así:

Si non ingratas sis, sive civis, sive hospes, publicis
deliciis, et commodis gratulare, qui vastan olim,
et immanem planiciem et urbana aluvionis,

quasi commune compluvium, in amoenissimam
sylvam subito formatam vides, nec multum
industria virtus pollet, quo jus ergo Franciscus
Zapata V. C. Comes Baragien. inlustriss. Praef.
Urbis, hasce amoenitates ex S. C. Pec. publ.
publicae voluptati dicandas curavit.
Herculanas columnas (sic enim vos nostis
dicier) augustiss. majestati huic dedicavit.
Aquae Archiepiscopal. rivom vetustate dilapsum,
tubulis quondam interruptis, et alias frustra
tentatis capitali scatebra, per caecos meatus
subterfugiente ab secundo usque miliar,
repetita, non tam urbi restituit, quam animose
inchoavit, et foeliciter in treis hosce pulcher-
rimos fonteis perduxit, derivatis etiam in
diversas urbis regiones salientibus, incomparabili
sitientis populi compendio et solatio. Quare
nisi plane invidus, fuas tantis ornamentis
adhebesce; nisi malignus industriam lauda,
si non severus deliciis fruere, si sobrius bibe.
APISTOV MEV Ú¿Wl
Optima quidem agua.

Ya aquí se dice que este era el lugar adonde se recogían todas las aguas llovedizas de la ciudad, de que resultaba estar siempre encharcado, y aún por eso le llamaban la *Laguna.* Para obviar este inconveniente formaron a lo largo de sus calles unas amplias zanjas de obra, o foso, que las conducían hasta el husillo real; mas sin embargo daban mal olor, el sitio era malsano, y afeaban sobremanera aquel recinto; por esto en 1801 se mandaron cerrar, quedando por este medio aquel ameno paseo sin estas incomodidades.

De esta primera obra, o llámese fundación, de la Alameda habla con bastante menudencia Morgado en su *Historia de Sevilla,* fol. 48, como de cosa que pasó en su tiempo. Dice que se plantaron 1.700 árboles entre alisos, álamos blancos, naranjos, cipreses y árboles de paraíso. = 1574. *A 2 de febrero empezarán a correr las fuentes de la Alameda.* (Memoria antigua), nota al fol. 98, Carta IV, núms. 15 y 16.

Hospital del Cardenal

En el portal del hospital del Cardenal hay varias pinturas, cuyos retoques las han desfigurado más que el tiempo. Las principales son un *San Herme-negildo y San Leandro,* de estatura casi natural, y un *Señor Crucificado,* con la Virgen y San Juan en pie junto a la Cruz, y detrás de la Señora la firma de Juan Sánchez de Castro en caracteres alemanes, en esta forma: *Ju. Snss pintor,* cuya edad en que floreció coincide con la de la fundación.

En el patio hay colocado un buen retablo, por las pinturas antiguas que contiene en tres compartimentos; en el del medio Nuestra *Señora* con el Niño, y en los otros *San Miguel* en actitud de pesar un alma y *San Bartolomé,* con señas de haber servido en algún oratorio. Pero no obstante su mucho mérito, es superior el de un cuadro apaisado que está en el mismo ángulo, que representa una *Piedad* con excelentes lejos, en que se figura el Calvario.

Apéndice

Notas sobre la
Biblioteca Colombina
por
José Vázquez Ruiz

Acerca del número de libros procedentes de la Fernandina, que, una vez ganado el pleito por la Catedral en 1552, recibieron los Capitulares, como en ninguna parte se ha encontrado hasta hoy el acta de la entrega, si es que llegó a levantarse alguna vez, la crítica imparcial no puede formar juicio alguno.

De la exposición que en 1869 elevaron al Gobierno el señor Arzobispo y el Cabildo de esta Santa Iglesia parece desprenderse que empezó a formarse el inventario para la entrega, y no pudo concluirse. *La entrega de los libros,* (se dice en aquel documento) *parece que no debió hacerse pronto y pacíficamente, porque dio motivo a diversos procedimientos judiciales que en el año 1611 aún no estaban terminados, habiéndose empezado a hacer por medio de inventario y concluyéndose al parecer sin esta formalidad.*

El principio del inventario lo refiere también el ya citado escritor Don Ambrosio de la Cuesta, cuando dice: *que se comisionó á Fernán Ruiz de Ojeda y al Dr. Baltasar, de Esquivel en 16 de Setiembre miércoles,* año 1551, para que ante Ambrosio Ramos, notario de la *Fábrica de esta Santa Iglesia los reciba por su cuenta e inventario... y que los dichos señores se informen del Sr. Licdo. del Corro, que trajo muchos días este negocio.* Requerido el Cabildo por los religiosos de San Pablo en 27 de Abril de 1552 ante Melchor de Portes para que se aligerase la entrega, Juan de Urbina contestó *que los libros son en muy gran número é que se reciben por inventario é por ante escrivano é notario é que no es cosa que en un día ni en dos ni en muchos más se puedan acabar de rescebir.*

Algunos escritores, toman las palabras anteriores por fundamento para suponer que los libros debieron ser 20000 al menos, por necesitarse tantos días para recibirlos; pero la contestación de Juan de Urbina fue tan indeterminada, que de ella nada concreto, en verdad, puede deducirse. Ni aun a nuestro juicio puede formarse siquiera cálculo aproximado, tratándose de una operación tan detenida como era la de ir tomando nota de cada libro con las formalidades que requiere un documento público otorgado ante notario.

Urge, pues, buscar en los archivos ese interesante documento, en cuya búsqueda no omitiremos diligencia alguna, para que quede averiguado y resuelto un punto tan importante de la historia de la *Biblioteca*.

Faltando como faltan toda clase de datos para formar juicio cierto acerca de este punto, el escritor Mr. Harrisse, en el folleto que antes hemos citado, considera *casi seguro que el Cabildo recibió de los frailes de San Pablo la Biblioteca Fernandina tan completa como se encontraba el día del fallecimiento de D. Fernando.* Pero, olvidado sin duda, de su anterior aserto, *sospecha,* en su último folleto, titulado *Grandezas y decadencias de la Colombina,* que, en 1544, *estando los libros en San Pablo, empezaron las depredaciones, y tiene vehementes sospechas que el mapa de Toscanelli y los documentos originales referentes á América, que poseyó Bartolomé las Casas procedían de la Fernandina.*

Con no menos ligereza proceden aquellos otros que aceptan como bueno y perfecto todo cuanto se refiere a la conservación de los libros de D. Fernando por parte del Cabildo eclesiástico, a través de tantos siglos y en medio de tantas vicisitudes. Es cierto que el mismo D. Fernando Colón se quejaba ya de las depredaciones y sustracciones de libros verificados en su tiempo, cuando en una de las cláusulas de su testamento decía: *pues que vemos que es imposible guardar los libros aunque estén atados con cien cadenas;* pero por la misma razón, esas depredaciones han debido sucederse con los años. Loaysa, testigo de mayor excepción en la materia, echaba de menos *muchos libros estimables.* Tabares, en la *Prefación* al Catálogo de Gálvez, asegura que en las reformas del edificio y durante las traslaciones de los libros *se perdieron muchos, porque a pesar de gran cuidado y diligencia, no pudo evitarse la rapiña.* A Tabares, sin embargo, hay que leerlo con reservas, porque, sin ofender en lo más mínimo su buena intención, no debe admitirse todo lo que refiere. Así, por ejemplo, entendiendo mal unas palabras de Loaysa, se atrevió a calcular en 12.000 volúmenes los desaparecidos de la Biblioteca, cuando en los 148 cajones destinados a la colocación de los libros en tiempo de aquel Bibliotecario, los cuales se conservan actualmente en la nave frontera al Patio de los Naranjos, no cabían más de 4 o de 5000 volúmenes.

Para conocer el número aproximado de los libros procedentes de la Fernandina no tenemos más datos que los escritos del mismo D. Juan de

Loaysa. En ellos aparecen recibidos por el Cabildo cuatro o cinco mil volúmenes nada más; y como quiera que recientemente se ha publicado con algunas mutilaciones el texto del Cabildo, nos dispensarán los lectores que los transcribamos a la letra, que es como sigue[1]:

Para mayor claridad de lo que se ha dicho cuanto al número de los Libros que son 20.000 y quitar la duda que toda la Librería con ser muy grande caben sólo de 4 á 5000 cuerpos de libros no más: esto es, tomos ó volúmenes: pero también es certísimo lo que dice el mismo D. Fernando Colón y afirman las historias que esta Librería passava de 20.000 libros. Lo qual se verifica contando por libros todos los de poco ó mucho volúmen que ay en la Librería; pues en los Miscellaneos, que es lo más considerable y de mayor estimación ay volumen, que tiene cuarenta tratados ó libros[2] y en otros 15 y en otros 30 con que contando como Colón contaua sus libros no tiene duda ser cierto lo que afirman todos que son 20.000 y es prueba de esto tener cada tratado de los Miscellaneos puesto el número en cada uno y lo que costó y todas las demás señales de los otros Libros, escrito todo de mano de D. Fernando Colón.

En cuanto al número de volúmenes, existentes en el día, de aquella procedencia, pueden calcularse de 3 a 4000, siendo difícil la apreciación de los libros contenidos en este número de volúmenes hasta que publiquemos el completo, acabado de redactar por los encargados de la Biblioteca, que se prepara para la prensa.

Luego que fueron recibidos en 1522 por el Cabildo Eclesiástico los libros procedentes del legado de D. Fernando Colón, se emprendieron suntuosas obras y se invirtieron sumas cuantiosas en el decorado del local situado *encima de las Capillas de la nave del Lagarto,* según refiere D. Pablo Espinosa en su *Teatro de la Santa Iglesia,* esto es, en el salón con ventanas fronteras al Palacio Arzobispal. Hasta el año de 1562 parece que duraron las obras, si hemos de dar crédito a D. Ambrosio de la Cuesta; pues en el manuscrito antes citado, refiere que *en 7 de Enero de este año por estar ya acabada la Librería se mandan hacer los cajones para los libros, luego que se acabe el monumento y el atril del coro.*

---

[1] A. B. C. de la Bibliot. Col. ms. en fol.
[2] Hemos visto algunos con 50, 60 tratados

En cuanto al decorado del local que preparó el Cabildo Eclesiástico para dar digno hospedaje a los libros de D. Fernando, D. Juan de Loaysa, en el manuscrito referido, se expresa en los siguientes términos: «Adornóse para este efecto la Pieza con pinturas del insigne sevillano Luis de Vargas [Entre todos los que se han ocupado en los asuntos de la Biblioteca, solo el señor Harrisse ha negado que el famoso pintor sevillano adornase con las bellezas de su pincel la antigua librería de cabildo. Fúndase este escritor, en que Luis de Vargas, según su biografía hecha por Pacheco en el *Libro de Retratos,* se hallaba en Roma en 1552 cuando se emprendieron las obras] dispuestas y pintadas en la bóveda y coronación de cada facultad las veras efigies de sus autores o sagrados o profanos y muchos motes y inscripciones en verso y prosa escritos con letras de oro en que significaban el autor y la facultad entretejidos en todos las ciencias y artes varios jeroglíficos y alusiones todo de coloridos muy finos que hermoseaban la Librería con admirable primor y propiedad» [Ya dejamos antes manifestado que éstas duraron desde 1552 a 1562 y que después se empezó a labrar la estantería. Luis de Vargas se encontraba ciertamente en Sevilla en 1555, según relación del mismo Pacheco, pues en este mismo año pintó al fresco la imagen de Nuestra Señora del Rosario en la Iglesia del convento de San Pablo. Por otra parte, el *émulo de Maesse Pedro de Campaña* dejó otros muchos monumentos de su arte en la suntuosa Catedral Sevillana; pues aun cuando las obras empezaran en 1552 no hemos de suponer que se hicieran las pinturas en el mismo año; antes por el contrario, discurriendo con buen sentido, el decorado supone siempre la conclusión previa de las obras o edificios que han de decorarse].

Siguiendo la historia de la Biblioteca, en 1571 se comisionó al canónigo D. Pedro Zumel para visitar la librería e inventariar todos sus libros. En efecto, seis años después fue cuando por mandato del Rey D. Felipe tuvo el citado canónigo bibliotecario que entregar los famosos manuscritos de las obras de San Isidoro y otros varios muy estimables.

Las órdenes superiores de los Gobiernos y la rapiña de algunos literatos de baja *estofa,* han sido siempre, en la larga historia de la Colombina, las causas verdaderas de la desaparición de muchos libros.

Como creemos que no se han dado a la imprenta antes de ahora la *cédula* del Rey, ni el *recibo* de los libros suscrito a nombre del Prelado don Cristóbal de Rojas, que regía entonces la Iglesia de Sevilla, cuyos documentos se conservan originales en el Archivo capitular, vamos a transcribir íntegros tan curiosos documentos:

El Rey.—Muy reverendo in Christo Padre Arzobispo de Sevilla del nuestro Consejo. Sabed que para proseguir y acabar la corrección de las *Obras de Sancto Isidoro* que avemos mandado hazer por honra suya y porque no se pierdan obras tan cathólicas y de tanta erudicion es necesario que los que entienden en corregirlas vean alg.ˢ ejemplares manuscriptos de las obras y trattados siguientes. *De officio sive expositione missae* y de *contemptu mundi* que por otra antes desta os auemos pedido que enuieis y demos destos otro tratado *ad Florentinam contra judaeos* que también se intitula *de articuli fidei catholicae* y el *de flagellis dei et ernamentis ecclesiae* y otro *de misteriis.*

Y porque se nos ha hecho relación que estos tratados *con otros y algunas exposiciones sobre puntos de la sagrada scriptura se hallan* en la librería de esa sancta iglesia y deseamos que esta dha. corrección se acabe con brevedad holgaremos que hagais buscar con diligencia *los dichos trattados con los demás que habran en la dicha librería que sean obras del sancto* y que luego nos enuieis los que se hallaren dirigidos á Hernando de Briviesca mi Guardajoyas que yo tengo mandado que estos y *los demas* que para este efecto se hubieran traido de esa Sta. Iglesia se vuelvan a buen recabdo á ella aviéndose visto.

De sanct Lorenzo el Real XIIII de Julio MDLX XVII—Yo el Rey. —Por mandado de su mag.ᵗ —Mateo Vázquez. Hay una rúbrica.

A la vuelta de este documento original se halla el siguiente recibo.

1577. En Sevilla sábado veintiuno de Sept.ᵉ de setenta y siete años Recivi yo D. Christoval de Roxas y Sandobal arzobispo de Sevilla del Sr. doctor Zumel Canónigo de la Sancta ygha. della un libro intitulado *tractabus misa a beato Isidoro* el qual es sacado de la librería del Cabildo y para embiar á su M.ᵈ como lo manda en esta su r.ˡ cédula.

D. Christoval Arz.ᵒ de Sevilla.

Recibo de los libros.

En 2 del mes de nouiembre de 1577 recivi de melchor de ledesma un libro manuscripto en pergamino y en quarto enquadernado en tablas y cuero colorado con una cadena en que ay *tres tractados de Sancto Isidoro,* conviene á saber: el *de officio misae* y el *liber differentiarum* y *líber prohemiorum.* El qual me dio en nombre del Illmo. Arzobispo de Sevilla para la *corrección de las obras de Sancto Isidoro y* se tiene de bolver á la librería de la iglesia mayor de Sevilla ó al Sr. Arzobispo porque es uerdad lo firmo de mi nombre en Madrid fecha ut sup.ª—Hernando de vriviesca.

De los documentos trascritos se desprende fácilmente, que no fueron sólo las obras del Santo las sacadas entonces de la Biblioteca, todas las cuales desaparecieron, sin haberse podido recobrar después, a pesar de las muchas gestiones del Cabildo.

También se colige de su contexto, que no eran autógrafos del Santo aquellos manuscritos, como se ha venido asegurando por cuantos se han ocupado en este asunto.

En 1678 lleváronse a cabo otras obras de reforma de la Biblioteca, en la que se invirtieron grandes sumas de las arcas capitulares. D. Juan de Loaysa, Bibliotecario entonces y Mayordomo de la Fábrica, dice en el lugar ya citado:

En cuya forma permaneció y se conservó corriente por espacio de 139 años, gobernándose por aquellos índices y abecedarios que para ello dejó D. Fernando, hasta el de 1678, en que, reconociendo los Sres. Dean y Cabildo que la bóveda de la dicha librería, aunque las maderas eran de Alerce, árbol incorruptible, con la dinturnidad se había envejecido y con las lluvias trasminava el agua los inviernos por algunos estantes pasando de humedad algunos libros, en que se conocía notable detrimento: y atendiendo á la conservación de un tesoro como éste, y á la memoria de tan ilustre varón como D. Fernando Colón que lo dexó, acordaron con parecer de los maestros de la Santa Iglesia que toda la dicha Pieza y Sala principal de la dicha Librería se desfundasse y se cubriesse de nuevo, como se hizo: y que la entrada antigua que era por una puerta junto á la Capilla de Nuestra Señora de la Granada se cerrase, abriéndole Puertas principales abaxo y arriba con escalera de mármol muy capaz y que la Puerta principal alta de la entrada de la Librería se pusiese arriba frontero de toda ella.

Para lo cual se escogió por mejor y de más duración la Puerta cambien de Alerce que en el Sagrario antigvo servia al sitio donde estavan los Santos Sacramentos para administrarse, á la mano derecha del Altar mayor del sagrario, como aun oi se reconoce en los símbolos que conserva de razimos y espigas: todo lo que se doró y estofó de nuevo para este efecto: y assimismo una piedra negra que llaman *Pizarra* que coronava la Puerta del dicho Sagrario que tenia escritas de letras de oro para aquel sagrado efecto estas palabras: *Humanae salutis pignori assevando dicatum,* se sobreescribió de nuevo y puso sobre la Puerta de la Librería en nuevas letras de oro que para este intento dicen: *Thesaurus desiderabilis in habitaculo Sapientis,* tomado del c. 21 de los Proverbios.

Demas de averse hecho casi de nuevo toda la pieza se compusieron y repararon de nuevo todos los estantes con tarxas nuevas y otros varios adornos, y se enquadernaron más de 2000 libros que estavan con la mucha antigüedad desenquadernados y maltratados, y todos los de la Librería se rotularon de nuevo y se repararon todas las vidrieras: en cuya obra se gastaron más de siete mil ducados y en la frontera principal se puso un cuadro del Santo Rey San Fernando de mano de Bartolomé Murillo, eminente Pintor Sevillano, en memoria del nombre del Fernando que la dexó; y porque aviendo renovado la dicha Librería era más necesario bolver á colocar con órden los Libros y dar más claridad que ántes tenían porque la que al principio tuvieron se avia confundido con el transcurso del tiempo, se dispuso que fuese en la forma siguiente, siguiéndose este órden desde la mano izquierda como se entra en la librería, comenzando el órden de los estantes divididos en caxones cada uno con sus números, que todos llegan á 148: y arriba tiene cada estante en una tarxeta escrita la facultad como se sigue:

Gramática.	Theologia Moralis.
Rhetórica.	Theologia Scholastica.
Historia.	Sacra Scriptura.
Philosophia.	Pia Doctrina.
Astrologia y Medicina.	Officium Divinum
Jus civile.	Diversa.
Jus canonicum.	Fragmenta
	Duplicia.

Por iniciativa del mismo Loaysa en 1692 se completó la antigua galería de retratos correspondientes a los Prelados, empezándose desde el año 1248 de la conquista de Sevilla, con el retrato del infante D. Felipe, y terminándose con el de D. Jaime de Palafox, que regía entonces esta diócesis. Antes de este tiempo existía algún que otro retrato antiguo.

En una obra manuscrita, intitulada *Memorias de la Santa Iglesia,* que se conserva en la Biblioteca, encontramos un curioso tratado con esta aclaración:

Este tratado de las vestiduras que deben pintar los obispos, lo escribió el Licenciado Juan Santos Correa á instancia de D. Juan de Loaysa, canónigo de la Santa Iglesia de Sevilla y Mayordomo de su Fábrica el año de 1691 quando con ocasión de poner algunos de los Señores Arzobispos de dicha Santa Iglesia que faltaban en la Librería, se trató ponerlos por llenar el número de los Prelados de dicha Santa Iglesia desde el año 1248 que se ganó, hasta el dicho de 1691.

En 1756, dispuso el Cabildo trasladar la Biblioteca del salón que había estado colocada desde el año 1543 al otro salón paralelo e inmediato, situado sobre la nave del lagarto, que tiene vistas al Patio de los Naranjos Así parece deducirse de la relación de Tabares en su referida *Prefación,* no teniendo a nuestro juicio razón ninguna en qué fundarse los que colocan esta traslación en el año de 1678.

Dispúsose al efecto que se construyesen algunos estantes más, que se cerrasen todos con enrejados de hierro y se ampliase la galería de retratos con los de los Arzobispos que faltaban y los de los Capitulares fundadores de colegios o establecimientos de enseñanza. Desde aquella fecha, mientras la Biblioteca ha sido dirigida por el cabildo, no ha podido colocarse retrato alguno de personajes sin la precisa autorización capitular.

Viniendo ya a la época moderna, el nombramiento del docto Prebendado D. Alejandro Gálvez para el cargo de Bibliotecario, imprimió tal impulso al Establecimiento, que por ello mereció tan ilustrado escritor el nombre de *Restaurador de la Colombina,* con que generalmente se distingue. Bajo su dirección se formó el índice alfabético y el suplemento primero de 1783 y el suplemento segundo de 1792 sirviéndole de amanuense el Bachiller D. Rafael Tabares.

Entonces hubo necesidad de ampliar la Biblioteca, habilitando otro salón para colocar las numerosas donaciones de libros, procedentes de las testamentarias de los Capitulares D. Pedro Alfonso Tejedor, D. Pedro del Campo y Salamanca y del Lectoral D. José Araujo, eminente literato, cuyo valioso legado ascendió a unos 4000 volúmenes del más subido precio bibliográfico. Agregáronse las importantísimas compras hechas por el competente Bibliotecario. En la construcción de la nueva nave, invirtió más de medio millón de reales.

Créese generalmente haber tenido lugar la formación de este nuevo salón en el año de 1804, porque Ceán Bermúdez, en la *Descripción artística de la*

Catedral, impreso en Sevilla en el mismo año, a la página 14, dice, que en su tiempo *el Cabildo había acordado extender la Biblioteca sobre el almacén del Norte, llamado el Sagrario viejo;* pero esta obra llevóse a efecto en la reforma últimamente mencionada.

En efecto, antes de 1783 encontrábanse ya dentro de este salón cinco estantes, como depósito suplementario de la Biblioteca, con la denominación de la *Librería vieja,* según resulta del índice de Gálvez formado en el año expresado, en donde se contienen muchas referencias a dicha *Librería.* A nuestro juicio, fueron allí retirado los cajones más antiguos para dejar solamente en el salón segundo los estantes mejor conservados. Aquellos viejos cajones desaparecieron al construirse después la nueva estantería.

Ésta debió fabricarse antes de 1793, porque el suplemento segundo del índice empezado a formar en dicha fecha, contiene el catálogo de los libros ordenados ya dentro de estos estantes. Acaso faltarían por colocar los ocho estantes situados a los pies del salón, y se estaría completando la obra cuando Ceán Bermúdez visitó la Biblioteca, expresándose por dicha causa, como lo hizo en su citado libro.

Continuaron en aumento las adquisiciones, siendo necesario un tercer suplemento del índice que se formó en 1821 en su mayor parte con los rarísimos códices impresos y manuscritos, procedentes de la famosa Librería del Conde del Águila.

En 1828 un cuarto suplemento se aumentaba, que continuaron redactando después los Bibliotecarios Maestre, Cepero, Araoz y Escudero. Deanes de esta Santa Iglesia los tres primeros, y el último Capellán mayor de San Fernando.

Y no obstante la considerable extensión de la Biblioteca, compuesta de dos magníficos salones, las testamentarias de los Señores Capitulares D. Pedro de Vera, D. Juan y D. José Soler y D. Juan B. Baquerizo, de los particulares D. Vicente Albelde y D. Juan N. Díaz, con otros que sería prolijo enumerar, y las nuevas adquisiciones hechas por el Cabildo, exigían otra nave más, por hallarse completamente llenos todos los estantes.

Así es que en 1863 se habilitó la llamada *Sala de Colgaduras* y se le abrió un arco de comunicación con la nave frontera al Patio de los Naranjos, cerrándose la antigua entrada a la Biblioteca. Emprendidas las obras de reparación y recomposición de la bóveda y muros, y perforados con mal acuerdo los del lado de Orientes para instalar cinco grandes ventanas en lugar de las primitivas vidrieras, se procedió en los años siguientes a fabricar los esbeltos estantes modernos, cuya primorosa obra de talla y buen gusto que los adorna, excitan la admiración de cuantos visitan el Establecimiento. Y véase cómo por estas circunstancias la *Sala de Colgaduras* en donde en 1543 se constituyó por primera vez la Librería a causa de la traslación de los Reales cuerpos al sitio que ocupa el *Sagrario,* ha vuelto a ser nuevamente lugar destinado a la Biblioteca. Hoy es el salón primero de los tres grandes que la constituyen.

En 1861 contribuyeron para la construcción de sus estantes la Excelentísima Diputación Provincial y el Excelentísimo Ayuntamiento, Sus Altezas Reales los Sermos. Sres. Duques de Montpensier, el Prelado y el Excmo. Cuerpo Capitular Eclesiástico, la Real Maestranza y el Comercio de Sevilla, y además los conocidos particulares, Sres. De Gabriel, Lamarque, Calzada, Robles, Ecala, González Pérez y otros varios. Veintiséis estantes grandes y cuatro menores circundan los muros de este primer salón, cuya superficie es de 28 metros, 90 milímetros de longitud, por cinco y veintiocho de ancho. Con la subvención del Gobierno costeóse el rico mármol de Génova que cubre su pavimento.

Y aquí es justo recordar la memoria del que fue Oficial de la Biblioteca, D. José Fernández de Velasco, a cuya incansable actividad, auxiliada por poderosos patrocinadores, se debe la realización de las mejoras materiales llevadas a cabo hasta su fallecimiento en 1879. Sin duda alguna su nombre figurará siempre entre los bienhechores del establecimiento, y, si nuestros informes son exactos, quedará grabado algún día su lápida conmemorativa por acuerdo del Excmo. Cabildo eclesiástico.

En estos estantes se colocaron los libros recibidos de las referidas testamentarias, así como los legados por el Capellán Mayor D. Juan N. Escudero y los numerosos donativos y adquisiciones del tiempo en que fue Bibliotecario Capitular D. Cayetano Fernández, Dignidad de Chantre, procedentes de S. M. el Rey D. Alfonso XII (q. s. g. h.), de la Serenísima Sra. Infanta D.ª Isabel, entonces Princesa de Asturias, del Emmo. Prelado, del Gobierno de S. M. y Dirección general de Instrucción pública, de la Excma. Diputación de la provincia, de la Real Academia española y de la Historia, de la Sevillana de Buenas Letras, de varios señores canónigos y de autores y otras personas particulares, cuya relación puede verse detalladamente en el *Anuario* impreso en 1878, y publicado por el citado señor Chantre. Además, después de esta fecha, se han adquirido por compra y donativos 1344 volúmenes, entre ellos

los de la testamentaria del conocido literato y Bibliotecario de la provincial, Ilmo. Sr. D. Juan José Bueno y del Capitular D. Celestino del Parque.

Como digna coronación de tan importantes reformas, la augusta Reina D.ª Isabel II costeó en 1862 el elegante gabinete, donde se hallan actualmente colocados los libros de D. Fernando Colón, como ya se dijo al principio. Esta obra, terminada en 1875 a expensas del malogrado Rey D. Alfonso XII, sobresale por su riqueza y suntuosidad, siendo dignos de admirar los lujosos estantes de cedro, que cubren los muros, trabajados con mano hábil y primorosamente tallados, así como los vistosos remates del más artístico gusto que terminan sus frentes. El pavimento y la escalera son de mármol genovés, la cual se halla protegida con baranda dorada, sirviendo de custodia de tanta riqueza bibliográfica, una gran cancela de cedro y metal de no menos esmerado trabajo.

Obras son también modernas el revestimiento de mármol de la puerta de entrada, la magnífica escalera que hoy tiene de piedra y elegante pasamanos de hierro, en la cual aparece costosa lápida esculpida con esta inscripción:

LA DIPUTACIÓN PROVINCIAL
PARA FOMENTO
DE LA ENSEÑANZA PÚBLICA
PROTEGE Y ORNA ESTA BIBLIOTECA
GLORIA DE ESPAÑA
1871

Sobre la puerta de entrada al local alto se lee la siguiente comprendida en elegante marco de mármol blanco con follajes, símbolos y escudo:

MEMORIA DE D. FERNANDO COLÓN HIJO DE D. CRISTÓBAL COLÓN
PRIMER ALMIRANTE QUE DESCUBRIÓ LAS INDIAS
QUE SIENDO DE EDAD DE 50 AÑOS 10 MESES Y 27 DÍAS
Y HABIENDO TRABAJADO LO QUE PUDO POR EL AUMENTO DE LAS
LETRAS FALLECIÓ EN DOCE DIAS DEL MES DE JULIO DE 1539 AÑOS
33 AÑOS DESPUÉS DEL FALLECIMIENTO DE SU PADRE
ROGAD Á DIOS POR ELLOS

COSTEADA POR EL DUQUE DE VERAGUAS. ABRIL 1871   BME. ARGENTI F.

La parte técnica de la Biblioteca, desde los trabajos de Gálvez y Tabares, se hallaba algún tanto descuidada; y desde 1875 se han emprendido la nueva formación de Catálogos y la separación de las dos Librerías. El resultado de este ímprobo trabajo ha sido hasta ahora el de hallarse terminados los nuevos índices alfabéticos de papeletas, correspondientes a todos los libros impresos y manuscritos, procedentes de la *Librería Fernandina* y el haberse incluido en el catálogo todos aquellos que se hallaban fuera de él. En la actualidad siguen redactándose las papeletas, pertenecientes al catálogo capitular, cuyos trabajos se encuentran muy adelantados.

Aquí debiéramos terminar esta nota, ya demasiado extensa, en la que, con datos auténticos y comprobados con bastante diligencia, hemos manifestado a grandes rasgos el creciente engrandecimiento de la Biblioteca Colombina; pero cometeríamos una omisión censurable, si ocultásemos que en estos últimos años se han perpetrado en ella algunas sustracciones, desde la mesa y en el departamento reservado para los literatos. Este hecho, altamente escandaloso, ha inducido a Mr. Harrisse a escribir un folleto para probar la *decadencia de la Colombina*. Con semejante criterio podrían declararse también en decadencia constante todas las Bibliotecas más famosas de Europa. Como españoles y como sevillanos, amantes de las glorias literarias de esta ciudad, lamentamos de todas veras, más que ningún extraño, esos criminales atentados. Sin embargo, el Excmo. Cabildo Eclesiástico de Sevilla tiene que acusarse de un antiguo pecado; el haber querido honrar excesivamente a las letras en las personas de los literatos. Afortunadamente ya se ha puesto remedio; ya desaparecieron las diferencias y se cortó el mal de raíz. Los literatos se consideran muy honrados, estudiando con el público en la sala general de los lectores y los códices de la Colombina han ganado mucho con tan acertada determinación, que los pone a salvo de malvadas maquinaciones.

Un grandioso pensamiento queda todavía por realizar para que la Biblioteca Colombina alcance el alto grado de esplendor que le corresponde; y es, el de correr el salón del Norte hasta la Puerta del Perdón, y el de la nave del Lagarto hasta la Capilla de la Granada. Aumentado así el número de estantes y adquiriéndose algunos millares de obras, los que contribuyeran a tan grandiosa empresa, habrían de dejar un nombre imperecedero en los anales de la Colombina, y colocarían a Sevilla a la altura en que en todo tiempo ha sobresalido.—José. VÁZQUEZ RUIZ.

Este libro se terminó de imprimir
el quince de septiembre de dos mil veinticuatro,
festividad de Nuestra Señora de los Dolores